Die Helene-Lange-Schule, Wiesbaden
DAS ANDERE LERNEN
Entwurf und Wirklichkeit

Gerold Becker, Arnulf Kunze
Enja Riegel, Hajo Weber

Die Helene-Lange-Schule, Wiesbaden
DAS ANDERE LERNEN
Entwurf und Wirklichkeit

BERRGMANN+HELBIG
Hamburg

BILDNACHWEIS
Michael Katzenbach: S. 98, 99.
Arnulf Kunze: S. 66–71.
Hartmut Vogler: Titel, S. 10/11, 18/19, 28/29, 44, 46/47, 94/95, 100, 105, 115/116, 134/135, 137, 166/167, 172, 175, 176, 224/225, 241, 245, 254/255, 272, 276, 277, 281, 283, 286/287, 296, 298/299, 315, 320/321, 321, 324/325, 335, 364/365.
Hajo Weber: Alle anderen Fotos und Zeichnungen stammen von Hajo Weber.

Die Deutsche Bibliothek – CIP-Einheitsaufnahme
Das andere Lernen :
die Helene-Lange Schule Wiesbaden ;
Das andere Lernen – Entwurf und Wirklichkeit /
Gerold Becker ... – 1. Aufl. – Hamburg :
Bergmann und Helbig, 1997
ISBN 3-925 836-37-3

© Bergmann + Helbig Verlag GmbH, Hamburg
1. Auflage 1997
Gestaltung und Typographie: Olaf Sanders
Satz: Bergmann + Helbig Verlag
Lithographie, Druck und Binden: poppdruck, Langenhagen
ISBN 3-925 836-37-3

DIESES BUCH IST RICHARD HERBERT GEWIDMET,
dem Lehrer und Kollegen,
dessen Begeisterungsfähigkeit und Einfallsreichtum
mancherlei geprägt hat, von dem hier erzählt wird,
und dessen Krankheit und Tod
für viele Schüler und Schülerinnen, Kollegen und Kolleginnen
zu einer Erfahrung wurde, die sie verändert hat.

Dank

Viel von dem, was die Helene-Lange-Schule in den letzten elf Jahren versucht hat, damit in ihr anderes gelernt werden konnte und auf andere Weisen gelernt werden konnte, wurde erleichtert oder gar ermöglicht durch Zuwendungen Dritter. Dafür möchte die Helene-Lene-Lange Schule auch öffentlich ihren Dank sagen. Besonders genannt seien die

ROBERT BOSCH STIFTUNG

und die

STIFTUNG FÜR BILDUNG UND BEHINDERTENFÖRDERUNG

Diese beiden Stiftungen haben auch die Drucklegung dieses Buches gefördert. Ihre Förderung für die Herstellung und das Erscheinen des Buches ist zugleich ein Beitrag zur allgemeinen Schulentwicklung.

Inhaltsverzeichnis

Wo kämen wir hin,
wenn niemand ginge,
um zu sehen,
wohin man käme,
wenn man ginge.
   Kurt Marti

Annäherungen

Zu diesem Buch

Ein Buch über eine Schule ist ein schwieriges Vorhaben – erst recht, wenn sie nicht in einem anderen Land liegt und nicht aus ihrer fernen Vergangenheit, sondern von ihrer Gegenwart berichtet werden soll, wenn also jeder Leser theoretisch die Möglichkeit hätte zu kontrollieren, ob denn »stimmt«, was in diesem Buch von dieser Schule berichtet wird. Wird hier etwa alles beschönigend rosarot gemalt? Werden auch Schwierigkeiten, Irrwege und Irrtümer deutlich? Und daß auch an dieser Schule letztlich »nur mit Wasser gekocht wird«? Und auch die Mühen und Anstrengungen, die von allen Beteiligten immer wieder verlangt wurden, damit werden konnte, was geworden ist?

Eine Schule ist natürlich ein Gebäude an einem bestimmten Ort. Sie hat weitere Kennzeichen, die es ermöglichen, sie äußerlich einzuordnen. (Einige solcher Kennzeichen der Helene-Lange-Schule in Wiesbaden finden sich unter den »Stichworten« des 1. Kapitels.) Beides ist mehr oder weniger beständig, läßt sich darum einigermaßen objektiv beschreiben – auch wenn bereits die Auswahl der festzuhaltenden Kennzeichen und der Blickwinkel, unter dem sie dargestellt werden, nur noch eingeschränkt objektiv sind.

Eine Schule ist aber vor allem ein Personenverband, also etwas sehr Lebendiges, sich ständig Ereignendes, bei dem, wie in manchen modernen Theaterinszenierungen auf der gleichen Bühne gleichzeitig viele Geschichten erzählt werden, sich entwickeln, sich miteinander verflechten und dennoch ihr Eigenleben behalten.

Schülerinnen und Schüler (in der Helene-Lange-Schule in jedem Jahr einhundert neue!), Lehrerinnen und Lehrer, dazu Eltern und Freunde der Schule, Behördenvertreter und sonstige »Beteiligte« gehen miteinander um, arbeiten in kleinen oder großen, wechselnden oder sehr dauerhaften Gruppierungen bei vielen Gelegenheiten zusammen, stehen vor neuen Aufgaben (oder stellen sie sich selbst) und versuchen zugleich, das Bewährte zu bewahren, »ihre« Schule zu einem verläßlichen Ort zu machen, ihr eine eindeutige Gestalt zu geben.

Wenn es zudem eine Schule ist, zu deren besonderen Absichten es gehört, daß in ihr Lehrerinnen und Lehrer, Schülerinnen und Schüler (und all die anderen Beteiligten) nicht nur in ihrer jeweiligen Rolle, sondern auch als unverwechselbare Personen wahrgenommen werden können, dann muß man bei der Beschreibung immer wieder zu verdeutlichen versuchen, daß hier Zustand und Strukturen sich ständig und fast unentwirrbar mischen mit Entwicklungen, Ereignissen, Prozessen, oft sogar mit »Geschichten«. Hier und da wäre vielleicht eine Erzählung angemessener gewesen als die Form der Beschreibung. Aber es mußten auch Zusammenhänge verständlich, es mußte das Beschreibbare, wenigstens hier und da, »theoretisch« eingeordnet werden.

Dies Buch hat eine »Absicht«. Es soll Neugier befriedigen, anregen, zu eigenen Einfällen ermuntern, Mut machen, anstecken, auch »überzeugen«. Es soll nicht ausgedachte Alternativen ausmalen, sondern vor allem von verwirklichten Vorhaben berichten – und von den Erfahrungen, die die

Beteiligten dabei gemacht haben –, so daß der Leser denkt: »Ach, so geht es auch! Könnte/sollte nicht auch bei uns etwas Ähnliches möglich sein?«

Diejenigen, die für die endgültige Fassung dieses Buches die Hauptverantwortung hatten, konnten und mußten aus vielen – teilweise schon vorhandenen, teilweise noch zu schreibenden – Texten, aus »Dokumenten«, aus Plänen und Übersichten, aus mehreren tausend Photos auswählen. Sie haben vor allem zweierlei überlegt:
- Was wird den gedachten Leser, die gedachte Leserin interessieren?
- Was ist denen, für die diese Schule »ihre« Schule ist, so wichtig, daß es nicht vergessen werden darf?

Die Helene-Lange-Schule hat in den letzten zehn Jahren sehr viele Besucher gehabt. Davon wird in einem besonderen Abschnitt (in Kapitel 19) berichtet. Es ist immer wieder deutlich geworden, daß die meisten von ihnen hofften, eine »andere« Praxis zu erleben. Viele hatten gehört (oder selbst davon geträumt), daß schulischer Alltag vielleicht doch nicht so sein müsse, wie sie (als Lehrer/Lehrerin, Schüler/Schülerin, Eltern, neugierig in Schulen hineinschauende Dritte) ihn meist wahrgenommen hatten, daß eine Schule also zum Beispiel
- mehr »Lebensbezug« haben könne;
- ernsthafter und zugleich fröhlicher sein könne (nicht so gleich-gültig und ermüdend);
- in den Formen des Lernens, des Zusammenlebens, der Feste und Feiern abwechslungsreicher, bunter, »schöner« und jeweils eindeutiger sein könne (nicht so grau und oft langweilig);
- Umgangsformen unter den Lehrern/Lehrerinnen und zwischen ihnen und den Schülerinnen/Schülern aber auch mit den Eltern und anderen entwickeln könne, die ein wenig »menschlicher«, offener und verläßlicher seien – nicht konfliktfrei, aber »fairer« (nicht so anstaltsförmig, verwaltet, reduziert, sich ständig abgrenzend und auf »Vorschriften« zurückziehend);
- ohne ihre Schülerinnen und Schüler zu indoktrinieren oder sie gar für bestimmte »politische« Zwecke zu instrumentalisieren, sich in bedrängende »öffentliche« Probleme »einmischen« könne, daß die Fragen, die nach der Überzeugung von Lehrerinnen und Lehrern für die Gegenwart und für eine menschenwürdige Zukunft gleichermaßen wichtig sind, in der Schule nicht zugunsten der Abarbeitung von vorgeschriebenem Lehr»stoff« zum Verstummen gebracht werden müßten (nicht der ständige Verweis auf die »Vorschriften«, sondern Einfallsreichtum und Mut angesichts der Aufgabe, »Lehrpläne« und das »wirkliche Leben« ständig miteinander in Verbindung zu bringen).

Nun waren sie gekommen, um zu erfahren: Wie sieht der Alltag einer Schule aus, von der es heißt, daß sie das ernsthaft und mit großem Einsatz versucht?

Dies Buch setzt eine ähnliche Neugier auch bei seinem Leser, bei seiner Leserin voraus.

Jede Schule ist ein Ort des Lernens. Wenn diejenigen, die gemeinsam einer Schule ihre »Gestalt« geben, darüber nachzudenken beginnen, ob und was sich am Schulalltag vielleicht ändern könnte/müßte, dann muß vor allem über das Lernen nachgedacht werden: Wie das, was in der Schule zu lernen ist, – vielleicht – auf andere Weise und – hoffentlich – wirksamer und bildender gelernt werden kann. Und: Was denn das Andere sein könnte/sein müßte, das zu lernen wäre und das in der Schule so leicht in Vergessenheit gerät, weil es in den herkömmlichen Fächern nicht aufgeht, sondern sie übergreift oder verbindet oder überhaupt diesseits oder jenseits des Fachunterrichts ist. Daher hat dies Buch seinen absichtsvoll doppeldeutigen Untertitel. Und darum versuchen zwölf seiner zwanzig Kapitel an sehr verschiedenen Beispielen und in unterschiedlichen Zusammenhängen zu verdeutlichen, was das heißt, »anders« zu lernen.

Manche Einzelheit begegnet an mehreren Stellen in jeweils anderen Zusammenhängen, auch aus unterschiedlichen Blickwinkeln, die nicht harmonisiert worden sind. Das ist nicht das Ergebnis einer unaufmerksamen Endredaktion, die versäumt hat, Widersprüche oder Wiederholungen auszumerzen. Die einzelnen Abschnitte sollten ohne zahllose Voraus- und Rückverweise verständlich sein. Der Leser/die Leserin mag entscheiden, ob – hoffentlich – ein Buch entstanden ist, das man nicht unbedingt in einem Zuge durchlesen muß, sondern das immer wieder zum Blättern einlädt und wo man dann – hoffentlich – bei dem verweilt, was die eigene, besondere Neugier befriedigt.

Bücher sind endlich. Die Geduld des Lesers ist es mit gutem Grund auch. Auswählen bedeutet immer auch Weglassen. Nicht einmal der, der täglich in diese Schule verstrickt ist, könnte »alles« über sie erzählen. Daß das folgende – zumeist und zumindest – »typisch« oder »exemplarisch« ist, hoffen alle, die an der Enstehung dieses Buches beteiligt waren.

GB

Ein »Buch« entsteht

An »dem Buch« haben viele mitgeschrieben: Lehrer und Lehrerinnen, Schüler und Schülerinnen, Eltern und Besucher. Manche von ihnen wissen das gar nicht mehr, und einige der Autoren und Autorinnen haben inzwischen die Schule verlassen. Viele der grundlegenderen Texte, also derjenigen, die den Kern des Konzepts der Helene-Lange-Schule beschreiben, haben eine lange Geschichte: Ständige Überarbeitung und Neufassungen waren nötig, um sie der Entwicklung der Schule anzupassen und möglichst klar und präzise zu erläutern, was wir im Unterricht und auch sonst anders machen und warum das geschieht.

Die ersten Texte, die einerseits der Verständigung im Kollegium dienten, andererseits als Anträge und Berichte an das Ministerium gingen, wurden verfaßt von Mitgliedern des Pilotteams, von der Schulleitung und von

Kolleginnen und Kollegen, die von der Oberstufe an die Helene-Lange-Schule abgeordnet waren und mit Interesse an der Theorie und an der praktischen Arbeit den Neuanfang der Schule begleiteten. Ende 1991 gab die damalige Planungsgruppe, die aus der Schulleitung und aus Mitgliedern des ersten Teams bestand, eine erste Sammlung von Texten heraus. Fast alle Mitglieder der Planungsgruppe hatten zwei Jahre lang vorhandene Texte überarbeitet, Rohfassungen zu neuen Texten erstellt und anschließend diese nach einer Diskussion in der Planungsgruppe wieder überarbeitet. Diese Textsammlung sollte mehrere Funktionen erfüllen:

1. Es sollte für das gesamte Kollegium Sicherheit darüber bestehen, was denn nun »gilt«.
2. Neue Kolleginnen und Kollegen wollten und mußten sich in das für sie neue Konzept der Helene-Lange-Schule einarbeiten und brauchten dafür eine übersichtliche und verständliche Beschreibung.
3. Im Laufe der Jahre kamen immer mehr Anfragen von außen, vor allem Lehrer-Besuchergruppen, die sich über die Helene-Lange-Schule und ihr Konzept informieren wollten.

In einem blauen Schnellhefter wurden diese Texte dann dem Kollegium zur Verfügung gestellt. Schon zwei Jahre später waren wir mit diesem »Blauen Buch« nicht mehr zufrieden, weil sich die Schulwirklichkeit in den einzelnen Teams und in den Klassen inzwischen schon zu weit von ihnen entfernt hatte. Außerdem wurde die Nachfrage von außen nach einer umfassenderen und zusammenhängenderen Beschreibung der Arbeit an der Helene-Lange-Schule immer dringender. Das ständige Kopieren und Verschicken einzelner Texte erwies sich nicht nur als lästig, sondern auch unzureichend. Deshalb bildete sich im Jahre 1994 eine Redaktionsgruppe (Gerold Becker, Arnulf Kunze, Enja Riegel, Hajo Weber), die nun nicht mehr an die Planungsgruppe angebunden war, sondern einen eigenen Auftrag hatte: ein »Buch« sollte entstehen. Im Laufe der langen Schreib- und Überarbeitungsarbeit wurde klar, daß auch dieses Buch die Realität der Schule, wie sie ist, nur mit manchen Einschränkungen darstellen kann, unter anderem weil auch während unserer Arbeit vieles sich schon wieder verändert hat.

Im Folgenden findet sich eine hoffentlich vollständige Liste sämtlicher Autoren, die irgendwann einmal in den letzten zehn Jahren an diesem Buch mitgeschrieben haben. Unter einer Reihe von Texten sind Abkürzungen, die auf die hauptverantwortlichen Verfasser hinweisen. Das ist für einige der neueren Texte einfach, für die älteren manchmal sehr kompliziert – und deshalb sicher auch unvollständig, weil einige von ihnen viele Verfasser haben. So wurde zum Beispiel ein Text über das Offene Lernen vom gesamten ersten Team entworfen, von der Schulleiterin und einem Oberstufenkollegen ausgearbeitet, von der ersten Planungsgruppe überarbeitet und schließlich von einem Mitglied der Redaktionsgruppe noch einmal »redaktionell« verändert und in einen anderen Text eingefügt.

So ist die Entstehungsgeschichte der Texte auch ein Spiegel der Arbeitsweise und der Veränderungsbereitschaft der Schule.

Lehrerinnen und Lehrer der Helene-Lange-Schule, die an diesem Buch
»unmittelbar« mitgeschrieben haben:

Lena Dietze (LD)	Dr. Walter Limberg (WL)
Ulrike Eisenträger (UE)	Albert Meyer (AM)
Dieter Harrer (DH)	Andreas Rech (AR)
Brigitte Hespos-Hug (BH-H)	Enja Riegel (ER)
Klaus Hug (KH)	Richard Sachs (RS)
Ingrid Kaiser (IK)	Klaus Schwalbenbach (KS)
Michael Katzenbach (MK)	Birgit Staniewicz (BSt)
Arnulf Kunze (AK)	Hajo Weber (HW)

Von Hajo Weber stammen auch viele Photos, Zeichnungen, Formblätter und
dergleichen. Vor allem aber ist er zusammen mit den freundlichen
Mitarbeitern des Verlages derjenige, der diesem Buch Gestalt verliehen hat.
Er ist nicht nur der »Erfinder« des »Wiesbadener Regals« (siehe Kapitel 7),
sondern war und ist auch einer, der mit Blick für das Wichtige in Photos,
Videos und dergleichen dokumentiert, was sich an der Schule ereignet.

Ehemalige Lehrerinnen und Lehrer der Helene-Lange-Schule, die für dieses
Buch besonders wichtig waren:
Karl-Heinz Held (jetzt: Kultusministerium Rheinland-Pfalz)
Karsten Kullmann (KK, jetzt: Studienseminar, Wiesbaden)
Richard Herbert (gestorben 1989)
Wilma Krauss (pensioniert im Jahre 1996)

Schülerinnen und Schüler der Helene-Lange-Schule, die an diesem Buch
»unmittelbar« mitgeschrieben haben:

Bernd Beber (Bernd B.)	Anna Wagner (Anna W.)
Jessica Löhndorf (Jessica L.)	

Von vielen andern Schülerinnen und Schülern gibt es nur »Schnipsel« aus
ihren Texten oder aus kürzeren oder längeren Interviews. Soweit sie noch
zuzuordnen waren, wird dann immer ein Vorname und der Anfangs-
buchstabe des Nachnamens verzeichnet.

Ähnliches gilt auch für viele Eltern. Da gibt es manchmal noch besondere Hinweise.

Und dann gibt es noch die »Besucher« und andere »kritische Freunde«
der Helene-Lange-Schule. Ohne ihre »Rückmeldungen« hätte dies Buch eine
andere Gestalt. Längere Textpassagen wurden übernommen von:
Gerold Becker (GB)

Die eigentlichen Autoren (»Verursacher«) dieses Buches sind natürlich die
Lehrerinnen und Lehrer, Schülerinnen und Schüler, die Eltern und viele
andere, die (teilweise schon vor 1986) geholfen haben, die Helene-Lange-
Schule zu verändern. Sie alle aufzuführen, ergäbe eine viele Seiten lange
Liste. Deshalb werden hier – zugleich stellvertretend für alle anderen – die
Lehrerinnen und Lehrer aufgelistet, die im Schuljahr 1996/97 an der Helene-

Lange-Schule gearbeitet haben, viele von ihnen seit vielen Jahren. (Der Zusatz MNS bedeutet, das sie zugleich an der Martin-Niemöller-Schule, einer der gymnasialen Oberstufenschulen der Stadt Wiesbaden, unterrichten):

Ursula Ambos	Reinhold Mohn
Gunhild Arnold	Frank Müller, MNS
Gabriele Baer-Schönfeld	Gerhard Müller-Waldheim
Fred Bischof	Hartmut Pfertner
Herbert Bohr	Cornelia Quetscher
Hannelore Deiters	Vera Rathsfeld
Lena Dietze	Andreas Rech
Gisela Doschiri	Brigitte Reinbacher-Kaulen
Andreas Dürr	Enja Riegel
Ulrike Eisenträger	Richard Sachs
Anita Engel	Joachim Sauer
Beate Francke-Kern	Hans-Günther Schlosser
Martin Frenz	Gisa Schnabel, MNS
Horst Gössl	Barbara Schneider
Elvira van Haasteren	Hermann Schön, MNS
Doris Hanewald	Annette Schüllermann, MNS
Dieter Harrer	Klaus Schwalbenbach
Jürgen Heller	Klaus Seibold
Brigitte Hespos-Hug	Birgit Staniewicz
Klaus Hug	Marianne Strasser
Ingrid Kaiser	Margit Suhaib
Michael Katzenbach	Holde Tröscher
Sylvia Keller	Hans-Joachim Weber
Lothar Kübler	Udo Wegener, MNS
Arnulf Kunze	Erika Wey-Falkenhagen
Dr. Walter Limberg	Gisela Wölk
Anna-Maria Meffert-Hooß	Jutta Zimmer
Albert Meyer	

1. Helene-Lange-Schule, Wiesbaden

In Stichworten

Schulform: Die Helene-Lange-Schule (kurz HLS) wurde 1847 als »Höhere Töchterschule« gegründet, war bis 1986 ein Gymnasium; dessen Oberstufe (Klasse 11–13) 1974 abgetrennt und mit den Oberstufen anderer Wiesbadener Gymnasien zu einem eigenen Oberstufenzentrum (»Martin-Niemöller-Schule«) zusammengefaßt wurde. Seit 1986 ist die HLS auf eigenen Antrag eine Integrierte Gesamtschule, ebenfalls seit 1986 UNESCO-Projekt-Schule, seit 1995 Versuchsschule des Landes Hessen (eine der vier Versuchsschulen im Bereich der Sekundarstufe I).

Größe: Die HLS umfaßt die Jahrgangsstufen 5–10; jeweils vier Parallelklassen pro Jahrgang.

Anzahl der Schülerinnen und Schüler: 600 (100 pro Jahrgang).

Anzahl der Lehrerinnen und Lehrer: 48 (davon 17 mit reduzierter Stundenzahl bzw. teilzeitbeschäftigt).

Ganztag/Halbtag: Die HLS ist eine Halbtagsschule, nachmittags finden Arbeitsgemeinschaften, oft auch die Vorbereitung oder Fortsetzung von besonderen Projekten etc. statt; im Jahrgang 9/10 gibt es wöchentlich einmal nachmittags auch Pflichtunterricht.

Soziale Zusammensetzung: Die Eltern der Schülerinnen und Schüler der HLS sind Handwerker, Gewerbetreibende, wenig Industriearbeiter, Beamte, Angestellte. Es überwiegen Mittelstandsfamilien, die sogenannte Oberschicht ist nur mit geringem Anteil vertreten.

Einzugsgebiet: Die HLS hat kein festes Einzugsgebiet. Sie ist als Versuchsschule eine Angebotsschule. Schülerinnen und Schüler kommen aus dem gesamten Bereich der Stadt Wiesbaden und aus den Vororten.

Nationalitäten: Seit der Umwandlung in eine Integrierte Gesamtschule (kurz IGS) beträgt der Anteil der Schülerinnen und Schüler nicht-deutscher Nationalität durchschnittlich etwa zehn bis zwölf Prozent; als die HLS noch Gymnasium war, betrug er rund 25 Prozent. Diese zehn bis zwölf Prozent sind Kinder und Jugendliche aus italienischen, jugoslawischen, portugiesischen, türkischen, iranischen, marokkanischen und äthiopischen Familien.

Umfeld der Schule: Die HLS liegt am Stadtrand zwischen einem Viertel mit inzwischen in Mietwohnungen oder Büros aufgeteilten Villen der Jahrhundertwende und Mehrfamilienhäusern und einem in den letzten 20 Jahren neu errichteten Behörden- und Bürozentrum.

Größe und Zustand der Gebäude: 24 Klassenräume, sechs »Schülertreffs« (offene Arbeits- und Sozialflächen für die Schüler eines Jahrgangs), sechs Materialräume, sechs Teamzimmer, elf Werkstätten, vier naturwissenschaftliche Fachräume, Turnhalle, Bibliothek, Theaterraum, Schulküche, Schulgarten. Das vier- bis fünfstöckige Gebäude (aus den späten 50er Jahren) ist in den Jahren 1988 ff. grundsaniert und teilweise entsprechend den Erfordernissen der HLS und ihres besonderen Konzepts umgebaut worden. Die geringe Größe der Klassenräume bedeutet eine erhebliche Erschwerung für viele Unterrichtsformen. Das wird durch die »Schülertreffs« nur teilweise ausgeglichen.

Kooperation mit Partnerschulen: Die HLS hat viele Arbeitsbeziehungen mit anderen Schulen, die teilweise eine regelmäßige, teilweise eine Zusammenarbeit bei besonderen oder auch zeitlich begrenzten Projekten mit sich bringen. Zu nennen sind derzeit: 1. Offene Schule, Kassel-Waldau und Steinwaldschule, Neukirchen (ebenfalls Versuchsschulen des Landes Hessen, enge Zusammenarbeit seit Jahren, gemeinsame Projekte); 2. Zwei Wiesbadener Grundschulen (Diesterwegschule, Peter-Rosegger-Schule); 3. Zwei Wiesbadener Gymnasiale Oberstufenzentren (Martin-Niemöller-Schule, Carl-von-Ossietzky-Schule); 4. Drei hessische Integrierte Gesamtschulen (im Rahmen eines bei der KMK angemeldeten Schulversuches); 5. Odenwaldschule Ober Hambach (enge Zusammenarbeit seit Jahren, gemeinsame Projekte); 6. Ferdinand-Freiligrath-Oberschule (Hauptschule) in Berlin-Kreuzberg (Schwerpunkt des Erfahrungsaustausches: Künstler in der Schule); 7. Grete-Unrein-Schule, Jena (1991–1996 im Rahmen eines Modellversuchs); 8. Schüleraustausch mit einer Schule in St. Brieux, Frankreich; 9. Briefpartnerschaften mit der Deutschen Schule in Kamenez-Podolsky (Ukraine); 10. Siddeswar Secondary High School, Bhandar Bamti, Ost-Nepal.

Kooperation mit anderen Institutionen: 1. Jugendamt der Stadt Wiesbaden (gemeinsames Projekt »Reisen«); 2. Fachhochschule Wiesbaden (ebenfalls beim Projekt »Reisen« und bei anderen Projekten); 3. Initiativkreis »Demokratisch Handeln« (Teilnahme an Förderwettbewerben, Mitgliedschaft in der Jury); 4. Robert-Bosch-Stiftung (verschiedene Projekte insbesondere zur Förderung des »Praktischen Lernens«); 5. Stiftung für Bildung und Behindertenförderung e. V. (Kooperation bei Projekten zum »Imaginativen Lernen«); 6. Universität Jena (im Rahmen einer Absolventenstudie); 7. Wiesbadener Staatstheater (Theaterprojekte); 8. Kulturamt der Stadt Görlitz (Projekt »Sich bewähren in der Fremde«); 9. Musikhochschule Frankfurt/Main (Projekt »Schüler komponieren«); 10. Hessisches Institut für Lehrerfortbildung (HILF) und Hessisches Institut für Bildungsplanung und Schulentwicklung (HIBS); 11. Studienseminar für das Lehramt an Gymnasien in Wiesbaden.

Ferner (teilweise regelmäßige) Fortbildungsveranstaltungen oder Beratungen für verschiedene Institutionen innerhalb und außerhalb Hessens, u. a.: Schulamt der Stadt Jena (Beratung zu Fragen der Schulentwicklung); IfL Hamburg (Fortbildung von Schulleitern) u. a.

2. Im Wandel der Zeiten

HABEN AUCH INSTITUTIONEN ein »Gedächtnis«, das dafür sorgt, daß sie dem Geist und den Motiven ihrer ursprünglichen Entstehung treu bleiben, selbst wenn sich radikale äußere Umbrüche vollziehen?

Die Helene-Lange-Schule ist mittlerweile fast 150 Jahre alt. Im Jahre 1986 wurde sie auf eigenen Antrag von einem Gymnasium in eine Integrierte Gesamtschule umgewandelt.[1] Das neue pädagogische Konzept, das Lehrerinnen und Lehrer bei dieser Gelegenheit erarbeiteten, hat in den vergangenen zehn Jahren den Unterricht, die Räume, die Zusammenarbeit der Lehrer, das Schulleben mit seinen Ritualen und die Organisation der Schule gründlich verändert. Lehrerinnen und Lehrer, die seit zehn oder 15 Jahren im Schuldienst waren, haben ihren Alltag neu überdacht. Sie haben sich an die Hoffnungen und Wünsche erinnert, mit denen sie einmal angefangen hatten, und an die vielen Enttäuschungen und vergeblichen Bemühungen, die ihre Lehrertätigkeit prägte.

Auch dieser radikale Neuanfang steht jedoch in der Tradition einer Schule, die sich in den 150 Jahren seit ihrer Gründung mehrmals äußerlich und innerlich gründlich verändert hat – und dabei dennoch ihren Ursprüngen verblüffend treu geblieben ist.

1. Phase: 1847–1901

Die Helene-Lange-Schule wurde 1847 (also im Jahre vor der 48er Revolution) von der Wiesbadener Bürgerschaft als »Erste Städtische Höhere Töchterschule« gegründet. Auch die Frauen wollten teilhaben an der geistigen Entwicklung ihrer Zeit und beanspruchten für ihre Töchter eine Bildung, die sie befähigte, sich mit Literatur, Geschichte, Politik oder auch Mathematik und Naturwissenschaften zu beschäftigen. Ein Aufbegehren gegen überkommene Beschränkung und Bevormundung.

Diese erste Phase der Schule ist bestimmt durch rasche Expansion, zahlreiche Umzüge und durch einen reform- und experimentierfreudigen Unterricht, in dem alle Freiheiten genutzt wurden, die eine Schule hatte, die noch nicht dem Diktat landeseinheitlicher Lehrpläne, Schulbücher und Prüfungen unterworfen war. Manches mutet dabei erstaunlich »modern« an: So wurde z. B. Französisch nicht nur in besonderem Fremdsprachenunterricht erteilt, sondern auch der Unterricht in Geographie oder Handarbeit fand in französischer Sprache statt.

2. Phase: 1901 – 1945

1901 zog die »Erste Höhere Töchterschule« in ihr neues, eigens für sie errichtetes Schulhaus, ein neugotisches, prunkvolles Gebäude, neben Marktkirche und Rathaus, gegenüber dem Schloß der Herzöge von Nassau. Der zentrale Platz und die prachtvolle Ausgestaltung zeugten vom Stolz der Bürger auf ihre Mädchenschule, die nun »Lyzeum am Schloßplatz« hieß (oder kurz »Schloßplatzschule«). Die weitere Entwicklung der Schule hatte auch mit den Erfolgen der Frauenbewegung zu Beginn des Jahrhunderts zu tun. 1908 wurde die Schloßplatzschule dem Gymnasium für Jungen gleichgestellt. Die

Berechtigung, die Schülerinnen zum Abitur zu führen, gab es allerdings nicht ohne die Verpflichtung, die gleichen Lehrpläne und die gleiche Stundentafel einzuhalten. 1915 bestanden die ersten Wiesbadener Schülerinnen das Abitur. Damit gehörte die Schloßplatzschule zu den ersten acht Mädchenschulen in Deutschland, an denen Schülerinnen das Abitur ablegen konnten. Maßgeblich beteiligt an der Gleichstellung der Mädchen- mit den Jungenschulen war die spätere Namensgeberin der Schule, Helene Lange, die, 1848 geboren, sich seit 1880 kämpferisch für erweiterte Bildungsmöglichkeiten von Frauen eingesetzt hatte. Sie betrachtete die Gleichstellung zwar als einen politisch notwendigen Schritt, hielt sie aber im Hinblick auf die Erziehung und Bildung für Mädchen für einen Nachteil. Für die Schloßplatzschule bedeutete die Gleichstellung viele Jahre Arbeit mit Reformen, mit neuen Lehrplänen, mit dem Ausbau der Oberstufe. Die Grundschule wurde abgetrennt.

Während der NS-Zeit – offiziell hieß die Schloßplatzschule nun »Oberschule für Mädchen am Adolf Hitler Platz« – gelang es dem Schulleiter, der die Schule von 1924 bis 1948 leitete, und dem Kollegium offensichtlich in großer Einmütigkeit, viele Elemente des früheren Schullebens ohne Aufhebens weiterhin zu praktizieren und ihren Schülerinnen einen nach außen ganz unspektakulären Raum zum Überleben in einer unmenschlichen Zeit zu geben. 1945 endete diese Phase der Schule mit der völligen Zerstörung bei einem Bombenangriff.

Damit schien das Ende der Schloßplatzschule besiegelt zu sein.

3. Phase: 1945 – 1974

In den Wirren der Monate unmittelbar vor und nach Kriegsende fand kein Unterricht mehr statt. Doch 1946 sammelten sich Lehrer, Lehrerinnen und Schülerinnen wieder und fanden ein provisorisches Unterkommen, das ihnen Schichtunterricht in einer anderen Mädchenschule in Wiesbaden ermöglichte. Dies Provisorium dauerte fast zehn Jahre, bis die Schloßplatzschule 1955 in ihr neu gebautes Haus einzog und seitdem Helene-Lange-Schule heißt, ein Name, der Programm und Selbstverpflichtung bedeutet.

Trotz der völligen Zerstörung, ja Auflösung, war die Schule in ihrem Kern erhalten geblieben. Es folgte eine ruhige Zeit, die erst 1968 mit der Pensionierung des Schulleiters, der seit 1950 die Schule geleitet hatte, endete. Dann begann – auch unter dem Einfluß der Bildungsreformdiskussionen jener Jahre und unter dem Eindruck der Studentenbewegung – eine stürmische Phase, in der Überkommenes in Frage gestellt und verändert wurde (mit häufigem Wechsel in der Schulleitung). Unter den damals durchgeführten Reformen sollen genannt werden:
- Abschaffung der Kopfnoten
- Einführung der Koedukation
- Erprobung der Rahmenrichtlinien und des Kurssystems in der Oberstufe als erste Wiesbadener Schule

– und schließlich 1974 Verlegung der Oberstufe in ein eigenes Gebäude (etwa zwei Kilometer von der Helene-Lange-Schule entfernt) und später Umwandlung in ein selbständiges Oberstufengymnasium.

Mit der Oberstufe verließen die damalige Schulleiterin und die Mehrheit des Kollegiums die Helene-Lange-Schule, die zurückblieb als »Rumpfgymnasium« ohne Schulleiter, ohne gewachsenes Kollegium, mit einem inzwischen verschlissenen und dringend renovierungsbedürftigen Gebäude. Die Schule schien wieder einmal am Ende zu sein.

4. Phase: seit 1976

In dieser Situation besannen sich das junge Kollegium und der neue Schulleiter auf die besonderen pädagogischen Aufgaben eines Gymnasiums nur für die Jahrgänge 5–10. Sie erprobten vorsichtig neue Methoden (z.B. Projektwochen), und sie öffneten die Schule bewußt und gezielt für Kinder ausländischer Arbeitnehmer. Die genauere Wahrnehmung der Schüler und Schülerinnen, das Sich-Einlassen auf das Fremde und Andersartige führte bei einem Teil des Kollegiums zu steigender Unzufriedenheit mit der gängigen Praxis des Stundenhaltens und zu dem Wunsch, die Schule radikaler zu verändern, um der Unterschiedlichkeit der Schüler und Schülerinnen wirklich gerecht zu werden.

Als dann 1985 durch die Förderstufen-Pläne der Hessischen Landesregierung ein Anstoß von außen kam, sowohl über die Struktur als auch über die innere Ausgestaltung der Schule noch einmal neu nachzudenken, traf dies auf eine innere Bereitschaft des Kollegiums und der Schulleiterin, die seit 1984 im Amt war, sich auf das Wagnis eines Neuanfangs einzulassen. Es folgten Wochen und Monate gründlichster Diskussionen und Planungen. Dem Antrag auf Umwandlung in eine Integrierte Gesamtschule und dem neuen pädagogischen Konzept stimmten schließlich 2/3 des Kollegiums und 95 Prozent des Schulelternbeirats zu.

Der historische Rückblick macht deutlich, daß uns einige Leitmotive in der fast 150-jährigen Geschichte der Helene-Lange-Schule immer wieder begegnen:
1. Für diejenigen, deren Bildungschancen beeinträchtigt waren, sollten entsprechende Möglichkeiten geschaffen werden:
    – für die Mädchen
    – für die ausländischen Kinder
    – für alle Kinder, unabhängig von Herkunft und Begabung.
2. Die Helene-Lange-Schule war von Anfang an offen für die Strömungen der Zeit und wagte immer wieder, neue Spielräume im Interesse der Kinder und Jugendlichen zu nutzen, Verkrustungen aufzubrechen, eingefahrene Gleise zu verlassen, zu experimentieren, Neues zu erproben, aber auch eigene Fehler zu revidieren.
3. Fast 150 Jahre hat es diese Schule an unterschiedlichen Orten und mit unterschiedlichen Personen verstanden, ein Schulethos zu erhalten, das geprägt war und ist vom menschlichen Umgang der Erwachsenen unter-

einander und der Erwachsenen mit den Kindern und Jugendlichen und geprägt war und ist durch ein lebendiges Schulleben, zu dem Musik, Kunst und Theater ebenso ihren Beitrag leisten wie handwerkliches Tun oder selbstverständliche Rituale und Regeln, Feste und Feiern.

Auch in schwierigen Zeiten, auch dann, wenn das Kollegium über Einzelfragen zerstritten war, gab es, trotz allem, immer immer wieder Einigkeit über diese, die Schule prägenden Grundvorstellungen.

Anmerkung

1 Der Anstoß dazu kam von außen: 1985 war in Hessen die Umwandlung aller 5. und 6. Klassen in Förderstufen geplant. In Fortführung der vierjährigen Grundschule sollte eine zweijährige gemeinsame Schulstufe für alle ohne Selektion entstehen. Das Vorhaben wurde nach der Hessischen Landtagswahl von 1987 aufgegeben. Für die Helene-Lange-Schule, deren Oberstufe bereits 1974 zu einer (räumlich getrennten und bald auch selbständigen) reinen Oberstufenschule geworden war, wäre die Folge gewesen, daß sie nur noch die Jahrgänge 7–10 umfaßt hätte.

ER

3. Macht Not erfinderisch?

Über Anlässe und Anfänge der Veränderungen seit 1986

Schon während der intensiven Diskussionen in Gesamtkonferenz und Schulelternbeirat, ob das Gymnasium eine Integrierte Gesamtschule werden solle, begannen im Kollegium die Überlegungen, wie denn in Zukunft diese Schülerinnen und Schüler, die sehr viel unterschiedlicher sein würden, als man es gewohnt war, unterrichtet werden sollten.

Einige von uns hatten eigene Erfahrungen als Lehrerinnen oder Lehrer an Gesamtschulen. Andere hatten Freunde, die dort tätig waren. Wir wußten, was wir nicht wollten. Und wir hatten zumindest ungefähre Vorstellungen von dem, was wir stattdessen wollten.

Das bezog sich anfangs vor allem auf drei Bereiche:

1. Die persönlichen Beziehungen zwischen Schülerinnen/Schülern und Lehrerinnen/Lehrern sollten beständig, verläßlich und von gegenseitigem Vertrauen bestimmt sein. Eine mögliche Lösung schien uns in Jahrgangsteams zu liegen. Da konnten wir auf die Erfahrungen einiger anderer Gesamtschulen (z. B. Kassel-Waldau, Göttingen-Geismar, Köln-Holweide) zurückgreifen, mußten aber dann doch unsere eigene Lösung finden.

2. Wir suchten nach anderen Formen des schulischen Lernens, also der Auseinandersetzung mit »Sachen«, ihrer Erarbeitung und Aneignung. Es sollten Formen des Lernens sein, die Selbständigkeit und Selbsttätigkeit der Schülerinnen und Schüler fördern, um ihnen zugleich zu ermöglichen, zunehmend Verantwortung für den eigenen Bildungsprozeß zu übernehmen. Außerdem ging es uns darum, der Tendenz zur Kopflastigkeit entgegenzuwirken.

3. Wir wollten, daß unsere Schule einerseits sehr bewußt ein Ort des ernsthaften Lernens sein sollte, aber andererseits eben auch ein »Lebensraum« für ihre Schülerinnen und Schüler, ihre Lehrerinnen und Lehrer. Schülerinnen und Schüler verbringen viel von ihrer Lebenszeit in der Schule. Das gleiche gilt in einem weitaus größeren Maß für Lehrerinnen und Lehrer. Deshalb ist es wichtig, daß die Schule ein Ort ist, an dem man sich auch wohl fühlen kann, wo man auch als »Mensch« und nicht nur als »Lerner« oder »Instruktionsspezialist« wahrgenommen wird.

Ziemlich bald waren sich die meisten von uns darin einig, daß die Schule insgesamt ein pädagogisches Konzept brauche, das wir nicht einfach von anderen übernehmen, aber für das wir von anderen durchaus etwas lernen konnten. So begab sich das Kollegium auf die Suche. Wir hospitierten in Schulen die für ihre Reformversuche bekannt sind (Odenwaldschule, Kassel-Waldau, Köln-Holweide), wir lasen Berichte von Reformschulen und setzten uns mit der Literatur der Reformpädagogik auseinander. In dieser Suchphase fiel uns ein Buch in die Hände: »Lernen mit Kopf und Hand«[1]. Der Begriff »Praktisches Lernen«, der in diesem Buch entfaltet wird, wirkte damals auf uns wie eine Initialzündung. Darunter konnten sich die Anhänger der

Freinet-Pädagogik, die Anthroposophen, die Anhänger der Projektmethode und auch all die Kolleginnen und Kollegen versammeln, die einfach nur wünschten, daß ihr Fachunterricht durch anschauliche Elemente anregender und vielfältiger würde. Die Offenheit des Begriffs und das Fehlen von Dogmen, die Tatsache, daß es sich nicht um ein geschlossenes System handelte, daß nicht erwartet wurde, daß wir uns einem bestimmten »Heiligen« verpflichteten, erleichterte es uns, diesen Begriff zu übernehmen und zu füllen. »Praktisches Lernen«, das schien uns »weltlich« und benutzbar.

So beschlossen wir, im Zentrum des neuen Schulkonzepts solle das »Praktische Lernen« stehen, nicht nur abgedrängt in Arbeitsgemeinschaften oder in ein dafür vorgesehenes besonderes Fach wie z. B. Polytechnik/ Arbeitslehre, sondern als Prinzip in allen Fächern und im normalen Schulalltag.

Unser Begriff vom »Praktischen Lernen« war nicht sehr scharf umrissen. Wir wußten vor allem, daß wir weg wollten von der Papier- und Bleistiftschule, vom Stillsitzen, vom ›Alle machen das gleiche in der gleichen Zeit‹, vom Arbeitsblätter- und Overheadprojektorunterricht. Wir hofften, wir könnten eine Schule machen, in der Kinder nicht nur Zeit absitzen, sondern in der das Lernen sich mit dem Leben verbindet. So verstanden wir unter »Praktischem Lernen« das Herstellen von Gegenständen und von Modellen, das Erforschen der Wirklichkeit außerhalb der Schule, das Experimentieren im naturwissenschaftlichen Bereich, aber auch: Etwas organisieren, anderen helfen in der Schule und außerhalb der Schule, oder auch: einen Sachverhalt aus einer Darstellungsform in eine andere umwandeln, ob durch Theaterspiel, Puppenspiel, Wandzeitung oder durch eine regelrechte Ausstellung.

Für diesen Schwerpunkt, der zugleich den weiteren Weg der Schule entscheidend bestimmt hat, erwies es sich als ein besonderer Glücksfall, daß, von der Robert-Bosch-Stiftung durch nachdrückliche Förderung über viele Jahre ermöglicht, es einerseits unter Leitung von Prof. Dr. Andreas Flitner einen »Arbeitkreis Praktisches Lernen« gab, in dem das dahinter stehende ›theoretische‹ Konzept gründlich aufgearbeitet wurde, und andererseits im Rahmen der »Akademie für Bildungsreform« eine Arbeitsstelle »Praktisches Lernen« (Leitung Prof. Dr. Peter Fauser) enstand, die immer wieder für Erfahrungsaustausch und gegenseitige Anregung unter jenen Schulen sorgte, die versuchten, neue Lernformen zu entwickeln. Die Robert-Bosch-Stiftung hat an diesen Schulen – auch an der Helene-Lange-Schule – dann auch einzelne Vorhaben, zum Beispiel den Ausbau von Werkstätten, mit großzügigen finanziellen Zuwendungen unterstützt und so einen wesentlichen Beitrag dazu geleistet, daß aus guten Vorsätzen und zukunftsweisenden Visionen tatsächlich Alltagspraxis werden konnte.

Wir übernahmen Anregungen vor allem aus der Freinet-Pädagogik, aus Montessori- und Waldorfschulen, aus der Odenwaldschule und aus anderen Gesamtschulen. Als »Methode« und Organisationsform schien uns nach gründlicher Auseinandersetzung mit verschiedenen Vorbildern vor allem der Projektunterricht geeignet.

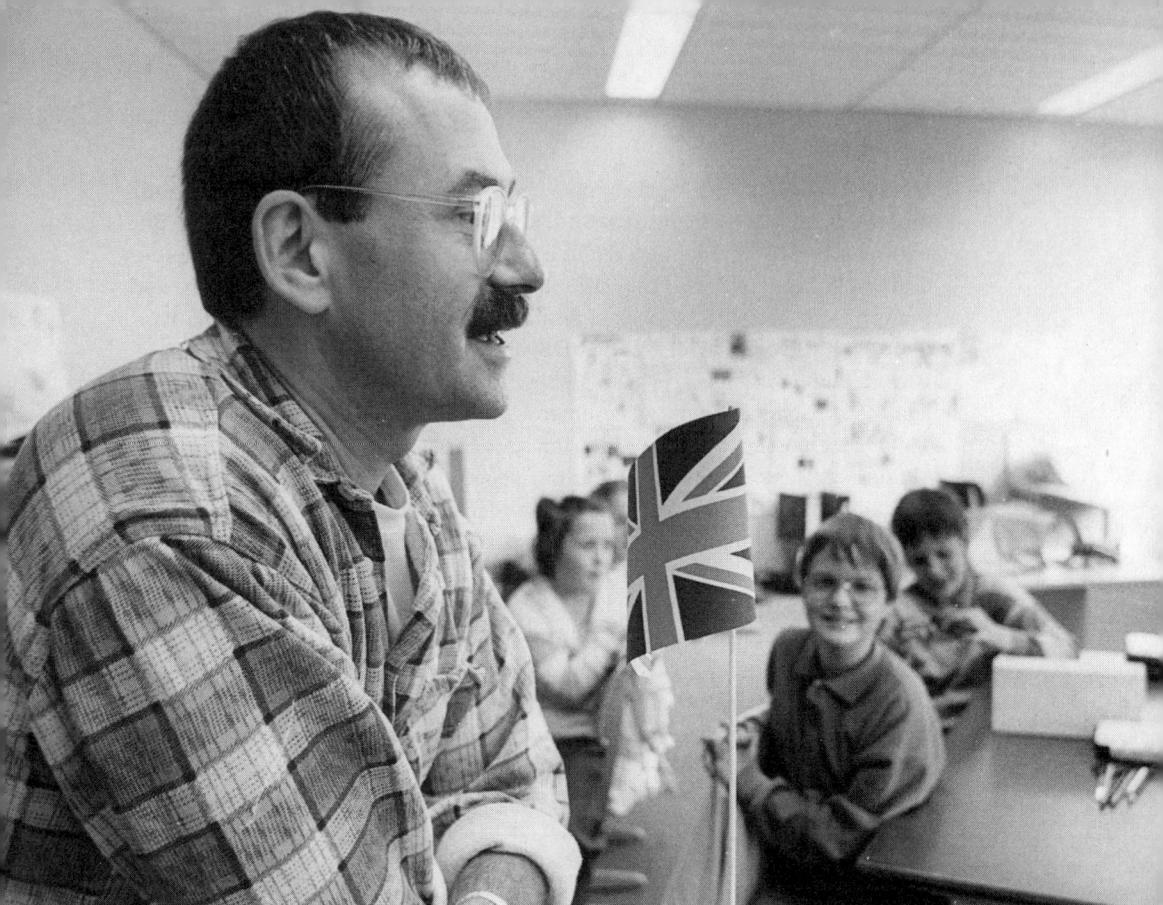

Dem neuen Schulkonzept stimmten zwei Drittel der Lehrerinnen und Lehrer und 95 Prozent der Eltern zu. In den folgenden fünf, sechs Jahren haben ein Drittel der Lehrerinnen und Lehrer die Schule verlassen, davon sieben weil sie sich mit diesem neuen Konzept und ihrer veränderten Rolle nicht anfreunden konnten, sieben aus privaten Gründen. Neu hinzugekommen sind vor allem Kollegen und Kolleginnen, die das Konzept eines solchen »anderen« Lernens ausdrücklich wollen.

Warum sich die meisten der Kolleginnen und Kollegen, die damals an der Helene-Lange-Schule waren, und viele Lehrerinnen und Lehrer von anderen Schulen, die sich seither auf eigenes Betreiben an die Helene-Lange-Schule haben versetzen lassen, auf das »Praktische Lernen« oder, wie man wohl besser sagen sollte, auf »andere Formen des Lernens« eingelassen haben, wird in Interviews deutlich, in denen sich einige von ihnen äußern:

»Mein stärkstes Gefühl war Befreiung. Befreiung von unnützem Ballast. Vorher empfand ich vor allem den Anstaltscharakter der Schule: Geschrei, Aggression, Druck und Gegendruck«, antwortet eine Kollegin, die seit 25 Jahren unterrichtet. Ein jüngerer Kollege: »Der Anfang hat bei mir eine Stimmung ausgelöst, wo ich dachte: Es ist alles möglich.«

Befreiung, Entlastung vom Streß des ständigen Suchens nach Fehlern, des ewigen Korrigierens, Beflügelung und Spaß, das waren sowohl bei den alten Helene-Lange-Lehrern und -Lehrerinnen als auch bei den neuen die vorherr-

Richard Herbert

schenden Anfangsgefühle. Andere betonen mehr die Herausforderung, die Anstrengung, die als sinnvoll und wohltuend empfunden wurde. Einige erinnern sich auch an ihre Ängste: »Am Anfang ist die Unsicherheit sehr groß. Das sind Stunden, wo man nachts nicht schlafen kann und denkt: Wie wird das morgen bloß? Dann aber tritt doch ein Klärungsprozeß ein und zwar, indem man einfach mal anfängt, und dabei auch sieht, wieviel man noch lernen muß. Und es ist gut für die Schüler, wenn sie erleben, daß ein Lehrer sagt: ›Ich muß auch noch etwas dazulernen.‹«.

Tatsächlich bedeutete die Veränderung, die wir wollten, daß fast alle von uns selbst erst einmal lernen mußten. Einfache Techniken, zum Beispiel das Buchbinden oder das Anlegen eines Herbariums, haben wir uns nachmittags oder an Wochenenden selbst beigebracht. Da gab es wie bei den Schülerinnen und Schülern Begabte, Verstockte, schnell Entmutigte oder Langsame. Und nun wurde das alles öffentlich, während wir doch früher hatten vorgeben können, in unseren Fächern alles zu wissen – und wenn nicht: es hatte sich ja hinter verschlossenen Türen abgespielt.

Auch mit Unsicherheiten gingen Kolleginnen und Kollegen unterschiedlich und oft sehr phantasievoll um: »Bei Unsicherheiten gerade in fachfremdem Unterricht hole ich mir bei Kollegen oder Kolleginnen Rat, oder wir tauschen auch einmal die Rollen, zum Beispiel: Ein Schweineherz auseinandernehmen – das habe ich nicht mitgemacht. Da habe ich mit Cornelia getauscht.

Ich möchte erzählen, wie ich das Praktische Lernen als Klassenlehrerin erlebe.

Niemand fragt: »Was soll ich tun?« Jeder denkt: »Nun kann ich endlich einmal tun, was ich schon längst tun wollte.« Und die Schüler fragen: »Wann können wir all das erledigen?« Oder: »Wann darf ich dies und das tun, was ich mir vorgenommen habe?« Sie sagen nicht: »Was – so lange?« Sie fragen: »Was – so wenig Zeit?« Und staunen: »Was – schon wieder vorbei?«

Für mich heißt Praktisches Lernen oft, Unterricht mit den Ohren machen. Während ich Wochendiktate korrigiere, Gipsbinden für eine Maske auf ein Kindergesicht auflege, eine Wandzeitung schreibe oder mit geschlossenen Augen über eine geschliffene Holzplatte streiche, höre ich das gleichmäßige Summen arbeitender und lernender Kinder. Ich unterscheide ihre Stimmen, die Tonlage, in der sie sprechen, und erkenne, womit sie gerade beschäftigt sind. Ich höre die Vielzahl von Verabredungen, die zur Zusammenarbeit getroffen werden, die Planungsgespräche und leises Gekicher über Büchern und Bildern. Ich bemerke Schritte und Bewegungen, spüre Gelingen und Mißlingen, erneute Versuche. Dazwischen mischt sich das leise Klirren von Teetassen, das Geräusch einer mechanischen und einer elektrischen Schreibmaschine, mitunter auch Klaviertöne vom leisegestellten Keyboard. Vom Schülertreff dringen die Schmirgelgeräusche der Holzarbeiten herein oder die Stimmen der Kinder, die auf der kleinen Bühne ein Spiel einüben. UE

Ich habe ihren Mathematikunterricht und sie hat während dieser Phase meinen fachfremden Biologieunterricht übernommen.«

Gerade die Erfahrung, neu herausgefordert zu sein, wieder neu lernen zu müssen und dabei Zutrauen zu sich selbst zu finden, aber auch Mißerfolge verschmerzen zu müssen, hat vielen Kolleginnen und Kollegen einen neuen Zugang zu einer unverstellteren Wahrnehmung der Schülerinnen und Schüler und zu ihrem Lernen eröffnet. »Ich nehme meine Schüler ganz anders wahr. Im gemeinsamen Tun bin ich ihnen viel näher und kann ihre Entwicklung genauer beobachten. Wenn ich z. B. so an Olli denke. Bei dem habe ich ja überhaupt nur über das Praktische Lernen wahrgenommen, was das für ein toller Mensch ist. Von Mathe her gesehen, um Gottes Willen, da hat es mich gegraust. Aber Olli beim Theaterspielen oder in der Küche! Ich habe ein ganz neues Bild von ihm bekommen.«

Nicht nur für die Schüler und Schülerinnen auch für die Lehrer und Lehrerinnen ist die Sichtbarkeit der Lernergebnisse sehr wichtig. »In meinem früheren Unterricht und in der Schule überhaupt blieb vieles unsichtbar und versteckt. Fast alles spielte sich im Kopf der Schüler ab. Und ob sie wirklich beim Lesen meiner Texte nicht nur nickten, sondern ob da in den Köpfen etwas verstanden wurde, etwas entstanden ist, das blieb mir oft über Jahre verborgen. Aber nun entsteht immer wieder etwas, das man vorzeigen kann. Ich spreche mit den Schülern über ihre Pläne und Vorstellungen und ihre Schwierigkeiten, und wie man eine Sache noch verbessern kann. Bei Fehlern und beim Mißlingen ist das wichtigste, zu fragen, woran es gelegen hat. Also, ich komme mit meinen Schülern in einen Prozeß des gemeinsamen Nachdenkens über ihre Arbeit und ihre Weise zu lernen. Und das war bisher immer sehr fruchtbar.«

Über das »andere Lernen« haben viele von uns eigentlich zum ersten Mal verstanden, daß »Lernen« viel mehr ist, als wir gedacht hatten. Die Nähe zu den Schülern und Schülerinnen, die veränderte Aufmerksamkeit, die sich nicht mehr nur auf »richtige« schriftliche oder mündliche Antworten konzentriert, das Staunen, der Stolz und die Freude von Schülerinnen und Schülern, wenn sie den Lernstoff nicht als etwas Abgespaltenes erleben, sondern als etwas, das zu ihrem Leben gehört – dies alles empfinden fast alle Kollegen und Kolleginnen als eine »Belohnung« für ihre Mühe.

Als besonders hilfreich und notwendig, wenn auch nicht immer leicht bezeichnen sie die Zusammenarbeit mit anderen Lehrerinnen und Lehrern. »Wir reden und diskutieren nicht nur unverbindlich, sondern steigen ein in eine konkrete Planung. Wir üben vorher gemeinsam, um dann im Unterricht sicher zu sein.« Aber gerade der Aspekt der Teamarbeit wird von einigen Kolleginnen und Kollegen auch kritisch gesehen. »Teamsitzungen sind gräßlich. Sie kosten viel zu viel Zeit«, sagt eine. Ein anderer weist auf den Konkurrenzdruck unter den Kollegen und Kolleginnen und der Teams untereinander hin, weil ja nun alles so sichtbar und vergleichbar ist. Die Nähe zu Kolleginnen und Kollegen wird von manchen nicht nur als hilfreich erlebt wird, sondern macht auch Angst.

Nach den Jahren der Erfahrung mit anderen Formen des Lernens läßt sich eine gewisse Zwischenbilanz ziehen. Alle Kolleginnen und Kollegen, die befragt wurden, ob sie sich eine Rückkehr zum alten Unterricht vorstellen könnten, antworten übereinstimmend mit »nein, niemals, trotz aller Belastung«, »ich würde krank«, »nein, das ist zu anstrengend und ermüdend«, »ich würde das als Verarmung ansehen und als Einschränkung«.

Aber an die Stelle der ersten Euphorie und des Gefühls der Befreiung, die den Anfang kennzeichneten und den Mut zum Sprung in das Neue möglich machten, ist nun das systematischere Nachdenken über die eigenen Erfahrungen und ihre genauere Überprüfung getreten. Wir wissen inzwischen, daß diese anderen Lernformen eine viel intensivere Vorplanung und Vorstrukturierung brauchen und daher weit mehr Zeit kosten als der Buchunterricht. Wir sind im Vergleich zum Anfang auch bescheidener geworden und haben beispielsweise das Angebot der handwerklichen und technisch-künstlerischen Möglichkeiten eingeschränkt, dafür aber – indem wir den Schülern und Schülerinnen auf die Hände geschaut haben – Schülerarbeitsplätze geschaffen, die viel genauer durchdacht sind, so daß Schüler und Schülerinnen wirklich selbständig arbeiten können. Wir achten mehr auf Kontinuität, auf geduldiges, langsames Ausprobieren, auf die Qualität der Arbeit.

Das »Praktische Lernen«, die Möglichkeit anderer Formen des Lernens haben in der Helene-Lange-Schule wie eine Initialzündung gewirkt. Was waren die Bedingungen für eine solche Wirkung?

Ohne eine »Vision« wäre es wohl nicht gegangen. Und diese »Vision« mußte stark sein, sonst hätten wir bei den vielen Hindernissen und Rückschlägen vermutlich irgendwann aufgegeben. Eine solche Vision des besseren, humaneren Lebens und Lernens in der Schule kann entstehen, wenn Lehrerinnen und Lehrer an der Schule, wie sie ist, leiden – sie muß es nicht. Doch werden sich wohl nur Lehrerinnen und Lehrer von dieser Vision in Bewegung setzen lassen, die die Erfahrung gemacht – und sich »zugegeben« – haben, daß es einfach zu wenig ist, wenn wir Kindern und Jugendlichen, die aus ihren Straßenschluchten, von ihren Fernsehapparaten oder zum Teil aus verstummten oder belasteten Familien kommen, nicht mehr anbieten können als den üblichen paper-and-pencil-Unterricht.

Ohne einen solchen Anfang geht es nicht. Er war nicht auf einmal da. Wir haben kein einmaliges Bekehrungserlebnis gehabt. Das Wichtigste war vermutlich, daß wir selbst gelernt haben, unsere Erfahrungen und Beobachtungen ohne Scheuklappen und ohne die immer schon vorab fertigen Deutungen und Urteile miteinander zu bereden, und daß wir uns dabei gegenseitig ermutigt haben, noch einmal von anderen Möglichkeiten, von einer »anderen« Schule zu träumen.

Anmerkung

1 Hg. von Peter Fauser, Klaus Fintelmann und Andreas Flittner. Weinheim 1983.

ER

4. Anders Lernen

DIE VERÄNDERUNG DER HELENE-LANGE-SCHULE seit 1986 war keine willkürliche Addition von zusammenhanglosen Einzelheiten. Eigentlich hing (fast) alles mit (fast) allem zusammen.

Andere Formen des Lernens haben etwas zu tun mit anderen Formen des Umgangs zwischen Lehrern und Schülern, aber auch der Schüler untereinander. Regeln und Rituale des Schulalltags haben ebenso wie die Feste, die nach und nach selbstverständlich geworden sind, etwas zu tun mit dem, was Lehrern und Schülern wichtig ist.

Das Konzept, in dem diese einzelnen Elemente ihren jeweils sinnvollen Ort haben, war wie eine Art erster Entwurf das Ergebnis der vielen Diskussionen in den Anfangsjahren. Im Lauf der Zeit und dadurch, daß wir unsere eigenen Erfahrungen immer wieder kritisch bedacht haben, ist dies Konzept uns selbst immer deutlicher geworden. Gab es einen neuen Vorschlag – ob innerhalb eines Teams oder für die ganze Schule –, dann war neben allen praktischen Überlegungen (Wie soll man das machen? Wer wird das machen?) ein Maßstab erforderlich, um die Frage zu beantworten: Wollen wir das eigentlich? Und dahinter steckt dann eine noch allgemeinere Frage: Was für ein (Ideal-)Bild haben wir von unserer Schule?

Schule ist ein Ort des Lernens. Und Schule ist immer zugleich auch ein gemeinsamer Lebensraum.

Das Lernen in der Schule ist kein Selbstzweck. Es soll Kindern und Jugendlichen so wirkungsvoll wie möglich helfen,
- sich in der Welt, in der sie leben und leben werden, selbst zu orientieren, Zusammenhänge und Bedeutungen zu verstehen,
- durch Übung und Erfahrung, durch Versuch und Irrtum, durch »Lernarbeit«, die Kenntnisse, Einsichten und Fähigkeiten zu erwerben, die sie benötigen,
  - um selbständig und mündig zu werden,
  - um die nachfolgenden Abschnitte ihrer Ausbildung (ob Berufsausbildung oder weiterer Schulbesuch) mit verläßlichen Grundlagen zu beginnen,
  - um Verantwortung zu erkennen und zu übernehmen.

Das ist nur möglich, wenn sie zugleich lernen, sich mit anderen zu verständigen, fremde Gefühle und Überzeugungen zu achten und dabei auch die eigenen immer besser zu verstehen und vertreten zu können.

Auch darum war es uns wichtig, daß unsere Schülerinnen und Schüler im Schulalltag, bei ihrer »Lernarbeit« immer wieder Erfahrungen machen können wie: »Ich kann selbst etwas herausfinden, und ich kann anderen klar und anschaulich erklären, was ich herausgefunden habe. Ich werde nach und nach immer sicherer in meiner eigenen Sprache, in einer fremden Sprache, im Umgang mit Zahlen oder auch mit Formeln. Immer wieder merke ich, daß ich nun etwas verstehe, was mir bisher unverständlich war.« Und auch: »Hier ist man vor allem neugierig auf meine Stärken, statt immer nur nach meinen Schwächen und Fehlern zu suchen, nach dem, was ich noch nicht kann, was ich verpatzt habe. Hier hören mir die anderen, die Gleichaltrigen – aber auch die Erwachsenen – aufmerksam zu und wollen wirklich wissen, welche Gedanken und Gefühle mir wichtig sind.« Aber auch: »Hier werde ich als Person respektiert. Ich bin nützlich. Ich kann etwas, was für andere wichtig ist. Ich werde gebraucht. Man traut mir etwas zu und mutet mir Verantwortung zu. Hier schaffe ich etwas, was mir allein nie möglich gewesen wäre, weil ich hier mit anderen zusammenarbeiten kann. Hier wird mir Fremdes und werden mir Fremde langsam vertraut und sind deshalb weniger bedrohlich und auch nicht mehr als Sündenböcke geeignet.«

Um möglichst allen Schülern und Schülerinnen der Helene-Lange-Schule solche Erfahrungen zu ermöglichen, wollten wir, daß »andere« Formen des Lernens bei uns nicht nur in einer Projektwoche kurz vor den großen Ferien (die dann, positiv oder negativ, von allen als ein merkwürdig exotischer Fremdkörper erlebt wird) möglich sein sondern den Alltag der Schule immer wieder bestimmen sollten.

Manchmal gehört zum Lernen auch, daß man einfach dasitzt und sich einzuprägen versucht, was in einem Buch steht. Aber damit man etwas wirklich versteht, ist oft etwas anderes viel hilfreicher und – als Ergänzung – sogar notwendig: das Erforschen der Wirklichkeit außerhalb der Schule, das Herstellen von Gegenständen oder von Modellen, das Experimentieren im naturwissenschaftlichen Bereich. Oder die Herausforderung, einem anderen oder einer Gruppe etwas zu erklären, was man selbst vielleicht noch gar nicht »ganz« verstanden hat. Aber auch: Etwas organisieren, anderen Menschen helfen. Oder auch: Etwas vorführen, etwas ausstellen, andere zu überzeugen versuchen, sich in »öffentliche« Angelegenheiten wirksam einmischen wollen. Oder auch: die vertraute Umgebung verlassen, sich in der Fremde zurechtfinden und bewähren.

Wir haben uns zu Fragen und zu eigenen Planungen anregen lassen durch alle Beispiele, in denen wir Lebendigkeit spürten, von denen wir den Eindruck (oder manchmal auch nur die Hoffnung) hatten, daß solcher Unterricht die Schüler und Schülerinnen tatsächlich »erreichen« würde. Wir stellten uns einen Unterricht vor, der Schüler und Schülerinnen immer wieder herausfordert, selbst tätig zu werden. Dessen wichtigstes Ziel nicht die auswendig gewußte »richtige« Antwort ist. In dem es immer auch darum geht, daß Kinder und Jugendliche im Umgang mit »Sachen«, mit Ideen, mit anderen Menschen, mit ästhetischen Phänomenen Erfahrungen machen, die ihnen zum besseren Verstehen der Welt, in der sie leben, und auch ihrer eigenen Person helfen. Bei dem die engen Fachgrenzen immer wieder überschritten und mehrere Fächer unter zentralen Schlüsselproblemen miteinander verbunden werden.

Wilhelm von Humboldt hat das vor fast zweihundert Jahren die »proportionierliche Entfaltung aller Kräfte des Individuums … in Wechselwirkung mit der Welt« genannt.

Uns liegen Formulierungen näher wie »Lernen aus und durch Erfahrung«, vielleicht auch der eher verschwommene Begriff »ganzheitlich«, oder auch *learning by doing* oder eben »Praktisches Lernen«.

> »Es war versteckter Neid, aber deutlich in der Art, sich lustig zu machen. Also
> dann hieß es: ›Ihr seid doch eine Spielschule!‹ Da bin ich damals schon wütend
> geworden, als das irgendwo in der Presse stand. Das kann ich auch heute noch
> nicht hören, denn der ›normale‹ Stoff war ja sowieso vorgeschrieben. Die
> ganzen Projekte und was wir alles zusätzlich gemacht haben, das hat einen
> mehr gefordert als was andere Schulen gemacht haben. Ich habe immer nur
> gesagt: ›Ihr könnt eigentlich nur traurig sein, daß ihr nicht da wart.‹«
>
> *Petra W., ehemalige Schülerin, 6 Jahre auf der HLS*

Neuerdings wird gern gesagt, die Schule müsse auch »Spaß« machen –
und von anderen wird das heftig bestritten. Wir halten das für eine ziemlich
törichte Kontroverse. Es geht nicht um »Spaß«. Und Lehrer sind keine
Spaßmacher. Sich in der Welt zu orientieren, in ihr seinen Stand zu fassen,
ist eine schwierige und ernsthafte Aufgabe. Erwachsenwerden ist kein
Zuckerschlecken und schon gar nicht die Teilnahme an einer unaufhörlichen
game show. Spaß ist etwas anderes als Freude oder Befriedigung. Also: nicht
»Spaß«, aber es ist in der Tat entscheidend, daß Lernen und vor allem, daß
Verstehen auch Freude macht, daß es für mich, den Lernenden, befriedigend
ist, wenn mir die »Welt«, andere Menschen, Zusammenhänge verständlicher
werden. Würde ich nicht auf diese Weise »belohnt«, ich würde das Lernen
bald aufgeben, nur noch unter der Androhung von Strafe (schlechte Zensur),
oder Verheißung einer Belohnung, die mit meiner Erkenntnislust nichts zu
tun hat (gute Zensur) weiter lernen. Auf einem anderen Blatt steht, daß
gemeinsame ernsthafte Lern-Arbeit in einer Atmosphäre am besten gelingt,
die gerade nicht dumpf, langweilig, angsterfüllt und gedrückt ist, sondern in
der man auch miteinander fröhlich sein kann, in der Vergnügen über einen
guten Einfall ebenso möglich ist wie der Stolz auf die eigene oder die gemeinsame Leistung.

Befriedigende und befreiende Erfahrungen beim Lernen gibt es natürlich
auch und gerade im Umgang mit Büchern, im Eindringen in das Wissen, das
andere über die Welt gesammelt und geordnet haben, und im Aneignen eines
Teils davon. Aber wenn die Sintfluten von immer mehr »Informationen«
zugleich alles relativieren, was man »wissen« kann, reicht das für viele
Kinder und Jugendliche nicht mehr aus. Das Wissen erscheint ihnen vor
allem als Lern»stoff«, dessen Beherrschung oder Nichtbeherrschung zwar
entscheidend ist, um »den Ü11 zu kriegen« (die Berechtigung für den Besuch
der gymnasialen Obertufe), aber der wenig oder gar nichts damit zu tun hat,
wie ich mit mir selbst und den anderen zurechtkomme, wie ich herausfinden
kann, warum etwas »so« ist – und ob es so sein muß.

Deshalb ist es für Schülerinnen und Schüler so vordringlich, daß die
»Information über ...« (die man sich aneignen, auswendig lernen, wiederge-
ben können muß) immer wieder geprüft und korrigiert werden kann durch
die Schlußfolgerungen, die sie aus ihren eigenen Erfahrungen ziehen können. Erfahrungen, die sie machen, wenn sie etwas selbst herstellen, wenn sie
handeln, wenn sie sich selbst darstellen.

> »Was ich hier eben sehr angenehm finde ist, daß man den Schülern etwas zutraut. Hier wird das einfach erwartet, daß die Schüler auch was machen, und die werden ernst genommen. Manchmal können Schüler ja auch Sachen schaffen, die Lehrer vielleicht nicht machen können.«
>
> *Jan W., Student, 5 Jahre auf der HLS*

Möglichkeiten, solche Erfahrungen zu machen, gibt es für immer mehr Kinder und Jugendliche außerhalb der Schule nur noch in ziemlich armseligen Formen. (Zugleich melden da, zum Beispiel in der Mode- oder Medienbranche, milliardenschwere Gruppen ihre Interessen an – und sind im übrigen ein Teil dessen, was Adorno die »Bewußtseinsindustrie« nannte, selbst wenn sie nur Kleider oder Platten verkaufen wollen.)

Die Schule, in die wir gegangen sind und für die wir ausgebildet wurden, setzte viele Erfahrungen außerhalb der Schule (im Elternhaus, in der Nachbarschaft, noch allgemeiner: in der »Gesellschaft«) einfach als selbstverständlich voraus. Will heute eine Schule ernsthaft ihren Erziehungs- und Bildungsauftrag, wie er zum Beispiel in den ersten sechs Paragraphen des hessischen Schulgesetzes formuliert ist, erfüllen, dann bleibt ihr vermutlich gar keine andere Wahl, als Erfahrungen, die viele Schüler und Schülerinnen eben nicht mehr außerhalb der Schule »von selbst« machen, überhaupt erst zu ermöglichen.

Dabei geht es vor allem um drei (natürlich miteinander zusammenhängende) Bereiche: »Herstellen« statt Kauf und Konsumieren von Fertigprodukten, selber »Handeln«, statt einer zu bleiben, der immer nur Teil einer Zielgruppe ist, die behandelt und beeinflußt werden soll, sich selbst »Darstellen«, das heißt auch: verdeutlichen, daß man etwas zu den wichtigen und strittigen Fragen beizutragen hat.

Herstellen

Beim »Herstellen« von handwerklichen, technischen und ästhetischen Gegenständen und Produkten geht es um die Auseinandersetzung mit einem stofflichen Material. Es geht um die fachgerechte Benutzung von Werkzeugen und Hilfsmitteln nach einem Plan, der von der Schülerin/dem Schüler oder einer Lerngruppe entwickelt worden ist oder auch einmal vom Lehrer vorgegeben wird.

Material und Arbeitsmittel sind etwas »Objektives«, etwas, an dem man sich abarbeiten muß. Das erfordert Ausdauer. Man lernt, auch mit Mißerfolgen umzugehen. Aber bei der Planung und Herstellung geht es immer auch um Einfallsreichtum und Vorstellungsvermögen. Man übt, in Gedanken etwas vorwegzunehmen, mögliche Folgen abzuschätzen.

Manchmal ist es nützlich, sich auf die Herstellungsvorgänge selbst zu konzentrieren, also in einer der Werkstätten einfach bestimmte »Techniken« zu lernen, meist ist Herstellen an der Helene-Lange-Schule aber im Rahmen von fächerübergreifenden Projekten in das Offene Lernen integriert (zum

»Also bei meinen beiden habe ich vor allem mitbekommen, wie sie *gelernt* haben. Sie wurden immer sicherer: Ich kann etwas, ich weiß, wie ich das machen muß! Das hat mich als Mutter ganz gelassen gemacht, auch wenn ich bei Gesprächen mit Eltern von Mitschülern immer wieder mal gehört habe, die Kinder würden im Hinblick auf die weiterführende Schule nicht genügend lernen. Für mich war das nach einer Weile nicht mehr ausschlaggebend, weil ich gesehen habe, sie haben das Handwerkszeug bekommen und sie trauen sich selbst etwas zu. Da war ich sicher, sie würden sich auch an einer anderen Schule zurechtfinden. Darum haben mich die anfänglichen Erschütterungen meiner Kinder, als sie anschließend in die gymnasiale Oberstufe gingen, nicht aus den Angeln gehoben. Ich wußte, die finden ihre Möglichkeit, das auszugleichen.

Frau W., ein Sohn und eine Tochter waren auf der HLS

Beispiel: das Herstellen von Steinwerkzeugen, Webstühlen oder Felltaschen im Projekt »Urgesellschaft«).

Handeln

Wenn es um Lernen durch Handeln geht, kann »Handeln« durchaus Unterschiedliches bedeuten: forschende, kommunikative oder soziale Tätigkeiten, Tätigkeiten jedenfalls in realen Handlungsfeldern. Handeln hat in der Regel Ergebnisse, die ernstgenommen werden wollen.

Es kann sein, daß sich Schüler direkt selbst helfend engagieren, indem sie zum Beispiel alten Menschen im Altersheim regelmäßig vorlesen oder Asylantenkinder bei den Hausaufgaben betreuen. Auch dabei machen sie Erfahrungen und Beobachtungen, die ins Bewußtsein gehoben, zur Sprache gebracht, miteinander ausgetauscht oder anderen vermittelt werden können.

Forschen, das heißt beobachten, untersuchen, fragen. Zum Beispiel: Beobachtungen im Wald, Untersuchungen von Gewässern oder von Verkehrsproblemen, Erforschen des Lebens und der Arbeit von Menschen in ihrer Berufswelt oder der Geschichte eines Stadtteils.

Wichtig ist immer, daß man sich darüber klar wird, wie man am besten »etwas herausfinden« oder wie man prüfen kann, ob die eigenen Vermutungen tatsächlich stimmen.

Darstellen

Die außerhalb der Schule gesammelten Informationen, aber auch das, was in der Schule aus Büchern und anderen »Quellen« erhoben worden ist, was man vielleicht mit den anderen diskutiert hat, können zu Texten, Grafiken, Arbeitsberichten, Diareihen oder ähnlichem werden – manchmal auch einfach nur zu Erzählungen vom selbst Erlebten. Man muß lernen, sie und sich mitzuteilen, anderen zu vermitteln, für »Öffentlichkeit« zu sorgen. Man muß vor einer Versammlung reden lernen oder erproben, wie man auf andere Weise etwas so ausdrücken kann, daß die anderen es verstehen.

Manchmal kann es das Ziel solcher Veröffentlichung sein, auf einen Mißstand aufmerksam zu machen, dagegen zu protestieren und eine Verbesserung zu bewirken (z. B. die Ausweitung des Radwegenetzes, die Aufstellung von Containern für getrennte Abfallsammlung oder die kindergerechte Ausgestaltung eines öffentlichen Spielplatzes).

»Handeln« in Verbindung mit »Darstellen« kann so eine der Formen sein, durch die Schüler versuchen, im Rahmen ihrer Möglichkeiten »politisch« wirksam zu werden, z. B. durch einen Antrag im Ortsbeirat, Leserbriefe oder einen Info-Stand in der Fußgängerzone zum Waldsterben.

Besonders faszinierend und wirkungsvoll ist das Theater, wenn man sich anderen mitteilen möchte und oft erst bei diesem Mitteilungsversuch herausfindet, was genau man eigentlich verständlich machen will und wie man das am wirkungsvollsten tut. Das Theaterspielen ist darum mit all seinen begleitenden Notwendigkeiten wie Kulissenbau, Kostüme nähen, Geschichten erfinden, Texte formulieren und verändern in allen Jahrgängen der Helene-Lange-Schule eine der wichtigsten Formen des »anderen« Lernens.

Das Darstellen, Veröffentlichen, sichtbar Dokumentieren hat noch eine andere wichtige Seite: Eine der entmutigenden Erfahrungen herkömmlicher Schulpraxis ist, daß die Arbeit aller Beteiligten (auch der Lehrerinnen und Lehrer, aber vor allem der Schülerinnen und Schüler) so »spurlos« bleibt, so wenig »bewirkt«. Oft nicht einmal die Aufmerksamkeit, das mehr als flüchtige Interesse der anderen erregt. Die meisten Schülerarbeiten haben nur einen Leser (den Lehrer/die Lehrerin), von ihnen bleibt selten mehr als eine Ziffer (die Zensur, die man am Ende bekommt). Sie sind nicht »an sich« interessant. Es erscheint unwichtig, ob und was der, der da schreibt oder malt oder musiziert, eigentlich mitteilen will. Es ist ohne Bedeutung, ob er andere damit erfreut oder ob das Ergebnis seiner Arbeit für sie wichtig ist. Etwas, das mit der Arbeit und ihrem Ergebnis nur sehr mittelbar zu tun hat, die Leistungsbewertung, schiebt sich ständig in den Vordergrund. Indem ihr Ergebnis nicht (oder höchstens so »nebenbei«) öffentlich werden darf, wird der Arbeit von Schülerinnen und Schülern zugleich auf eine hintergründige Weise die »Würde« genommen, geraten Stolz auf die eigene Leistung und daraus folgendes Selbstvertrauen in die Gefahr, mehr und mehr von etwas Zweifelhaftem, Abgeleitetem abhängig zu werden: von der »Zensur« des einen Beurteilers.

Damit die Schule ein gemeinsamer Lebensraum werden kann, muß immer wieder auch dies gelernt und geübt werden: sich miteinander zu verständigen. Das heißt erst einmal: sich selbst verständlich machen, mit Worten oder mit Handlungen für andere verständlich ausdrücken, was einem wichtig ist, wovon man möchte, daß die anderen es verstehen. Das heißt zum anderen: zuhören lernen, herausfinden lernen, was der andere mir mitteilen will, also selber verstehen wollen. Und das heißt schließlich: sich einigen auch bei oder trotz Meinungsverschiedenheiten und unterschiedlicher Interessen, einen Streit schlichten lernen, oder auch ihn einfach mal beenden, fallen las-

sen können, heißt Aufgaben verteilen, Verantwortung und Pflichten übernehmen und für sie auch einzustehen. Dies »sich miteinander zu verständigen« hat viele Anlässe im Schulalltag, wird gestützt durch Rituale und besondere Anlässe, aber es hat seinen Ort eben auch im ganz normalen Unterricht, wenn in ihm »anders« gelernt werden kann.

Zwei Formen schienen uns besonders geeignet, das »andere Lernen« anzuregen und zu stützen: ein ausgedehnter *Projektunterricht* als wichtiger Teil eines jeden Schuljahres und die »Arbeit nach dem Wochenplan«. Wir wußten – nicht wenige von uns aus eigener Erfahrung –, daß gute Ideen und gute Vorsätze allein nicht ausreichen, um eine Schule dauerhaft zu verändern. Zu oft versickern sie nach der ersten großen Anstrengung wieder in der traditionellen Routine des Schulalltags. Wir mußten also diese neuen Formen absichern.

GB/ER

5. Was nicht organisatorisch abgesichert ist, wird immer gefährdet bleiben (Anders Lernen 2)

ORGANISATION ERSCHEINT UNS OFT als etwas »Kaltes«, sozusagen Entfremdetes. Wir denken an Bürokratie, an Formen der Verwaltung, die nicht dienen, sondern herrschen und Lebendigkeit oder Spontaneität nach und nach ersticken.

Aber damit in einer Schule andere Formen des Lernens, andere Themen und Lernanlässe, eine andere »Lernkultur« tatsächlich selbstverständlich werden können und nicht immer wieder unter großen Anstrengungen ihren Platz erkämpfen müssen, ist es notwendig, sie »organisatorisch« abzusichern.

Dafür haben wir sehr bald bestimmte Lösungen gefunden, die dann im Lauf der Zeit aufgrund der Erfahrungen, die wir gemacht und kritisch bedacht haben, teilweise noch ein wenig verändert worden sind.

Das »Offene Lernen«

Um dem fächerübergreifenden Lernen in Form von Projekten einen festen Platz zu sichern, schien es uns notwendig, einen neuen, zentralen – für alle Schüler/Schülerinnen und Lehrer/Lehrerinnen verbindlichen – Bereich in unserem wöchentlichen Unterricht einzurichten.

Die geltende Stundentafel wurde in begrenztem Umfang durchbrochen und ein neuer vierstündiger Block eingerichtet, den wir »Offenes Lernen« (OL) nannten, weil der Lernweg der Schüler und das Lernergebnis »offen« sind. Die Klassen eines Jahrgangs, aber auch die einzelnen Schüler setzen unterschiedliche Schwerpunkte. Besonders wird darauf geachtet, daß die Selbsttätigkeit der Schüler und Schülerinnen und handelndes, praktisches Lernen einen breiten Raum einnehmen.

Im Laufe der Sekundarstufe I geben fast alle Fächer irgendwann Stunden an das Offene Lernen ab, z. B. in den Jahrgangsstufen 5/6 die Naturwissenschaften eine Stunde, Gesellschaftslehre eine Stunde, Arbeitslehre zwei Stunden.

Möglichst zusammen mit zwei weiteren Fachunterrichtsstunden, die er unterrichtet, wird das Offene Lernen an einem Vormittag der Woche vom Klassenlehrer verantwortet und betreut. Es ist wichtig, daß dieser Block mindestens vierstündig ist, damit komplizierte und langwierigere praktische Arbeiten am Stück fertiggestellt werden können, damit Schüler ihren eigenen Arbeitsrhythmus finden, unabhängig von der 45-Minuten-Einteilung der Schulstunden und um jederzeit ohne größeren organisatorischen Aufwand Exkursionen außerhalb der Schule unternehmen zu können.

In zwei von den vier Stunden, die dem Offenen Lernen zur Verfügung stehen, kommt zum Klassenlehrer ein weiterer Fachlehrer hinzu, dessen Fächer in der Regel Kunst, Polytechnik oder ein naturwissenschaftliches Fach sind, um so den praktischen Anteil möglichst noch zu verstärken. Diese zeitweilige Doppelbesetzung im Offenen Lernen ermöglicht ein flexibles Arbeiten in kleinen Gruppen, ein breiteres Angebot an die Schüler, die Benutzung von mehreren Räumen gleichzeitig, vor allem aber das Lernen der Lehrer und

Lehrerinnen voneinander und den intensiven Austausch über den Unterricht.

In jedem Schuljahr gibt es in jeder Jahrgangsstufe zwei Projekte. Sie dauern jeweils etwa zwei Monate und nehmen ihren Ausgang vom Offenen Lernen. Nach einer Anlauf- und Planungsphase von etwa zwei Wochen werden aber je nach Thema noch mehrere andere Fächer in die Projektarbeit einbezogen, so daß für etwa sechs Wochen 8–11 Wochenstunden für das Projekt verwendet werden. In den projektfreien Phasen finden in den Stunden des Offenen Lernens praktische Arbeiten in den Werkstätten oder naturwissenschaftlichen Fachräumen, Einüben in Freies Experimentieren mit dem Nawi-Wagen oder »Freie Aufgaben« statt.

Das Offene Lernen bietet besonders viele Gelegenheiten, »anders« zu lernen. Das Lernen in Projekten, wie es durch die Einrichtung des »Offenen Lernens« gestützt werden soll, ist fast immer auch fächerübergreifendes Lernen.

Fächerübergreifende Projektarbeit erfordert einen flexiblen Stundenplan, der sich an den wechselnden Erfordernissen der Arbeit orientiert. Deshalb wird zu Beginn jeder Woche nach Abstimmung im Lehrerteam der jeweiligen Klasse mit den Schülern und Schülerinnen der Stundenplan dieser Woche in Teilbereichen neu festgelegt. Nach dem Montag-Morgen-Kreis wird mit den Schülerinnen und Schülern zusammen die Woche geplant. Dafür erhalten sie ein vorbereitetes Formular, das sie in einen eigens dafür vorgesehenen Info-Ordner abheften. In dieses Formular tragen die Schüler das ein, was in der kommenden Woche an welchen Tagen und in welcher Stunde gemacht werden soll, z. B. Dienstag 1. Stunde Freie Texte oder, Mittwoch 3. bis 6. Stunde Mikroskopieren/Arbeit mit dem Nawi-Wagen. Einige Stunden im Stundenplan für die jeweilige Woche werden mit der Bezeichnung »Wopla« frei gehalten, damit Schüler und Schülerinnen zu diesen festgelegten Zeiten nach ihrem individuellen Wochenarbeitsplan (im Alltag »Wochenplan« genannt) arbeiten können.

Ein flexibler Stundenplan für die jeweilige Woche ist eine Voraussetzung dafür, daß Schüler und Schülerinnen bestimmte, über einen Tag hinausgehende, Zeiträume überblicken, in der Klasse 5 und 6 eine Woche, später einen Monat oder mehr. Außerdem lernen sie ihre Zeit und ihre Kräfte einteilen, und sie machen die Erfahrung, daß ihre Interessen, ihre Fragen und Vorschläge in die normale Schularbeit eingehen und dort berücksichtigt werden.

Arbeit nach dem Wochenplan

Um den unterschiedlichen Begabungen, Arbeitsformen, Interessen und Neigungen der Schüler und Schülerinnen gerecht zu werden, wurde mit dem »Wochenplan« (Wopla) ein weiteres Instrument aus der Reformpädagogik übernommen und weiterentwickelt, das sowohl individualisierendes als auch selbständiges Arbeiten fördert.

Organisation der Arbeit nach dem Wochenplan

Für die Bearbeitung der Aufgaben steht ein Pool von drei Stunden, in manchen Unterrichtsphasen bis zu sieben Studen zur Verfügung, die in der Regel von den Fächern Deutsch, Englisch und Mathematik genommen werden und im Stundenplan der Schüler mit »Wopla« gekennzeichnet sind. In diesen Stunden sollen die Schüler, unabhängig vom gerade anwesenden Fachlehrer, nach ihrem am Wochenanfang festgelegten Arbeitsplan selbständig arbeiten. Bei der Wahl des Begriffes »Arbeit nach dem Wochenplan« wollten wir die sonst gebräuchliche Bezeichnung »Freie Arbeit« oder »Freiarbeit« vermeiden, weil nach unserer Einschätzung die praktizierte »Freiarbeit« häufig nicht so »frei« ist, wie sie scheint, und Vorgaben von Lehrern stark dominieren.

Der Wochenplan

In ein vorgedrucktes Formular tragen die Schüler und Schülerinnen am Montag nach der Erstellung des Stundenplans für die Woche die Aufgaben ein, die in dieser Woche zu erledigen sind. Auch der Wochenplan wird – so wie der Stundenplan für die Woche – im Infoheft abgeheftet. Im Laufe der Woche markieren die Schülerinnen und Schüler in ihrem Arbeitsplan die schon erledigten Aufgaben und geben sich am Ende der Woche Rechenschaft darüber, ob sie alles erledigt haben oder warum sie ggf. bestimmte Aufgaben nicht lösen oder bearbeiten konnten. In den klassenbezogenen Koordinationsstunden der Jahrgänge 5 und 6 beraten die Lehrer einer Klasse immer wieder über Umfang, unterschiedliche Schwierigkeitsgrade, Modalitäten der Aufgabenstellung und -durchführung und Kontrolle.

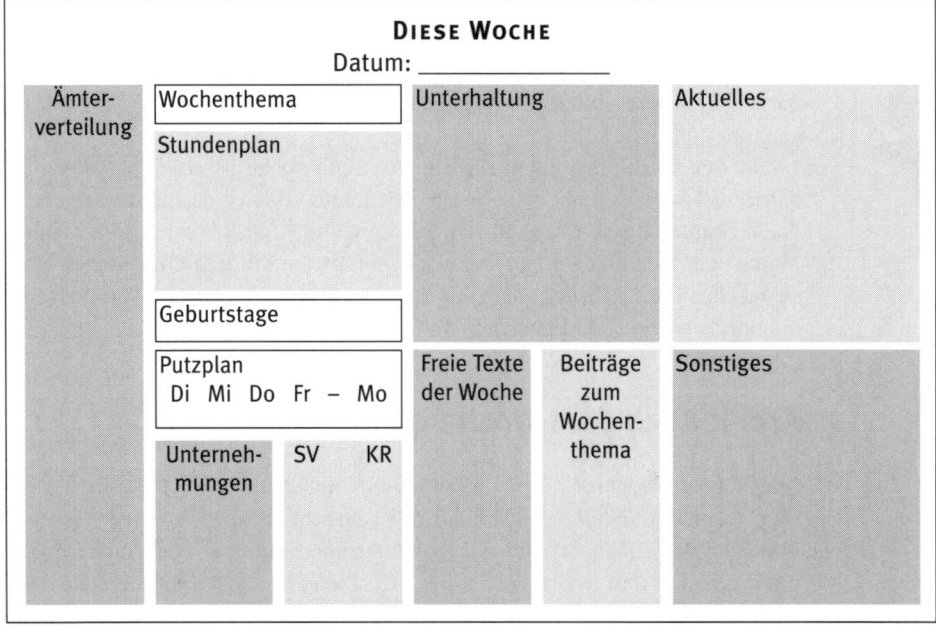

WOCHENSTUNDENPLAN				KLASSE _8c_	

vom _15. Juni_ bis _28. Juni 1993_

_8./9._ Woche des Projekts/der Unterrichtsreihe: _Leben in der Stadt_

Zeit	Dienstag	Mittwoch	Donnerstag	Freitag	Samstag	Montag
1	Wahl-Pflicht-Unterricht	Lineare Funktionen	Lineare Funktionen	Wochenplan/ Projekt	20. Juni bis 26. Juni	aktuelle Stunde/ Wochenplan
2	Wahl-Pflicht-Unterricht	Bestimmung Steigung ...	(Fortsetzung)		Klassenfahrt nach Burg	
3	Wasser-aufbereitungs-exkursion	Vortragen der	präsentation Islam	Wochenplan/ Wiederholung	Ludwigstein	Offenes Lernen Spezialthemen
4		speaches		voc./unit 6		zum Projekt/ Außentermine?
5	Gruppen-Lightshow-szenen	Sport	Ozon	Wahl-Pflicht-Unterricht		
6		Sport		Wahl-Pflicht-Unterricht		Klassenrat

WOCHENTHEMA:	_Klassenfahrt (Packliste)_
	Wasseraufbereitung / Mein Thema ...
Meine Arbeit dazu/Material:	_Notizblock, Video ..._
Montagsrunde:	
Vorbereiten:	_Klassenfahrt: alle_
Sonstiges:	_Moritz: Elisabeth von Thüringen (Vortrag: Burg Ludwigstein)_
aktuelle Stunde:	_Susan, Julia_
Vorbereiten:	
Sonstiges:	_André: Wartburg (Vortrag: Burg Ludwigstein)_

für das Fach:	MEINE WOCHENPLANARBEIT	erledigt
Projekt	Spezialthemen/Bilanz	
Klassenfahrt	Abendprogramm in Gruppen überlegen	
Englisch	Wiederholung: voc. unit 6	
Mathematik	Wiederholung: Bruchgleichungen, Buch S. 106	
	Wiederholung: Bruchterme, Buch S. 45 ff.	

HAUSAUFGABEN	
Di	Aussentermine: Projekt Spezialthemen, Lightshow: weiße Kostüme
Mi	Mathematik: Heft Bruchterme wiederholen, Englisch: beendet haben: speeches
Do	Religion: Präsentation Islam, Mathematik: Buch S. 48, 1–7; S. 50, 2–4
Fr	Projekt: Bericht: Wasseraufbereitung, Projekt: Stadtökologie-Ordner weiterführen
Sa	Klassenfahrt: an alles denken, Texte „Werraland" nicht vergessen
Mo	Klassenfahrt: Tagebücher mitbringen (Elternabend vorbereiten), Englisch: Abgabe: reading diary

Fach	LÄNGERFRISTIGE AUFGABEN	zu erledigen bis
Projekt	Präsentation Spezialthemen	Mo., 5. Juli
Deutsch	Klassenarbeit: Phantastische Literatur	Fr., 13. Juli
Musik/Kunst	Aufführung Lightshow	Fr., 16./23. Juli

»Man hat mir Freiraum gegeben, mir die Arbeit so einzuteilen und meine Probleme so zu lösen, wie ich es denke oder meine machen zu müssen. Ich konnte also auch mal umherschweifen, wenn ich das wollte. Das habe ich dann auch gerne gemacht. Aber ich mußte immer (die Kontrolle war ja da) meine Arbeit bis am Ende der Woche – bzw. zum Abgabetermin – fertig haben. Da hat man gelernt abzuschätzen: ›Wann muß ich meine Sachen erledigen, damit sie pünktlich fertig sind.‹ Zum anderen war es auch die Gruppenarbeit, wenn man mit anderen auf dem Schülertreff gesessen hat. Und die Lehrer gesagt haben: ›Zur allerletzten Not frag' mich, aber jetzt geh' mit deinem Problem erst mal zu deinen Mitschülern und versucht, das zusammen zu lösen.‹ Das war im großen und Ganzen weiterbringend.«

Petra W., ehemalige Schülerin, 6 Jahre auf der HLS

Aufgaben im Wochenplan

Nach unseren bisherigen Erfahrungen können folgende Typen von Aufgaben im individuellen Arbeitsplan für die Woche, dem »Wochenplan«, unterschieden werden:

Kurzfristige fachgebundene Aufgaben

Unter dieser Überschrift lassen sich z. B. folgende Aufgaben bündeln:
- Übungsaufgaben in Englisch, 2. Fremdsprache, Mathematik und Deutsch, die dem Lernentwicklungsstand der einzelnen Schüler und Schülerinnen entsprechend gestellt werden können;
- kleine Forschungs- und Erkundungsprojekte;
- Spiele;
- individuelle Aufgaben wie zum Beispiel das Schreiben eines Freien Textes oder einer Rechengeschichte;
- Bearbeitung und Kontrolle von Aufgaben, die Mitschüler oder Mitschülerinnen entwickelt haben.

Langfristig immer wiederkehrende praktische Aufgaben

Bestimmte Tätigkeiten müssen über einen langen Zeitraum (ein bis zwei Jahre) immer wieder durchgeführt werden und können nur von einer kleinen Gruppe von Schülern oder von einzelnen gleichzeitig erledigt werden. Sie sind häufig nicht an ein bestimmtes Projekt oder an ein bestimmtes Fach gebunden. Zu solchen Aufgaben zählen zum Beispiel:
- die Arbeit in der Druckerei (setzen, drucken, einsortieren);
- langfristige Beobachtungen an Pflanzen und Tieren im Klassenraum;
- die Pflege des Schulgartens;
- die Durchführung von freien Experimenten;
- Arbeit im Fotolabor;
- Arbeit am Computer;
- Dokumentation des Klassenlebens.

Bei der Festlegung und Verteilung solcher Aufgaben im Wochenarbeitsplan ist darauf zu achten, daß keine Überlastung eintritt, daß also z. B. Schüler,

»Es war interessant. Immer wieder die Aufregung vor einer Präsentation. Ich kann mich noch erinnern. Das war das Feste Vorhaben ›Holz‹ in den neunten Klasse oder so. Und dann wurden die Ergebnisse dem gesamten Jahrgang vorgetragen. Da steht man im Lampenlicht und ist nervös. Das sind aber sehr positive Erinnerungen. Was ja noch interessanter ist an diesen Präsentationen, ist die Seite des Zuhörens. Da hat man besonders gut gelernt, Kritik zu üben. Das muß man ja auch irgendwie richtig machen. Ich erinnere mich an eine Situation, wo ich eine vortragende Mitschülerin noch während ihres Vortrags darauf aufmerksam machte, daß sie nach jedem zweiten Wort ein ›halt‹ hinzufügte. Und ich hörte auf einmal auch nur noch dieses ›halt‹. Allerdings war es in dem Fall nicht ganz richtig, sie in ihrem Vortrag zu unterbrechen, weil sie das vielleicht noch zusätzlich verunsichert hat.«

Arno R., ehemaliger Schüler, 6 Jahre auf der HLS

die in der Druckerei arbeiten, dafür entsprechend weniger andere Übungsaufgaben zu erledigen haben.

Aufgaben, die an die jeweiligen Projekte gebunden sind

In bestimmten Phasen des Projektunterrichts ist es notwendig, daß kleine Gruppen von Schülern oder einzelne Schüler bestimmte Tätigkeiten durchführen. Es kann aber auch der Fall eintreten, daß der Lehrer sich intensiv um eine kleine Gruppe von Schülern kümmern muß.
— Durchführung von Interviews oder Befragungen;
— Proben von Theaterszenen;
— Bücher binden;
— Vorbereitung der Präsentation von Projektergebnissen (etwa üben, mit dem Dia- oder Tageslichtprojektor oder dem Epidiaskop sicher umzugehen).

Langfristige fachgebundene Aufgaben

Neben kurzfristigen Übungsaufgaben aus den einzelnen Fächern gibt es auch Aufgaben, die sich über einen längeren Zeitraum hinziehen, z. B.:
— Führen eines Lesetagebuchs in englischer oder deutscher Sprache;
— Bearbeitung von deutschen oder englischen Hörszenen;
— Ausarbeitung einer größeren »Facharbeit« (z. B. in Geographie über bestimmte Länder).

Freie Aufgaben

Mit zunehmendem Alter haben die Schüler die Möglichkeit, sich selbst Aufgaben zu stellen und dies im Wochenarbeitsplan zu vermerken, z. B.:
— Freie Vorträge (kleine Referate zu einem selbstgewählten Thema);
— Freie Aufgaben (Durchführung von kleineren selbstgewählten Vorhaben aus unterschiedlichen Fächern, die sich über einen Zeitraum von drei bis vier Wochen erstrecken);
— eine große Facharbeit zu einem selbstgewählten Thema.

> »Vom Hörensagen hatte man sich schon ein Bild gemacht. Man wägt dann ein
> bißchen ab. Ich hatte auch Bedenken, ich dachte zuerst: ›Na, das mit dem frei-
> en Arbeiten ..., hoffentlich sind die Zügel auch noch ein wenig angezogen, daß
> es nicht zu frei ist.‹ Als ich allerdings das erste Mal hier war, bin ich durch die
> Schule gegangen, die Türen waren offen, es war ruhig. Ich hatte es mir anders
> vorgestellt. Daher meine Bedenken. Es hat sich aber wirklich bestätigt, daß es
> so nicht ist. Irgendwie ist trotz allem eine straffe Führung da.«
>
> *Frau B., ein Sohn auf der HLS,*
> *eine Tochter besucht ein Gymnasium*

Der Ablauf von Wochenplanstunden

In den im Stundenplan markierten Wochenplanstunden entscheiden sich die
Schüler und Schülerinnen selbständig und individuell, welche Aufgaben sie
in welcher Reihenfolge erledigen wollen. Dazu ist es erforderlich, daß sie
anhand ihres Stundenplans für diese Woche und ihres Arbeitsplanes überprüfen, welche Materialien sie wann brauchen, und daß sie diese gegebenenfalls mitbringen. Sie bestimmen nicht nur die Reihenfolge der Arbeit,
sondern auch ihr Arbeitstempo, vielleicht auch, wann sie mit welchen
Partnern zusammen arbeiten wollen. So lernen sie nach und nach, nicht nur
ihre Arbeit selbständig zu organisieren und einzuteilen, sondern auch, sich
auf ihre individuelle Arbeit zu konzentrieren, während gleichzeitig andere
Schüler anderen Tätigkeiten nachgehen.

Diese Individualisierung und Vielfalt der Arbeitsprozesse der Schülerinnen und Schüler macht es notwendig, daß der jeweils betreuende Lehrer, die
betreuende Lehrerin vor allem berät und unterstützt, und zwar sowohl die
Schüler, die gerade Aufgaben des eigenen Faches (der Lehrerin/des Lehrers),
als auch die Schüler, die Aufgaben anderer Fächer erledigen. Natürlich kann
der betreuende Lehrer nicht alle Fragen der Schüler beantworten.
Schülerinnen und Schüler lernen also, bestimmte Fragen aufzuschieben, bis
der »Experte«/die »Expertin« anwesend sein kann. Neben einer erhöhten
»Frustrationstoleranz« lernen sie dabei auch einen flexiblen Umgang mit der
Gesamtheit ihrer Arbeitsvorhaben.

Kontrollen

Da von den einzelnen Fächern unterschiedliche Aufgaben gestellt werden, ist
es erforderlich, daß die verwendeten Arbeitsmaterialien eine Selbstkontrolle
durch die Schüler und Schülerinnen ermöglichen. Die Formen der
Selbstkontrolle und der Kontrolle durch Mitschüler müssen immer wieder
trainiert werden. Neben der Eigenkontrolle durch Schüler ist aber auch die
stichprobenartige Kontrolle durch die jeweiligen Fachlehrer notwendig. Je
nach Fach, Fachlehrer und Jahrgang haben sich eine Reihe von unterschiedlichen Kontrollformen bewährt. Am Ende der Woche vergewissern sich die
Lehrerinnen und Lehrer, ob die Schülerinnen und Schüler alle Aufgaben
ihres Wochenplans erledigt haben und zeichnen dies auf den jeweiligen
Arbeitsplänen ab, die in einem Infoheft der Schüler gesammelt und in

regelmäßigen Abständen den Eltern vorgelegt werden. Dies Infoheft bietet zugleich auch die Möglichkeit, kurze Nachrichten etwa über das Arbeitsverhalten der Schüler an die Eltern weiterzugeben.

Der Wochenplan ist nicht gleichzusetzen mit den Hausaufgaben, die es an der Helene-Lange-Schule daneben auch gibt und die von Tag zu Tag auf der Rückseite des Arbeitsplanes eingetragen werden. Sie dienen einerseits der Übung und Festigung bestimmter Fertigkeiten. Andererseits sollen sie eine Arbeitssituation vorgeben, in der es nicht möglich ist, beim Lehrer/der Lehrerin oder bei Mitschülerinnen/Mitschülern nachzufragen oder um Hilfe zu bitten. Bestimmte längerfristige Aufgaben können allerdings sowohl in den Wochenplanstunden als auch zu Hause erledigt werden.

Der Wochenplan in den verschiedenen Altersstufen

Die Einführung in die Wochenplan-Arbeit beginnt am Anfang des Schuljahres 5 und dauert acht bis zwölf Wochen. Am Beispiel der Rechtschreibung in Deutsch erlernen die Schüler und Schülerinnen die grundlegenden »Techniken« im Umgang mit dem Wochenplan. Die Arbeitsmittel, die sich für eine solche exemplarische Einführung eignen, sind zum Beispiel Übungshefte mit Selbstkontrollmöglichkeiten oder einzelne Aufgabenkarten mit Lösungskarten, die in Form von Karteikartensystemen in genügender Anzahl im Klassenraum vorrätig sind. Bewährt hat sich auch eine Sammlung von Partnerdiktaten.

In dieser ersten Phase der Wochenplan-Arbeit erhalten alle Schüler die gleichen Aufgaben, die ungefähr gleiche Schwierigkeitsgrade haben. Besonders kommt es darauf an, daß die Schüler und Schülerinnen lernen, für die Wochenplan-Arbeit mit dem dazugehörigen Arbeitsplan umzugehen, in den sie am Wochenanfang eintragen, welche Arbeiten sie in der Wochenplan-Arbeitsstunde mindestens erledigen müssen, und in dem sie am Wochenende die erledigten Aufgaben abhaken. Sie gewöhnen sich ferner daran, die Reihenfolge der Aufgaben und das Tempo der Arbeit selbst zu bestimmen. Dabei machen sie erste Erfahrungen damit, daß die Mitschüler unterschiedliche Aufgaben zur gleichen Zeit bearbeiten.

Eine Schwierigkeit besteht zunächst darin, daß viele Schüler und Schülerinnen aus der Grundschule gewöhnt sind, bei auftretenden Fragen sofort ihre Lehrerin um Hilfe zu bitten; demgegenüber sollen sie sich jetzt daran gewöhnen, erst den Nachbarn, dann die Tischgruppe, und erst zuletzt den Lehrer oder die Lehrerin um Rat zu fragen. Schon in dieser Phase ist es

> »Ich habe was gemacht – ich zeige das und kann es vertreten vor anderen. ...
> Also es macht mehr Spaß, als wenn man ein Bild gemalt hat und das sieht sich
> dann niemand an. Man fühlt sich auch viel mehr ernst genommen.«
>
> *Jan W., Student, 5 Jahre auf der HLS*

wichtig, das Helferprinzip einzuführen (jeder hilft jedem, nicht nur die Starken den Schwachen). Besondere Sorgfalt muß in dieser Phase auf das Einüben der Eigenkontrolle der Lernergebnisse durch die Schüler selbst gelegt werden.

Bestimmte Verhaltensregeln sind zu beachten und einzuüben. Zum Beispiel: sich auf das Arbeitsmaterial konzentrieren; Gespräche nur flüsternd führen; zuerst die Aufgabe bearbeiten und dann die Lösungskarte holen und die Ergebnisse vergleichen; die jeweiligen Karten zurückbringen und einsortieren; auf einem Übersichtsblatt die Nummer der erledigten Aufgabe markieren, damit man immer weiß und auch der Lehrer sehen kann, wieviel in den einzelnen Aufgabenbereichen schon erledigt ist.

Da der Freiheitsspielraum während der Wochenplan-Arbeit manche Schüler anfangs erheblich verunsichert, weil sie nicht für jeden Schritt Anweisungen des Lehrers erhalten, sondern selbst kleine Entscheidungen treffen müssen, ist es notwendig, daß die Wochenplan-Arbeit gerade im 5. Jahrgang stark ritualisiert wird und diese Ritualisierungen unter den Lehrern immer wieder abgesprochen werden. Die Regeln für die einzelnen Arbeitsschritte sollten schriftlich im Infoheft der Schüler festgehalten und in regelmäßigen Abständen bewußt gemacht werden; sonst besteht die Gefahr, daß die Schüler diese Stunden als Freistunden betrachten. Diese Regeln und Rituale sollen Schülern helfen, auch außerhalb des Klassenraums und ohne Aufsicht eines Lehrers selbständig ihre Wochenplan-Arbeit zu erledigen.

Der Lehrer/die Lehrerin hat in den Wochenplan-Stunden die Möglichkeit, sich einzelnen Schülern intensiver zuzuwenden. So gewinnt er/sie einen Überblick über Begabungen, Fertigkeiten, Schwächen der einzelnen Schülerinnen und Schüler (z. B. in der Rechtschreibung). Das erleichtert es, in einer späteren Phase Schülern auch unterschiedlich schwierige oder unterschiedlich umfangreiche Aufgaben zu stellen.

Wenn alle Schüler am Beispiel der deutschen Rechtschreibung die Arbeitsmittel und einige grundlegende Techniken der Wochenplan-Arbeit beherrschen, kann dieses methodische Wissen in einem zweiten Fach (Englisch) angewendet und modifiziert werden.

Intensivphase in der Klasse 5

Nach einem halben Jahr haben die Schüler und Schülerinnen sich meist ziemlich gut in fachbezogene Wochenplanarbeit eingearbeitet. Diese Fähigkeit zum selbständigen Umgang mit dem Wochenplan wird nun zu Beginn des zweiten Halbjahres in einer Intensivphase – vier Wochen à sechs bis acht Stunden – vertieft. Zunächst gibt es eine Einführung in die Druckerei, ins Buchbinden, in den Umgang mit dem Nawi-Wagen (ein mobiler Arbeitsplatz mit Grundausstattung für einfache naturwissenschaftliche Experimente).

Ziel dieser Intensivphase ist eine möglichst große Sicherheit im selbständigen, flexiblen und differenzierten Umgang mit unterschiedlichen Tätigkeiten im Rahmen von verpflichtenden und freiwillig gewählten Aufgaben. Was habe ich mir vorgenommen? Wie weit bin ich gekommen? Was schaffe ich möglicherweise nicht? Warum schaffe ich es nicht? Was muß ich auf die nächste Woche verschieben? ... Darüber hinaus geht es um das Einüben einer sinnvollen Verbindung und Koordination verschiedener Tätigkeiten wie Schreibmaschine schreiben, in der Druckerei arbeiten, mit Holz arbeiten, am Nawi-Wagen arbeiten, lesen in der Leseecke, Rechtschreibübungen, Umgang mit Kreativmaterialien in Englisch, Bearbeiten von Übungskarteien in Mathematik, Erstellen von eigenen Folien für Vorträge zu selbstgewählten Themen etc.

Um mit dieser Vielfalt der Aufgabenstellungen und den erhöhten Anforderungen an die notwendige Organisation Sicherheit zu gewinnen, bedarf es eines sehr sorgfältigen vierwöchigen Trainings durch die Lehrer. In dieser Phase hat es sich als notwendig erwiesen, auch den Eltern die Technik der Wochenplan-Arbeit sehr genau zu erklären, so daß sie verfolgen können, welche Arbeiten ihr Kind zu erledigen hat, und es bei der Vorbereitung auf die einzelnen Wochenplan-Stunden unterstützen können.

Nach der Intensivphase stehen den Schülern des Jahrgangs 5/6 bis zum Ende der Klasse 6 mindestens drei, maximal – in den projektfreien Zeiten – bis zu sieben Wochenplan-Stunden zur Verfügung, die von den Fächern Englisch, Mathematik, Deutsch und dem Bereich »Offenes Lernen« genommen werden. Im zweiten Halbjahr der Klasse 6 enthält der Arbeitsplan Aufgaben, deren Bearbeitung sich über einen Zeitraum von mehr als einer Woche erstreckt, damit sich so die Planungsfähigkeit der Schüler verbessert. Außerdem enthält der Arbeitsplan neben den Vorgaben der Fachlehrer auch Aufgaben, die sich die Schüler selbst stellen und damit ihren eigenen Neigungen und Interessen in diesem Bereich nachgehen können. Ein Beispiel hierfür sind »Freie Vorträge«.

Mit zunehmender Selbständigkeit der Schüler und Schülerinnen vermischen sich die zunächst getrennt geführten und im Stundenplan getrennt ausgewiesenen Bereiche »Offenes Lernen« und »Wochenplanarbeit«. Ein Beispiel: Wenn ein Teil der Klasse im Rahmen der Projektarbeit außerhalb der Schule arbeitet, dann kann der verbleibende Rest, der in diesen Zusammenhang nicht eingebunden ist, in diesen Stunden in der Klasse selbständig an Aufgaben aus den jeweiligen Wochenplänen weiterarbeiten. Dadurch werden die Betreuungsprobleme geringer, ebenso der Leerlauf, der bei Projektarbeit zum Beispiel durch das unterschiedliche Arbeitstempo von Gruppen entstehen kann.

Das gründliche Trainieren der selbständigen Zeiteinteilung in der Anfangsphase der Wochenplanarbeit ermöglicht viele Formen der differenzierten Arbeit. Jeder Schüler/jede Schülerin kann zu jeder Zeit Sinnvolles tun. Die allen Lehrern bekannte Frage »Was soll ich denn jetzt machen?« wird seltener. Die damit verbundene Intensivierung der schulischen Arbeitszeit bringt so langfristig den Zeitaufwand um ein Vielfaches zurück, der zu Anfang auf das Erlernen des Umgangs mit dem Wochenarbeitsplan verwendet wird. Das heißt natürlich nicht, daß nicht auch Schülerinnen und Schüler der Helene-Lange-Schule oft einfach nur träumen, für eine Weile herumtrödeln, sich miteinander über alles mögliche andere als die gerade so wichtigen Aufgaben aus dem Wochenplan unterhalten – oder sich auch langweilen.

Weiterarbeit in den Klassen 8 bis 10

Was bis hierher gesagt wurde, gilt ohne Einschränkung für die Klassen 5 bis 7. Ab Klasse 8 sind einige Veränderungen notwendig, die einerseits auf das Alter der Schüler und Schülerinnen, andererseits auf die steigenden Ansprüche der Fächer zurückzuführen sind.

Ab Klasse 8 haben wir Schwierigkeiten mit der Wochenplanarbeit: Statt zu arbeiten, würden sich viele Schüler und Schülerinnen in dieser Zeit am liebsten ständig über ihre verschiedenen Liebesgeschichten und ähnliches unterhalten. Kurz: Sie werden in diesem Alter von ihren eigenen Problemen überschwemmt und können nur unter deutlich größeren Schwierigkeiten als in den vorangegangenen Jahren mit dem Freiraum umgehen. Hinzu kommt, daß die bisher benutzten Materialien für die Wochenplanarbeit nur noch bedingt geeignet für diese Altersstufe sind; viele Schülerinnen und Schüler interessieren sich einfach nicht mehr für die Karteien und Arbeitsblätter, an denen sie vorher noch begeistert gearbeitet haben.

Das ist kein Rückschritt, sondern eine entwicklungsbedingte Phase, in der einerseits neue Angebote, andererseits schlicht eine strengere Kontrolle nötig werden. Deshalb entscheiden sich viele Teams, in den Jahrgangsstufen 8–10 die Wochenplanarbeit weitgehend oder ganz aufzugeben; stattdessen werden im Fachunterricht, in dafür ausgewiesenen Stunden, »längerfristige selbständige Facharbeiten« eingeführt. In Englisch z. B. kann ein Hörspiel erarbeitet oder ein Lesetagebuch geführt werden. Der fachbezogene Lehrgang nimmt damit Elemente der Wochenplanarbeit – z. B. den Handlungsbezug – auf, schränkt aber die Freiheiten zugunsten des »strengeren« Fachbezugs ein.

Es gibt von der Klasse 8 an also nicht mehr den festen »Pool« an Wochenplanstunden, sondern die jeweiligen Fachlehrer reservieren von ihren Fächern ein oder zwei Stunden pro Woche, damit weiter in der »Technik« des Wochenplans gearbeitet werden kann. Die Gesamtanzahl der Wochenplan-Stunden differiert zwischen zwei und sechs je nach Zusammensetzung des Jahrgangsteams oder des Klassenteams.

KK/ER

Der Jahresarbeitsplan

Um vor allem die Projekte, aber auch das Offene Lernen, die Wochenplanarbeit usw. mit dem übrigen Unterricht in der jeweiligen Jahrgangsstufe zu koordinieren, sind neben inhaltlichen, methodischen und curricularen Grundsatzfragen auch organisatorische Überlegungen notwendig.

Jedes Jahrgangsteam erstellt deshalb im voraus für das kommende Schuljahr einen Jahresarbeitsplan. Dieser umfaßt einen detaillierten Übersichtsplan, aus dem die zeitliche Ausdehnung der Projekte und ihre Verzahnung mit den übrigen Fächern, ferner fächerübergreifende Epochen und Lehrgänge des reinen Fachunterrichts abzulesen sind. Außerdem werden im Jahresarbeitsplan besondere Veranstaltungen und Ereignisse des zukünftigen Jahrgangs verzeichnet, z. B. Klassenfahrten, Betriebspraktikum, Schulfest, Verabschiedungen, Weihnachtsfeier.

Der Jahresarbeitsplan ist jedoch nicht nur ein organisatorisches Hilfsmittel, sondern er ist auch ein Instrument, um die Zusammenarbeit eines Lehrerteams zu verstärken und Klärungen zu erleichtern. Seine Entstehung ist ein nicht ganz einfacher Prozeß und zieht sich oft über viele Wochen hin. Von der ersten Grobübersicht bis zum fertigen Jahresarbeitsplan finden viele intensive und engagierte Diskussionen unter den einzelnen Fachlehrern statt, zum Beispiel über ihre Schwerpunkte im kommenden Schuljahr oder über die Abstimmung mit den Themen und Methoden anderer Fächer. Es hat sich gezeigt, daß die Jahresarbeitspläne aus unterschiedlichen Gründen oft nicht eingehalten werden, weil z. B. der Golfkrieg ausbricht und dieses Thema nun wichtiger ist als die Urgesellschaft oder weil bestimmte Klassen oder sogar ein ganzer Schülerjahrgang so engagiert an einem Thema arbeitet, daß es allen Beteiligten schwerfällt einen Schlußpunkt zu setzen. Auch das muß im Team besprochen werden. So beeinflußt der Jahresarbeitsplan die Diskussion im Team auch dann, wenn er schon fertig ist und das Schuljahr bereits begonnen hat.

Der Jahresarbeitsplan muß nämlich nicht sklavisch eingehalten werden. Er dient auch nicht etwa dazu, das Jahrgangsteam durch die Schulleitung ständig zu kontrollieren. Er soll vor allem helfen, einen vorher vereinbarten, ungefähren Zeitplan einzuhalten und bei Abweichungen dies nicht hinter der verschlossenen Klassenraumtür zu tun, sondern in der Teamsitzung öffentlich darüber zu reden und diese Abweichungen zu begründen.

Die Arbeit mit dem Jahresarbeitsplan hat sich bewährt und wird vom Kollegium auch nicht grundsätzlich in Frage gestellt, obwohl gerade am Ende des Schuljahres die meisten Teams darüber stöhnen. Einige Teams haben versucht, sich die Arbeit zu erleichtern und den Jahresarbeitsplan des Vorgängerteams einfach zu übernehmen. Dies hat sich als kaum oder gar nicht durchführbar erwiesen, weil Lehrer und auch Schüler dann doch andere Schwerpunkte setzen wollten.

Ein ständig wiederkehrendes Problem, für das wir bisher keine grundsätzliche Lösung gefunden haben, ist die stoffliche Überladung der

JAHRESARBEITSPLAN			September				Oktober			November			Dezember			Januar		
h	Fach	Schulwoche	1	2	3	4	5	6	7	8	9	10	11	12	13	14	15	16	17	18
1	Deutsch (D)		Grammatik						Freie Texte									Freie Te
2	Deutsch																	Gramm
3	Deutsch		Liebe und Sexualität						Projekt Theater									
1	Gesellschaftslehre (GL)																	
2	Gesellschaftslehre																	U gesell
1	Offenes Lernen (GL)																	
2	Offenes Lernen (E)																	
3	Offenes Lernen (AL)																	
4	Offenes Lernen (NW)																	
1	Naturwissenschaften																	
2	Naturwiss. (NW)																	
1	Kunst				Masken		herstellen											
2	Kunst																	
1	Musik		Lieder	Tanz			Tanz											Rhythmu
2	Musik																	
1	Mathematik (M)																	
2	Mathematik		Maßeinheiten				Bruchrechenung											
3	Mathematik																	
1	Englisch (E)																	Körper/S
2	Englisch		Buch OS 2				Past											weitere V
3	Englisch																	
1	Religion		Feste/Rituale				Gleichnisse Weihnachtsfeier											Judentu
2	Religion																	
1	Sport		Basketball				Geräteturnen											Zirkeltrai
2	Sport																	
3	Sport (KL)		Entspannung				Sinnesschulung											Neue Sp
1	Wochenplanarbeit (D)																	
2	Wochenplanarbeit (M)																	
3	Wochenplanarbeit (E)																	

Klassenraum – Planungen – Rituale

Herbstferien 14. Oktober bis 19. Oktober 1996

Weihnachtsferien 23. Dezember 1996 bis 7. Januar 1997

Besondere Termine	Feste										
	Geburtstage										
	Kunst im Treff										
	Ausflüge										
	Klassenfahrt										
	Ausstellung										
	Präsentation										
	Elternabend										
	Samstage	14.					16.	14.			30.

Aufnahmefeier Jg. 5

Nepal-Basar

Weihnachtsfeier

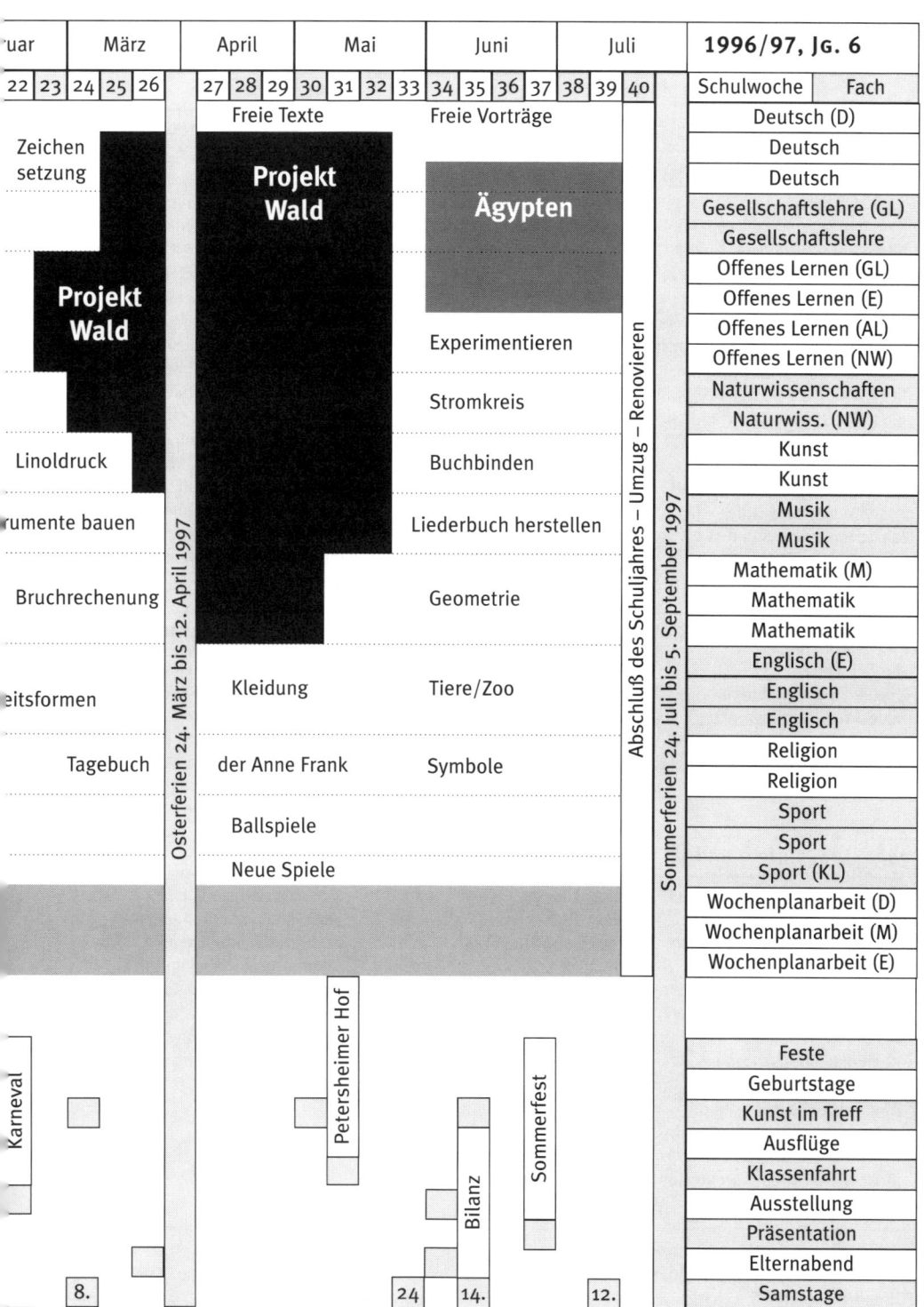

Organisatorische Aspekte	Unterrichtsformen/Methoden	Rituale im Schulalltag

Jahrgangsstufe 5 und 6

(für Lehrer:) Jahrgang auf einer Etage, Teambildung, Team-Zimmer, Teamteaching, »Offenes Lernen«, Unterstützung bei fachfremdem Unterricht, viele Wochenstunden des Klassenlehrers, wöchentliche Klassenkonferenzen, wöchentliche Teamsitzung, Bilanztagung einmal im halben Jahr (Feed back und Vorbereitung der Projekte) (für Schüler:) Klassenraum- und Schülertreffgestaltung, wenig Differenzierung, viele Stunden beim Klassenlehrer, Beiblatt zum Zeugnis ...	freies, selbstbestimmtes Lernen nach dem Wochenplan, Gruppenarbeit, praktisches Lernen, aus der Schule rausgehen (Exkursionen/ Erkundungen/Aktionen), ergebnisorientiertes Arbeiten und Lernen (immer wieder »öffentliche« Präsentation der Ergebnisse vor allem bei Projekten und fachübergreifenden Unterrichtseinheiten) (insgesamt: Anschluß an Arbeitsformen der Grundschule; z. B. Freie Arbeit oder Arbeit nach dem Wochenplan)	Handzeichen, Montagmorgenkreis, Stehkreis, Stuhlkreis, Klassenrat, Freie Texte, erste Buchvorstellungen, Geburtstage, Klassenämter, Aufführungen und Vorstellung von Arbeitsergebnissen für Jahrgang, auch für Schule und Eltern, Putzplan, Jahrgangsrat, Monatsfeier (z. B. »Kultur im Treff« für Jahrgang), Aufnahmefeier, Weihnachtsfeier, Schulfest, Feste u. Unternehmungen mit Eltern, aktuelle Veranstaltungen (z. B. zum Golf-Krieg, Tschernobyl, Rechtsradikalismus), Klassentagebuch, Klassenchronik

Jahrgangsstufe 7 und 8. Vieles weiter wie in Jahrgangsstufen 5 und 6, Veränderungen

(für Schüler:) Umzug in andere Etage, neue Räume einrichten, neue Fächer, weitere Differenzierung, Arbeitsgemeinschaften	Weiterentwicklung der Projekte als Lern- und Arbeitsform (Thema eines Projekts mit Klassenfahrt verbunden), Fortführung Wochenplan, längerfristige Arbeiten und Referate, selbständige Erkundungen	Umzugsritual, neu: Freie Vorträge (Arbeitsschwerpunkt verlagert sich von Freien Texten über Buchvorstellungen zu Freien Vorträgen), weniger Ämter, Rückgang best. Rituale (z. B. Montagmorgenkreis, Stehkreis)

Jahrgangsstufe 9 und 10

(für Lehrer:) deutlich weniger Stunden bei der Klassenleitung (evtl. auch Wechsel), stärkeres Fachlehrerprinzip, kaum noch fachfremder Unterricht, Team vergrößert sich, stark veränderte Kommunikationsstruktur* (für Schüler:) AGs, Feste Vorhaben, Wahlunterricht bringt starke Durchmischung der Gruppen im Jahrgang, Schullaufbahnprognosen und Beratung	epochalisierte Fächer/Themen (best. Fächer jeweils 1/4 Jahr) Betriebspraktikum (Kl. 9) und Praktikum mit sozialem Aspekt (Kl. 10), Schauspielereinsatz in der Klasse 9 für ein Quartal (Ziel: Aufführung), Medienwoche, Zeitung in der Schule, Abschlußfahrt (weitgehend selbständige Vorbereitung), Zusammenarbeit mit dem Arbeitsamt und weiterführenden Schulen, gezielte Vorbereitung »Beruf/Bewerbung«	Umzugsritual, im Klassenrat/Jahrgangsrat auch schul- und allgemeinpolitische Themen, Vorbereitung von Schulveranstaltungen, Präsentation von Ergebnissen der AGs und Festen Vorhaben, Abschlußfest der Klassen 9/10 für Schule und Eltern

* Zahl der Lehrer im Jahrgangsteam nimmt zu. Ein Teil nimmt wegen Zuordnung zu einem anderen Stammteam nicht an den Teamsitzungen teil. Die Koordination für fachfremden Unterricht und das Teamteaching entfällt. Fachlehrer arbeiten z.T. in Fachräumen und nicht mehr im Teambereich. AK

Jahresarbeitspläne: Obwohl wir mittlerweile wissen, daß das andere Lernen vor allen Dingen Zeit braucht und obwohl wir immer wieder unter der Fülle des Stoffs leiden, schaffen wir uns dieses Leiden immer wieder neu.

Es gibt Überlegungen, im Jahresarbeitsplan gerade bei den älteren Jahrgängen auch einfach Leerzeiten zu markieren, die erst nach intensiver Absprache mit den Schülern gefüllt werden.

ER

Jenseits der Fächerorientierung – Projektorientiertes Lernen an der Helene-Lange-Schule

Fächerübergreifenden Unterricht gab es auch an Gymnasien – sicherlich nicht nur an der Helene-Lange-Schule – schon immer. Lehrer haben in ihren jeweiligen Fachunterricht immer wieder auch Kenntnisse aus ihrem zweiten oder dritten Studienfach einbezogen, gelegentlich auch Erfahrungen, die sie »privat« gemacht hatten – nicht nur die Erfahrungen aus dem letzten Krieg. Auch die Möglichkeit, ein Fach zu unterrichten, dessen Studium man nicht mit Examen abgeschlossen hatte, wurde zugelassen oder gar gefördert. Wer hatte schon das Fach Gemeinschaftskunde studiert – oder Arbeitslehre? Wenn in dem betreffenden Fach, z. B. Sport oder Mathematik, der Unterrichtsbedarf nicht mit einer Fachkraft abgedeckt werden konnte, dann wurde schon mal in der Sekundarstufe I auf das Zertifikat verzichtet. »Fachfremd« wird solch ein Unterricht genannt, wobei nicht bedacht wird, daß auch ein Studium der Germanistik den Studenten nicht gerade zum Fachmann für Deutschunterricht macht.

Projekte im Rahmen von Projektwochen gab es auch an der Helene-Lange-Schule schon seit langem, wie an vielen anderen Schulen auch. Da wurden dann vielfältige Aktivitäten durchgeführt, von der Umgestaltung des Schulhofs bis zum Kochen von Gerichten aus den Ländern der ausländischen Mitschüler – danach ging es dann wieder zum »richtigen« Unterricht, in dem »ordentlich« gelernt wurde oder in die Ferien. Die Zeit zwischen Notenkonferenzen und Ferienbeginn wird an vielen Schulen für die beste Zeit für Projektwochen angesehen, weil die Schüler sowieso zu keinem richtigen Unterricht mehr zu gebrauchen sind. Das verdeutlicht, welcher Stellenwert dem Lernen in Projektwochen zugemessen wird. Projektwochen haben etwas mit Spaß zu tun und mit Luxus und sind säuberlich vom Unterrichtsalltag zu trennen.

Was ist dann so besonders, wenn die Helene-Lange-Schule Unterricht in fächerübergreifenden Projekten organisiert? Es ist die Konsequenz, mit der fächerübergreifender Projektunterricht als inhaltliches und organisatorisches Unterrichtsprinzip für alle verbindlich ist und auch umgesetzt wird.

Aus unseren individuellen Vorerfahrungen und aus dem, was wir während unserer verschiedenen Erkundungen in der Anfangsphase gesehen und

> »Weil in der Schule immer darüber gesprochen wird, ist er zum Beispiel daran interessiert, regelmäßig die Nachrichten mitzubekommen. Davon kann ich meine große Tochter bis heute nicht überzeugen. Ich behaupte, das hat mit der Schule zu tun. Dennis möchte Zusammenhänge erkennen, ob das nun Wahlen sind oder sonst etwas. Es interessiert ihn. An der Großen geht das so vorbei. Bei ihm in der Schule haben sie darüber geredet, und so weiß er, von was er spricht, und in dem Moment wird es interessant.«
>
> *Frau B., Mutter eines Sohnes auf der HLS*
> *und einer Tochter, die ein Gymnasium besucht*

gelernt hatten, war sich eine aktive Mehrheit von uns sicher: Praktisches, selbsttätiges und fächerübergreifendes Lernen läßt sich am ehesten in Projekten realisieren.

Diese einfache Erkenntnis war allerdings nicht einfach umzusetzen, sondern erforderte eine gründliche Planung, ein Erproben von vielen neuen Lösungen (von denen sich einige dann auch als Irrwege erwiesen und wieder aufgegeben bzw. durch andere ersetzt werden mußten). Letztlich hatte diese Erkenntnis Folgen, die zu einer einschneidenden Veränderung der Unterrichtsorganisation und der Lernanlässe in der gesamten Schule führten.

Themenschwerpunkte

Unterricht in Projektform, der verschiedene Fächer einbezieht, muß noch sorgfältiger geplant werden als der nach wie vor stattfindende normale Fachunterricht.

Jedes Lehrerteam erstellt im voraus einen Jahresarbeitsplan für das nächste Schuljahr, in dem eingetragen wird, wann welches Projekt welche Stunden der einzelnen Fächer beansprucht, wann Projekte abgeschlossen werden (das ist oft mit einer Präsentation der Ergebnisse verbunden), wann größere Exkursionen unternommen werden, die auch eine ganze Woche in Anspruch nehmen können – und wann normaler Fachunterricht ist.

Bei der Auswahl der Projektthemen gelten für die verschiedenen Jahrgänge folgende Kriterien:

- Was sind erfahrungsgemäß die altersspezifischen Problemlagen und Interessen der Schüler? Womit können sich Kinder und Jugendliche in diesem Alter besonders identifizieren?
- Mit welcher Thematik lassen sich besonders vielfältige Tätigkeiten aus dem Bereich des praktischen Lernens verbinden?
- Welche besonderen Fähigkeiten von Lehrern, Schülern oder Eltern können einbezogen werden?
- Welche Vorgaben und Möglichkeiten werden durch die verschiedenen fachspezifischen Rahmenpläne gemacht bzw. eröffnet. An welchen Stellen sind fachübergreifende Vernetzungen möglich?

Darüber hinaus ist es an der Helene-Lange-Schule üblich, daß in jedem Jahrgang ein Projekt einen ökologischen, ein anderes einen sozialen oder künstlerischen Schwerpunkt hat.

Beispiele für bereits durchgeführte Projekte der Jahrgangsstufe 5/6:

Themenstichwort	Beteiligte Fächer
1. Schule	GL, AL, M, D, Ku, Mu
2. Tiere	Nawi, GL, D, Ku
3. Theater	D, Ku, Mu, AL, GL, E
4. Wald	Nawi, D, AL, M, GL
5. Klassenreise	GL, D, AL
6. Gesund essen	Nawi, GL, D, AL
7. Spiele	GL, AL, D, Ku
8. Kinder in der Welt	GL, D, E
9. Urgesellschaft	GL, D, Ku, Nawi, AL, M
10. Indianer	D, GL, Ku, Al, Rel, Mu

Beispiele für bereits durchgeführte Projekte der Jahrgangsstufe 7/8:

Themenstichwort	Beteiligte Fächer
11. Fahrrad	AL, Nawi, Sp
12. Wasser	Nawi, M, GL, D
13. Römer	GL, D, Ku, Lat, Rel
14. Müll	Nawi, GL, D
15. Jugend	GL, D, Ku, M, PT, E
16. Gesundes Essen	GL, D, Nawi, AL
17. Kleider machen Leute/ Leute machen Kleider	D, GL, AL, Ku
18. Medien	D, GL, AL, Ku, Mu
19. Stadt	GL, D, Nawi

Projektskizzen

Ein wichtiges Planungsinstrument für das Offene Lernen und die Durchführung von Projekten ist die Projektskizze, die als eine Art »Offenes Curriculum« zu verstehen ist.

Die Projektplanung geht von allgemeinen Leitfragen zu einem Thema aus, ohne daß die Zuordnung zu Fächern gleich mitgedacht wird, weil sonst eine Addition von Fachinhalten befürchtet werden muß. Diesen fächerübergreifenden Frage- und Problemstellungen werden in einem zweiten Schritt (bei der schriftlichen Fixierung in einer zweiten Spalte) Ausgangssituationen, Methoden und Arbeitsverfahren zugeordnet, wobei besonders darauf geachtet wird, daß Anregungen zum praktischen Lernen gegeben werden, die je nach Interessenlage einzelner Schüler, der Lerngruppe und des Lehrers bzw. des Lehrerteams aufgegriffen und realisiert werden können. In einem dritten Schritt werden die vorgeschlagenen Methoden und Arbeitsverfahren nach Fächern geordnet. Auf diese Weise wird sichergestellt, daß die in den Rahmenplänen für die jeweiligen Altersstufen geforderten Themen und ihre Lernziele vom Lehrer und der Lerngruppe beachtet werden, bzw. auch deutlich wird, was nicht abgedeckt ist. Dabei werden Themenschwerpunkte oft

Projektskizze aus der Helene-Lange-Schule, Wiesbaden (Stand: Mai 1993)

RAHMENTHEMA: WOZU BRAUCHEN WIR DEN WALD?

Dieses Projekt ist so komplex, daß es inzwischen in Klasse 6 stattfindet. Einige im Projekt enthaltenen Themen werden sinnvoll in einem Waldschulheimaufenthalt einbezogen, so daß die Schüler die jahreszeitlichen Veränderungen des Waldes erkunden können. Von besonderer Bedeutung ist aber, daß die Schüler über das Erleben Einsichten in ökologische

PROBLEM- BZW. FRAGESTELLUNGEN	AUSGANGSSITUATION, METHODEN, ARBEITSVERFAHREN
Was lebt und wächst im Wald?	Erforschung des Waldes bei Wiesbaden durch mehrtägige Exkursionen zu verschiedenen Jahreszeiten*
(Das Ökosystem des Waldes, Biotope, Nahrungsketten, Vernetzungen)	**I. In Wiesbaden:** 1. Erlebnisexkursion 2. Waldlehrpfad Nerotal 3. Waldschaden-Lehrpfad Rambach

Erkundung der: Baumarten, Tiere, Pflanzen, Bäche, Tümpel*
Sammeln: Blätter, Früchte, Beeren, Rinde, Nüsse, Pilze, Steine etc.*
Beobachten: Vögel (Tonbandaufnahmen von Vogelstimmen)* Insekten (von der Raupe zum Schmetterling) Käfer, Ameisenhaufen
Einrichten eines Mini-Zoos im Klassenraum*
Herstellen: Baumplakate, Blättercollagen, Rindenabgüsse, Drucke aus Blättern,* Phantasieplastiken aus Wurzeln* Pfeil und Bogen*, Marmelade (Brombeeren, Hagebutten)*, Pflanzenpresse; Anlegen eines Herbariums, eines Vogelbuches, eines Baumbuches*
Präparieren und und untersuchen von Tierschädeln, Gewöll, Humus, Tierspuren,* Biotopen (Hecke, Baumstumpf)*
Einsichten gewinnen in ökologisches Gleichgewicht und in Störungen des Gleichgewichts (Ursachen und Folgen der Schädlingsbekämpfung)
Darstellen von Vernetzungen (Baum, Vogel) in Form von Wandzeitungen, Plakaten, Fensterbüchern*

Was kann man alles im Wald machen?

Wald als Ort der Erholung und der Freizeit

II. Waldschulheimaufenthalt*
Petershainer Hof/Vogelsberg (3 Tage):
– Baumpflanzaktion
– Brennholz/Lagerfeuer
– Bestimmungsübungen
– Vogelexkursion
– Nachtwanderung
– Waldwanderung mit Förster
– Hoherodskopf-Wanderung mit Hochmoor, Quelle, Vulkan Museumsbesuch.

Untersuchen von Freizeiteinrichtungen und deren Verkehrserschließung
Wanderungen durch den Wald planen und durchführen
Kartierung der Grillplätze, Spielplätze, Trimm-Pfade, Waldlehrpfade

* = Arbeitsverfahren mit vielen Handlungsmöglichkeiten

Zusammenhänge gewinnen und hierbei lernen, vernetzt zu denken.
1. Möglichkeit: Beginn Frühjahr, mit Waldschulheimaufenthalt im Mai und Präsentation zum Schuljahresende (Schulfest); (Anschluß Klasse 7: Projekt Fahrrad).
2. Möglichkeit: Beginn nach den Sommerferien im Anschluß an das Projekt Tiere aus Klasse 5 mit Waldschulheimaufenthalt im Spätsommer / Herbst.

BEZUG ZU DEN FÄCHERN

UND DEREN RAHMENRICHTLINIEN

Biologie

1. Projektvorlauf:
– Aufbau einer Blüte
– Bestäubung/Befruchtung
– Fruchtbildung
– Aufbau eines Blattes
– Photosynthese

UE 1: Sehenlernen in der Natur, Pflanzen und Tiere des Waldes (naturkundliche Unterrichtsgänge)
UE 9: Lebewesen sind aufeinander angewiesen, Lebensgemeinschaften brauchen unseren Schutz

2. Projekt:
Alle Arbeiten und Aktionen unter der Frage: Was lebt und wächst im Wald?

Inhalte:
Wechselbeziehungen in einem Lebensraum
– Nahrungsketten und -netze
– Anpassung
– Biologisches Gleichgewicht
– Störung und Gefährdung von
– Lebensgemeinschaften

Die Waldgesellschaft:
– Laub-, Nadel-, Mischwald
– Schichten des Waldes
– Baumarten
– Bestimmungsübungen
– Blätterdach = Zuckerfabrik
– Stamm = Holzlieferant
– Boden = Humusbildung
– Tiere im Wald

Informationen zu Ursachen und Folgen des Waldsterbens

Besuch beim Förster/Waldschulheim
Pflanzaktion im Wald und auf dem Schulhof
Baumpatenschaften
Müllsammelaktion im Wald

Polytechnik/Arbeitslehre

Techniken der Holzbearbeitung
Weiterverarbeitung der Früchte des Waldes (Marmelade, Saft, Pilzgerichte)
Untersuchen und Darstellen von Vernetzungen
Untersuchung des Waldes als Naherholungsgebiet
Herstellen von Papier

Erkundung
– des Holzmarktes
– der Arbeitsbedingungen der Wald-
– arbeiter
– Berufe der Holzwirtschaft
Betriebserkundungen (Möbelfabrik, Schreinerei)

DK 2.4 Arbeitsbedingungen verschiedener Erwerbsträger analysieren und mit den eigenen Vorstellungen besonders unter dem Aspekt der Arbeitszufriedenheit vergleichen können, LZ 2,4,5
DK 17.3 Die Schaffung von Erholungseinrich-tungen als öffentliche Aufgaben erkennen, LZ 2
DK 17.4 Öffentliche Erholungseinrichtungen und deren Planung beurteilen können, LZ 1,5
DK 19.1 Ursachen und Auswirkungen von Umweltbelastungen kennen, LZ 1
DK 19.2 Maßnahmen zum Schutz der Umwelt und zur Behebung bereits eingetretener Schäden beschreiben können, LZ 1

PROBLEM- BZW. FRAGESTELLUNGEN	AUSGANGSSITUATION, METHODEN, ARBEITSVERFAHREN
Was wurde früher im Wald gemacht und wem gehörte der Wald?	Texte und Bilder bearbeiten – Gewinnung von Bauholz für Häuser und Schiffe – Brennholz – Wald als Viehweide – Jagd
Welche Leute haben früher im Wald gelebt?	– Ein Waldarbeiter erzählt aus seinem Leben (Waldschulheim) – Köhler – Einsiedler – Räuber – Ritter (Burg)
Welche Geschichten spielen im Wald? (Wald in der Literatur)	Lieder, Gedichte und Geschichten lesen, in denen die im Wald leben-den Menschen eine Rolle spielen Alte Bilder und Stiche von Räubern und dem Leben auf einsamen Burgen Erzählungen, Märchen, Romane, die im Wald spielen. (Judenbuche, Wirtshaus im Spessart, Grimms Märchen, Ronja Räubertochter) Gedichte (z. B. Eichendorff) Geschichten schreiben: z.B. Wald als Ort des Sich-Gruselns und des Sich-Verirrens
Was wird heute mit Holz gemacht? (Wald als ökonomischer Faktor)	Sammeln und prüfen verschiedener Holzarten * Herstellen: Stöcke, Nistkasten, Totempfahl, Musikinstrumente (Rhythmusinstrumente, Saiteninstrumente)* Untersuchen: – wie die wirtschaftliche Nutzung des Waldes organisiert ist – Technisierung der Forstwirtschaft (Wegebau, Maschineneinsatz) – Beschaffenheit der Wege – Arbeitsbedingungen der Waldarbeiter Erkundung des Holzmarktes, Besuch beim Sägewerk* Untersuchen, was alles aus Holz herge-stellt wird Besuche: Schreinerei, Möbelfabrik* Erkunden von Berufen der Holzwirtschaft*
Warum stirbt der Wald? (Kahlschlag, saurer Regen, Folgen für Landschaft, Klima, Wasserhaushalt und Mensch)	Zeitungsmeldungen studieren sich aus Filmen informieren Exkursionen zu einer geplanten Trasse durch den Wald* Interview mit Bürgerinitiativen, Naturschutzverbänden, Politikern* Untersuchung, wie sich Umwelteinflüsse auf die Bäume auswirken Vorschläge ausarbeiten zur Rettung des Waldes und in der Schule veröffentlichen
Wie kann der Wald gepflegt und erhalten werden?	Besuch beim Förster* (Siehe II., Waldschulheim-Aufenthalt) Mitarbeit bei einer Pflanzaktion im Wald* Pflanzaktion im Schulhof * Übernahme von Patenschaften (Baum, Bach)* Müllsammelaktion im Wald* Veröffentlichung in der Zeitung
Wir zeigen unsere Projektergebnisse	Ausstellung zu verschiedenen Aspekten des Waldes* mit Infowänden/Info-ständen *) Schülertreff/Klassenraum wird zum Waldlabyrinth* – Vogelstimmenquiz

Kunst

– skizzieren, zeichnen, fotografieren, collagieren ...
z. B. ein »Waldtagebuch« herstellen, über den
»Lebenslauf« eines Baumes berichten ...
– eine Collage aus Blättern, Rinde, ... herstellen
– ein »Waldobjekt« herstellen aus gefundenem
Material (Abfall, Holz, Moos, ...)
– Bauen und Montieren mit Holz (eine
„Wurzelplastik" herstellen, bizarre Figuren aus
Ästen und Zweigen, ...)
– einen Holzschnitt herstellen (Kalender,
Jahreszeiten, etc.) und dabei Holzstrukturen
bewußt einsetzen
– eine Ausstellung aufbauen und präsentieren
(Stellwände, Schaukästen, Fotodokumentation,
Infotafeln, etc.)

Allgemeine Lernziele: Rahmenrichtlinien S. 37 ins-
besondere:
– Entwicklung der ästhetischen Produktions-
  fähigkeit
– Entwicklung der ästhetischen
  Rezeptionsfähigkeit (Verständnis und
  Urteilsfähigkeit gegenüber Kunstwerken u. ande-
  ren Erscheinungen unserer optischen Kultur)
Fachliches Lernziel: vielfältige ästhetische
Tätigkeiten kennenlernen und über Techniken ver-
fügen
Lerninhalte:
– ästhetisch strukturierte Situationen und Prozesse
  (S.51)
– Erfahrungsbereich Wald als ästhetisch relevanter
  Aspekt: Landschaft/Natur (S.59)

Musik

Vertonung eines Bildes mit Handlung (z. B.
Jagdszene)
Tonband-Collage »Wald« (Geräusche des Waldes
wie Tierstimmen, Plätschern eines Baches,
Rauschen der Bäume ...)
Beispielhafte Opern-Szenen (z.B. »Freischütz«,
»Hänsel und Gretel«)
Musik im Playback, Schüler stellen szenisch dar,
Gegenüberstellung von »Wald« (romantisch) im
Volkslied und »Wald« (realistisch) im Protestlied
(Produktion eigener Lieder und/oder Reproduktion
von überliefertem Liedgut)
Musikinstrumente aus Holz

Produktion als Komposition (SI-Mu S. 9)
Transposition in Musik (SI-Mu S. 11)
Produktion als Experiment (SI-Mu S. 9)
Reflexion als Interpretation (SI-Mu S. 10)
Transposition in szenische Darstellung(SI-Mu S. 11)
Reflexion als Interpretation und als Kritik (SI-Mu
S. 10)
Produktion als Komposition (SI-Mu S. 9)
Reproduktion mit Stimme (SI-Mu S. 10)
Produktion als Experiment (SI-Mu S. 9)

Gesellschaftslehre/Erdkunde

Exkursionen vornehmen
Wanderkarten lesen
geographische Erkundungen im Nahbereich
Analyse von Freizeitgeländen, Naherholungs-
gebieten Verkehrsverbindungen, -erschließungen,
wirtschaftliche Verwertung des Waldes
ökologisches Gleichgewicht des Waldes: Klima
Bodenerosion, Wasserhaushalt
Waldsterben
Erhaltung des Waldes

E 1: Überblick über topographische und geographi-
sche Ordnungssysteme
E 1.2: Orientierung im Gelände und auf der Karte
Karten lesen, S. 57
E 4: Grundlegende Einsichten in Mensch-Raum-
Beziehungen.
Erholungsräume und Verkehr
bes. E 4.5: Freizeit und Erholungsräume, S. 61 f.
E 5: Raumentwicklung durch den mitschaffenden
Menschen, Nutzung und Veränderung räumlicher
Strukturen, E 5.1 und 5.2, S. 63
E 3: Einsicht in Wirkungen naturgeographischer
Faktoren und ihre Bedeutung für den Menschen
E 3.1: Klima
E 3.2: Landnutzung
E 3.4: Wasserhaushalt, Boden, S. 59 f.
E 9: Bedeutung räumlicher Potentiale
bes. 9.3: Wald als Lebensgrundlage, S 68 f.
E 6: Ursachen und Folgen von Inwertsetzungs- und
Nutzungsentscheidungen sowie deren
Auswirkungen auf die Umwelt; Probleme der
Raumgestaltung, -gefährdung und -verbesserung
(Umweltschutz), S. 64 f.

| PROBLEM- BZW. FRAGESTELLUNGEN | AUSGANGSSITUATION, METHODEN, ARBEITSVERFAHREN |

– Baumrindenquiz
– Blätterquizz
– Teeprobierstand
– Fühlkästen
– etc. ...

Politiker und Vertreter der Industrie und Vertreter von Naturschutzverbänden einladen zu einer Podiumsdiskussion*

Theaterstück, Hörspiel oder Dia-Geschichte über die Gefährdung des Waldes und den Widerstand dagegen*

Lied gegen das Waldsterben*

Sozialkunde

- Berufe in der Holzwirtschaft (Wandel)
- wirtschaftliche Verwertung des Waldes
- Beteiligung an Aktionen zur Erhaltung des Waldes
- Information über Waldsterben einholen
- Privatinitiative (Müllsammeln, Pflanzaktionen etc.)
- Kontakte zu Bürgerinitiativen

S 1: Aufgaben, Bedingungen und Ziele der wirt-schaftlichen Produktion, Handwerk – Industrie, S 1.1; S 1.4, S. 77
S 3: Steigerung, Verteilung und Verwendung von Produktionsergebnissen, S. 78
S 10: Möglichkeiten des politisch-gesellschaftlichen Interessenausgleichs, bes.: Ziele und Möglichkei-ten von Bürgerinitiativen, Privatinitiativen, S. 83 f.

Fächerübergreifende Arbeitsweisen
- Erkundung
- Interview
- Probehandeln
- praktischer Umgang mit Institutionen
- Darstellung von Arbeitsergebnissen
(Siehe Handlugsorient. S. 10 f.)

Geschichte

Was wurde früher im Wald gemacht?
Wem gehörte der Wald?
Welche Leute haben früher im Wald gelebt?

G 10: Gesellschaftlicher Wandel

Deutsch

Eigene Erlebnisse anschaulich darstellen
Interviews durchführen
Absichten und Meinungen begründen
gemeinsame Probleme und Aufgaben formulieren
Gesprächsregeln beachten

Interviews vor- und ausarbeiten
Briefe an öffentliche Institutionen
Berichte, Beschreibung
Inhaltsangabe von Geschichten
Flugblätter
Plakate

Spielerische Verarbeitung von Erfahrungen zum Thema »Wald«, z. B. Lebenslauf eines Baumes, Interview mit einem Stuhl, Hörspiel, Theaterstück, Dia-Geschichte, Berufsbilder

Fachbücher, Nachschlagewerke, Bestimmungsbücher, Informationsbroschüren, Zeitungen selektiv lesen
Gedichte
Märchen
Erzählungen

Formen der Wissensvermittlung bei Schulbüchern, Lexika, Faltblättern, Broschüren unterscheiden und bewerten (sachlich, einseitig, weglassen von Informationen, Verbreitung von Meinungen)
Verwendung von rhetorischen Mitteln

Mündliche. Kommunikation: 1.1 Spontane Interaktion, Mitteilung von Erlebnissen, Theater spielen, Hörspiel machen
1.2 Information/Sachklärung berichten, beschrei-ben; Informationen einholen, Interviews
1.3 Einflußnahme: Gesprächserziehung

Schriftliche Kommunikation
2.1 Ausdruck von eigenen Erfahrungen, Freie Darstellung eigener Vorstellungen und Meinungen
2.2 Information/Sachklärung: erzählen, berichten, beschreiben; Arbeitsanleitungen; Texte zusammen-fassen, zweckbestimmter Schriftverkehr
2.3 Einflußnahme/Argumentation; kritische Stellungnahme; auffordern, anklagen, protestieren
2.4 Schreiben als Phantasietätigkeit: Verarbeitung und Gestaltung von Umwelterfahrungen

Wirklichkeit aus verfremdender Perspektive wahr-nehmen und darstellen

Umgang mit Texten
3.1 Sach- und Gebrauchstexte: Informations-entnahme/überprüfen und kritisch einschätzen
3.3 Literatur: Gedichte, Erzählungen, Satiren ästhetischer Umgang – informativer und argumenta-tiver Umgang

Reflexion über Sprache
4.2 Sprache/Sprachliche Phänomene: Sprache als Ausdrucksmittel, Mittel der Agitation, rhetorische Mittel; Sprachkritik: Phrasen, verschleiernde Begriffe

> »Bei vielen Projekten haben die anschließend ein Buch daraus gemacht. Neulich hatte ich wieder eines aus der 5. Klasse in der Hand und habe es dann mit Dennis zusammen durchgesehen. Das sind schöne Erinnerungen. Er konnte mir auch noch viel erzählen, was ihm wieder einfiel: Von der Klassenfahrt, die zu diesem Projekt gehörte und wo sie dann ein Tagebuch geschrieben haben. Es geht auch immer weiter. Wir haben inzwischen schon viel gesammelt.«
>
> *Frau B., Mutter eines Sohnes auf der HLS*
> *und einer Tochter, die ein Gymnasium besucht*

nach Zugang und Erfahrung der einzelnen Lehrkräfte übernommen und nicht nach Fächern sortiert.

Projektskizzen, die nach dem beschriebenen Verfahren erstellt werden, sind sehr umfassend. Sie sollen aber nicht als verbindlich abzuhandelnder Plan verstanden werden, sondern sie sind eine Art Suchinstrument, mit dessen Hilfe die am Projekt beteiligten Lehrer vorbereitet in den Projektunterricht gehen können und mehr Sicherheit haben, wenn sie Schülerinteressen aufnehmen.

Ein Jahrgangsteam entscheidet, ob es »bewährte« Projekte umsetzen will, für die es bereits eine Skizze gibt, oder ob es ein neues Projekt entwerfen und erproben will.

Die Erfahrung bei den Projekten hat gezeigt, daß bei gleichem Thema die vier Parallelklassen häufig ganz unterschiedliche Projektdurchgänge gemacht und Schwerpunkte gesetzt haben.

Ergebnisse und Materialien werden gesammelt und stehen allen Lehrern in der Lehrer-Lernwerkstatt zur Verfügung.

Ein konsequent projektorientierter Unterricht, der dann auch mehrere umfangreiche »Projekte« in jedem Jahr fest einplant und über Wochen durchführt, läßt sich nur verwirklichen, wenn dafür organisatorische Sicherungen erfunden und eingebaut werden. Die für uns wichtigsten waren: Das Jahrgangsteam als »Schule in der Schule«, die Arbeit nach dem »Wochenplan« und das »Offene Lernen«. Das wird in anderen Zusammenhängen erläutert.

Auswirkungen auf den »normalen« Unterricht

Nur wenn es gelingt, einige Grundqualifikationen zu vermitteln, kann ein Unterricht, der in weiten Phasen projektorientiert arbeitet, erfolgreich sein. Zu diesen Techniken und Fertigkeiten gehören über das, was bisher schon Gegenstand der verschiedenen Fächer war, wie z.B. Textanalyse im Deutsch- und Geschichtsunterricht, Protokolle im naturwissenschaftlichen Unterricht:
- Interviews vorbereiten, durchführen, auswerten, berichten,
- Termine einhalten,
- Arbeitsschritte planen,
- sich innerhalb einer Arbeitsgruppe absprechen und einigen,
- in eigener Verantwortung arbeiten, auch wenn der Lehrer mal nicht dahinter steht,

– Darstellung von Ergebnissen in vielfältiger Form, dabei auf inhaltliche Richtigkeit und die Adressaten achten.

In den Projekten wird für Lehrer und Schüler ganz deutlich, daß es vielfältige Verbindungen zwischen den einzelnen Fächern (allgemeiner gesprochen: Fachdisziplinen) gibt, daß z. B. naturwissenschaftliche und gesellschaftliche Betrachtungsweisen gemeinsam erst Phänomene wie Waldsterben oder Smog erklären, oder daß Jugend in ein Geflecht von religiösen, historischen, künstlerischen, juristischen, wirtschaftlichen und gesellschaftlichen Bedingungen eingebunden ist.

In vielen Phasen der Projekte wird es sehr schwierig, den jeweiligen Unterricht einem bestimmten Fach zuzuordnen, weshalb die erarbeiteten Unterlagen einfach in den Projektordner kommen. Die Schüler erklären dann Besuchern, sie hätten seit Wochen kein Deutsch, seit langem keine Sozialkunde, Geschichte oder Kunst gehabt

Indem sie die Schule als einzigen Lernort verlassen, können die Schüler außerdem erfahren, daß das Gelernte etwas mit der »Welt da draußen« zu tun hat, wenn sie etwa Stadtentwicklung in den verschiedenen Stadtteilen vor Ort erkunden, Wohnqualität mit dem Luftmeßgerät und einem selbst erstellten Beobachtungsbogen untersuchen und dabei z. B. erfahren, daß sich in »Klein-Istanbul«, einem vorwiegend von Türken bewohnten Gebiet, zwar sehr beengte Wohnverhältnisse, schlechte Bausubstanz, aber auch eine besondere Freundlichkeit der Geschäftsleute anzutreffen ist.

Die Kultur-Leistungen der Urgesellschaften werden sehr eindrücklich erfahrbar, wenn sie versuchen, steinzeitliche Gerätschaften herzustellen, die im Gebrauch ihre Tauglichkeit beweisen sollen, z. B. ein Steinmesser oder einen Bohrer zum Erzeugen von Feuer.

Die Untersuchung von Bachwasser auf die Anwesenheit verschiedener Lebewesen wird beim Projekt »Wasser« im Zusammenhang mit der Frage nach der Trinkwasserversorgung der eigenen Stadt bedeutsamer als nur unter biologischem Aspekt. Da im Rahmen des gleichen Projekts auch die Stadtwerke besucht werden, wird deutlich, daß Fragen nach der Verfügbarkeit, der Verwendung und den Kosten von Trinkwasser auch politische Fragen sind.

Die in den Projekten notwendigen vielfältigen Tätigkeiten, vom Untersuchen und Zusammentragen über das Nachbauen bis zum Dokumentieren und Präsentieren, wecken nicht nur bei den Schülern den Wunsch, möglichst immer – oder doch oft – so zu arbeiten.

Auch in den verschiedenen Fächern ergeben sich Veränderungen: sie werden für eine Weile zu »Hilfsfächern« für die Durchführung von Projekten, die im Vorfeld Fertigkeiten einüben müssen, die während der Projektarbeit allgemein oder während eines Projekts besonders gebraucht werden. Dies ist eine Chance, das Erlernen bestimmter Dinge als notwendig und nützlich zu erfahren, da es in der Praxis angewendet werden kann.

Allerdings ergibt sich, daß durch die sorgfältige Einübung nützlicher Fachinhalte, andere, die sonst ausführlicher oder ausschließlich behandelt wurden, in Gefahr geraten, zu kurz zu kommen. Der Kunstunterricht wird ständig gebraucht, um Präsentationen ansprechend und informativ zu gestalten, im Deutschunterricht wird der Raum für literarische Gattungskunde eng, die Geschichte muß ohne den Anspruch der vollständigen Chronologie auskommen.

Andererseits kann der Unterricht in den verschiedenen Fächern auch profitieren von den allgemein eingeübten Fertigkeiten wie: Protokollieren, Vortragen, Demonstrieren, Ordner führen, Arbeit selbständig organisieren und vieles mehr. Ästhetische Komponenten, die sprachliche Richtigkeit, Textanalyse oder gesellschaftliche Fragestellungen sind immer gefragt.

Die hier aufgezeigten Spannungen der verschiedenen Interessen werden in den Teamsitzungen immer wieder besprochen und jeweils neu zum Ausgleich gebracht.

Probleme – Widersprüche – Fragen

Wie schon erwähnt gibt es Projekte, die etabliert sind und bei denen ein gewisser Anteil der in den Rahmenplänen der beteiligten Fächer geforderten Inhalte und Lernziele berücksichtigt ist. Dabei muß noch einmal ausdrücklich darauf hingewiesen werden, daß die Arbeit in Projekten nur geleistet werden kann, wenn zugleich die Stoffmenge ingesamt vermindert wird. Es ist zu entscheiden – und das ist oft nicht einfach –, was von dem üblichen Kanon in Lehrgängen erarbeitet werden sollte, was sinnvoller in Projekte eingebettet wird, was ganz weggelassen werden muß. Zusätzlich kompliziert wird die Situation, wenn ein Team sich statt für ein »etabliertes« Projekt, z. B. »Jugend«, für ein neues z. B. »Kleider machen Leute – Leute machen Kleider« entscheidet. Hier können sicher auch Aspekte des Projekts Jugend angesprochen werden, doch was wird z. B. mit den Bereichen Recht oder Drogen, die sonst an das Projekt »Jugend« angebunden sind?

Gelegentlich entwickelten sich aus Lehrgängen kleine Projekte, die soviel Zeit in Anspruch nahmen, daß das eigentliche Projekt dann zu einem kurzen Lehrgang verkümmerte.

Zwei Probleme brachten uns dazu, nach einer ersten Phase noch einmal über Projekte und, insbesondere im Bereich Gesellschaftslehre, über die Verbindlichkeit bestimmter Themen und Inhalte nachzudenken und dann auch Entscheidungen zu treffen.

Einerseits führte der Berg dessen, was immer wieder »für später« aufgeschoben wurde, oft dazu, daß z. B. die politische Entwicklung nach 1945 gar nicht oder nur noch sehr verkürzt im Unterricht vorkam. Andererseits wurde deutlich, daß die Praxis der individuellen Schwerpunktsetzung die Gefahr der Beliebigkeit bei der Auswahl der Schwerpunkte förderte.

Aufgrund dieser Erfahrungen wurde von der Fachkonferenz Gesellschaftslehre ein »Expertenausschuß GL« benannt, der von den Jahrgangsstufen 9/10 ausgehend versuchte, Themenschwerpunkte festzulegen, die geeignet sind, die wichtigsten Aspekte der politischen Bildung, wie sie in den Rahmenplänen festgelegt sind, so zu strukturieren, daß sie in der zur

Verfügung stehenden Zeit, auch unter Berücksichtigung der sonst an der Schule etablierten Aktivitäten, in zureichender Gründlichkeit berücksichtigt werden können. Der von dieser Gruppe erarbeitete Vorschlag wurde in der Fachkonferenz diskutiert und mit Modifikationen als verbindlich für die Schule beschlossen.

Zur Zeit bemühen wir uns, ähnlich auch für die Jahrgänge 5 bis 8 vorzugehen, damit in einer Art Spiralcurriculum deutlich wird, welche Lernziele und Inhalte unseres Erachtens unverzichtbar sind. So soll eine Übersicht erarbeitet werden, die einen sehr flexiblen Umgang mit dem Curriculum ermöglicht, ohne daß der Überblick verloren gehen muß. Wenn z. B. Kolonialisierung in einem Jahrgang anläßlich des Kolumbusjahrs zum Projektthema gewählt wurde, mußte dieses Thema nicht an seinem in den Rahmenplänen oder dem Hauscurriculum vorgesehenen Platz behandelt werden.

KH

Praktisches Arbeiten im Offenen Lernen

Alle praktischen Arbeiten, die wir im Offenen Lernen mit den Schülern angehen, wie zum Beispiel Drucken, Papier marmorieren oder selbst herstellen, Mappen und Bücher einbinden, verschiedene Holzarbeiten und ähnliches, »lernen« wir Lehrerinnen und Lehrer im Vorlauf zunächst selbst in unserer Teamgruppe. Ein Experte aus einem anderen Team oder ein Profi von außerhalb macht uns »schlau« und vermittelt uns den neuesten Stand der Technik, zeigt uns Tricks und Handgriffe oder gibt Hinweise, wie wir unsere Fertigkeiten dann am wirksamsten an die Schüler weitergeben können. Auch wenn wir bestimmte praktische Arbeiten vor längerer Zeit schon einmal gemacht haben, so ist doch ein Auffrischen der Fertigkeiten und Kenntnisse ebenso hilfreich wie eine erneute Auseinandersetzung und Diskussion über die Verbesserung der Arbeitsschritte, über die zu verwendenden Werkzeuge und Materialien und die Unterrichtsmethoden. Viele Verbesserungen bei den Arbeitsschritten der Schüler sind einfach, gemeinsam kommt man aber leichter drauf.

Auch weil »nur« 26 Schüler eine große Gruppe für aufwendigere praktische Arbeiten sind, ist es gut, wenn alle beteiligten Lehrerinnen und Lehrer den Arbeitsablauf für vier Klassen und die Organisation für jede einzelne Lerngruppe ausführlich beraten.

Natürlich unterlaufen auch uns Erwachsenen bei unseren Übungen Pannen und Fehler. Solche Erfahrungen helfen, daß wir uns besser in das einzufühlen lernen, was wir den Schülern abverlangen. Man hat die Tücken bei der Herstellung eines Produktes selbst erlebt, kann vielleicht manches durch bessere Planung vermeiden oder ist auf gezielte Hilfe eingestellt. Das ist eine wichtige Voraussetzung, um später bei der Arbeit mit der Klasse Ruhe und Übersicht zu bewahren.

Bei diesen praktischen »Vorübungen« – auch wenn sie einen ganzen Nachmittag in Anspruch nehmen – haben wir meist viel Spaß, erleben die

Handarbeit als erholsam gegenüber der allgemeinen Kopflastigkeit unserer Arbeit. Wir helfen uns gegenseitig, meist geht es dabei lustig und locker zu. Am Ende sind auch wir stolz, z. B. eine marmorierte Mappe ästhetisch anspruchsvoll und handwerklich sauber »hinbekommen« zu haben.

Wenn es dann an die Umsetzung mit der Klasse geht, gibt es sowieso noch jede Menge unvorhersehbarer Tücken und Schwierigkeiten. Ein Mädchen stößt voller Eifer und natürlich unabsichtlich gleich zu Beginn den Topf mit Buchbinderleim um, so daß sich sein Inhalt auf den Teppichboden ergießt. Wie gut, daß man in zwei der vier Stunden des »Offenen Lernens« einen Kollegen oder eine Kollegin zur Seite hat (Doppelbesetzung), nicht um ihn die »Schweinerei« wegputzen zu lassen (im Sinne des freundlich-bösen »Team = toll, ein anderer macht's«), sondern um auf solche kleinen Katastrophen flexibel reagieren und sie in Ruhe beseitigen zu können. Bei komplexeren Arbeitsschritten, insbesondere wenn dabei nur begrenzt vorhandenes Werkzeug benutzt werden muß, teilen wir die Gruppe und haben dann mit 13 Schülerinnen und Schülern immer noch alle Hände voll zu tun.

Doch schnell werden einzelne von ihnen, denen die Arbeit gut von der Hand geht, zu Helfern und geben ihr Wissen und ihre Erfahrung an andere weiter. Das Arbeitsmaterial ist in der Regel ohnehin zwei Schülern zugeteilt, einzelne Arbeitsschritte lassen sich häufig besser mit gegenseitiger Hilfe bewerkstelligen.

Improvisieren muß man dennoch immer wieder: einzelne Schüler sind krank, der Ablauf gerät durcheinander, es muß nachgearbeitet werden. Oder es fällt mal eine Lehrkraft aus, schon ist der schönste Zeit- und Organisationsplan Makulatur.

Inzwischen haben wir zwar eine Fülle von praktischen Arbeiten in den Lehrplan integriert, aber insgesamt beanspruchen sie doch einen immer noch bescheidenen Zeitanteil der gesamten Lernzeit in der Schule. Wenn in den oberen Klassenstufen keine Doppelbesetzung im »Offenen Lernen« mehr möglich ist, bleibt das nicht ohne Auswirkungen auf die praktischen Arbeiten. Es ist eine gute Voraussetzung und eine angenehme Erfahrung, daß man zum Beispiel beim Theaterprojekt in der neunten Jahrgangsstufe auf eine Fülle von praktischen Fähigkeiten einfach zurückgreifen kann, doch auch die Schüler wissen, daß die schulischen Abschlüsse immer noch vor allem von den Ergebnissen der »Kopfarbeit« abhängen.

Während der gesamten Schulzeit sind praktische Arbeiten bei der Präsentation von Projektergebnissen immer wieder besonders gefragt. Für den Abschluß eines Projektes »Nordsee« wurden auch schon mal einige Kubikmeter Sand in den Schülertreff gekarrt, mit viel Muscheln und anderen »Fundstücken« geschmückt, um dann mit einem Holzsteg aus Bohlen darüber den Weg in die Ausstellung zu eröffnen; für die Waldausstellung wurden kleine Bäume in die oberste Etage der Schule geschleppt und ein Hochstand wurde zusammengezimmert. Das ist natürlich – auch für das »Publikum« – etwas anderes als immer nur Übersichten auf Papier an Schautafeln. Und das Staunen des Gäste, aber ebenso die mit dem Aufbauen einer solchen »Landschaft« verbundenen ästhetischen Erfahrungen werden vermutlich diejenigen, die so eine Ausstellung gemeinsam geplant und vorbereitet haben, nicht so schnell vergessen.

Bei Theateraufführungen, bei Aufnahme- und Entlassungsfeiern, bei fast allen Festen arbeiten Schülerinnen und Schüler an der Gestaltung der Räume und der Bühne mit. Diese Arbeiten sprengen oft den üblichen Rahmen schulischer Arbeit. Sie erfordern viel Engagement und zusätzlichen Einsatz – nicht selten am Nachmittag. Aber weil bei diesen Anlässen alle praktischen Arbeiten in einem konkreten Verwendungszusammenhang stehen, haben sie auch einen »Wert«, den man nicht mit vielen Worten beschwören muß. Am Ende kann man in ganz anderer Weise »stolz« auf das sichtbare eigene Produkt sein als das in der Regel bei »theoretischer« Arbeit möglich ist. Das gilt nicht nur für die Schülerinnen und Schüler, sondern ebenso für Lehrerinnen und Lehrer.

AK

Teamarbeit

Um kleine, überschaubare und dauerhafte Bezugssysteme für Schüler und Lehrer zu schaffen, ist unsere große und unübersichtliche Schule in Jahrgangseinheiten organisiert. Diese »Schulen in der Schule« besitzen ein hohes Maß an Eigenverantwortlichkeit und Autonomie. Zehn bis zwölf Lehrer und Lehrerinnen bilden ein Team für 100 Schüler und Schülerinnen – vier Parallelklassen – und unterrichten sie in der Regel über den Zeitraum von sechs Jahren, wobei die Klassenlehrer und Klassenlehrerinnen in ihren Klassen immer mehr Stunden unterrichten als alle anderen Lehrer und Lehrerinnen, in den Anfangsjahren oft mehr als die Hälfte der Wochenstunden in dieser Klasse. Die Hierarchie der Schule wird so weitgehend abgebaut, Verantwortung wird stärker delegiert, die einzelnen Teams erhalten eine Fülle von Aufgaben: von der Erstellung des Jahresarbeitsplanes bis hin zur Verwaltung eines eigenen Etats.

Veränderung der Lehrerrolle

Selbständiges und soziales Lernen, ein Lernen mit allen Sinnen, kann nur glaubhaft auf den Weg kommen, wenn wir Lehrer und Lehrerinnen es als unser eigenes Ziel erkennen und annehmen und in räumlicher Nähe für Schüler erfahrbar vorleben.

Viele Lehrer und Lehrerinnen sind mit allen oder der Mehrzahl ihrer Stunden in ihrem Team eingesetzt, die Anzahl der Schüler und Schülerinnen, mit denen sie es innerhalb einer Woche zu tun haben, hat sich so deutlich reduziert. Nach kurzer Zeit kennen alle Lehrer und Lehrerinnen die Schüler und Schülerinnen, für die sie verantwortlich sind, können sich im Team schnell und unbürokratisch über positive und negative Entwicklungen verständigen und gemeinsames Handeln verabreden. Weil wir mit weniger Kindern zu tun und für sie mehr Zeit haben, nehmen wir die Schüler und Schülerinnen intensiver

> »Für mich ist klar: Eine Schule steht und fällt mit den Lehrerinnen und Lehrern.
> Über die Schule jetzt kann ich nichts sagen. Aber wir hatten sehr großes Glück!
> Ich kann mich nur an ganz wenige Lehrer erinnern, von denen meine Kinder sag-
> ten: ›Der paßt überhaupt nicht!‹ Manchmal mag ja jemand dabei sein, der nicht
> in das System paßt oder der das System nicht unterstützt. Das, was ich erlebt
> habe, war in Ordnung und hat gepaßt!«
>
> *Frau W., ein Sohn und eine Tochter waren auf der HLS*

und vielfältiger wahr, sie begegnen uns als ganze und unverwechselbare
Personen mit Stärken und Schwächen. Wir sehen sie nicht nur durch die
»Brille« des Faches, das wir unterrichten, sondern erleben mit, was sie in ande-
ren Bereichen können, und wie sie sich insgesamt entwickeln.

Aber auch wir Erwachsenen erscheinen den Schülern nicht mehr isoliert
und machtvoll-dominant gegenüber ihrer Gruppe; sie erleben uns in der
Bezugsgruppe des Teams, die als Gruppe für sie da ist, die dicht und direkt
miteinander kommuniziert und häufig auch im Unterricht konkret zusam-
menarbeitet. Das hilft, die abhängig-enge emotionale Bindung an eine Klasse
aufzuheben.

Pädagogische »Stile« werden in der Teamarbeit öffentlicher und disku-
tierbar. Der Konsens, um den wir uns mühen, bewahrt Schüler und
Schülerinnen vor dem sonst häufigen Wechselbad von unterschiedlichen
Lehrerverhaltensweisen. Eine Fülle von Regeln und Ritualen, die in einem
jahrelangen Erfahrungsaustausch der Lehrer und Lehrerinnen erarbeitet
worden sind, geben den Schüler und Schülerinnen zusätzlichen Halt, um sie
in ihrem Arbeitsverhalten zu unterstützen. Diese Regeln und Rituale wan-
deln sich mit den Altersstufen, manchmal auch aufgrund neuer Erfahrungen,
die wir machen.

In wöchentlichen Teamsitzungen, Fachkoordinationen und -konferenzen,
Begleitung fachfremden Unterrichts, gemeinsamer Planung und Durchführung
von fach- und klassenübergreifenden Unterrichtsvorhaben und bei anderen
Gelegenheiten wird die organisatorische und inhaltliche Arbeit abgestimmt.
Auf der Team-Ebene wird die Reformarbeit einer Schule umgesetzt, kritisch
begleitet, immer wieder aus der praktischen Erfahrung heraus verändert oder
neu angestoßen. Was für die Schülern und Schülerinnen der wöchentliche
Klassenrat ist, das sind für die Lehrer und Lehrerinnen Gruppengespräche in
den wöchentlichen Teamsitzungen und Bilanztagungen an Wochenenden
außerhalb der Schule, die dazu dienen, die Arbeit im Team und das
Gruppengeschehen – einschließlich unserer eigenen Rolle darin – kritisch zu
bedenken. Es geht darum, Konflikte, die aus der Spannung zwischen Anspruch
und Alltagswirklichkeit, aus der engen Zusammenarbeit (zum Beispiel beim
gemeinsamen Unterricht im Offenen Lernen) entstehen, miteinander zu klären
und zu lösen. Für den Arbeitsalltag hat das in Regel die Wirkung, daß
Sicherheit und Unterstützung im Umgang mit Problemen zunehmen.

Ein Beispiel: Mit mehrwöchigem Abstand hat ein Team Fallbesprechungen
angesetzt. Eine Klassenlehrerin stellt möglichst umfassend einen Schüler dar,

mit dem besondere Schwierigkeiten bestehen. Die Fachlehrer und Fachlehrerinnen ergänzen das Bild aus ihrer Erfahrung. Die übrigen Lehrer und Lehrerinnen im Team und die Schulpsychologin beschreiben ihre Eindrücke und stellen weitere Fragen. Die einen sind verstrickt ins Handlungsgeschehen, die anderen haben Distanz; so kann sich eine Diskussion entwickeln, in der die Wahrnehmung verbreitert wird, Einsichten möglich werden und sich neue Ideen und Wege zur Lösung erschließen. Im Schutz der Gruppe können wir leichter unsere eigenen Anteile am Konfliktgeschehen erkennen, entgehen so einer möglichen Verhärtung und einem Festfahren des Problems.

In solchen konzentrierten Besprechungen zur Verarbeitung unserer Arbeitsrealität erschließen sich die zentralen Themen, die je nach Situation und Entwicklungsstand für unsere Schüler und Schülerinnen »angesagt« sind. So bekommen pädagogische Fragen neben den vielfältigen organisatorischen Aufgaben immer stärkeres Gewicht:

Wie gehen wir mit schwachen, wie mit langsamen Schülern und Schülerinnen um? Wie kommunizieren Jungen und Mädchen (und auch wir Lehrer und Lehrerinnen) miteinander? Wie reagieren wir auf die stillen, zurückgenommenen Schüler und Schülerinnen? Wie gehen wir mit Pubertät und Loslösung, mit aggressiven Gefühlen und Gewalt um? Schaffen wir genügend Anlässe, damit sich unsere Schüler und Schülerinnen häufig genug bis an ihre jeweiligen Grenzen anstrengen müssen, um sich bewähren und weiterentwickeln zu können?

Teamarbeit verändert unsere schulische Arbeitssituation deutlich: Wir arbeiten eng zusammen, nehmen uns mit unseren Stärken und Schwächen wahr, lernen voneinander und müssen bereit sein, den eigenen Arbeitsstil zu reflektieren und gegebenenfalls eingefahrene Wege zu korrigieren. Das heißt vor allem: Wir müssen lernen, unsere Wahrnehmung zu schärfen für das Geschehen in Schüler- und Lehrergruppen.

Teambildung und Aufgaben im Team

Spätestens zu Anfang des zweiten Halbjahres beginnt die Schulleitung mit der Planung, wie das Lehrerteam für den nächsten 5. Jahrgang zusammengesetzt werden soll. Dabei sind viele Faktoren zu berücksichtigen: Abdeckung des Fachunterrichts, Klassenleitungen, Relation Männer und Frauen, erfahrene und neue Lehrkräfte, Einschätzung der Team- und Arbeitsfähigkeit in der neuen Gruppe. Wer kann mit wem besonders gut (oder auch: besonders schlecht) zusammenarbeiten? Wer könnte eine besonders wichtige »Ergänzung« für wen sein?

Wenn nun etwa im April/Mai die Gruppe von zehn bis zwölf Lehrern und Lehrerinnen feststeht, beginnt sie mit einem einwöchigen Vorbereitungsseminar. Neben dem Kennenlernen und dem Austausch der Erwartungen der einzelnen Gruppenmitglieder werden die Grundprinzipien unseres Schulkonzepts ausführlich diskutiert, ein Jahresarbeitsplan für das kommende Schuljahr erstellt, Vorabsprachen für die Weiterarbeit bis zum

Sommer und für die Aufnahmefeier der Schüler abgesprochen und vieles mehr. Wichtig ist auch ein Praxistag, bei dem einige grundlegende Fertigkeiten des 5. und 6. Jahrgangs in eigener Erfahrung praktisch erprobt werden. Das neue Team lernt sich im Gespräch und in der praktischen Zusammenarbeit kennen.

Anschließend sind im Team vielfältige Aufgaben zu verteilen:

Teamsprecher/in: vertritt das Team nach außen, bereitet Teamsitzungen vor und leitet sie, koordiniert zwischen den Teams und nimmt an Teamsprechersitzungen teil, hält die Verbindung zur Schulleitung, plant und organisiert die Bilanztagungen …

Organisationsbeauftragte/r: ist für Stundenplan, Aufsichtsplan, Putzplan des Schülertreffs, Vertretungsplan, die Termine von Klassenfahrten, Unterrichtsgängen, Sozial- und Betriebspraktika u. ä. verantwortlich.

Fachbeauftragte: organisieren die inhaltliche Vorbereitung des Fachunterrichts und die dazu notwendige Koordination, betreuen fachfremd unterrichtende Kollegen, besuchen die Fachsprecherkonferenzen, sorgen für Dokumentation …

Materialbeauftragte: sorgen für die Beschaffung und Abrechnung aller notwendigen Verbrauchsmaterialien.

Kassenwart/in: handhabt die Buchführung und führt den Nachweis über die Verwendung der Gelder aus Elternspenden, gibt Kassenbericht/Elterninformation heraus …

Fotodokumentator/in: dokumentiert besondere Unterrichtsvorhaben, Ergebnisse, Feste u. ä. mit Dias/Fotos für die Schule (z. B. für Ausstellungen im Treff).

Jedes Team findet eine eigene Form, ob zum Beispiel diese Ämter alle zwei Jahre rotieren oder über längere Zeiträume beibehalten werden; es organisiert, wie das Teamzimmer und der Materialraum in Ordnung gehalten werden; wie der Schülertreff gestaltet wird; wer die Protokolle der Teamsitzungen schreibt …

Bilanz der bisherigen Teamarbeit

Vier Fragen sollen beantwortet werden: (1) Welche Auswirkungen hat Teamarbeit für die Schüler und Schülerinnen? (2) Wird der Unterricht »besser«? (3) Steigt die Zufriedenheit der Lehrer und Lehrerinnen mit ihrem Arbeitsplatz? (4) Welche Probleme und offenen Fragen haben wir?

(1) Welche Auswirkungen hat Teamarbeit für die Schüler und Schülerinnen? Schüler und Schülerinnen haben durch Absprachen über Rituale und Unterricht und auch über einzelne Schüler oder Schülerinnen einen verläßlichen Rahmen und Halt für ihre Arbeit. Sie können so besser zum selbständigen Lernen ermutigt werden, sie sehen sich herausgefordert, intensiv mit anderen zusammenzuarbeiten und auch von ihnen zu lernen. Hilfen geben und Hilfen annehmen ist ein wichtiger Teil des sozialen Lernens. Gerade schwächere Schüler und Schülerinnen werden nicht aussortiert, sondern werden immer wieder neu unterstützt und gefordert.

Obwohl in den Anfangsklassen eine Fixierung auf den Klassenlehrer, die Klassenlehrerin, der oder die – im Anschluß an die Grundschulsituation – einen hohen Stundenanteil in der Klasse unterrichtet, kaum zu vermeiden sein wird, so wirkt doch die Verantwortlichkeit aller Teammitglieder dieser starken Bindung entgegen. Die Schüler und Schülerinnen können eine dauerhafte, stabile Bindung aufbauen, haben andererseits aber auch andere wichtige Bezugspersonen und damit Alternativen. Gemäß der Altersentwicklung der Schüler und Schülerinnen geht der Stundenanteil der Klassenleiterin oder des Klassenleiters in den höheren Klassen zurück. Ablösungsprozesse können stattfinden, neue intensive Beziehungen entstehen. Im Laufe der Zeit treten die Schüler und Schülerinnen stärker aus dem Klassenverband in Beziehung zum Jahrgang und auch zur gesamten Schulöffentlichkeit.

(2) Wird der Unterricht »besser«? Teamarbeit ermöglicht eine stetige und unbürokratische Vorbereitung des Fachunterrichts und des Projektunterrichts. Durch den Austausch über Fragen und Methoden, Unterrichtsmaterialien, Differenzierung, Leistungsmessung usw. wird Unterricht methodisch vielfältiger und anspruchsvoller. Der Jahrgangs- und Teambereich eröffnet einen überschaubaren Rahmen, sich mit Unterrichtsergebnissen in der Öffentlichkeit zu zeigen und in einen Austausch mit anderen zu treten. Insbesondere weil Arbeit im Team und »Veröffentlichung« der Ergebnisse aus den verschiedensten Unterrichtsvorhaben eng zusammenhängen, bekommen diese Ergebnisse einen ernsthaften Verwendungszusammenhang, die Arbeit wird für andere sichtbar und hinterläßt »Spuren«. Kreativität und Engagement gelten nicht nur einem Nebenzweck (»nur für die Note«), sondern mehr und mehr der Sache selbst. Die gegenseitige Anregung (natürlich auch Konkurrenz) kann für Schüler und Lehrer produktiv sein.

(3) Steigt die Zufriedenheit der Lehrer und Lehrerinnen mit ihrem Arbeitsplatz? Pädagogische Innovationen bekommen mehr Unterstützung, erfahren weniger Widerstand. Der Lehrer ist kein Einzelkämpfer mehr, wenn er etwas Neues erproben will. Eine solidarisch und kritisch-engagiert mitwirkende Teamgruppe gibt eine gute Basis für die Alltagsarbeit. Anzustreben ist ein Klima des Sich-wohl-fühlens und Sich-gegenseitig-akzeptierens, in dem es möglich ist, sowohl aneinander Kritik zu üben, als auch mit solcher Kritik konstruktiv umzugehen.

Ohne Frage steigt der Teil der Arbeitszeit, den man in der Schule verbringt, deutlich an. In welchem Grad das auch eine zusätzliche Belastung bedeutet, muß individuell beantwortet werden, hängt sehr vom einzelnen und dem jeweiligen Team-Klima ab, das im Ablauf der Schuljahre einem Wandel unterliegen kann. Konflikte, die im Team, wie in jeder Gruppe, immer wieder entstehen, dürfen nicht »auf die lange Bank« geschoben oder verleugnet werden. Das richtige Maß an Nähe und notwendiger Distanzierung muß gefunden werden; Pausen sind notwendig, um sich zu »besinnen«, welchen Anteil die anderen Teammitglieder und man selbst am Gruppengeschehen hat. Nur so kann langfristig die Arbeitsfähigkeit und das beschriebene Klima erhalten werden

Das fällt uns nicht immer leicht. Zwar bewerten wir ständig unsere Schüler und Schülerinnen, geben Noten, entscheiden über Abschlüsse und damit über Zukunftschancen. Aber wir selbst sind es nicht gewohnt, uns mit Stärken und Schwächen zu zeigen, uns der Bewertung durch andere so offen auszusetzen, auch wenn wir uns selbst nach unseren eigenen Ansprüchen der strengste Zensor sein mögen. Von Eltern, Schülern, Kollegen und Schulleitung gibt es Erwartungen: Man soll seinen Einfallsreichtum und seine ganze Kraft für die Verwirklichung des Schulkonzepts einsetzen und in diesem ein »guter« Lehrer sein. Diese Erwartungen sind für den einzelnen immer spürbar. Sie können belastend sein. Fraglos vermehrt Teamarbeit durch die enge Zusammenarbeit auch mögliche »Konkurrenzsituationen«. Wir müssen immer wieder lernen, mit ihnen konstruktiv umzugehen.

So muß es auch möglich sein, aus einem Team ohne das Gefühl des Versagens auszuscheiden, eine Klassenleitung nach drei Jahren abzugeben, den Fachunterricht zu wechseln etc., nicht nur wenn Konflikte festgefahren sind, sondern auch weil eine Veränderung in manchen Situationen einfach sinnvoll und produktiver sein kann, als einfach weiterzumachen. Solche Lehrerwechsel regelt die Schulleitung im Gespräch mit den Beteiligten.

(4) Welche Probleme und offenen Fragen haben wir? Einerseits gehen wir von der gegebenen Tatsache aus, daß wir in den Klassen 25 verschiedene Individuen vor uns haben, und versuchen, unseren Unterricht danach einzurichten, andererseits »vergessen« wir diesen Grundsatz mitunter für unsere eigene Arbeit im Team. Nach langer Planung und Diskussion machen wir gelegentlich alle das »Gleiche«, strukturieren zu stark, wollen zuviel erreichen, geben zuviel vor und damit den Klassen zu wenig Spielraum für eigene, ihnen gemäße Wege. Keiner weicht so leicht von den mühsam gefundenen Gruppenentscheidungen und Konzeptionen ab, das Team hat ja alles so umfassend, intensiv und klug vorgedacht. Einmal haben wir nach wochenlanger Arbeit vier fast identische Projektpräsentationen mit den Klassen erstellt: Die Kinder nahmen sich gegenseitig die Wirkung. Wenn alle das gleiche machen, dann entsteht zwangsläufig eine verschärfte Konkurrenz: Wer kann es schneller, besser, anspruchsvoller, umfangreicher? So entsteht eine Spannung für Lehrer und Schüler zwischen Schutz in der Anpassung und verschärfter Konkurrenz. Für das Team gilt es, die Balance zu finden zwischen verbindlichen Absprachen (Konzept) und der Freiheit, abzuweichen und eigene Wege mit einer Lerngruppe zu gehen.

Schwierigkeiten haben wir auch immer wieder mit dem zu geringen Austausch der Teams untereinander und der damit schwerer gewordenen Willensbildung im gesamten Kollegium. Jährliche Pädagogische Tage, kurze Gesamt- und Fachkonferenzen bieten dafür nur ungenügend Raum. Statt kurzer und häufiger Fachkonferenzen erproben wir nun gelegentlich längere Fachtagungen, die diesen Austausch besser gelingen lassen.

Um der Überorganisation zu entgehen, bauen wir an einer Stelle Belastungen ab, bevor wir an anderer Stelle einen neuen Schwerpunkt setzen. Die Belastung des einzelnen entsteht ja aus der Summierung all der Dinge, die wir für vernünftig und wichtig erachten. Jeder von uns kennt das Gefühl, nur einen Teil der notwendigen Arbeit zu schaffen, und die Atemlosigkeit, in die wir deshalb verfallen. Darum ist es notwendig, im Team auch immer wieder die Arbeitsbelastung offen zu diskutieren und unsere Grenzen zu definieren.

AK

Epochenunterricht in der Jahrgangsstufe 9/10

Ausgangssituation

Nach den ersten beiden kompletten Durchläufen unseres Teammodells stellten wir beim Bilanzieren unserer Erfahrungen unter anderem fest, daß die Stundentafel in den Jahrgängen 5 bis 8 sich günstig mit unseren Vorstellungen verbinden ließ, die bis dahin praktizierte Stundentafel für die Jahrgänge 9 und 10 aber eine Reihe von Problemen bereitete.

Da wir bereits damals für Gesellschaftslehre und Naturwissenschaften Lernbereiche gebildet und die Arbeitslehre im vierstündigen »Offenen Lernen« integriert hatten, waren die Schüler und Schülerinnen in den Jahrgängen 5 bis 8 mit einer überschaubaren Anzahl von Fächern bzw. Lernbereichen konfrontiert, auf die sie sich konzentrieren konnten.

Dagegen stieg die Anzahl der Fächer (und damit auch der Themen, auf die sich Schülerinnen und Schüler gleichzeitig einlassen mußten) mit der Jahrgangsstufe 9 sprunghaft an. Das »Offene Lernen« entfiel, nicht mehr alle Kollegen und Kolleginnen trauten sich zu, in allen drei naturwissenschaftlichen Fächern in der 9/10 zu unterrichten. Die Zahl der Unterrichtsfächer stieg, während das Gewicht vieler Fächer in den Augen der Schüler und Schülerinnen mit der sinkenden Wochenstundenzahl fiel. Viele erlebten dies als Zwang zur »Verzettelung«. Darunter litt auch der in 5 bis 8 intensive Kontakt zwischen Fachlehrern und Fachlehrerinnen und den jeweiligen Klassen, denn auch die betroffenen Kollegen und Kolleginnen mußten sich in 9/10 auf mehr Klassen gleichzeitig einstellen, für die sie jeweils weniger Zeit einplanen konnten.

Zudem litt die Kontinuität der thematischen Auseinandersetzung. Damit praktisches oder experimentelles Arbeiten im naturwissenschaftlichen bzw. im musisch-künstlerischen Bereich möglich blieb, mußten und wollten wir diese Fächer in Form von Doppelstunden im Stundenplan einbauen; fielen aber Exkursionen, Wander- oder Feiertage auf einen solchen Wochentag, entstand sofort eine Lücke von mindestens zwei Wochen, in denen viele Schüler oder Schülerinnen den Bezug zur behandelten Thematik verloren.

Epochenunterricht Schuljahr 1995/96				
Jahrgang 9:				
Klasse	1. Epoche ab 21.08.95	2. Epoche ab 06.11.95	3. Epoche ab 05.02.96	4. Epoche ab 15.04.96
9a	BIOLOGIE Doschiri	MUSIK Schlosser	KUNST Seibold	RELIGION Pfertner
9b	RELIGION Pfertner	KUNST Seibold	BIOLOGIE Doschiri	MUSIK Schlosser
9c	KUNST Seibold	RELIGION Pfertner	MUSIK Schlosser	BIOLOGIE Doschiri
9d	MUSIK Schlosser	BIOLOGIE Doschiri	RELIGION Pfertner	KUNST Seibold

Jahrgang 10:				
Klasse	1. Epoche ab 21.08.95	2. Epoche ab 13.11.95	3. Epoche ab 05.02.96	4. Epoche ab 15.04.96
10a	RELIGION Pfertner	KUNST Seibold	BIOLOGIE Doschiri	MUSIK Schlosser
10b	KUNST Seibold	BIOLOGIE Doschiri	MUSIK Schlosser	RELIGION Meyer
10c	BIOLOGIE Doschiri	MUSIK Schlosser	RELIGION Pfertner	KUNST Seibold
10d	MUSIK Schlosser	RELIGION Pfertner	KUNST Seibold	BIOLOGIE Doschiri

Die Idee des »Epochenunterrichts«

Die Verordnung über die Stundentafel sieht unter anderem in § 14 und in § 16 die Möglichkeit vor, sich eine flexiblere Gestaltung der Wochenstundentafel zu überlegen, wenn im Zeitrahmen eines Schuljahres (oder auch darüber hinaus) der Anteil der betroffenen Fächer am Gesamtangebot unverändert bleibt (bzw. um insgesamt nicht mehr als zwei Wochenstunden vom Summenwert der Wochenstunden der Jahrgänge 5–10 abweicht). Die Verordnung geht bereits davon aus, daß Fächer, die mit einer Jahreswochenstunde gewichtet sind (wie zum Beispiel Biologie), nur in einem Halbjahr mit zwei Wochenstunden unterrichtet werden sollten (Epochalisierung).

Dies schien uns aus den oben beschriebenen Gründen nicht weitgehend genug. Außerdem ist der zeitliche Anteil der Halbjahre manchmal sehr unterschiedlich, vor allem dann, wenn im kürzeren Halbjahr auch noch ein dreiwöchiges Betriebspraktikum eingeplant werden soll.

Für die Fächer Biologie, Kunst, Musik und Religion haben wir daher in der Jahrgangsstufe 9/10 einen Block von vier Wochenstunden gebildet, den wir »Epochenunterricht« nennen. Dieser Block ist im Stundenplan in Form von zwei Doppelstunden für alle vier Klassen des jeweiligen Jahrgangs als Leiste (ähnlich wie zum Beispiel Wahlpflichtunterricht) eingeplant. Zu Beginn eines

> »Also: profitiert haben sie ganz deutlich von dieser wirklich offenen Atmosphäre. Sie sind alle drei wirklich gerne in diese Schule gegangen, auch wenn sie alle eine unterschiedliche Entwicklung gemacht haben: Bei Christian war es im ersten Jahr etwas schwierig. Bei der Tochter gab es mal eine Phase, wo es konfliktreich in der Klasse und mit den Lehrern war. Daniel, der älteste, der jetzt Abitur gemacht hat, der hat, schon als er noch hier war, immer gesagt: ›Ich bin an einer guten Schule! Hier lernt man, sich die Zeit einzuteilen und hier lernt man, wie man lernt!‹. Das war bei ihm auch so, er hat wirklich gelernt zu lernen, nicht um gute Noten zu bekommen. Und ich muß sagen, das war in diesem Jahrgang auch sehr ausgeprägt, daß die Lehrer deutlich gemacht haben, daß eben jeder profitieren kann, daß dieses Konkurrenzverhalten ausgeschaltet wurde. Das ist mir in keinem anderen Jahrgang so deutlich geworden. Daß sie wirklich sehr viel Rücksicht aufeinander genommen haben, sehr viel praktische Hilfe untereinander geleistet haben. Was ihnen angeboten wird, hat sie auch interessiert und war ihnen wichtig.«
>
> *Frau D., ein Sohn und eine Tochter waren auf der HLS,*
> *ein weiterer Sohn ist noch dort*

jeden Schuljahres legen wir unter Berücksichtigung von Sonderveranstaltungen (wie Betriebspraktika, jahrgangsbezogene Klassenfahrten u. a.) vier etwa gleich lange Zeiträume (Quartale) fest, in denen in jeder Klasse jeweils nur eines der vier Fächer mit vier Wochenstunden unterrichtet wird.

Aus Sicht einer Klasse bedeutet dies zum Beispiel, daß die Schüler und Schülerinnen in den ersten neun Wochen des Schuljahres vierstündigen Biologieunterricht bei der Kollegin A haben, in den nächsten neun Wochen in denselben vier Stunden Kunst beim Kollegen B usw. Aus Sicht der Kollegin A heißt dies, daß sie die Schüler und Schülerinnen der vier Klassen nicht gleichzeitig jeweils eine Wochenstunde im Schuljahr unterrichtet, sondern nacheinander jeweils ein Quartal lang nur eine der Klassen vierstündig betreut.

Bilanz der bisher gemachten Erfahrungen

Für die Schüler und Schülerinnen bekommen Fachinhalte, die sie früher eher als nebensächlich (»Nebenfächer«) erlebt haben, ein Gewicht, das sich vom Zeitaufwand im Unterricht und in der häuslichen Vor- und Nachbereitung durchaus mit dem von Mathematik oder Englisch messen kann. Sie können sich thematisch konzentrieren und müssen sich nicht mehr »verzetteln«. Die Lehrer und Lehrerinnen berichten von einer als angenehm erlebten Aufwertung der behandelten Inhalte. Sie nehmen auch häufiger als früher die Möglichkeit wahr, themenbezogene Exkursionen einzubeziehen oder das Quartal projektähnlich zu planen. Insgesamt nimmt die Flexibilität in der didaktischen und methodischen Gestaltung des Unterrichts zu, die Kommunikation zwischen Schülern und Schülerinnen und ihren Lehrern und Lehrerinnen wird günstig beeinflußt. In zwei Bilanzgesprächen sprachen sich die beteiligten Kollegen und Kolleginnen einhellig dafür aus, diese Form des Epochenunterrichts beizubehalten.

Wir können Schulen nur ermutigen, die eigenen Bedingungen daraufhin zu untersuchen, an welchen Stellen durch eine Veränderung der üblichen Wochenstundentafel eine bessere inhaltliche Konzentration für Schüler und Schülerinnen, aber auch für Lehrer und Lehrerinnen sowie zugleich eine verbesserte Kommunikation zwischen beiden Gruppen erreicht werden kann. Wir sehen unser Modell nur als eine Möglichkeit an (sicher auch zugeschnitten auf unsere besonderen Bedingungen). Die Verordnung läßt noch weitergehende Spielräume zu (zum Beispiel auch über Jahrgangsgrenzen hinweg).

KS

Differenzierung im Fachunterricht

Warum differenzieren wir, und was heißt das konkret?

Neben den Besonderheiten, die schon beschrieben worden sind und die uns von den meisten weiterführenden Schulen in unserem Umfeld unterscheiden, gibt es bei uns natürlich auch den ganz normalen Fachunterricht – zum Beispiel in Englisch, Deutsch oder Mathematik.

Dieser Unterricht ist über lange Phasen auch durchaus lehrgangsartig – also nicht in Projekte eingebunden. In diesen Lehrgangsphasen legen wir großen Wert darauf, daß Schüler zum Beispiel Regeln oder Vokabeln lernen. Manche Kinder/Jugendliche empfinden es – vor allem während der Pubertät – durchaus als Qual, wenn wir uns nicht davon abbringen lassen, ihnen auch im Widerspruch zu ihren augenblicklichen Vorlieben und Interessen Grundlagen zu vermitteln, von denen wir überzeugt sind, daß auf sie nicht verzichtet werden kann. Wir gehen dieser Auseinandersetzung nicht aus dem Weg, auch wenn wir immer Wert darauf legen, den Schülerinnen und Schülern deutlich zu machen, warum wir ihnen das abverlangen.

Wir sind uns sehr bewußt, daß wir es mit sehr unterschiedlich begabten Kindern und Jugendlichen zu tun haben. Diese Unterschiedlichkeit birgt einerseits die Chance, daß die Schüler und Schülerinnen lernen, sich gegenseitig zu helfen, oder sich helfen zu lassen, voneinander zu lernen, Andersartigkeit zu akzeptieren. Andererseits stellt sie uns Unterrichtende vor das Problem, unsere Anforderungen, Materialien und Lernzugänge den unterschiedlichen Möglichkeiten der Kinder oder Jugendlichen anzupassen.

Wer in einem bestimmten Fach, wie zum Beispiel der Mathematik, Probleme hat, braucht Aufgaben, die er bewältigen kann. Er oder sie braucht vielleicht zusätzliche Hilfen. Vor allem aber brauchen gerade diese Jungen und Mädchen immer wieder Erfolgserlebnisse. Doch auch Kinder mit schnellerer Auffassungsgabe oder größerem Interesse in einem bestimmten Fach oder Fachbereich brauchen Erfolgserlebnisse. Für sie bedeutet das: mehr und/oder anspruchsvollere Aufgaben, die ihnen die Möglichkeit geben, auch bis an ihre Grenzen zu gehen; denn nur dann, wenn die »lernstarken« Kinder oder Jugendlichen sich wirklich gefordert fühlen, können sie die Lösung eines Problems als ihren Erfolg erleben.

Natürlich können wir nicht für jede Schülerin oder jeden Schüler den genau auf sie oder ihn zugeschnittenen Unterricht machen. Das würde uns überfordern. Aber wir planen Unterricht nicht immer und nicht für alle in derselben Weise. Wir versuchen zu differenzieren.

Wir machen Unterschiede

— in der Menge des Stoffes, den die einzelnen Schüler und Schülerinnen (bzw. Gruppen unter ihnen) beherrschen sollen,
— im Anspruch an Selbständigkeit, die wir von ihnen bei der Aneignung verlangen,
— in der Komplexität, also im Schwierigkeitsgrad der Aufgaben, vor die wir sie stellen,
— in den Materialien, die wir ihnen an die Hand geben (sie lernen auch, aber nicht nur mit dem Schulbuch),
— in den Lernzugängen, die wir ihnen aufzuzeigen versuchen.

Ich möchte dies an zwei Beispielen aus der Mathematik verdeutlichen. Das erste Beispiel stammt aus der Klasse 7, das zweite aus der Klasse 10.

1. Beispiel (Jg. 7): Winkelsumme im Dreieck
Zuerst einmal das Angebot unterschiedlicher Zugangsmöglichkeiten:
Eine Zugangsmöglichkeit:
  Praktische Erfahrungen beim Ausprobieren

Winkel im Dreieck
Du braucht: Papier, Schere und Klebe

Zeichne vier verschiedene Dreiecke in etwa folgender Größe auf ein Blatt Papier und Schneide sie aus.

C

γ

A α

Rißlinien

B β

Schreibe griechische Buchstaben alpha α, beta β und gamma γ in die Ecken des Dreiecks. Reiße zwei Ecken des Dreicks ab und setze sie auf einem großen Blatt auf einer geraden Linie aufeinander. So:

Gibt es immer eine gerade Linie, egal welches Dreieck man hat?

β γ α

Hier kommen alle Spitzen zusammen.

Dies ist ein Lernzugang über selbstgemachte Erfahrungen, wenn die Handlung mit vielen verschiedenartigen Dreiecken immer wieder zum selben Effekt führt.

Eine andere Zugangsmöglichkeit:
Messen und Rechnen

Miß die einzelnen Winkel und berechne die Summe!

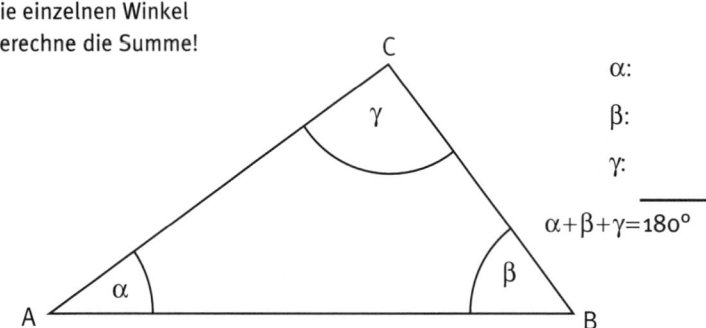

α:

β:

γ:
$$\overline{}$$
$$\alpha+\beta+\gamma=180°$$

Diese Form der Herleitung des Winkelsummensatzes benutzt als Voraussetzung nur die Fähigkeit, Winkel zu messen und addieren zu können.

Die beiden Angebote unterscheiden sich also nicht in erster Linie durch ihren »Schwierigkeitsgrad«, sondern durch verschiedene Lernzugänge.

Während eine Gruppe von leistungsschwächeren Schülern anschließend die Anwendung des Winkelsummensatzes an Übungsaufgaben trainiert, gehen wir mit der Gruppe der leistungsstärkeren Schülern einen Schritt weiter und stellen sie vor die Frage, warum die Summe eigentlich immer genau 180° betragen muß. (Noch besser ist es, wenn Schüler selbst eine solche Frage stellen, zum Beispiel weil die Summe der Meßwerte nie genau 180° ergibt.) – Kann man sich die Aussage des Satzes auf der Basis der Kenntnisse über Winkel verständlich machen?

Anhand einer geeigneten Skizze und gegebenenfalls zusätzlicher Hilfen erarbeiten wir gemeinsam den mathematischen Beweis für den Winkelsummensatz und machen deutlich, daß er auf den Sätzen über Stufen- und Wechselwinkel an Parallelen beruht.

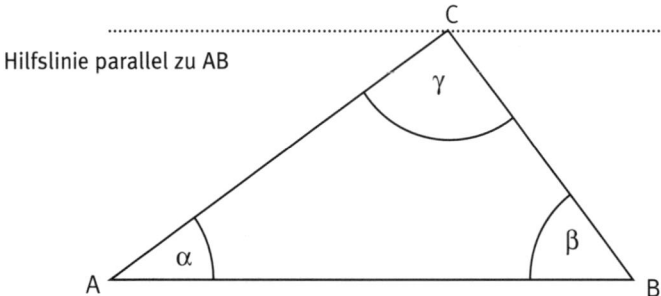

Hilfslinie parallel zu AB

2. Beispiel (Jg 10): Anwendungen zur Potenzrechnung
In der Klasse 10 geht die Unterschiedlichkeit in den Anforderungen noch
wesentlich weiter. Ich möchte das an einem Beispiel aus dem Themenbereich
Potenzrechnung erläutern.

Nachdem wir die Regeln für das Rechnen mit Potenzen in gemeinsamen
Unterrichtsphasen hergeleitet haben, üben wir mit den leistungsschwächeren Schülern deren Anwendung in möglichst unterschiedlichen Bereichen.

Die leistungsstärkeren Schüler – vor allem auch diejenigen, die nach Abschluß der Klasse 10 die gymnasiale Oberstufe besuchen wollen – beschäftigen sich in dieser Zeit mit Potenzfunktionen, einem Thema, das andere
Schüler »auslassen« können, weil es zum Beispiel für einen Ausbil-
dungsberuf nach der Klasse 10 nicht erforderlich ist.

Die Leistung einer Windkraftanlage:

```
          LEISTUNGSKURVE
Typ: Micon H 300 - 55 kW
Höhe:         0 m über NN
Temperatur:   15°C
Luftdichte:   1,225 kg/m³
Rotordurchmesser: 19,8 m
Nenndrehzahl:      37,5 U/min
```

Windgeschindigkeit m/s	Leistung kW
0	0,0
1	0,0
2	0,0
3	0,0
4	2,5
5	8,0
6	16,0
7	26,0
8	35,0
9	43,0
10	51,0
11	57,0
12	58,0
13	58,0
14	57,0
15	56,0
16	55,0
17	54,0
18	53,0
19	52,0
20	51,0
21	51,0
22	51,0
23	51,0
24	51,0
25	51,0

1) Die Tabelle zeigt die Abhängig-
keit der Leistung P von der
Windgeschwindigkeit v für eine
Windkraftanlage der Firma Micon.
* Stelle die Werte graphisch dar.
(1 m/s = 0,5 cm, 10 kW = 2 cm)
* Beschreibe den Verlauf der
Kurve.

2) Nach der physikalischen Theorie
gilt für die maximale Leistung P
dieser Windanlage die Formel
$P = 110 \, v^3$ (P in W, v in m/s)
* Erstelle eine Wertetabelle für
Windgeschwindigkeiten bis
10 m/s und trage die Werte in die
graphische Darstellung aus 1) ein.
* Vergleiche beide Kurven.

Nachdem die Schüler zu Hause (oder arbeitsteilig im Unterricht) die entsprechenden Graphen erstellt haben und bereits selbständig versucht haben, daraus für die Beurteilung der Leistung einer Windkraftanlage wesentliche Aussagen abzuleiten, analysieren wir gemeinsam sehr genau, was typisch ist für Potenzfunktionen und was man darüber hinaus aus graphischen Darstellungen alles herausholen kann.

Die Leistung einer Windkraftanlage

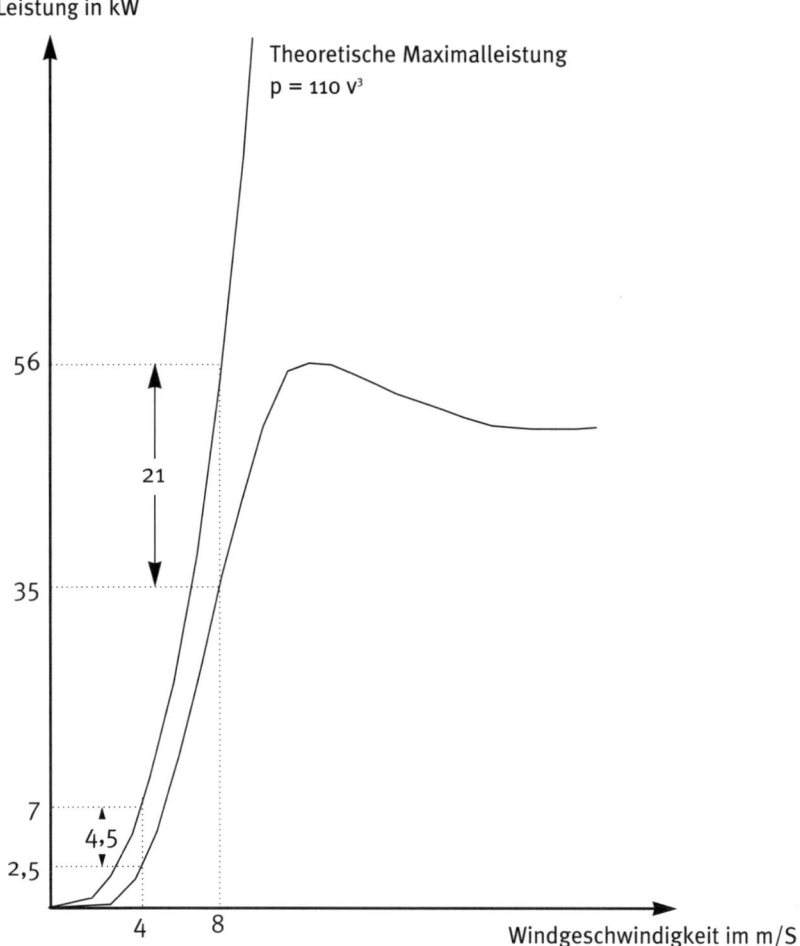

Leistung in kW

Theoretische Maximalleistung
$p = 110\ v^3$

Einige Hinweise auf mögliche Ergebnisse müssen genügen:
— Bei Verdopplung der Windgeschwindigkeit (von zum Beispiel 4 auf 8 m/s) steigt die theoretisch zu erzielende Leistung nicht auf das Doppelte, sondern auf das Achtfache an – eine Auswirkung des Exponenten 3, $2^3 = 8$!)
— Die beiden Graphen lassen Aussagen über den Wirkungsgrad der Anlage zu. Vergleicht man zum Beispiel tatsächlich erzielte und theoretisch

erzielbare Leistung für 4 m/s und 7 m/s, so sieht man, daß zwar die absoluten Verluste mit wachsender Windgeschwindigkeit zunehmen, die relativen aber zunächst sinken:

Windgeschwindigkeit	absoluter Verlust in kW	relativer Verlust in %
4 m/s	ca. 4,5	$4,5/7 \approx 64~\%$
7 m/s	ca. 11	$11/37 \approx 30~\%$

Im Grunde bereiten wir hier bereits die Differentialrechnung der Oberstufe vor.

Wie wirkt sich die Differenzierung auf die Organisation des Unterrichts aus?

Aus der bisherigen Darstellung ist bereits zu erkennen, daß wir eine Mischung aus gemeinsamem und getrenntem Unterricht praktizieren. Dabei nimmt die Häufigkeit und Dauer von Trennungsphasen mit zunehmendem Alter zu.

Wir differenzieren also nicht dadurch, daß Schüler und Schülerinnen einer Jahrgangsstufe nach Fähigkeiten sortiert in unterschiedlichen Räumen von verschiedenen Lehrern unterrichtet werden. Im Unterricht bleiben die Schüler weitgehend zusammen. In Einführungsphasen und bei der Vermittlung von Grundlagenwissen trennen wir nicht. Wir haben die Erfahrung gemacht, daß die schwächeren Schüler hier vom Interesse und auch von der Hilfe durch die stärkeren und interessierteren Schüler profitieren. Umgekehrt zwingt so manche »dumme« Nachfrage zum genaueren Durchdenken eines Sachverhaltes oder sie hilft, das eigene Verständnis zu kontrollieren, und schult bei Schülern die Fähigkeit, anderen etwas zu erklären. Wir differenzieren in der Regel bei Hausaufgaben, in Übungsphasen und bei Klassenarbeiten.

In Übungs- und Vertiefungsphasen ist es uns wichtig, daß die Schülerinnen und Schüler lernen, immer selbständiger mit zum Teil sehr unterschiedlichen Materialien zu arbeiten; das heißt leistungsstärkere Gruppen bekommen schwierigere oder mehr Aufgaben als Schüler, die sich erst noch im sicheren Gebrauch der Grundlagen üben müssen.

Dabei helfen die Regeln und Arbeitsgewohnheiten, die im Zusammenhang mit dem Wochenplan eingeübt worden sind, zum Beispiel

– ein gestaffeltes Helferprinzip (erst selbst probieren, dann notfalls einen Helfer in der Tischgruppe ansprechen, erst dann Hilfe beim Lehrer suchen),
– die Selbstkontrolle anhand vorbereiteter Lösungen,
– die für den Wochenplan vorgesehenen Stunden, in denen Schüler – je nach Bedarf – für unterschiedliche Fächer oder besondere Aufgaben Zeit zur Verfügung haben.

In solchen Phasen nutzen wir Lehrer die Möglichkeit, mit kleineren Gruppen besondere Teilaspekte zu besprechen, zum Beispiel schwächeren Schülern in einer kleineren Gruppe zusätzliche Hilfen zum Grundlagenverständnis zu geben, oder mit einer Gruppe sehr interessierter Schüler zusätzliche Themen

»Ich finde es halt auch eine gute Sache, daß man hier die Möglichkeit bekommt, in den verschiedenen Werkstätten zu arbeiten. Sei es nun die Holzwerkstatt, die Druckerei, oder das Fotolabor. Weil, das geht dann auch schon in die Richtung Arbeitswelt. Nicht nur Schule. Und man kann da vielleicht schon gewisse Interessen und Fähigkeiten entwickeln. Auch das Betriebspraktikum war für mich ganz wichtig.«

Arno R., ehemaliger Schüler, 6 Jahre auf der HLS

zu bearbeiten, die sie anschließend alleine weiterverfolgen können.

Wann geben wir Noten auf unterschiedlichen Niveaus?

Von der 7. Jahrgangsstufe an werden auch in der Helene-Lange-Schule die Schüler und Schülerinnen in den Fächern, in denen das vorgeschrieben ist, nach dem vorgesehenen Verfahren jeweils in »G-Gruppen« (G = Grundkurs) oder »E-Gruppen« (E = Erweiterungskurs) eingestuft und später gegebenenfalls umgestuft. Das bedeutet, daß wir die Note in einem solchen Fach auf ein bestimmtes Anspruchsniveau beziehen. Es bedeutet nicht, daß die Schüler und Schülerinnen nach Niveaus getrennt in verschiedenen Räumen unterrichtet werden. (Dieser Verzicht auf sogenannte »äußere Differenzierung« auch in den Fächern Englisch und Mathematik, wo er nach den hessischen Vorgaben sonst zwingend wäre, ist der Helene-Lange-Schule mittlerweile durch einen auch bei der KMK angemeldeten Schulversuch gestattet.) »Äußere Differenzierung« ergibt sich gelegentlich aus anderen Gründen, zum Beispiel für die Schülerinnen und Schüler, die eine zweite 2. oder 3. Fremdsprache wählen. Oder es kann in der Jahrgangsstufe 10 jeweils für zwei Klassen in den Fächern Englisch und Mathematik ein dritter Lehrer/ eine dritte Lehrerin eingesetzt werden, mit denen auf Zeit konstituierte, wechselnde Teilgruppen entweder »Grundlagen« wiederholen und festigen oder Zusatzstoffe erarbeiten, während der »Normalunterricht« gemeinsam erfolgt.

Die Einstufung, also die Zuweisung jeweils zu einer G- oder E-Gruppe, beginnt mit Englisch und Mathematik am Anfang des 7. Schuljahres; zu Beginn des 8. Jahrgangs erfolgt sie auch für Deutsch und umfaßt in der Regel ab Klasse 9 fünf oder sechs Fächer.

Einstufungen und Umstufungen werden nicht von den Fachlehrern alleine vorgenommen, sondern in einer gesonderten Klassenkonferenz ausführlich diskutiert und auch mit den betroffenen Eltern besprochen. Über die Kriterien und die Verfahrensweise, nach denen wir diese Einstufungen und Umstufungen vornehmen, informieren wir die Eltern am Ende der 6. Jahrgangsstufe ausführlich und fachbezogen, und zwar bevor die Einstufungen für die einzelnen Schüler in den Klassenkonferenzen beraten werden.

Diese Einstufung ohne durchgängige äußere Trennung eröffnet uns bei der Bewertung der Leistungen die Chance, zum Beispiel schwächere Schüler von unnötigem Druck zu befreien, ihnen Erfolgserlebnisse für Anstrengungen zu ermöglichen, gleichzeitig aber von leistungsstarken Schülern auch ihren Fähigkeiten entsprechende Leistungen zu verlangen. Dies drückt sich auch darin aus, daß die Klassenarbeiten zunehmend unterschiedlicher werden.

Welche Erfahrungen haben wir mit der praktizierten Differenzierung gemacht?

Die gleichzeitige Einstufung und Nicht-Trennung nimmt Druck von den leistungsschwächeren Schülern und erhält ihnen Erfolgsmöglichkeiten. Sie fördert das Interesse, übt die Fähigkeit zur Zusammenarbeit, ermöglicht eine flexible Handhabung der Einteilung in E und G. Bei den Schülerinnen und Schülern fordert und fördert sie die Selbständigkeit. Viele von ihnen bringen durch die sich ändernden Unterrichtsformen in der Grundschule in dieser Hinsicht bereits gute Voraussetzungen mit, an die wir anknüpfen können und die wir zu verstärken suchen. Immer wieder gibt es jedoch auch einzelne Schülerinnen und Schüler, die ohne ständige und unmittelbare Kontrolle des Lehrers kaum arbeiten können und denen es trotz all der Hilfen, die wir zu geben versuchen, nicht gelingt, tatsächlich selbständiger zu werden. Die Intensität von Kontrolle, die für sie weiterhin erforderlich wäre, können wir mit unserer Konzeption nicht leisten. Diesen Schülerinnen und Schülern werden wir mit unserer Organisationsform nur unzureichend gerecht.

Auch hinsichtlich der Materialien, die wir uns zur Differenzierung inzwischen verfügbar gemacht haben, sind wir noch nicht immer zufrieden. Manchmal möchten wir noch mehr differenzieren, als wir dann wirklich einzulösen imstande sind.

KS

6. MEXBOX und Tätige Nächstenliebe (Anders Lernen 3)

IM VORANGEGANGENEN KAPITEL war einerseits von Formen der Unterrichtsorganisation und -planung die Rede, durch die das »andere Lernen« in der Helene-Lange-Schule abgesichert wird. Andererseits gab es auch einige Beispiele für jene »Projekte«, die eine der dafür nützlichen Großformen sind. Weil sie nämlich besondere Gelegenheiten bieten, um solche Lernformen zu erleichtern, bei denen im Schulalltag mehr als das Behalten von mehr als nur »richtigen« Worten und Begriffen wahrscheinlich ist. Auch »richtige« Worte und Begriffe sind selbstverständlich wichtig, aber sie sind eben nicht alles.

In diesem Kapitel geht es um Einzelbeispiele für das »andere Lernen«. Beispiele aus dem Unterricht. Sie verdeutlichen Absichten oder auch eine bestimmte Praxis. Manche illustrieren auch »nur« die Wirkungen, die diese Praxis auf die Beteiligten (Lehrer und Schüler) hat. Absichtsvoll sind – stellvertretend für viele andere – vor allem solche ausgewählt, die mit dem Unterricht in den herkömmlichen Fächern zu tun haben.

Würde man sich ein wenig von ihnen entfernen, dann müßten noch sehr viel mehr Formen des »anderen Lernens« beschrieben werden. Etwa die »Schule der Gastlichkeit«. Das ist so etwas wie eine Arbeitsgemeinschaft von Schülerinnen (und manchmal auch Schülern), die es sich unter der durch einschlägige Berufserfahrung sachkundigen Anleitung einer Lehrerin zum Ziel gesetzt hat, »perfekte« kleine Feste und Feiern auszurichten – auch für Außenstehende, die diesen »Service« in Anspruch nehmen: Also mit den »Auftraggebern« den »Stil« und Ablauf dieses Festes überlegen, möglichst gut kochen und hübsch anrichten, den Raum »schön« vorbereiten, die Tische dekorieren, geräuschlos, liebenswürdig und immer genau zur richtigen Zeit bedienen – und anschließend alles aufräumen und die Reste versorgen.

Oder es müßte eine vollständige Sammlung der vielen »Bücher« (vermutlich sind es mittlerweile fast hundert) beigefügt werden, die bei den verschiedensten Vorhaben in den letzten zehn Jahren entstanden sind, oft liebevoll gesetzt, gestaltet, gedruckt, in Handarbeit gebunden: zum Beispiel Variationen über Kafkas »Verwandlung« oder jene Art Vexierbilder, die durch die unterschiedlichsten Zusammensetzmöglichkeiten von Kopf, Bauch und Beinen in einem entsprechenden »Buch« enstehen. Dann auch »nur« inhaltsreiche und vielschichtige Erfahrungs- oder Rechenschaftsberichte mit Texten und ein paar Bildern. Eine kleine Auswahl von Beschreibungen dieser Gelegenheiten und Verläufe des »anderen Lernens«, wenn es etwas weiter entfernt vom herkömmlichen Unterricht seinen Platz hat, ist in den folgenden Kapiteln dieses Buches in andern Zusammenhängen festgehalten. Hier also: Was kann (auch) in den herkömmlichen Fächern geschehen?

Abb. 1

Mathematik zum Begreifen

Schülerexperimente mit der MEXBOX

Mathematikunterricht im 6. Schuljahr: In den vergangenen Stunden haben die Schüler und Schülerinnen Eigenschaften spiegelsymmetrischer Figuren untersucht, solche Figuren gezeichnet oder im Alltag entdeckt. Mit Steckbrettern, Stöpsel und Spiegeln haben sie Figuren entworfen, deren Spiegelbilder gefunden und dabei ein Verfahren gelernt, wie man Spiegelbilder im Heft mit dem Geodreieck zeichnet. Heute geht es um zwei Spiegelungen, die nacheinander an parallelen Geraden ausgeführt werden.

Ehsan und Bryan holen die MEXBOX (Abb. 1) vom Regal. In dieser Kiste befinden sich 13 Steckbretter mit jeweils 163 Löchern (Abb. 4), bunte Plastikstöpsel, Haushaltsgummis und andere Zusatzmaterialien, mit denen die Schülerinnen und Schüler ab der Klasse 5 schon zu unterschiedlichen Themen gearbeitet haben. Ehsan und Bryan verteilen jeweils ein Steckbrett, Stöpsel und Haushaltsgummis an zwei Schülerinnen oder Schüler. Spiegel können sich die Schülerinnen und Schüler vom Lehrertisch holen. In der Zwischenzeit verteilt Marietta ein Arbeitsblatt und ein Blatt mit dem Raster des Steckbretts. Zunächst stecken die Schülerinnen und Schüler das vorgegebene Dreieck ABC und die

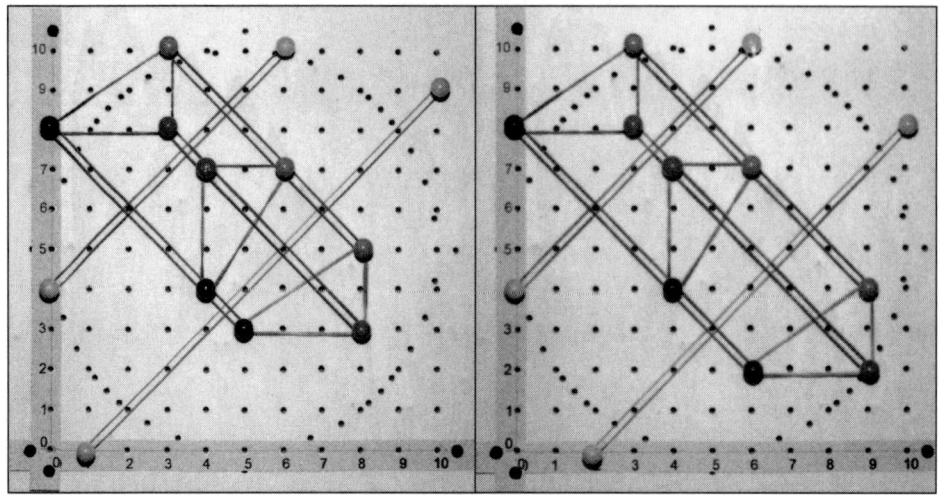

Spiegelgerade durch zwei vorgegebene Punkte. Das Arbeitstempo ist unterschiedlich. Während einige Schülerinnen und Schüler bereits ihre Steckfiguren auf das Rasterblatt übertragen und erste Ergebnisse formulieren, üben andere noch das Bestimmen von Punkten im Koordinatensystem, korrigieren mit Hilfe eines Spiegels fehlerhafte Spiegelpunkte oder vergleichen ihre Ergebnisse mit den Lösungen auf dem Lehrertisch. Zwischendurch stanzen einige Schülerinnen und Schüler Löcher in die Koordinatenstreifen, die in der letzten Stunde noch nicht fertiggestellt wurden.

Abb. 2/3

Nach 25 Minuten haben alle Schülerinnen und Schüler die ersten beiden Aufgaben bearbeitet, manche haben sich schon ein weiterführendes Arbeitsblatt geholt. Ich bitte Veronique und Tammy, noch einmal die Figur zu Aufgabe 1 (Abb. 2) zu stecken. Achim und Benjamin haben noch die Figur 2 (Abb. 3) auf dem Steckbrett. Es ist Zeit für eine gemeinsame Besprechung. Wir setzen uns im Kreis auf den Boden. Veronique, Tammy, Achim und Benjamin bringen ihre Steckbretter mit und beschreiben, wie ihre Figuren entstanden sind.

Im Gespräch tragen die Schüler und Schülerinnen die Eigenschaften zusammen: Jeder Punkt des Dreieckes ABC wurde um die gleiche Streckenlänge in die gleiche Richtung verschoben. Wie weit die Punkte verschoben werden, hängt offensichtlich vom Abstand der beiden Spiegelgeraden ab. Schülerinnen und Schüler, die schon weitergehende Untersuchungen angestellt haben, bestätigen diese Ergebnisse auch für andere Figuren und Spiegelgeraden und nutzen dabei ebenfalls die Steckbretter als Veranschaulichungsmaterial. Nun kann die Arbeit auf verschiedene Weise fortgesetzt werden:

– Schülerinnen und Schüler können ihre eigenen Ideen und Vermutungen weiterverfolgen,
– Zeichnungen auf dem Rasterblatt oder genaue Zeichnungen im Heft

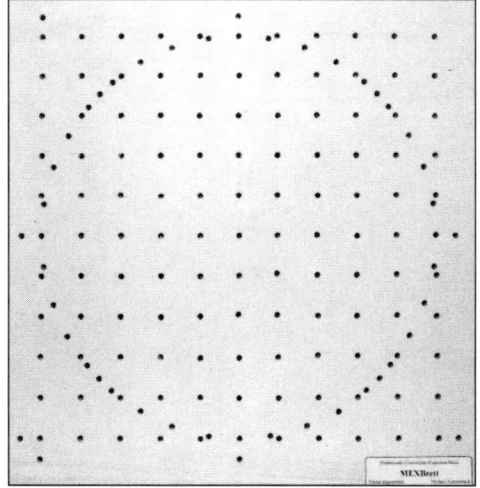

Abb. 4

können zur Bestätigung auch für andere Figuren und Spiegelachsen angefertigt werden,

– der Zusammenhang zwischen dem Abstand der Spiegelgeraden und der Länge des Verschiebungspfeils kann untersucht werden.

Den unterschiedlichen Zugangsweisen der Schülerinnen und Schüler entsprechend entscheiden sie selbst, ob sie weiter mit dem konkreten Material, im Heft oder nur theoretisch arbeiten. Ausgehend von einer Frage, die alle Schülerinnen und Schüler zunächst mit dem Experimentiermaterial bearbeitet haben, kann der Unterricht sich so für unterschiedliche Fragen und Arbeitsformen öffnen. Über die Steckbretter kann dann die Verständigung über die Arbeitsergebnisse stattfinden.

Wie in diesem Beispiel zum Thema »Spiegelungen« können die Schülerinnen und Schüler auch zu anderen Themen der Jahrgangsstufen 5–10 (z. B. Bruchrechnung, Koordinatensysteme, Prozentrechnung, Zuordnungen und Funktionen, Flächenberechnungen, Kreisgeometrie) mit dem vor allem für den Mathematikunterricht entwickelten Steckbrettsystem arbeiten. Dabei können sie mit den Steckbrettern

– einen ersten Zugang zu einem Thema finden,
– eigene Ideen ausprobieren und der Klasse vorstellen,
– Figuren für mathematische Beweise entwerfen,
– beim Freien Arbeiten zufällig mathematische oder ästhetische Strukturen entdecken,
– aber auch gemeinsam spielen oder sich Spiele für die Steckbretter ausdenken und Zusatzmaterialien herstellen.

Wie der Nawi-Wagen[1] oder der Trolley für Englisch dient die MEXBOX, die MathematikEXperimentierBOX, wie die Kiste heißt, zur Aufbewahrung eines Klassensatzes an Materialien. Darüber hinaus können die Seitenwände als Demonstrationsfläche genutzt werden, da sie das gleiche Lochmuster wie die Steckbretter haben.

Die Steckbretter und die Kisten, mit denen die Schülerinnen und Schüler der Helene-Lange-Schule arbeiten, wurden von Polytechnikkursen der Klasse 9 in mühevoller Arbeit hergestellt. Bei der Planung und Herstellung beschäftigen sich die Schülerinnen und Schüler mit unterschiedlichen Holzmaterialien, Bohrtechniken und mit der rationellen Produktion kleiner und großer Stückzahlen bis hin zur computergesteuerten Fertigung großer Serien. Insbesondere verbessern die Schülerinnen und Schüler aber durch ihre Arbeit die Ausstattung der Schule.

Anmerkung

1 Eine in der Helene-Lange-Schule entwickelte mobile Experimentierstation für naturwissenschaftliche Experimente im Klassenraum; vgl. das folgende Kapitel »7. Erfindungen (Anders Lernen 4)«, S. 120 ff.

MK

Mathematik in Klasse 5

Schon in der 5. Klasse gibt es oft Schülerinnen und Schüler, die an diesem Fach verzweifeln, oder auch solche, die es hassen. Meist hat das wohl mit negativen Erfahrungen im vorausgegangenen Rechenunterricht der Grundschule zu tun. Als ich im vergangenen Schuljahr zum ersten Mal eine 5. Klasse in Mathematik zu unterrichten hatte, habe ich versucht, mir ein paar Hilfen für diese Situation einfallen zu lassen. Ich hoffte zu erreichen, daß mehr Schüler und Schülerinnen sich für mathematische Probleme interessieren und Freude daran finden, solche Probleme auch zu lösen, anstatt immer lustlos weitere Übungsaufgaben zu »erledigen« oder an alles Neue mit dem Gefühl heranzugehen, das sei schon wieder etwas, was man vermutlich nicht verstehen werde. Ein paar Beispiele für Hilfen, mit denen ich nach meinem Eindruck Erfolg hatte:

Der »Knaller der Woche«!

Diese Überschrift an der Tafel kündigte der Klasse ein mathematisches Problem oder eine neue Aufgabe an, die in einem aufgeblasenen Luftballon verpackt war. Schon die Anschrift an der Tafel erzeugte erwartungsvolle Spannung. Ein Mädchen oder ein Junge durfte jeweils den Ballon mit einem spitzen Bleistift »zerknallen« und das Problem präsentieren. Oft waren es Probleme, die zu einem Streit führten. Die Aufgabe »3 + 4 × 5« wurde zum Beispiel mit zwei Ergebnissen (23 bzw. 35) präsentiert. Und dazu die Frage: »Was stimmt denn nun?« Das führte zu hitzigen Diskussionen innerhalb der Lerngruppe. Einige entdeckten bald, wie es zu den Ergebnissen 23 und 35 kommt – und schon waren wir mitten im neuen Thema, der »Punkt-vor-Strich-Rechnung«, später bekannt unter KPS-Regel (Klammer-vor-Punkt-vor-Strich). Einen solchen »Knaller der Woche« gab es in jeder zweiten Woche. Manche warteten ungeduldig darauf. Immer wieder konnte ich beobachten, daß in diesen Momenten sogar schwächere Schüler oder Schülerinnen mitgerissen wurden und gerade bei wichtigen Neu-Einstiegen hellwach waren. Später hatten sie vielleicht mehr Schwierigkeiten als andere, entsprechende Aufgaben zu lösen, aber das Gefühl, in diesem Unterricht »mitreden« zu können, hatte nach meinem Eindruck ihr Gefühl gestärkt, nicht von vornherein zu den »Verlierern« zu gehören.

»Mathetheater«

Ein Thema wie die »KPS-Regel« ist für diese Altersstufe sehr abstrakt. Sie scheint ein rein kognitives Problem zu sein. Die Anregung, daß man solche

Probleme auch »spielen« und so vielleicht mit Erinnerungen und Gefühlen verbinden kann, die dazu führen, daß diese Regel später zuverlässiger erinnert wird, verdanke ich einer Kollegin, die im gleichen Jahr Mathematik in einer Parallelklasse unterrichtete.

Am Ende der fünften Klasse habe ich also ein solches Mathetheater zur KPS-Regel erprobt: Wir bastelten große Umgängeplakate mit den Ziffern von 0 bis 9, einigen Rechenzeichen und den Klammern. 16 Schüler und Schülerinnen dachten sich ein Theaterstück »Im Land der Mathematik«. aus: Es gab einen Streit zwischen den Ziffern, der vom König des Landes der Mathematik (der Null) mit Hilfe seiner Minister (den Klammern) gelöst werden mußte. Dieses Stück wurde dann bei der Aufnahmefeier des neuen 5er-Jahrganges aufgeführt. Die Kinder hatten große Freude am Theaterspielen und haben »spielend« die KPS-Regel mit vielen Erlebnissen und Assoziationen verknüpft. Auch nach sechs Wochen Sommerferien »wußten« und »konnten« sie diese Rechenregel immer noch.

»Preisrätsel der Woche«

Ein anderer Baustein (alle vierzehn Tage im Wechsel mit dem »Knaller«) war das »Preisrätsel der Woche«. Am Anfang der Woche wurde eine »schwierige« Aufgabe gestellt, die aber mit dem bisher Gelernten zu lösen war. Meist gab es im Laufe der Woche an einer passenden Stelle des Unterrichts noch einen zusätzlichen Hinweis, der bei vielen dann einen Aha-Effekt erzeugte. Und natürlich gab es etwas zu gewinnen (zum Beispiel so allerlei kleine Werbeartikel, die von einigen Eltern, die in entsprechenden Firmen arbeiten, geschenkt worden waren). Festgelegt waren »Abgabeschluß« und »Teilnahmebedingungen«. Eine Bedingung war zum Beispiel, daß die Lösung mit vollständiger Rechnung oder Erklärung abgegeben werden muß.

Beim »Preisrätsel der Woche« konnte man nur gewinnen – nicht nur einen kleinen Gegenstand, sondern auch eine gute Note. Es gab keine Note, wenn die Lösung falsch war. Diese »Garantie« verhalf zu angstfreiem Ausprobieren und Tüfteln. Doch ob dann nicht hier und da die guten Noten eher den Eltern als den Schülern und Schülerinnen zu geben gewesen wären? Dieses Risiko bin ich gerne eingegangen. Wenn es gelingt, daß eine mathematische Aufgabe von den Kindern zu Hause freiwillig (!) den Eltern erzählt wird und sie dann gar in der Familie besprochen wird, dann ist das erreicht, wovon wir Mathelehrer träumen: Die Kinder fragen, sind neugierig und reden mit ihrer Mutter oder ihrem Vater oder einem älteren Geschwister über die »richtige« Lösung.

Weil alle wußten, daß es im Laufe der Woche etwas zu erfahren gab, was für diese richtige Lösung wichtig war, förderte das »Preisrätsel der Woche« ganz unauffällig die Aufmerksamkeit im Unterricht. Viele Eltern berichteten mir, daß ihre Kinder Stunden (!) an diesen Aufgaben gesessen hätten. Hin und wieder ging es bei dem »Preisrätsel der Woche« (ohne daß ich das gesagt habe) um ein sehr einfaches Problem, damit auch die schwächeren Schüler und Schülerinnen den Spaß nicht verlören, weil auch sie so immer wieder unter den Gewinnern sein konnten.

»Rechengeschichten«

Bei vielen Schülern und Schülerinnen sind Textaufgaben unbeliebt. Sie verstehen sie nicht oder finden sie langweilig. Eine hilfreiche Idee verdanke ich einem Kollegen: Die Schüler und Schülerinnen bekamen die Aufgabe, »Rechengeschichten« zu erfinden und aufzuschreiben. Ist das noch Mathematik- oder ist es mehr Deutschunterricht? Das ist vermutlich eine eher müßige Frage, weil viele Aufgaben nicht etwa wegen ihres mathematischen Kerns, sondern wegen der sprachlichen Darstellung für Kinder unverständlich sind. Also: eine »Rechengeschichte« schreiben! Darin sollte zum Beispiel eine Additionsaufgabe mit maximal fünf Zahlen verborgen sein. Das war anfangs die einzige Vorgabe. Beim ersten Versuch bekam ich mehr als zehn »Einkaufsgeschichten«, ziemlich langweilig. Also wurde eine inhaltliche Vorgabe hinzugefügt: Bitte keine Einkaufsgeschichten mehr, sondern phantasievolle Geschichten! An die Titel einiger Geschichten, die dann entstanden, erinnere ich mich noch: »Der Bär und die Bienenstiche« oder »Im Land der Zahlenfresser«. Auf der oberen Hälfte eines DIN A 4-Blattes wurde die Geschichte aufgeschrieben (oft sehr liebevoll gestaltet), auf der unteren dann die Lösung, die von einem angeklebten, hochklappbaren Blatt verdeckt wurde. Die schönsten Geschichten haben wir im Schülertreff ausgestellt. Das Interesse der anderen fünften Klassen war groß. Immer wieder standen Schüler und Schülerinnen an der Pinnwand und lasen die Geschichten … und nach kurzem Nachdenken auch die Lösung.

Bevor es jedoch so weit war, mußte jeder seine Geschichte seinem rechten Nachbarn am Gruppentisch geben. Der mußte prüfen, ob die in der Geschichte versteckte Aufgabe zu lösen sei. Anfangs gab es einige Geschichten, die so ungenau formuliert waren, daß sie Mißverständnisse erzeugten, oder in denen wichtige Angaben fehlten. Bei dem Versuch, genau zu formulieren oder nichts Wichtiges zu vergessen, übten die Schüler und Schülerinnen ganz »nebenbei« noch etwas anderes: sich gegenseitig zu helfen, zu kritisieren und gemeinsam zu diskutieren.

Die MatheCard

Sie war ein Versuch, bei Klassenarbeiten jene »Denkblockaden« zu vermindern, die manche Schüler oder Schülerinnen hindern, etwas zu reproduzieren oder anzuwenden, was sie ohne den Streß der Situation »ganz sicher« können. Zum ersten Mal habe ich sie bei der ersten Geometriearbeit verwendet

Zwei Tage vor der Arbeit wurde diese »MatheCard« an alle ausgeteilt (sie befand sich zum Ausschneiden auf einem Übungsbogen für die kommende Geometriearbeit).

Nach der Art eines »Jokers« berechtigte sie jeden, während der Arbeit genau eine (!) Frage an mich zu stellen, die dann auch sehr konkret beantwortet werden sollte. Dabei verriet ich zwar keine Lösung, doch gab ich je nach Person und Problemlage so deutliche Hinweise, daß man die Aufgabe danach lösen konnte. Wie erhofft erhöhte das bei den Schülerinnen und

»MatheCard«

Schülern die Sicherheit, machte sie gelassener. Interessanterweise benutzten von 25 Schülern und Schülerinnen nur acht die Karte, um eine Frage zu stellen. Aber alle hatten sie auf dem Tisch liegen, was deutlich zeigt, wie wichtig es ihnen war, »für alle Fälle« eine solche Möglichkeit zur Frage zu haben.

Doch gerade bei Klassenarbeiten müßte ich mir wohl noch einiges mehr einfallen lassen. Vermutlich habe ich da selbst »Denkblockaden«, bin durch meine eigene Schulzeit und durch die Lehrerausbildung auf die »herkömmlichen« Arbeiten zu sehr fixiert.

RS

Vermessungspraktikum Klasse 10

»Den zweiten Tag unseres Praktikums verbrachten wir am bzw. rund um den Bingert-Turm. Wir trafen uns um 8.00 Uhr ... Diesmal bestand unsere Aufgabe darin, bei einen Radrundweg für eine Anzahl von Punkten deren Entfernung und die jeweilige Steigung zu berechnen. Bei diesen Messungen war es besonders wichtig, den Theodoliten genau zu horizontieren, da sonst die Ergebnisse zu ungenau gewesen wären. ...

Das Neue gegenüber gestern war, daß man zusätzlich den Abstand und den Vertikalwinkel berechnen mußte. Dabei war besonders darauf zu achten, ob dieser Winkel bzw. die errechnete Zahl positiv oder negativ war, ob es sich also um Steigung oder Gefälle handelte. ...

Heute hat das Messen mehr Spaß gemacht als gestern, was vielleicht daran lag, daß alles geklappt hat.«

»3. Tag:

... Alles in allem haben uns die letzten drei Tage wirklich Spaß gemacht. Wir haben gelernt, Trigonometrie praktisch anzuwenden und mit Hilfe von Sinus, Cosinus und Tangens Höhen und Entfernungen zu errechnen. Auch die Orte waren gut ausgewählt, und mit dem Wetter hatten wir ja auch Glück. Aber das ganze Praktikum hätte etwas länger sein können.«

(Auszüge aus dem Bericht von Heike und Jana)

Helene-Lange-Schule, Langenbeckstraße 6 - 18, 65189 Wiesbaden

Helene-Lange-Schule
Integrierte Gesamtschule
Versuchsschule des
Landes Hessen

UNESCO-Projekt-Schule

Langenbeckstraße 6 - 18
65189 Wiesbaden
Telefon: 06 11 · 31 36 70 / 31 36 71
Telefax: 06 11 · 31 39 42

Datum und Zeichen Ihres Schreibens   Unser Zeichen   Datum

November 1994

Elternbrief Nr. 1 zum Fach Deutsch in den Klassen 5

Mit diesem Brief, der die Absichten und das Vorgehen bei unserer
Arbeit im Fach Deutsch erläutert, wollen wir dem Wunsch der
Eltern Rechnung tragen, möglichst umfassend über den Unterricht an
der Helene-Lange-Schule informiert zu werden.

Elternbriefe zu weiteren Fächern und Themen werden folgen. Eine
Absicht dieser Briefe ist es, schon einige Grundfragen zu beant-
worten, die Sie vielleicht zu unserem Schulalltag haben. Auf diese
Weise möchten wir beim Elternabend (bei dem wir in der Regel nur
zwei Stunden zusammen sein können), genügend Zeit für die
Erörterung von zusätzlichen Fragen und Anliegen gewinnen.

Vorbemerkungen zum Deutschunterricht

Wir alle wissen, daß die Fähigkeit, sich mündlich und besonders
auch schriftlich gut ausdrücken zu können, eine notwendige
Voraussetzung ist, um in Schule und Beruf erfolgreich zu bestehen.

Dagegen wird in unserem privaten Alltag zum Beispiel das
Briefschreiben durch das Telefonieren, das Lesen durch das
Fernsehen oder den Kinobesuch verdrängt. Ein nicht geringer Anteil
unserer Freizeit wird bestimmt durch den Konsum der vielfältigen
Medienangebote, bei dem wir passiv »unterhalten« werden und keine
Möglichkeit zur kreativen Mitgestaltung und direkten Kommunikation
haben.

Früher bedeutete Schreiben und Lesen zu lernen und immer mehr
Worte und Begriffe zu verstehen, zugleich die aktive Eroberung der
Erwachsenenwelt durch das Kind. Gerade die Lesefähigkeit war ein
ganz zentraler »Schlüssel«, die Welt der Erwachsenen begrei-
fend zu erfassen und an ihr immer mehr teilzuhaben. Weil es die »neuen« Medien noch

»Zum Beispiel haben wir etwas an ihm entdeckt. Ich war ganz erstaunt. Das kam durch den Deutschunterricht, weil sie da auch sehr vielseitig sind. Ich nehme an, Dennis wußte das selbst nicht, aber hat auf einmal entdeckt, daß er sehr gut Gedichte schreiben kann. Für mich ist das sehr schön. Auch die Klassenlehrerin ist begeistert und unterstützt das. Da gab es vorher keine Anzeichen. ... Und dann war er dieses Mal zum ersten Mal in der Theatergruppe. Das war für uns faszinierend! Das war perfekt von der ganzen Gruppe! Eine solche Begeisterung! Es war toll! Ich habe im Zuschauerraum gesessen und hätte ihm das nie zugetraut, nie im Leben. Das sind schon erfreuliche Sachen.«

Frau B., Mutter eines Sohnes auf der HLS
und einer Tochter, die ein Gymnasium besucht

nicht gab, war zugleich der Anreiz größer, selbst lesen zu lernen. Unsere eigene Kindheit unterscheidet sich in dieser Hinsicht erheblich von der unserer Kinder.

Hinzu kommt, daß unsere Kinder der Informationsflut, die sie zu fast jeder Zeit ungefragt mit beliebigen Themen überfällt und sie nicht selten überfordert, oft hilflos gegenüberstehen. Sie bekommen Antworten auf Fragen, die sie (noch) gar nicht gestellt haben.

Das Konzept der Helene-Lange-Schule für den Deutschunterricht will Kinder dabei unterstützen, selbst handelnd und einfallsreich ihre Kommunikationsfähigkeit weiterzuentwickeln. Dazu gibt es im Laufe der Schulzeit eine Fülle von immer neuen Anlässen zum Sprechen, Lesen und Schreiben, durch die Schüler und Schülerinnen herausgefordert werden und bei denen sie ihre Fähigkeiten entwickeln und üben können.

Neben »künstlichen« Übungen, wie sie in der Schule eben üblich sind, gibt es viele reale Aufgaben innerhalb und außerhalb der Schule, die bewältigt werden müssen und bei denen es wichtig ist, sich verständlich auszudrücken, etwas zu lesen oder zu schreiben.

Dazu gehören auch Gelegenheiten, bei denen Schüler und Schülerinnen erfahren, daß andere etwas über ihre Person, ihre besondere Geschichte oder ihre Anliegen wissen wollen, daß sie ernstgenommen werden. Jeder ist wichtig, jeder kann etwas bewirken. Deshalb ist es unerläßlich, daß jeder sich auch mitzuteilen lernt und daß jeder auch lernt, herauszuhören, was ein anderer mitteilen will.

Deutschunterricht mit solchen Zielen kann nicht als isoliertes Fach unterrichtet werden, er ist immer in Verbindung mit vielen anderen Fächern zu sehen, außerdem stützt er fachübergreifende Unterrichtsvorhaben und große Projekte. Lernziele des Deutschunterrichts sind immer wieder auch in konkrete Vorhaben eingebunden und werden, so hoffen wir, in der Helene-Lange-Schule in einem vernetzten, zusammenhängenden Lernen erreicht.

Die einzelnen Bereiche des Deutschunterrichts

Rituale

So wie es in der Helene-Lange-Schule im Ablauf des Jahres Feste und andere vorab festliegende Ereignisse gibt und damit Orientierungsmöglichkeiten, so hat die Woche und der einzelne Tag gerade in den ersten Schuljahren bei uns einen deutlich ritualisierten Rahmen, der den Kindern Klarheit über den Ablauf und damit Sicherheit gibt. Vieles, was wir im folgenden vorstellen, hat auf diese Weise seinen »festen Ort« im Laufe der Woche oder des Monats.

Erzählen und Zuhören

Jeden Montag (»Montag-Morgen-Kreis«) erzählen Kinder etwa eine halbe Stunde lang, was sie während des Wochenendes erlebt haben. Wir sitzen dabei im Kreis und etwa ein Drittel der Kinder erzählt etwas, von dem sie meinen, daß es die Mitschüler interessieren könnte.

Wie erzähle ich kurz, anschaulich und lebendig? Wie schaffe ich es, die anderen zu interessieren? Durch Fragen und Anregungen der zuhörenden Klasse und nicht zuletzt durch das Zuhören bei den Erzählungen der anderen, wächst die Fähigkeit, gut zu erzählen. Es ist zugleich eine wichtige Übung, die im Lauf der Zeit die Sicherheit erhöht, vor einer Gruppe etwas frei vortragen zu können. Einige Kinder sind aus ihrer Grundschule schon mit einer Kultur des Erzählens und Zuhörens vertraut. Darauf läßt sich gut aufbauen.

Diskutieren und Probleme lösen

Für die Mitbestimmung und Mitwirkung in der Schule ist der wöchentliche Klassenrat besonders wichtig. Auf ihm baut dann vieles auf. Die Kinder lernen hier, sich und andere ernstzunehmen und sich in andere einzufühlen. Nach und nach entdecken sie dabei, welche Sprache für ihre eigenen Anliegen und Gefühle angemessen ist. Sie finden ihren Platz in der Gruppe und lernen, für Konflikte selbständig Lösungen zu entwickeln. Das soziale Klima, das dabei entsteht, erleichtert die Zusammenarbeit in ständig wechselnden Kleingruppen. Wenn jeder einzelne erfährt, daß er eine Bedeutung für die Gruppe hat, daß er ernstgenommen wird, daß seine Stimme zählt, dann wird er sich beteiligen und die Schule zu seiner Sache machen und sich mitverantwortlich fühlen. Engagement und Civilcourage wachsen nur auf diesem Boden.

Daß wir den Klassenrat im Zusammenhang mit dem Deutschunterricht erwähnen, hat natürlich darin seinen Grund, daß er, obgleich gerade kein »Unterricht«, ein ganz wichtiges sprachliches Übungsfeld ist. Man muß lernen, sich genau und anschaulich auszudrücken, seine Argumente »überzeugend« vorzubringen, Gedanken zu ordnen, Einzelheiten unter allgemeinere Gesichtspunkte zu fassen, anderen aufmerksam zuzuhören, nachzufragen, wenn man etwas nicht verstanden hat, manchmal nach einer »dritten« Antwort auf ein Problem zu suchen, bei dem sich die Meinungen »unversöhnlich« gegenüberstehen. All das sind auch »Sprachübungen«, bei denen es immer wieder darum geht, zum Beispiel Erfahrungen oder Gefühle, Meinungen oder Erwartungen in jene Worte zu fassen, die das ausdrücken, was man gern ausdrücken möchte, die aber auch bei den anderen das bewirken, was man gern bewirken möchte.

Schreiben

Dazu, daß auch beim Schreiben eine ähnliche Selbstverständlichkeit und Sicherheit wie beim Erzählen und Diskutieren erworben werden kann, helfen unter anderem die »freien Texte«. Reale Erlebnisse, Phantasieerzählungen und Gedichte, deren Themen die Kinder frei wählen, werden – ohne daß sie benotet werden – regelmäßig vorgelesen. Nach jedem Vortrag gibt die Klasse eine Rückmeldung zum Text: Was hat gefallen, kann man etwas besser machen? Insgesamt haben die Kinder dies Angebot der »freien Texte« offenbar gern angenommen und schreiben Texte, die große Bedeutung für sie selbst oder die Gruppe haben. Wünsche, Ängste, Träume, reale Erlebnisse und phantasievolle Ideen werden – oft in der Form von »erfundenen« Geschichten – aufgeschrieben. Es gibt viele gegenseitige Anregungen. Meist melden sich mehr Kinder als in der Vortragsstunde vorlesen können.

Nicht immer gelingen den Kindern Texte, die nach ihrem eigenen Empfinden »gut« sind. Manche tun sich schwer, ein Thema zu finden, schreiben erst »auf den letzten Drücker«, schreiben nach Vorlagen oder nach Filmen, die sie gesehen haben. Aber auch das hat seinen Wert: Der Schritt, dann auch einmal einen Text zu schreiben, der »aus einem selbst« kommt, ist nicht mehr so groß. Niemand schöpft alle Ideen nur aus sich selbst. Oft kommen erste Einfälle aus der Auseinandersetzung mit den Texten von Mitschülern, aus Buchvorstellungen, Kurzgeschichten und den Themen, die zur Zeit den Unterricht bestimmen.

Die wichtigste Motivation, selbst zu schreiben, ist anfangs das Lob und die Anerkennung der Gruppe, dann aber zunehmend auch die Auseinandersetzung mit den eigenen Gedanken und denen der Mitschülerinnen und Mitschüler. Sehr persönliche Texte finden immer besondere Aufmerksamkeit und Beachtung.

Damit die »freien Texte« nicht nur einmal vorgelesen werden und dann »weg« sind, sammeln wir sie, wählen einzelne aus, überarbeiten sie vielleicht und vervielfältigen sie: »Unsere schönsten Freien Texte«. Manchmal werden solche Texte dann noch besonders gestaltet und in der Schule ausgestellt.

Lesen und Vorlesen

Die »Buchvorstellung« soll die Lesefreude und die Lesefähigkeit fördern. Viele Kinder lesen noch Kinder- und Jugendbücher, aber bei nicht wenigen hat das Fernsehen und das Kino das Lesen doch auch ziemlich zurückgedrängt oder gar vollständig verdrängt.

Ein Buch gut vorzustellen, erfordert viel: Man muß einen Überblick über den Inhalt und Informationen zum Buch und Autor geben, man muß eine geeignete Stelle zum Vorlesen (fünf Minuten) finden, eine Stelle, die die

Neugier auf das Buch weckt und die eigene Freude an diesem Buch verständlich werden läßt.

Das Wichtigste einer gelungenen Buchvorstellung, das merken die Schüler und Schülerinnen bald, ist das gute Vorlesen. Stimmt das Lesetempo und die Betonung nicht, so kommt auch ein spannendes Buch nicht »rüber«. Szenisches Lesen muß gelernt werden; viele üben zu Hause ihre Vorlesestelle immer wieder. Die Klasse hat ein feines Gespür dafür, wenn jemand sich anstrengt und Fortschritte beim Vorlesen macht, und sie erkennt das an. Von fünf Buchvorstellungen »packen« meist nur zwei die Klasse so, daß die vorgestellten Bücher umgehend ausgeliehen und von interessierten Mitschülern gelesen werden.

Wir werden im Unterricht bald ein Jugendbuch lesen. Im sechsten Schuljahr nehmen wir am Vorlesewettbewerb des deutschen Buchhandels teil.

Die Buchvorstellung ist eine wichtige Vorübung für den Vortrag von Referaten und auch dafür, aus Texten und Fachbüchern Informationen zu entnehmen oder sie zusammenzufassen.

In der siebten und achten Jahrgangsstufe übernimmt nach unseren Erfahrungen die Buchvorstellung oft Funktionen, die in den Jahren davor die Freien Texte und teilweise auch der Klassenrat hatten. Es werden Bücher vorgestellt zu Themen, die für den einzelnen Jungen, das einzelne Mädchen gerade sehr wichtig sind. Manchmal ist es eben leichter, indirekt in ein wichtiges persönliches Thema einzusteigen oder auf diese Weise Distanz halten zu können.

Rechtschreibung und Grammatik
Die Rechtschreibfähigkeiten sind in den einzelnen Klassen sehr unterschiedlich entwickelt, die Schere der Leistungsfähigkeit geht gerade bei der Rechtschreibung weit auseinander.

Für Schüler und Lehrer gibt es hier viel zu tun. Die wachsenden Schwierigkeiten sind ein allgemeines Problem. Die Gründe sind vielfältig und die Meinungen dazu durchaus geteilt. Über einige Fragen in diesem Zusammenhang können wir vielleicht auf dem Elternabend miteinander sprechen.

Auf Rechtschreibtraining legen wir großen Wert. Wer Rechtschreibung und Grammatik sicher beherrscht, hat in der Regel in fast allen Fächern eine wichtige Grundlage, um erfolgreich zu lernen. Das gilt besonders, wenn weitere Fremdsprachen hinzukommen.

Wir versuchen, auf verschiedenen Wegen Rechtschreibung zu trainieren und Gelegenheiten zu schaffen, daß grammatisches Grundwissen erworben werden kann:
- durch Freie Texte, Aufsätze, Wandzeitungen, Klassenzeitungen, Ausstellungen, Drucken … werden viele Anlässe geschaffen, in denen Schriftliches wirklich verwendet wird, oft an die Öffentlichkeit gebracht wird und deshalb möglichst fehlerfrei sein muß. Schreiben soll als eine wichtige und gute Möglichkeit erfahren werden, daß ich mich mitteilen kann oder daß die Gruppe sich mitteilen kann.

> **Ein »freier Text«:**
>
> Meine peinlichen Eltern! (von Dominique B.)
>
> Vorwort:
>
> Dieser Text ist all denen gewidmet, die sich manchmal genauso für ihre Eltern schämen wie ich.
>
> Es kommt vor, daß man ohne Schlechtes zu ahnen, mit seiner Mutter in die Stadt geht. Man könnte denken, ich habe eine sehr fröhliche Mutter, da sie immer aus vollem Halse singt. Aber mitten in der Fußgängerzone?
>
> Dann hält man am besten drei Meter Abstand oder schaut vertieft in ein Schaufenster. Ein anderes Beispiel ist, wenn man mit seinem Vater Schuhe kaufen geht. Und er bei pott-hässlichen Schuhen sagt, diese seien doch gut.
>
> Bei solch einem Fall empfehle ich, ihm klarzumachen, daß der Schuh drücke und überhaupt nicht passen würde.
>
> Auch kann es passieren, daß Vater oder Mutter urplötzlich anfangen zu pfeifen. Da hilft nur eine schnelle Frage oder ein Thema aus der Schule.
>
> Manchmal, zum Beispiel beim Kieferorthopäden, läuft das Radio. Wenn dann die Mutter anfängt, mit der Musik zu wippen, muß man sie zu sich rufen und in ein Gespräch verwickeln.
>
> Trotz all dieser Peinlichkeiten habe ich meine Eltern sehr lieb und will sie mit niemandem tauschen.

– Arbeit mit den Lernkarteien zur Rechtschreibung und Grammatik/Partnerdiktate – geübte und ungeübte regelmäßige Wochendiktate;
– Lehrgangsstunden zu Fragen der Rechtschreibung und Grammatik;
– Übungen/Hausaufgaben;
– Helfergruppen und Elternhilfe (darüber sollten wir auf dem Elternabend sprechen).

Die wichtigsten Grundlagen für die Rechtschreibung sollten in der Grundschule gelegt sein. Ist das nicht der Fall, dann erfordert es Zeit und Geduld, bis »eingeschliffene« Fehler beseitigt sind.

Es gilt dabei immer die Balance zu halten: Das Schreiben soll für das Kind eine positive Erfahrung bleiben (oder werden), dennoch müssen auch unlust-volle und mühsame Rechtschreibübungen sein, wenn man Rechtschreib-schwächen beseitigen will.

Nicht zu vergessen ist in diesem Zusammenhang auch der ästhetische Anspruch im Umgang mit Schreibprodukten, der den Wert des sprachlichen Ausdrucks für die Kinder anschaulich macht: Kalligraphie (»schön Ge-schriebenes«), Herstellen sauberer und gut gestalteter Drucke mit Illustrationen, Texte zu Bildern, Herstellen marmorierter Mappen für Freie Texte, Buchbinden, Plakate, Ausstellungen …

Zusammenfassung

Einen Brief oder Aufsatz schreiben, ein Inhaltsverzeichnis anlegen, Zitieren, Interviews durchführen, Theaterspielen, eine Bücherei benutzen, Protokolle schreiben, sich vorstellen, Diskussionen leiten und vieles mehr wird im

Deutschunterricht gelernt und kommt in anderen Zusammenhängen immer wieder vor. Wenn man sie tatsächlich braucht, um neue Anforderungen zu bewältigen, sind die Chancen besser, daß diese Fähigkeiten »gern« erworben, dauerhaft gelernt und weiterentwickelt werden.

Schüler, die ihre eigene Sprache einfallsreich und, um sich anderen verständlich zu machen, in der Schulöffentlichkeit oder auch außerhalb der Schule einsetzen, haben ein ganz anderes Interesse an der Auseinandersetzung mit dem, was andere geschrieben haben. Wer selbst »schreibt und dichtet« und daran Freude hat, der geht zum Beispiel neugierig an Literatur heran, sieht Theaterstücke mit anderen Augen. Er muß nicht »motiviert« werden, er hat ein eigenes Interesse. Wer selbst einmal mühsam ein Buch gebunden hat, für den ist ein Buch kein Wegwerfprodukt. Eine Klasse, die ein eigenes kleines Buch verfaßt und produziert hat, hat einen realen Bezug zum Arbeits- und Kulturwert eines Buches.

Im Jahrgang 5 und 6 besteht noch eine große Neugier. Schüler und Schülerinnen sind meist noch unbefangen gegenüber ihren eigenen Einfällen. Sie suchen und erproben ihre Talente. Wenn man ihnen dafür Raum gibt, können sich die Ergebnisse ihrer Arbeit sehen lassen. Später werden sie sich immer stärker an den »Fertig-Produkten« unserer Kultur messen. Es ist wichtig, daß sie das mit der Zuversicht tun, selbst etwas zu »können«.

Ihre Deutschlehrer des Jahrgangs 5

AK

Fahrrad erfahrbar (Jahrgang 7)

Eindrücke von jenem Vormittag in der Woche, an dem die Schüler vier Stunden konzentriert in »offenen« Arbeitsformen lernen.

Das äußere Geschehen erinnert an einen Tag in einer Projektwoche: Die Schüler und Schülerinnen arbeiten meist in kleinen in Gruppen, selbständig an selbstgewählten Schwerpunkten.

Eine Hälfte des siebten Jahrgangs hat heute vier Stunden »Offenes Lernen«. Derzeit dient das vor allem dem Projekt »Fahrrad«. Die Schüler und Schülerinnen haben jeweils in ihrem Wochenstundenplan vermerkt, was sie heute tun wollen. Einige von diesen Arbeiten mußten sie seit der letzten Woche selbständig vorbereiten, zum Beispiel Material beschaffen, das sie nun mitgebracht haben. Sehr selbstverständlich versammeln sie sich in ihren Arbeitsgruppen in den Klassenräumen, in einem kleineren Gruppenraum, in einer Werkstatt und im Schülertreff.

Im Schülertreff sind während des Projekts verschiedene, von Händlern geliehene Fahrräder ausgestellt. Schüler liegen davor und darunter und untersuchen die unterschiedlichen technischen Konstruktionen. Kreidestriche auf dem Boden des Flurs dienen offenbar zur Veranschaulichung der Übersetzungsverhältnisse bei Gangschaltungen, die dann berechnet werden.

In der Druckereiecke des Schülertreffs, die bei diesem Projekt nicht gebraucht wird, ist eine Gruppe damit beschäftigt, ein Bündel Schläuche

auf ihre Dichtigkeit zu überprüfen und anschließend zu flicken. In einer anderen Ecke lötet Till auf der gekachelten Oberfläche des Experimentierwagens, auf dem sonst im naturwissenschaftlichen Unterricht experimentiert wird, aus Draht das Modell eines Hochrades zusammen. Neben ihm basteln Anne, Tanja und Sabine aus Holz eine verkleinerte Nachbildung eines Laufrades, also jener Vorstufe, die unserem Fahrrad vorausging. Sie werden es während ihres Vortrages über die ersten Fahrräder ihren Mitschülern präsentieren.

Vorsichtig schiebt Sabine das karosserieverkleidete Liegerad, eine Attraktion der Ausstellung, auf den Hof, wo René bei einer Testfahrt erfährt, daß dieses Gefährt in einer engen Kurve nicht kippsicher ist. Julia und Kirstin üben das Fahren auf einem Tandem. Sie sind sehr unsicher: Kirstin als Beifahrerin hat sich die Augen verbunden. Sie will spüren, wie es ist, als Blinder gemeinsam mit einem Sehenden zu fahren. Das Tandem wurde der Schule von einem Blinden geliehen.

Nicht alle 50 Schüler (2 Klassen) sind mit solch handfest-praktischen Tätigkeiten beschäftigt. Im Gruppenarbeitsbereich eines der Klassenräume bereitet eine Gruppe Fragen an den Fahrradwege-Planer der Stadt Wiesbaden vor. Er ist für die übernächste Woche in die Schule eingeladen und wird allen Schülern des Jahrgangs Rede und Antwort stehen müssen. An den Pinnwänden der Klassenräume hängen große Stadtpläne, die das Radwegenetz verdeutlichen. Auf selbst verfertigten Plänen sind die sichersten Routen mit dem Fahrrad zur Schule dargestellt und erläutert. Andere Schüler schreiben in der Schreibmaschinenecke oder im Computerraum Berichte über die Vorträge und Vorführungen von Chris, Markus und Hein. Die drei sind Schüler der 8. Klasse, Chris; ein begeisterter Rennfahrer, der in entsprechender Kleidung seine Rennmaschine vorgeführt und erklärt hat, worauf es bei solchen »Maschinen« ankommt, Markus, der Kunstrad-, und Hein, der Einradfahrer.

Eine Menge Material muß gesichtet werden: Fahrradfirmen haben Prospekte geschickt, die eine Übersicht über Fahrradtypen und eine Marktorientierung ermöglichen. Kriterien beim Kauf eines Fahrrades werden diskutiert und festgehalten; außerdem werden weitere Informationen aus dem Handapparat »Fahrrad« zusammengestellt, der sich in der Klassenbibliothek befindet. Die Informationen, Arbeitsblätter und vieles andere mehr sammelt jeder Schüler in einem Ordner, wie er zu jedem Projektthema neu angelegt wird.

Aus einem anderen Teil des Gebäudes dringt eine leicht verzweifelte Botschaft: Trotz einer Reparaturkartei kommen hier die Spezialisten nicht weiter. Sie brauchen die Hilfe des Lehrers, der als der technisch Erfahrenste gilt. Die Schüler arbeiten in der Fahrradwerkstatt. Da sie von zwei Fachlehrern in »Polytechnik« komplizierte Wartungsarbeiten und Reparaturen gelernt haben, haben sie die Aufgabe übernommen, ihren Mitschülern bei einfacheren Reparaturen zu helfen. Die Fahrradwerkstatt ist neben den anderen polytechnischen Arbeitsräumen eine ständige Werkstatt.

Englisch

Auszüge aus der stichwortartigen Kurzfassung (10 Seiten) eines fast 60 Seiten langen Berichtes zur Konzeption des Englischunterrichts an der Helene-Lange-Schule und zu den Erfahrungen, die bei dem Versuch seiner Umsetzung gemacht wurden

Wochenplanarbeit Englisch

Es steht in den verschiedenen Jahrgängen im Rahmen der Wochenplanstunden jeweils Zeit für selbständige individuelle Arbeit der einzelnen Schüler oder für selbständige Gruppenarbeit zur Verfügung.

Stundentafel

Kl. 5: 4h Unterr. (0-2 h Wochenplanst. oder mehr, Abspr. im Team)

Kl. 6: 4h Unterr. (1-2 h Wochenplanst. oder mehr, Abspr. im Team)

Kl. 7: 4h Unterr. (1-2 h Wochenplanst. oder mehr, Abspr. im Team)

Kl. 8: 4h Unterr. (1-2 h Wochenplanst. oder mehr, Abspr. im Team)

Kl. 9: 3h Unterr. (1 h Wochenplanst.)

Kl.10: 3h Unterr. (Doppelbesetzung 14tägig, 0-1 h Wochenplanst.)

Arbeit der Schüler

Karteiarbeit: Vokabelkartei, ab Kl. 8: Kartei oder Heft

Lernkarten: diverse Karteien, selbsterstellt oder vorgefertigt zum Üben und Nacharbeiten (Selbstkontrolle): Grammar, Vocabulary, Communication

Workbook: unitweise für Wopla oder Hausaufgabe

Englishbook: exercises

Freie Texte : etwa alle 4 Wochen, frei oder mit vorgegebenem Thema (dann Textsorte frei. Kann auch Abschrift der Klassenarbeit sein – freier Text ist dort immer mit dabei)

Speech: ab Kl. 7: Vortrag alleine oder in Gruppen vor der Klasse zu bestimmtem Termin. Wird mit Video aufgenommen. Während der Woplastunden abgesprochen und geübt.

Roleplays: Kurze Darbietungen, weniger Perfektion, z. B. Stücke aus dem Buch, Darstellung der tenses etc.

Posters: zu verschiedenen Themen in Teamarbeit, Tischgruppenarbeit oder individuell

Grammatikheft: Übertrag der Übersichten ins Grammatikheft

Wettbewerb: Teilnahme an diversen Wettbewerben

Sprachspiele: Vocabulary, Grammar, Communication

Zeichnen: Landkarten, Comics, Cartoons

Interviews: den Themen entsprechend

Hörverstehen: Wiederholung oder neues Material

Reading Diary: Verarbeitung von Lektüre mit bestimmter Aufgabenstellung

Videofilme: Einsatz von Material zur Landeskunde, in englischer oder deutscher Sprache (Protokolle)

Diareihen: Gesamtgruppe oder Einzelgruppen

Forschen: unbeantwortete Fragen werden zu klären versucht (Material, Lexikon, Bibliothek, Trolley)

Organisieren: Arbeitsschritte, Unterlagen, Kopieren, Arbeitsmethoden, Information, Zugänge, Absprachen

Ceaf-Ordner: Zusatzleistungen, Freie Texte

Nachhilfe: von allen Seiten

Beratung: Schüler-Schüler, Schüler-Lehrer, Lehrer-Schüler

›Quatschen‹: jeder mit jedem

Entspannen, Gammeln, Luft holen ...

Arbeit des Lehrers

Wochenplankontrolle, Bereitstellen von Material, Hilfestellung bei Materialsuche, Erschließen von neuen Lernzugängen: Gebrauch verschiedenster Quellen (v. a. Lexika), künstlerische Beratung: Layout, Inszenierungen, etc., Überprüfung von Lernfortschritten, Neigungen, Schwächen und Stärken der Schüler, Pflege der Lehrer-Schülerbeziehung (wichtig für spätere Laufbahnberatung) oder schlicht auch korrigieren, damit Schüler ein schnelles Feedback bekommen und weiterarbeiten können. Zeit für gruppenteiliges Arbeiten.

Differenzierung:
Einteilung in E/G-Kursniveaus

Die Schüler und Schülerinnen werden jeweils einem »Niveau« zugeordnet (G = Grundkurs; E = Ergänzungskurs), der Unterricht erfolgt aber weiterhin überwiegend gemeinsam im Klassenverband. Innere Differenzierung und selbständige Arbeit der Schüler und Schülerinnen (insbesondere durch die Wochenplanarbeit) bieten Möglichkeiten, die unterschiedliche Leistungsfähigkeit zu berücksichtigen

E/G - Differenzierung
Formale Kriterien
Einteilung am Ende Jg. 6, wirksam ab Jg. 7
Umstufung nur zum Halbjahresende
Entscheidung trifft Klassenkonferenz (alle Lehrer der Klasse)
Elterneinspruch kann die Entscheidung für ein halbes Jahr aufschieben,
Klassenarbeiten auf 2 Niveaus

Pädagogische Forderung
Eingestuft wird behutsam (Entwicklung, häusl. Verhältnisse, etc.)
Möglichst viel gemeinsames Lernen, Erhalten von Strukturen
Motivation oder Beeinträchtigung?
Keine Diskriminierung, sondern Entlastung, keine Nachhilfe

Einstufungskriterien für G-Kurs
Schüler braucht verstärkt Zuwendung/Lob

(muß mitgezogen werden)
Probleme mit der selbständigen Arbeit (WPL, HA, Termine, etc.)
Schwächen bei: Arbeitsansporn, Durchhaltevermögen, Konzentration
Überforderung durch Stofffülle und Komplexität
Verstärkte Wiederholung / Reproduktion
Leistungsrückstand
Kein Erfolgserlebnis
Kein Parkplatz für »Faulpelze«

Einstufungskriterien für E-Kurs
Selbständigkeit beim Arbeiten
Souveräner Umgang mit Stoff u. Material
Abstraktionsvermögen/Transferleistung
Engagement
Bereitschaft und Fähigkeit zu Helfen
Interesse am Vertiefen und Forschen
Flexibilität

Binnendifferenzierung
Individuelle Fähigkeiten fördern
Individuelle Leistungsmessung nach Lernfortschritten
Praktisches Arbeiten
Vielfältiges Angebot an Material und Lernzugängen

Stützen der Differenzierung
Helferprinzip (Soziales Lernen)
Wochenplanarbeit (Arbeits- und Zeiteinteilung, Selbständigkeit, Individualität)
Freie Texte (Kreativität, Pünktlichkeit etc.)
Vorträge (Kreativität, Auftreten, Selbstsicherheit etc.)
Rollenspiele (Partnerschaft, Spaß, Spiel etc.)
Karteien (Ordnung, individuelles Lernen, systematisches Lernen etc.)
CEAF-Ordner [= Creative English Activity File] (Ordnung und Spaß am eigenen Produkt)

BH-H

Ein Teil der Schüler ist nicht im Haus. Sie machen während der Stunden des »Offenen Lernens« eine Umfrage in verschiedenen Wiesbadener Fahrradläden und testen die Beratung. Andere schauen sich in einer Werkstatt um und fotografieren dort für die Dokumentation, die dann später in Plakatgröße im Schülertreff aushängen soll. Ebenfalls fotografisch dokumentiert wird der Zustand mancher Radwege. Die Bilder sollen zur Veranschaulichung eines Vortrags dienen. Aber wie hält man einen Vortrag? Womit soll man anfangen, was auf jeden Fall erwähnen, was weglassen? Ist nur das Interesse der Mitschüler wichtig oder auch die »Sache«? Soll man vielleicht zum Schluß alles in ein paar Merksätzen zusammenfassen und die an die Tafel schreiben?

Ist das nun Unterricht in Polytechnik/Arbeitslehre? Oder in Geographie? Oder Geschichte? Oder Physik? Oder Mathematik? Oder Deutsch? Oder Kunst? Und wo sind die Lehrer? Was ist ihre Aufgabe? Ein Lehrer, der den Ruf des »Fahrrad-Fuzzies« genießt, ist hier sicher gefordert. Doch aus dem Spektrum der Themen und Arbeitsformen, die sich die Schüler gewählt haben, wird schnell deutlich, daß auch die anderen »fachfremden« Lehrer und Lehrerinnen dauernd gefragt sind: Informationen beschaffen, Interviews führen, Berichte verfassen, Materialien sichten, Skizzen anfertigen, Berechnungen durchführen, Dokumentationen zusammenstellen, eine Ausstellung vorbereiten, … das alles sind Fähigkeiten, die so »nebenbei« gelernt werden sollen – aber zugleich so, daß jeder merkt, wozu solche Fähigkeiten eigentlich gut sind.

ER

Tätige Nächstenliebe

Der Religionsunterricht an der Helene-Lange-Schule wird in Absprache mit den Eltern im Klassenverband unterrichtet. Das Bild der jeweiligen Lerngruppe wird dabei von unterschiedlichen Konfessionen und Religionen geprägt und durch verschiedene Ansichten bereichert. Nur ausnahmsweise machen Schüler von ihrem Recht Gebrauch, sich vom Religionsunterricht abzumelden. Natürlich geht es immer wieder um »religiöse« Themen – im engeren und auch im weiteren Sinn. Aber es geht ebenfalls immer wieder um praktisches Tun.

Das Projekt »Tätige Nächstenliebe« wurde von der Religionsfachkonferenz und in der Planungsgruppe diskutiert, mit der Schulleitung besprochen und dem Kollegium vorgestellt. Die Schüler und Schülerinnen des achten Jahrgangs sollten die soziale Wirklichkeit als eine Art Gegenwelt zu ihrer oft reichlich konsumorientierten Alltagserfahrung kennenlernen. Wir wollten die Schüler und Schülerinnen gerade in einem »schwierigen« Lebensabschnitt ermuntern, die »heile Welt« Schule zu verlassen und sich neuen Herausforderungen zu stellen. Sie sollten sich für den Zeitraum von dreieinhalb Monaten eines Menschen annehmen, dem sie einmal in der Woche zwei Stunden helfend zur Seite stehen.

Innerhalb der jeweiligen Nachbarschaft waren dabei verschiedenste Tätigkeiten denkbar, zum Beispiel ein behindertes Kind betreuen, mit einem älteren Menschen spazieren gehen, reden oder einkaufen oder Flüchtlingskindern bei den Hausaufgaben zu helfen. Es war nicht daran gedacht, daß die Schüler und Schülerinnen Pflegedienste ausführen sollten. Wichtig war es auf jeden Fall, daß sie sich zuerst in ihrer eigenen Umgebung nach Betätigungsmöglichkeiten umsahen. Auf Institutionen sollte nur in Ausnahmefällen zurückgegriffen werden. Eine Benotung sollte nicht erfolgen. Statt dessen erhielten die Schüler und Schülerinnen eine Art Gutachten.

Nach einer Vorbereitungsphase mit sehr vielen Elterngesprächen, in denen die Ängste der Eltern und ihre eigene Unsicherheit bei der Konfrontation mit Alter, Krankheit und Ausgeschlossensein thematisiert wurden, konnte das Projekt im September 1995 beginnen. Die 13- bis 14jährigen Schüler und Schülerinnen gingen von Anfang an sehr unbefangen mit dem Thema um. Während der Arbeitsphase kam es regelmäßig zu Gesprächstreffen mit den betreuenden Lehrern. Probleme, die sich ergeben hatten, konnten dabei erörtert und teilweise gelöst werden. Manchmal mußten auch neue Stellen gesucht werden, wenn unüberbrückbare Differenzen aufgetreten waren.

Nach einer Auswertungsphase, die mit einem Klosteraufenthalt verknüpft war, endete das Projekt im Januar 1996. Aus den Aufzeichnungen der Schüler und Schülerinnen – sie hatten während ihrer Arbeitsphase eine Art Tagebuch zu schreiben – geht hervor, wie sie sich mit dem Projekt identifizierten und welche Einsichten sie gewonnen haben.

Dennis, der im Kindergarten war, hat darüber nachgedacht, wie man einem Kind beibringen kann, keine Gewalt auszuüben und stellte fest, »daß es vor allen Dingen wichtig ist, Zeit zu haben, um auf die Kinder eingehen zu können.«

Michael, der einer 91jährigen Frau zur Seite stand, fand es anfangs »schwierig, sich auf die Frau einzustellen«. Im Laufe der Zeit gelang es ihm aber, die Frau auch seiner Familie vorzustellen, und er meint, »daß jeder einmal so etwas machen muß, um zu lernen, aufmerksamer für ältere Menschen zu werden.«

Robert, der einem alten Mann half, hatte zwar schon Angst , wenn »ihm etwas passiert und ich nicht mehr weiter weiß«. Aber er hat viel mit dem alten Mann geredet. Der Hund , die ehemalige Arbeitsstelle, der Tod der Frau oder der Krieg, all dies konnte zum Thema werden. Auch Robert erzählte viel, und in seiner Familie wurde über seine Erfahrungen gesprochen. Für ihn ist es sehr wichtig geworden, »daß man ältere Menschen respektiert«. Er möchte die Beziehung fortführen.

Maren betreute anfangs eine 101jährige Frau. Nach langen Gewissenskonflikten konnte sie die Beziehung nicht aufrechterhalten, da die alte Frau körperlich und geistig stark abbaute. Sie stellte aber während der gesamten Zeit fest, wie wichtig es ist, »daß ältere Menschen eine Vertrauensperson besitzen«. Es wurde ihr auch klar, welche unterschiedlichen Geschichten ein langes Leben zu erzählen weiß.

Dies sind nur vier Beispiele von vielen, die uns zeigten, daß dieses Projekt den Schülern und Schülerinnen zumindest in Ansätzen neue Einstellungen und Erfahrungshorizonte vermittelt hat. In einigen Fällen werden die Kontakte und Besuche auch weiterhin fortgesetzt – eine Entwicklung, die wir ein wenig erhofft, aber eigentlich nicht erwartet hatten. Auch Erfahrungen des Scheiterns oder der Überforderung sind im Hinblick auf die Fortführung unseres Projekts wichtig gewesen, um die Arbeitsmöglichkeiten besser auf die Schüler und Schülerinnen abstimmen zu können. Das Echo der Eltern war in vielen Fällen sehr positiv. Sie waren überwiegend der Meinung, daß ihre Kinder in dieser Zeit gereift seien. Von einigen Institutionen erhielten wir ebenfalls ermutigende Zuschriften. Sie wollen unser Projekt auch in diesem Jahr unterstützen. Aufgrund dieser Erfahrungen soll die »Tätige Nächstenliebe« zu einem festen Bestandteil des Konzepte im achten Jahrgang werden.

AR

»Es sind viele Fähigkeiten aufgegriffen worden. Jan und Anna hatten wirklich immer neue Möglichkeiten, etwas zu machen, was ihnen wichtig war und was sie weitergebracht hat. In einer herkömmlichen Schule wäre das so sicher nicht möglich gewesen. Ich glaube auch nicht, daß die beiden da ihre eigentlichen Stärken überhaupt entdeckt hätten und in ihnen stabil geworden wären.«

Frau W., ein Sohn und eine Tochter waren auf der HLS

Bedenken, Einwände, Erleichterung und Stolz

Eigentlich waren ja alle – Schüler wie Eltern – für die Nächstenliebe. Doch vor deren Ausübung türmten sich Einwände und Hindernisse auf. ...

Natürlich gibt es Menschen, die Hilfe brauchen, aber ein halbes Jahr ist doch dafür nicht genug. Das hinterläßt doch nur Enttäuschungen, wurde eingewandt. Und: Unsere Kinder sind doch noch viel zu jung, eine solche Verantwortung zu übernehmen.

Es wurde gefragt: Und wer haftet dafür? Und wer kontrolliert die? Und wie findet man Menschen, die Hilfe brauchen? Und es wurde gefragt: Woher soll ich einen ganzen Nachmittag nehmen neben Schule, Konfirmandenunterricht, Sportverein und allem anderen?

Man fand: Viele alte Leute sind auch gar nicht nett oder wollen keine Hilfe annehmen. Und mit Behindertenpflege oder gar Sterbehilfe sind unsere Kinder doch überfordert. Und, und, und.

In der Tat – die Anforderungen waren hoch. Man mußte sich in seiner Umgebung umsehen und herausfinden, wo es einen Menschen gibt, der Hilfe braucht. Manchmal fand sich jemand in der Nachbarschaft: eine alte Person, ein behindertes Kind. Oft halfen die Pfarrer, die Kirchengemeinden, soziale Institutionen, Alters- oder Blindenheime weiter. Der Religionslehrer hielt solche Adressen und Telefonnummern bereit. Man mußte dort anrufen oder hingehen, sich vielleicht vorher einen Stichwortzettel anlegen, damit man richtig erklären kann, was man möchte. ...

Es zeigte sich nämlich, daß die Identifikation mit der Aufgabe, die Motivation zu helfen und der Zuwachs an Erfahrung am Ende dort am größten waren, wo die Situation der hilfsbedürftigen Person sehr hohe Anforderungen stellte. Die Schüler selbst stellten zum Abschluß fest, daß gerade die Beschäftigung mit alten, zum Teil auch schwierigen Menschen ihnen am meisten bedeutet hatte. ...

Aus den vielen Gesprächen, die gegen Ende des Halbjahre in kleinen Gruppen geführt wurden – wir hatten uns dafür in ein Zisterzienserkloster in der Eifel zurückgezogen – ging hervor, wie sehr die Jungen und Mädchen an diesen Erfahrungen gewachsen sind. Viele hatten zum ersten Mal in diesem Ausmaß die Rolle des Helfenden, des Verantwortlichen übernommen. Bisher war immer nur ihnen geholfen worden. Nun waren sie in der Lage, sowohl ihre eigene als auch die Rolle der Erwachsenen anders zu sehen. Dieser Zusammenhang wurde bildlich auf einem Plakat so dargestellt: In der

»Während der Planung haben wir oft mit der Klassenlehrerin gesprochen. Und ich muß sagen, es war für die Kinder schon beeindruckend. Es ist eben so: Was an dieser Schule gemacht wird, wird mit Konsequenz gemacht! Das ging also nicht, daß ein Kind mal diese Woche zu diesem Menschen geht und die nächste Woche nicht, sondern das war ganz stabil. Es wurde auch darüber wieder geschrieben. Ich habe mir das durchgelesen, und Dennis hat dann selber auch eine kleine Erkenntnis dazugeschrieben. Dabei habe ich dann doch gespürt, daß das Ganze doch tiefer geht, als man im Moment denkt. ... Wir wohnen ja in einer eher ländlichen Gegend. Da gibt es eine ältere Nachbarin. Der mäht er nun einmal in der Woche den Rasen, und das, ohne daß ich dazu etwas sagen muß.«

Frau B., Mutter eines Sohnes auf der HLS
und einer Tochter, die ein Gymnasium besucht

unteren Hälfte sieht man eine Gruppe von Babys und Kleinkindern mit dem Satz »Sie können es noch nicht«, in der oberen die alten Menschen mit dem Satz »Sie können es nicht mehr«. Im Zentrum des Plakate befinden sich die Bilder der Schülerinnen und Schüler aus einer Klasse der Jahrgangsstufe 8 mit der Aufschrift »Wir können es«. ...

Herrschten vorher Gefühle der Angst, der Lust- und Interesselosigkeit vor, das Gefühl des Risikos, der Ungewißheit und der Überforderung, so stellten sich am Ende Selbstvertrauen, das Gefühl von Verantwortung und Erleichterung ein. Als Lohn für die Mühe wurden Spaß und Freude an der Arbeit genannt und Stolz auf das Vertrauen, das man ihnen als Helfern entgegengebracht hatte. Die anfängliche Angst vor Freizeitverlust war dem stolzen Gefühl des Freizeitverzichts gewichen.

UE

7. Erfindungen
(Anders Lernen 4)

DAS »GEHÄUSE DER TRADITION«, nämlich der Tradition, wie Schule zu sein habe, in welcher Form und wo »ordentlicher« Unterricht stattzufinden hat, sorgt für Sicherheit und Kontinuität. Man muß nicht immer alles neu erfinden. Man kann sich auf Routinen verlassen.

Diese Routinen stimmen meist auch mit dem überein, was man als Lehrer oder Lehrerin einmal (oft schon durch eigene Erfahrungen als Schüler oder Schülerin und dann in der »2. Phase« und in den ersten Berufsjahren) gelernt hat: Unterricht erfolgt im Gleichschritt. Für jede Stunde ist darum möglichst genau zu planen, was alle Schüler und Schülerinnen in ihr »mindestens« lernen sollen. Das gesamte Pensum der Schule (der »Stoff«) ist auf »Fächer« verteilt, die unabhängig voneinander existieren. Neuerdings wird viel vom »fächerübergreifenden« oder »fächerverbindenden« Lernen geredet. Von wenigen Ausnahmen abgesehen ist das aber eine »Zugabe«, nach Meinung vieler nur erfolgversprechend und darum statthaft auf der Grundlage »solider« Fachkenntnisse.

Die meisten Fächer können in einem »neutralen« Raum unterrichtet werden, weil in ihnen sowieso nur geredet und geschrieben wird. Umgekehrt können einige Fächer jedoch angemessen eigentlich nur in »Fachräumen« unterrichtet werden, mit einer Ausstattung, für die von der Lehrmittelindustrie immer neue Standards gesetzt werden, die dann nur bei Neubauten und in den »fetten Jahren« zu erfüllen sind.

Wenn aber eine Schule nach und nach entdeckt, daß die Vorstellungen der Lehrmittelindustrie (und vieler Lehrbücher und dergleichen), wie Kinder und Jugendliche angeblich lernen oder lernen sollen, nicht übereinstimmen mit den eigenen Beobachtungen, wie Kinder tatsächlich lernen (eben nicht im Gleichschritt und außerdem auf individuell sehr unterschiedliche Weise), und wenn in dieser Schule dann noch Folgerungen aus den Beobachtungen der Lehrer und Lehrerinnen gezogen werden sollen, dann kann das »Gehäuse der Tradition« irgendwann zum Käfig werden.

Die Abkehr vom Gleichschritt findet ihre Grenzen nicht nur im Einfallsreichtum und in der Arbeitskraft der Lehrerinnen und Lehrer, sondern sie scheitert oft an organisatorischen Problemen: die »Fachräume« können nicht einfach mal »spontan« für eine halbe Stunde (oder gar für einen halben Vormittag) genutzt werden.

Diese Erfahrung kann entweder zur Resignation (oder zu überkomplizierten »Belegungsplänen«) führen – oder sie kann »Erfindergeist« mobilisieren: Läßt sich nicht vieles, was bisher nur im »Fachraum« möglich ist, auch (jedenfalls für eine kleine Gruppe) im »neutralen« Klassenraum ermöglichen? Das würde außerdem dazu beitragen, daß der neutrale Klassenraum zugleich seine Gestaltlosigkeit verliert und nach und nach zu dem wird, was man eine vorbereitete, strukturierte und herausfordernde »Lernumwelt« nennt.

Die »Fachräume« (ob naturwissenschaftliche oder Schulküche und andere Werkräume, Radio-»Studio«, Fotolabor und Kunsträume oder Turnhalle oder Theaterraum) behalten dennoch ihr »Recht«. Sie sind spezialisierte Produktions-»Werkstätten«, die man dann aufsuchen muß, wenn man mit seinen Bordmitteln nicht mehr weiter kommt.

Zwei von vielen solcher »Erfindungen«, die Lehrerinnen und Lehrer der Helene-Lange-Schule gemacht und immer wieder verändert und – hoffentlich – verbessert haben, werden in diesem Kapitel vorgestellt.

GB

Der »Naturwissenschaftliche Wagen« – eine mobile Lernwerkstatt

»Natur verstehen« hat Martin Wagenschein (und haben viele andere) als eine der Aufgaben der allgemeinbildenden Schule gefordert. Das heißt immer auch: Antworten auf Fragen suchen wie: Was ist da? Was »passiert« da? Warum ist es, passiert es gerade so? Ist das immer so? Kann man es in ein allgemeines »Gesetz«, in eine »Formel« fassen, damit man dann viele andere Erscheinungen »einordnen« kann? Das ist noch nicht Biologie, Physik, Chemie – oder ist schon jenseits von ihnen. Es geht um den allgemeinen Auftrag der Naturwissenschaften in der Schule: die »Natur« (oder die von den Naturwissenschaften immer mehr bestimmte »Technik«) beobachten und befragen, um sie besser zu verstehen. Die für das Kind, den Jugendlichen wirklich bedeutsamen Fragen (die dann auch bei einzelnen zu einem hartnäckigen Weiterbohren führen) ergeben sich anfangs nur ausnahmsweise aus irgendeiner Fachsystematik. Daß es mit »Physik« zusammenhängt, warum das eine Fahrrad »toll« und das andere ein Flop ist, kann man – staunend – entdecken. Um die höchst unterschiedlichen Wachstumsgeschwindigkeiten (eine Kategorie, die über die »Biologie« weit hinausgeht) zu erfahren, muß man vielleicht auch einmal aus dem Klassenraum raus, aber nicht unbedingt in den Fachraum für Biologie gehen, sondern oft ganz aus der Schule hinaus in den Stadtteil (wo sich das eine rasend schnell, das andere fast gar nicht verändert) oder zum Förster im Petershainer Forst im Vogelsberg.

Es geht darum, Kindern und Jugendlichen die Erfahrung zu ermöglichen, daß sie selbständig vielen Dingen auf den Grund gehen können, daß sehr viele Fragen, die »jetzt« auftauchen, sich durchaus »jetzt« (und nicht erst irgendwann, wenn es der Lehrplan im jeweiligen Fachunterricht vorschreibt) beantworten lassen. Daß man etwas herausfinden kann, ohne auf das Spezialarrangement der Fachräume (der Lehrbücher und der Lehrmittel) angewiesen zu sein.

Naturwissenschaft und Technik sind besonders wichtige Elemente der Welt, in der die heutigen Kinder und Jugendlichen leben und leben werden.

Wenn Schüler und Schülerinnen die Möglichkeit haben, mehr oder weniger alltägliche Phänomene aus Natur und Technik wahrzunehmen, zu beobachten, zu beschreiben oder mit ihnen zu experimentieren, dann können durch den naturwissenschaftlichen Unterricht zugleich pädagogische Prinzipien wie entdeckendes Lernen, praktisches Lernen, handlungsorientiertes Lernen, kreatives Lernen, kooperatives und soziales Lernen verwirklicht werden.

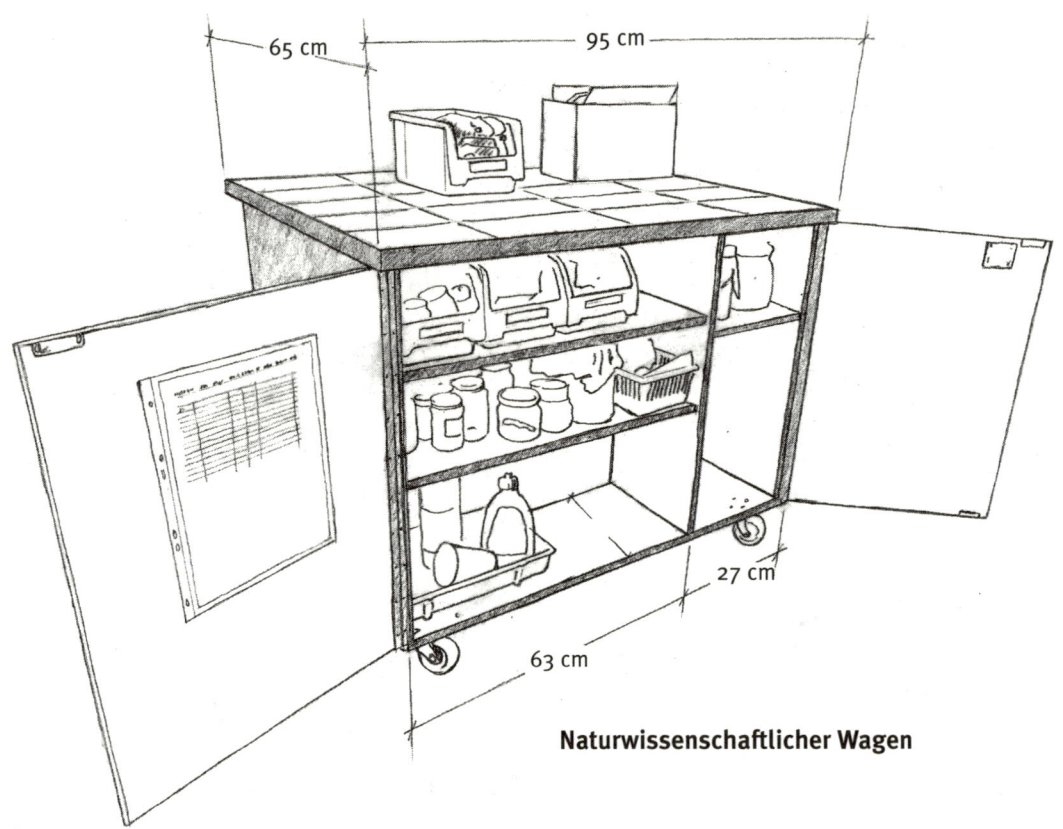

Naturwissenschaftlicher Wagen

Um das zu ermöglichen, stehen pro Jahrgang zwei »Nawi-Wagen« zur Verfügung[1]. Das sind selbst entworfene und selbst hergestellte Arbeitswagen mit einer widerstandsfähigen (gekachelten) Arbeitsoberfläche und viel Stauraum, in dem sich eine Grundausstattung zum selbständigen Experimentieren befindet.

Aus einer Vielfalt von Angeboten können (nach Anleitung in Form einer Kartei) Experimente zu verschiedenen Themenschwerpunkten durchgeführt werden. Es können aber auch eigene Versuche erfunden, geplant und – anfangs immer nach Absprache mit dem Lehrer, der Lehrerin – ausgeführt werden. Dieses entdeckende Lernen muß nicht eingebunden sein in einen festen thematischen Zusammenhang, sondern sollte auch aus eigener Neugier als Bestandteil der Wochenplanarbeit verwirklicht werden.

Die Nawi-Wagen werden mobil im Bereich des Klassenraums und des Jahrgangstreffs eingesetzt:
– als Experimentierwagen im Rahmen der Wochenplanarbeit,
– als Materialwagen für themenbezogene Experimente,
– als Rolltisch für Demonstrationsversuche
– als Ausstellungstisch für Anschauungsmaterial von Gruppenarbeiten.
Die Grundausstattung des Nawi-Wagens besteht aus Versuchsgeräten (dazu gehören auch ganz einfache Haushaltsgeräte wie zum Beispiel Trichter,

Schüsseln, Scheren, Messer). Er enthält ferner Materialien, die für einzelne Experimentieraufträge erforderlich sind.

Die Materialien für einen Themenbereich werden jeweils in einer farbigen Stapelbox aufbewahrt, zum Beispiel: blau: Mikroskopieren, gelb: Kerzenversuche, grün: Versuche mit Pflanzen, weiß: Versuche mit Licht.

Die Versuchskartei ist entsprechend nach Themenbereichen sortiert und mit der Farbe der Aufbewahrungsboxen markiert.

Größere Geräte wie Mikroskope und weitere Materialien wie Pflanzensamen oder für die Schüler und Schülerinnen ungefährliche Chemikalien werden im Nawi-Wagen gesondert aufbewahrt.

Der Wagen muß beweglich sein, damit, je nach Versuchsart, Experimente sowohl im Klassenraum, im Schülertreff oder auch in einem zu verdunkelnden Raum durchgeführt werden können. Ergänzend zu der Ausstattung müssen in den Sammlungsräumen der Fachbereiche weitere Geräte und Chemikalien an geeigneter Stelle bereitstehen, damit sie bei bestimmtem Themenschwerpunkten hinzugefügt werden können.

Damit der Nawi-Wagen geordnet und immer benutzbar bleibt, übernehmen zwei Schüler jeder Klasse das Amt der Betreuung des Wagens. Eine im Nawi-Wagen angeheftete Mängel- und Ergänzungsliste dient der ständigen Überprüfung und Ergänzung der Materialien. Auch jede

Themenbox enthält zur Kontrolle eine Karteikarte, auf der alle Materialien dieser Box stehen.

In der Jahrgangsstufe 5/6 werden Schülerinnen und Schüler an das Experimentieren herangeführt. Weil es dabei vor allem um das Einüben bestimmter Verhaltensweisen geht, kann das teilweise durchaus im Klassenverband geschehen:

– Genaues Lesen der Versuchsanweisung und Beachten der vorgegebenen Abfolge des Versuchs
– Ruhiges und umsichtiges Arbeiten
– Sorgfalt im Umgang mit Geräten und chemischen Stoffen
– Säubern von Geräten nach dem Experiment
– Zurückstellen der Geräte an den jeweiligen Platz
– Säubern des Arbeitsplatzes

Es werden nicht nur diese Ordnungsprinzipien und Arbeitstechniken eingeübt, sondern es wird an zwei oder drei gemeinsamen Experimenten im Klassenverband die logische Abfolge eines Versuchs nachvollzogen und erprobt:

– Vorbereitung des Versuchs
– Versuchsdurchführung
– Versuchsauswertung
– Gliederung eines Versuchsprotokolls

Nach ersten Versuchen mit dem selbständigen Experimentieren wird die Arbeit am Nawi-Wagen in die Wochenplanarbeit eingebunden. Dies muß jedoch zusammen mit den Schülern und Schülerinnen sorgfältig geplant werden. Zwei Schülerinnen arbeiten zusammen an einem Experiment, maximal vier Schüler an einem Nawi-Wagen. Dazu gehört eine Terminplanung (für die Woche oder sogar darüber hinaus), die im Klassenraum hängt und von allen eingesehen werden kann.

Zur Selbstkontrolle haben die Schüler und Schülerinnen eine Übersichtsliste, die vom Lehrer, der Lehrerin gegengezeichnet wird.

Die Experimentierkartei des Nawi-Wagens ermöglicht eine erste Orientierung über Experimente, die selbständig durchgeführt werden können. Ergänzt wird sie durch Bücher der Klassenbibliothek. Eine der Karteien enthält vor allem offene Experimente zu Alltagsphänomenen, die für 10- bis 13jährige von Interesse sind und das Experimentierbedürfnis dieser Altersstufe befriedigen. Dabei lernen die Schüler mit Geräten und Stoffen sachgerecht umzugehen, sie haben die Gelegenheit, ihren Mitschülern ihre »Künste«, ihre Erfahrungen zu vermitteln oder mit anderen gemeinsam etwas herzustellen, zum Beispiel einen Feuchtigkeitsmesser zu bauen.

Eine andere Kartei regt zu themengebundenen Experimenten an. Manche sind auch Teil des Unterrichts und werden von allen durchgeführt. So finden die Schüler und Schülerinnen Experimentierangebote zu Inhalten wie »Ernährung« oder »Elektrischer Stromkreis«, die für alle verbindlich sind, aber auch Ergänzungen, die bei dem vorgegebenen Themenbereich für einzelne zusätzlich interessant sein könnten.

In der Regel befähigen die Erfahrungen mit dem selbständigen Experimentieren im Laufe des 5. Schuljahres die Schülerinnen und Schüler, vom Beginn des 6. Schuljahres an die Möglichkeiten des Nawi-Wagens für eigene Vorhaben, für Gruppenarbeiten sowie für Präsentationen ihrer Arbeitsergebnisse zu nutzen. Sie können Erkenntnisse experimentell veranschaulichen. Ein Beispiel aus dem Umfeld des Themas »Die Entstehung der Erde und die Geschichte von den Steinen«:

»Mineralien«

Eine Schülergruppe hat zu Hause Kochsalz- und Zuckerkristalle hergestellt und zeigt sie den Mitschülern während des Gruppenberichts. Anschließend demonstriert sie den Versuchsablauf mit zwei anderen Chemikalien (Kupfersulfat und Alaun) vor der Klasse. Dabei werden Geräte wie Warmwasserkocher und Verdunstungsschalen aus dem Nawi-Wagen und der Nawi-Wagen selbst als Experimentiertisch verwendet.

Im naturwissenschaftlichen Unterricht der Jahrgangsstufe 7/8 wählen die Schüler und Schülerinnen oft zusätzliche Arbeitsaufträge, die im Zusammenhang mit dem projektorientierten Unterricht oder mit bestimmten Themenbereichen stehen, zum Beispiel unter Benutzung des Greenpeace-Koffers im Projekt »Wasser«. Nicht selten wird der Nawi-Wagen auch im Zusammenhang mit einer »Freien Aufgabe« zu einem naturwissenschaftlichen Thema genutzt.

Dies selbständige Experimentieren an selbstgewählten Themen und die Gewöhnung an einen umsichtigen Umgang mit den naturwissenschaftlichen Geräten und Materialien erleichtert es den Schülerinnen und Schülern, auch in den naturwissenschaftlichen Fachräumen kompetent zu arbeiten.

Anmerkung

1 Die Idee für den »Naturwissenschaftlichen Wagen« haben wir von der Gesamtschule in Köln-Holweide übernommen und in der Helene-Lange-Schule aufgrund unserer Erfahrungen weiterentwickelt.

BSt

Das Wiesbadener Regal

Das »Wiesbadener Regal« ist ein selbst entwickeltes Schulmöbel, das praktisches handwerkliches Lernen und Arbeiten im Klassenraum (in einem Gruppenraum oder auch im Schülertreff) ermöglicht.

In vier Arbeitsbereichen (Satz, Druck, Buchbinden, Holz) kann gleichzeitig an elf Arbeitsplätzen gearbeitet werden. Eine Erweiterung ist möglich. Die Arbeitsplätze sind sorgfältig vorstrukturiert und mit dem jeweils erforderlichen Werkzeug versehen. Dabei ist eine Anordnung gewählt, die eine schnelle Orientierung ermöglicht, den Arbeitsablauf erleichtert und

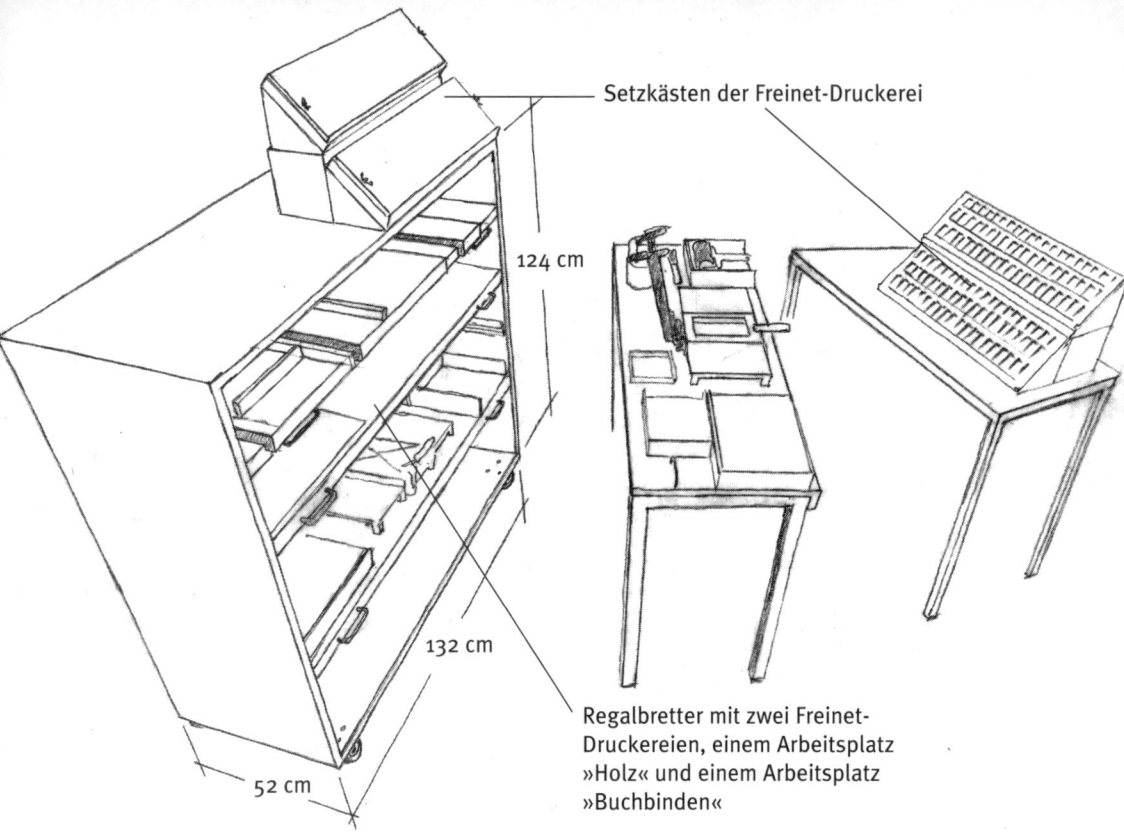

Setzkästen der Freinet-Druckerei

124 cm

132 cm

52 cm

Regalbretter mit zwei Freinet-
Druckereien, einem Arbeitsplatz
»Holz« und einem Arbeitsplatz
»Buchbinden«

Wiesbadener Regal

teilweise vorstrukturiert. Werkzeuge und Geräte entsprechen der Handgeschicklichkeit von etwa 10- bis 13jährigen. Auf diese Weise sollen die Arbeitsplätze helfen, daß auch jüngere und handwerklich nicht besonderes talentierte Schüler zu ästhetisch und »technisch« befriedigenden Ergebnissen kommen.

Die Größennormierungen der an den einzelnen Arbeitsplätzen herzustellenden Standard-Produkte sind, soweit das sinnvoll ist, aufeinander abgestimmt, zum Beispiel: Drucken auf der DIN A5-Freinet-Tiegelpresse, Binden von DIN A5-Büchern und Herstellen von Karteikästen von DIN A5 bis DIN A6. Darüber hinaus sind aber vielerlei Formen und differenzierte Variationen möglich.

Die Arbeitsplätze mit ihren Werkzeugen sind jeweils auf Platten montiert, die einen Schülertisch abdecken, so daß dieser geschützt ist. Die Platten lassen sich als Böden platzsparend in einem dafür gebauten Regal unterbringen. In einem Aufsatz nimmt dies Regal außerdem Geräte auf, die wegen ihrer Höhe oder des selteneren Gebrauchs nicht zur Standardausstattung des einzelnen Arbeitsplatzes gehören, sondern die bei Bedarf als Module auf die Arbeitsplatten gesteckt werden können. Die Arbeitsplatten sind mit Handgriffen versehen und so dimensioniert, daß zwei Schüler sie sicher aus dem Regal herausziehen und gemeinsam tragen können. Das Regal kann auf Rollen bewegt werden.

Arbeitsplatz »Druck«

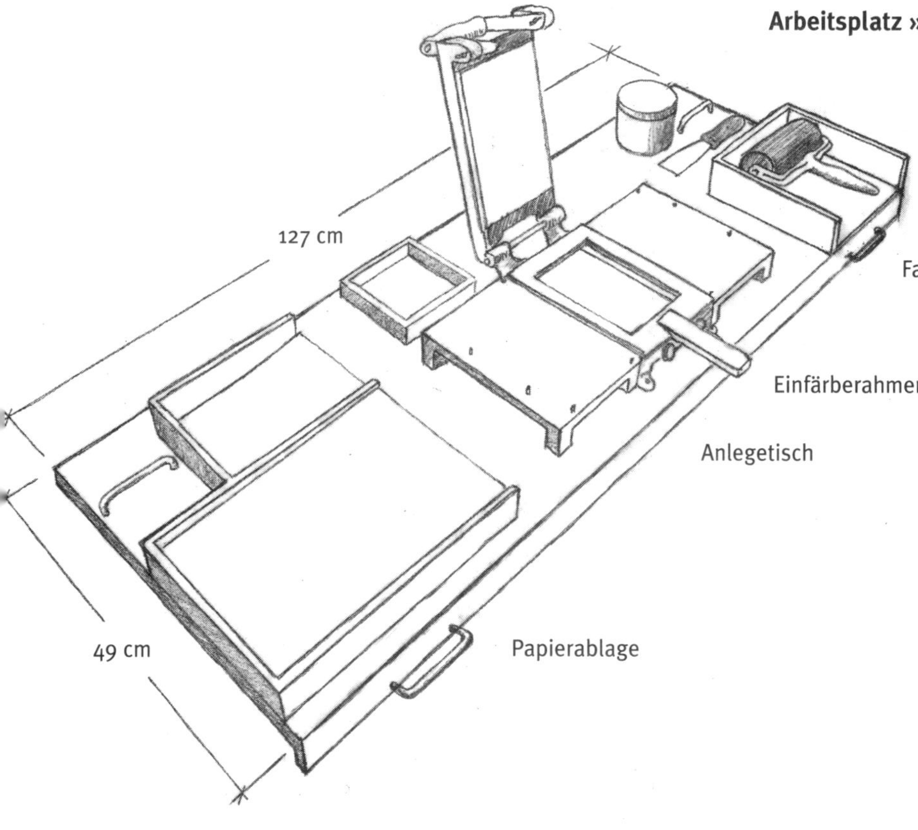

127 cm

49 cm

Farbwalze

Einfärberahmen

Anlegetisch

Papierablage

Die Verwandlung verwandelt...
Geh dicht an Fisch
Aufstand der Marsbewohner
Wär ich ein ...

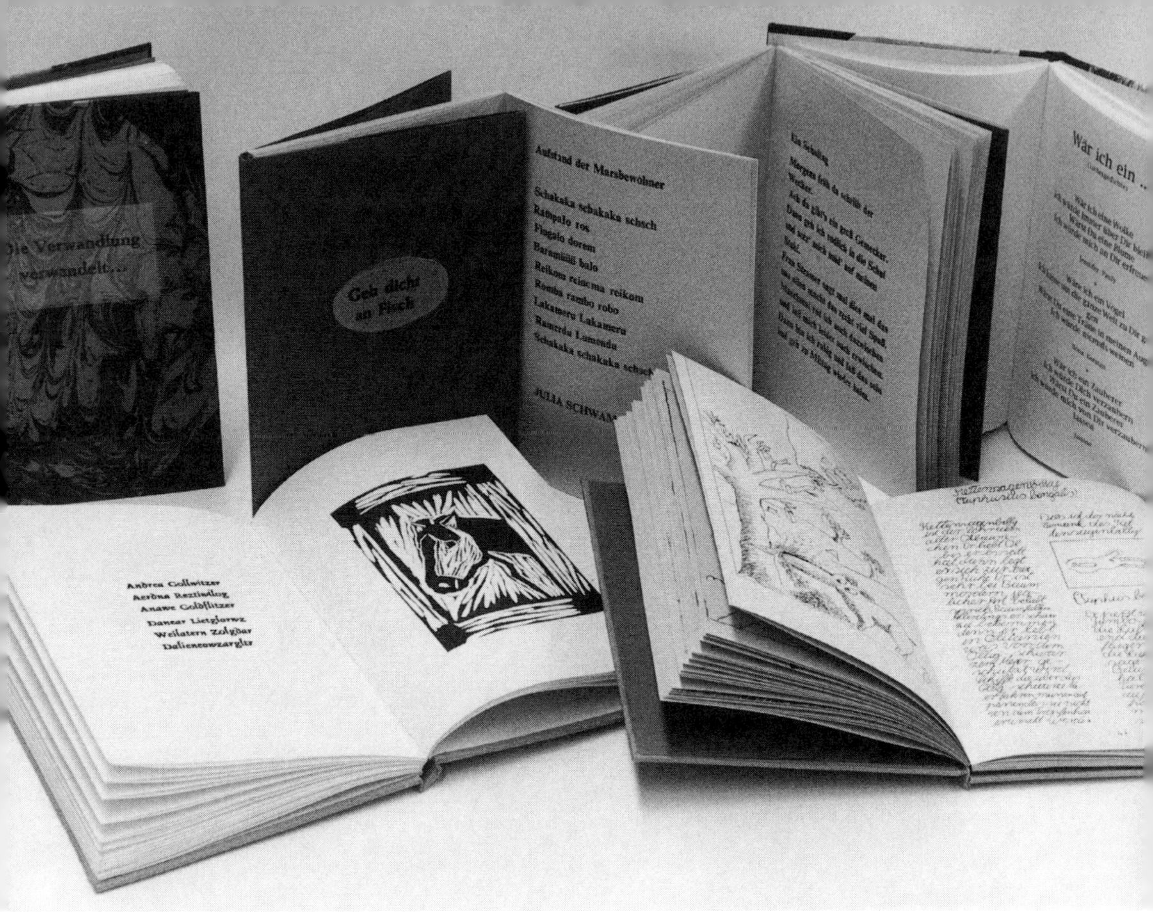

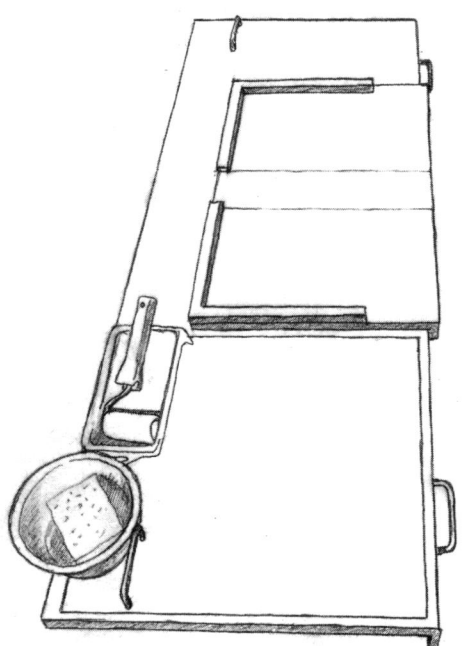

Arbeitsplatz »Buchbinden«

Montage-Platte
Schablonen aus Plexiglas zum Zuschneiden des Bezugspapiers
Schutz aus Wellpappe
Buchblock
26 cm
15 cm
Klebepresse zum Lumbecken

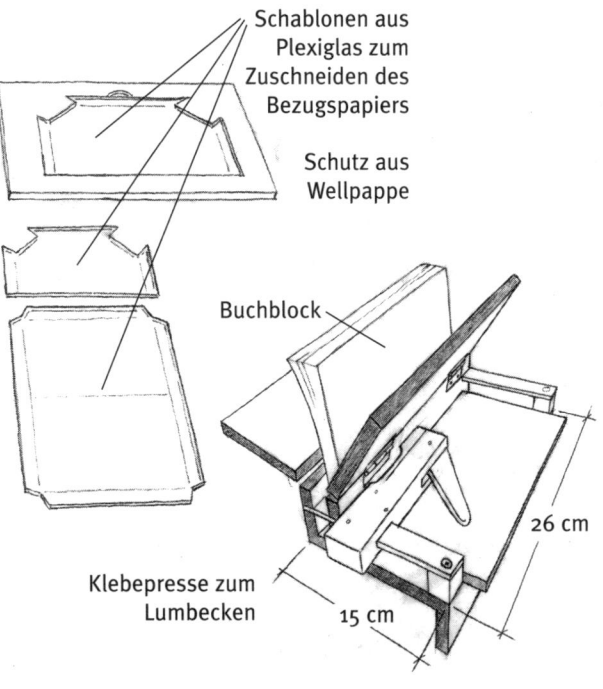

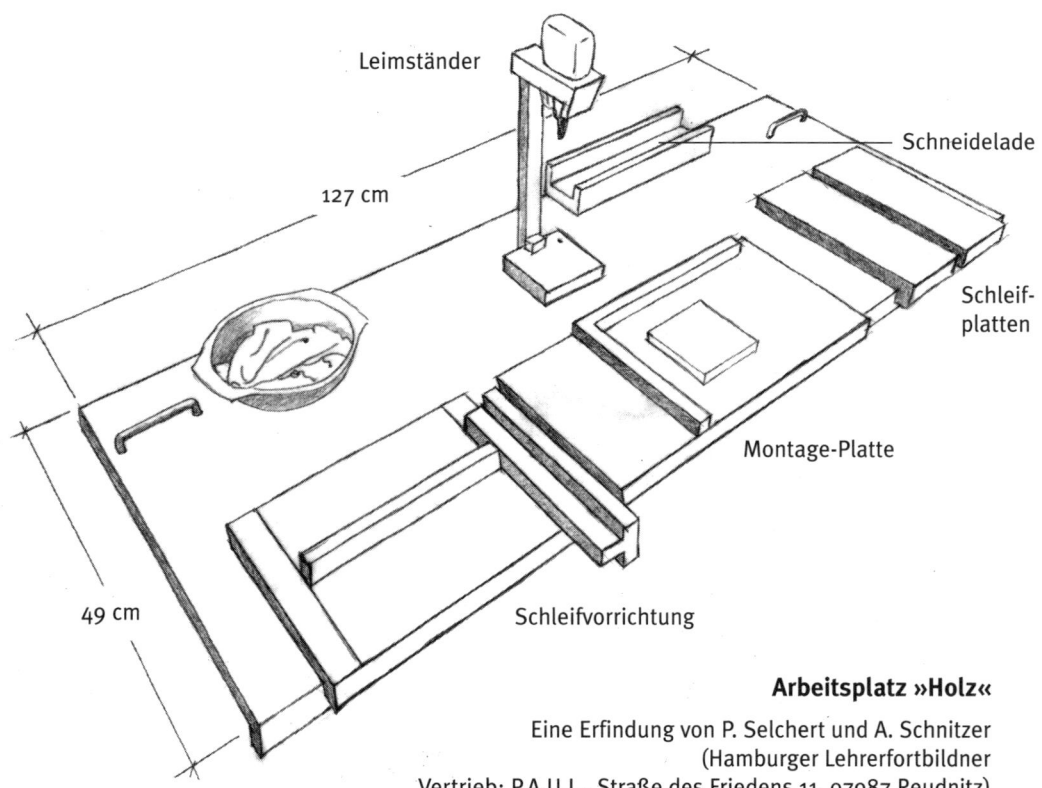

Leimständer

127 cm

49 cm

Schneidelade

Schleif-
platten

Montage-Platte

Schleifvorrichtung

Arbeitsplatz »Holz«

Eine Erfindung von P. Selchert und A. Schnitzer
(Hamburger Lehrerfortbildner
Vertrieb: P.A.U.L., Straße des Friedens 11, 07987 Reudnitz)

Die Herstellung des Regals, der Arbeitsplatten und Geräte (soweit es sich nicht um über den Fachhandel zu beschaffende Werkzeuge handelt) ist für Lehrer oder Lehrerinnen mit Erfahrungen als Hobbyschreiner kein Problem. Sie können auch von Schülern und Schülerinnen der Jahrgangsstufe 9/10 in der Holzwerkstatt der Schule gebaut werden. Ein Teil der Ausstattung (Kleingeräte) kann am Holz-Arbeitsplatz des Wiesbadener Regals – auch von Schülern und Schülerinnen – gebaut werden.

Als Material wird für die Arbeitsplatten beschichtetes Preßspan, für alle anderen Teile Massiv- und Sperrholz verwendet. Zum Zerschneiden der Platten und Leisten sind Kreissäge und Kappsäge erforderlich. Der Zuschnitt könnte aber auch in Auftrag gegeben werden.

HW

8. Die Sinne üben,
die Sinne beteiligen
(Anders Lernen 5)

In diesem Kapitel soll ein möglicher künftiger Arbeitsschwerpunkt der Helene-Lange-Schule vorgestellt werden.

Solche Arbeitsschwerpunkte entstehen nicht zufällig oder willkürlich oder aus einer Sucht nach modischen Neuerungen. Sie knüpfen eigentlich immer an schon Vorhandenes und Erfahrungen an, die wir in den letzten Jahren gemacht haben. Sie verknüpfen, konzentrieren, verstärken vielleicht Elemente aus einer schon vorhandenen Praxis, sei es, weil wir sie als besonders hilfreich erlebt haben, oder sei es, weil wir den Eindruck haben, hier gebe es bei Kindern und Jugendlichen einen besonders großen »Nachholbedarf«.

Der Übergang zur sogenannten Informationsgesellschaft hat viele Auswirkungen. Eine der einschneidendsten Veränderungen ist vermutlich: Während die Möglichkeiten für »Erfahrungen aus erster Hand« abnehmen, weil sich unsere Lebensverhältnisse verändert haben, nehmen zugleich die Angebote für »Erfahrungen aus zweiter Hand« (und ihre Suggestionswirkung) unerhört zu. Von fast allem, was einem begegnet – wenn es das denn noch tut – gibt es vorher schon Bilder und Interpretationen (und sei es aus der – liebenswerten und klug erdachten – »Sendung mit der Maus«), die häufig für das Bewußtsein »mächtiger« sind als die Wirklichkeit selbst. Das Fernsehen hat da sicher eine Schlüsselrolle, aber es ist durchaus nicht das Fernsehen allein, das unser Verhältnis zur Wirklichkeit beeinflußt. Wenn es vor allem darum geht, immer »über das Neueste informiert zu sein«, dann wird es unwichtiger, sich selbst auf die eigenen Erfahrungen mit Dingen oder Menschen wirklich einzulassen; es scheint auszureichen, wenn man irgendeine »Information« über sie besitzt, die gerade nicht aus eigener Erfahrung stammen muß.

Auch wegen dieser zunehmenden Erfahrungsarmut haben wir uns um andere Formen des Lernens, um ein »Lernen mit allen Sinnen« bemüht. An vieles, was dabei im Lauf der Jahre von uns ausprobiert und dann Teil des Schulkonzeptes geworden ist, können wir anknüpfen.

Eigene Erfahrungen erscheinen oft in einem neuen Licht, wenn neue Gedanken von außen dazu kommen. Besonders wichtig waren für unser Nachdenken darüber, wie man die Sinne schulen und Vorstellungskraft fördern könne, die Überlegungen und Hinweise von Frau Dr. Eva Madelung und viele Anregungen, die wir aus dem Arbeitskreis »Imaginatives Lernen« bekommen haben. Eine hilfreiche Unterstützung bei ersten Vorhaben in diesem Zusammenhang waren auch Zuwendungen der »Stiftung für Bildung und Behindertenföderung«.

Das Vorstellungsdenken schulen

Es geht um die »inneren Bilder«, die aus unseren Erfahrungen mit der Wirklichkeit, aber auch aus unserer Phantasie entstehen. Es geht darum, daß solche differenzierten inneren Bilder, zum Beispiel auch von den Eigenschaften der Dinge, oder Zahl- und Mengenvorstellungen, oder Vorstellungen von den Verhältnissen zwischen Menschen oder von dem, was

noch nicht ist, aber vielleicht sein könnte, in uns entstehen, daß wir uns also etwas »vorstellen« können und nicht nur »leere« Worte gebrauchen. Das Vorstellungsdenken, eben die Fähigkeit, in solchen differenzierten inneren Bildern zu denken, sie miteinander zu verknüpfen, mit ihnen in eine Art »inneren Dialog« treten zu können, ist ein wesentlicher Bestandteil kreativer Geistestätigkeit, die dem logischen und analytischen Denken gleichwertig ist. Ihre Bedeutung wird zwar in den letzten Jahren immer häufiger betont, aber es geschieht wenig, um diese Geistestätigkeit tatsächlich zu fördern. Innere Bilder können übrigens auch in schwierigen Situationen eine haltende und stärkende oder eine heilende Wirkung haben.

Das Vorstellungsdenken kann geschult werden und muß – soll es sich entfalten – geübt werden.

In Schulen spielt das Vorstellungsdenken meist eine dem logischen Denken völlig untergeordnete Rolle. Von seltenen Ausnahmen abgesehen kommen Vorstellungsvermögen und auch Phantasie lediglich in den musischen Fächern als anerkannte Fähigkeiten vor.

Es ist zu vermuten, daß ein entwickeltes Vorstellungsvermögen auch das Lernen erleichtert und das Gedächtnis unterstützt. Es kann Kindern und Jugendlichen helfen, sich Ziele zu setzen (ein inneres Bild von sich selbst und der eigenen Zukunft zu entwickeln) und Selbstvertrauen zu gewinnen. Wenn Kinder und Jugendliche nicht passive Konsumenten der Medien werden sollen, ist es vermutlich notwendig, die Fähigkeit zu üben, diesen von außen auf sie eindringenden virtuellen Welten ihre eigenen Bilder entgegenzusetzen.

Es müßte noch systematischer als bisher erprobt werden, in welcher Weise bei uns das Vorstellungsdenken im Alltagsunterricht der Fächer und im fächerübergreifenden Projektunterricht geschult und geübt werden kann, und welche Auswirkungen es auf das Lernen der Schülerinnen und Schüler hat.

Die Schulung des Vorstellungsdenkens geschieht auf unterschiedlichen Wegen, die in Wechselwirkung miteinander stehen:

1. Es ist notwendig, die Sinne zu schärfen und so oft wie möglich Gelegenheiten zu visuellen, akustischen, taktilen und kinästhetischen Wahrnehmungen zu schaffen. Die reale Erfahrung beim Tasten, Fühlen, Hören, Schauen, Riechen, Schmecken ist die Basis dafür, daß Eindrücke aus der Wirklichkeit auch mental immer wieder erinnert und hervorgerufen werden können. Vieles, was wir bereits im Zusammenhang mit dem »Praktischen Lernen« machen, kann da hilfreich sein: Erfahrungen beim Herstellen von Dingen, bei der Ausgestaltung eines Raumes für ein Fest, bei Erkundungen und Beobachtungen außerhalb der Schule, bei Praktika und Reisen, aber auch beim Theaterspielen. Es wäre zum Beispiel denkbar, daß wir im Lauf der Zeit in einzelnen Schülertreffs ein regelrechtes »Erfahrungsfeld der Sinne« aufbauen, eine Sammlung von Dingen, die man anfassen und in ihrer Struktur und Form auf vielfältige Weise wahrnehmen kann: Steine, Hölzer, Metalle, Muscheln, Federn, Fell, Gegenstände, mit den man Klänge erzeugen kann, Rauhes und Glattes, Weiches und Hartes, Kühles und Warmes, Buntes und Farbloses, stark und unterschiedlich Riechendes und fast Geruchloses.

2. Vorstellungsdenken ist in besonderer Weise körperorientiert und körpergebunden. Damit die eigenen inneren Bilder zugelassen werden können, ist es oft notwendig, sich in einen entspannten Zustand zu versetzen. Die Fähigkeit zur Entspannung sollte regelmäßig, z. B. jeden Morgen vor Beginn des eigentlichen Unterrichts, geübt werden. Ebenso wichtig für die Entwicklung des Vorstellungsvermögens ist Bewegung, beziehungsweise sich selbst in seinen Bewegungen wahrnehmen zu lernen.

3. Vorstellungsdenken ist »Innenhandlung«. Durch Visualisierung, aber auch zum Beispiel durch szenisches Spielen können bestimmte Bilder, Situationen oder Symbole erarbeitet werden. Das dient einerseits dazu, Undurchsichtiges, schwer Verständliches begreifbarer zu machen, andererseits werden die inneren Bilder leichter verfügbar und verknüpfbar, und schließlich können durch Wiederholung (durch ein »in Gedanken vorwegnehmen«) bestimmte Fähigkeiten entwickelt werden oder bestimmte angestrebte Zustände erreicht werden. Bekannt ist die mentale Vorbereitung der Sportler auf einen Wettkampf oder der Einsatz von inneren Bildern, um die Heilung bei bestimmten Krankheiten zu unterstützen.

Manche von den Lehrern und Lehrerinnen an unserer Schule haben in den letzten Jahren Erfahrungen gesammelt zum Beispiel mit Stilleübungen und Phantasiereisen (etwa in Religion oder Sport). Freie Texte sind ein fester

Bestandteil des Deutschunterrichts in allen Jahrgängen. Im Fremd-sprachenunterricht werden gelegentlich Ansätze von Suggestopädie prakti-ziert. Vor allem im fächerübergreifenden Projektunterricht werden unter-schiedliche Sinne häufig gleichzeitig angesprochen. Schließlich unterstützen die bewußt eingeübten Rituale bei den Schülern und Schülerinnen die Fähigkeit, sich Symbole und Bilder, ja, sogar »Werte« vorstellen zu können. Eine herausragende Rolle spielt seit vielen Jahren das Theater und seit drei Jahren das Gestalten von Radiosendungen.

Diese unterschiedlichen Ansätze könnten gebündelt und noch systemati-scher im Schulalltag erprobt werden. Es geht nicht darum, ein neues Fach zu schaffen, sondern sowohl in der Planung als auch in der Durchführung von Unterricht (eigentlich in allen Fächern) müßte auch die Übung und Schulung des Vorstellungsdenkens immer mitbedacht werden.

ER

Ich traue mir die Einrichtung einer alle Bildungsansprüche
befriedigenden Schule zu, in der es nur zwei Sparten von
Tätigkeiten gibt: Theater und science. Es sind die beiden
Grundformen, in denen der Mensch sich die Welt aneignet:
subjektive Anverwandlung und objektivierende Feststellung:
So wie sich das eine auf alle Verhältnisse erstreckt, die sich
versachlichen lassen, so das andere auf alles, was sich ver-
menschlichen läßt. Beide zusammen können alles umfassen,
was Menschen erfahren und wollen, können und wissen.
  (Hartmut von Hentig: Bildung, S. 119 ff.)

**9. Theater
(Anders Lernen 6)**

Anfänge

In der Helene-Lange-Schule wurde, wie an anderen Schulen auch, immer schon Theater gespielt, in einer AG mit einer theaterbegeisterten Lehrerin, im Deutschunterricht und natürlich bei festlichen Anlässen. Aber über eine nette Verzierung und das Aufsagen von Texten ging das nur selten hinaus. Und es durfte weder Geld noch Zeit (Unterrichtszeit) kosten.

Im Zuge unserer Umbaumaßnahmen erkämpften wir gegen den heftigen Widerstand des Leiters des Hochbauamtes (»ich baue für eine arme Kommune und nicht für die reiche Gattin eines Chefarztes«) einen »Mehrzweckraum« mit Bühne, ausgestattet mit einigen Scheinwerfern und einer Tonanlage, weiß gestrichen, mit beigefarbenen Gummivorhängen, weil man vergessen hatte, Rolläden für die Verdunkelung einzubauen.

Einige Kollegen und die Schulleiterin hatten die Idee, einen Schauspieler über ABM an die Schule zu holen, damit die Schauspielerei fachmännisch angeleitet und die neue Bühne gut genutzt würde.[1] Wir dachten uns nichts »Schlimmes«. Der erste über das Arbeitsamt vermittelte Regisseur blieb nur ein halbes Jahr, weil er unsere Vorstellungen von Theater »erzspießig« fand und sich weigerte, die gerade neu gebaute Bühne zu benutzen (»Guckkastentheater!«) oder mit mehr als fünf Schülern/Schülerinnen gleichzeitig zu arbeiten.

Auf der Suche nach Ersatz stießen wir auf einen jungen Regisseur, der seit seinem 14. Lebensjahr in allen Bereichen des Theaters vor und hinter der Bühne, als Schreiner, Beleuchter, Tonmeister, Schauspieler, Regisseur und Dramaturg gearbeitet hatte. Seine letzte Stelle als Spielleiter hatte er aufgegeben, um seine neugeborene Tochter zu versorgen. Mit Abdul (wie er von allen in der Schule genannt wurde) zog ein völlig neues Theaterleben in die Schule ein. Er blieb drei Jahre (mit einem BAT-Vertrag, für den er 60–80 Stunden in der Woche arbeitete), krempelte alle unsere bescheidenen Vorstellungen über Schultheater um, warf alle in der Schule üblichen Beschränkungen von Zeit und Geld über den Haufen, verwandelte den »Mehrzweckraum« in einen schwarzen professionellen Theaterraum und erstritt dem Theaterspielen einen zentralen Platz in der Schule, der auch heute, drei Jahre nach seinem Abschied, noch unumstritten ist.

Die Zusammenarbeit war nicht einfach, weil Abdul leidenschaftlich und kompromißlos war. Das bezog sich zum Beispiel auf die einmal wöchentlich stattfindenden Proben der TheaterWerkstatt, die er für Humbug erklärte: Laien könnten das Erarbeitete nicht über einen Zeitraum von einer Woche behalten. Solches Häppchenlernen lehnte er von Anfang an strikt ab und forderte stattdessen Intensität, also längere Phasen, in denen nur Theater gespielt würde. Derartige Intensivphasen mußten nach seiner Meinung mindestens vier Wochen lang sein.

Es kam oft vor, daß die Schüler und Schülerinnen bis in die späte Nacht in der Schule probten und selbstverständlich auch in den Ferien. Die Regel, daß nachmittags die Schule leer ist und in den Ferien geschlossen, galt für Abdul nicht. Es war äußerst mühselig, das Schulamt davon zu überzeugen,

daß Schüler und Schülerinnen der Helene-Lange-Schule in den Weihnachts- und Osterferien in der Schule arbeiten wollten und deshalb bestimmte Räume geheizt werden müßten. Auch besorgte Eltern mußten beruhigt werden, denn Abdul verachtete das Notengeben, das Schreiben von Klassenarbeiten und vor allem die 45-Minuten-Schulstunde. Dafür machten die Schüler und Schülerinnen bei ihm die Erfahrung, was künstlerische »Arbeit« bedeutet. Sie spürten, was es heißt, bis an seine äußersten Grenzen zu gehen und wie groß – trotz aller Anstrengung – die Zufriedenheit, ja, das Glück sein kann über den großen gemeinsamen Erfolg.

Abdul führte in der Helene-Lange-Schule einen anderen Leistungsbegriff ein. Und er zeigte uns Lehrern, welche von uns nicht geahnten, reichen Möglichkeiten in jedem einzelnen Schüler steckten, denn Theater war bei ihm nicht etwas für die schauspielerisch Begabten. »Jeder kann Theater spielen, er muß sich nur ernsthaft einlassen.« Die wichtigste Aufgabe des Regisseurs sei, die besonderen Fähigkeiten, die jeder Mensch in sich trage, zu entdecken, zu stärken und sichtbar zu machen.

Die Arbeit mit den Schülern

Osterferien, Montag morgen 10.00 Uhr in der ungeheizten Aula. Der Raum ist dunkel, nur der Bühnenbereich mit zwei Scheinwerfern erleuchtet. Abdul sitzt an einem kleinen Tisch davor. Hendrik und Fee proben das Ende des

siebten Bildes. Hans und die Prinzessin stehen sich zum ersten Male gegenüber und gestehen sich ihre Liebe.

Hendrik: »Prinzessin … «

Abdul springt auf: »Überleg dir, in welcher Situation du bist. Du stehst unter Druck. Groß anfangen! Man muß das Gefühl haben, du bist gespannt wie ein Flitzebogen, nur, du kannst die Pfeile noch nicht abschießen. Die Unruhe, die innere, probier, sie auszudrücken. Der will einen tollen Eindruck machen. Das muß mehr rausplatzen. Noch einmal.«

Abdul setzt sich wieder.

Hendrik und Fee probieren erneut den Anfang bis:

Hendrik: »Mir wird so warm.«

Abdul rennt nach vorne: »Nicht so beiläufig, so cool! Du stehst doch nicht an der Bushaltestelle. Du mußt uns vorführen, was mit dieser Figur passiert. Es steigt in dir hoch. Du machst dich so schön wie möglich, wie ein Gockel, der sich aufplustert. Deutlich spielen und nicht schämen. Und jetzt noch einmal von vorne und bis zum Ende.«

Die Schüler und Schülerinnen probieren wieder und wieder und dann die ganze Szene noch einmal von vorne. An diesem Morgen 15- bis 20mal.

Bei derart intensivem Theaterspielen wird in jedem Schüler und jeder Schülerin ein Prozeß in Gang gesetzt, der ihn bzw. sie an seinen inneren Kern heranführt. Tastend, experimentierend, spielend in einem höchst ernsthaften

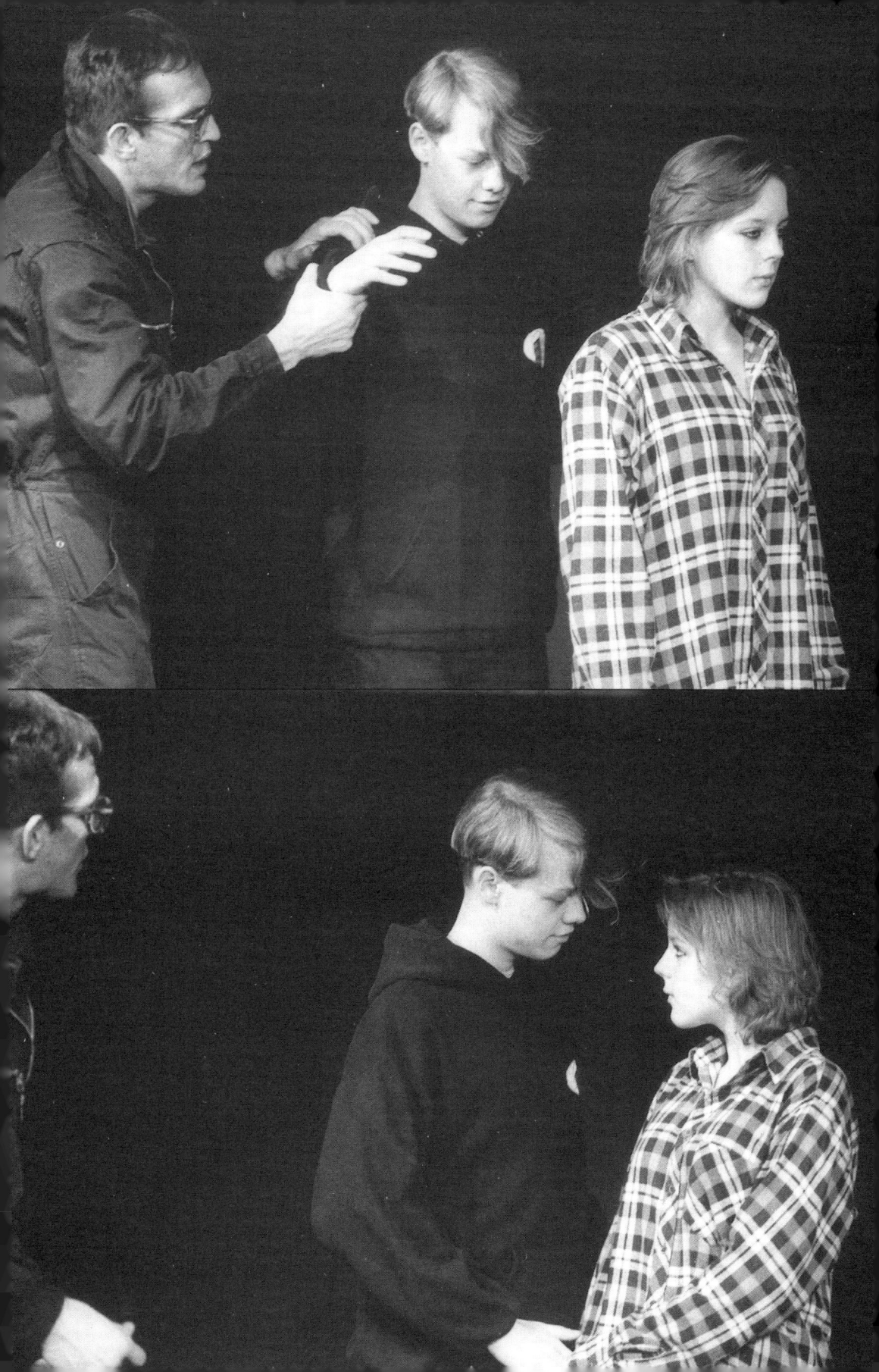

Sinne entdecken die »Schauspieler« ihre vergrabenen inneren Welten und aktivieren sie. In der Auseinandersetzung mit Themen wie Liebe oder Angst wird sowohl eine äußere wie eine innere Suchphase angestoßen. Hendriks Beschäftigung mit der Figur des Hans, der mittellos in die Welt zieht, der Prinzessin begegnet und sich in sie verliebt, ist gleichzeitig eine Entdeckungsreise zu sich selbst.

Nico, der sich sonst gern als »cooler Typ« gab, spielte in den »Bremer Stadtmusikanten« den Hund, der den Weg verloren hat und allein und verlassen im dunklen Wald sitzt. »Ich habe gar keine Angst«, versichert er lautstark, und die Zuschauer spüren seine Angst und seine innere Verletzbarkeit, die er in dieser Rolle auf wunderbare Weise gestalten kann und gleichzeitig als ein Stück von sich selbst zeigen darf.

Von Abdul haben wir gelernt, daß gutes Theaterspielen erst dann gelingt, wenn die Menschen sich selbst gut kennen, das heißt in Kontakt zu den inneren Bildern und den verschütteten Erinnerungen gelangen. Am Ende eines solchen langen und intensiven Suchprozesses sind alle Schüler und Schülerinnen − nicht nur die begabten Schauspieler − fähig, mit ihrer Gestaltung eines Themas oder einer Figur, vor das Publikum und damit in Kommunikation mit Menschen außerhalb der Klasse oder der Schule zu treten. Auf der Bühne, den Blicken und der Kritik einer fremden Öffentlichkeit ausgesetzt, erfahren die Schüler und Schülerinnen ihre eigene Stärke und Freiheit, die sie sich selbst erobert haben. Indem sie sich als eigenständig und schöpferisch erleben, erlangen sie Zutrauen zu sich selbst und sind in der Lage herauszutreten vor den Vorhang, vergleichbar fast einem »Zur-Welt-Kommen.«[2]

Jonas, den wir Lehrer als einen schüchternen und ungelenken Außenseiter in seiner Klasse erlebten, spielte vor seinen staunenden Mitschülern den gewitzten, geschäftstüchtigen Schuster. Mit Hilfe des Theaterspielens konnte er etwas sichtbar machen, was wir alle nicht in ihm vermutet hatten. Das gab ihm auch in anderen Lebens- und Schulsituationen den Mut, sich auf Neues einzulassen und sich ungewissen Situationen auszusetzen.

Bei einer seiner letzten Produktionen übertrug Abdul die gesamte Bauleitung für die Kulissen an Anna, die an dieser schweren Aufgabe sichtbar erwachsener wurde. Sie trug ja nun die Verantwortung für die Gruppe und das Gelingen des Stücks. Nach der Premiere sagte sie stolz: »Daß der mir das zugetraut hat! Jetzt weiß ich, ich kann wirklich was.« Armin, ein 15jähriger Schüler der Kl. 9a sagte nach der letzten Aufführung von »… und aus bist Du!«, einem Stück, das seine Klasse unter Abduls Leitung in vierwöchiger Arbeit hergestellt hatte: »Abdul zeigt jedem Schüler seine schöpferische Kraft. Er ist eben kein Lehrer, sondern ein Meister auf seinem Gebiet.«

Die unauffällige, wortkarge Maria antwortete auf die bewundernde Frage ihrer Mathematiklehrerin, wieso sie denn die Rolle der römischen Sklavenanführerin in »Römische Alltagsszenen« so überzeugend habe spielen können: »Der hat eben an mich geglaubt. Da hab ich gespürt: Ich schaff das.«

Schüleräußerungen

»Ich habe gelernt, wenn man fast die ganze Arbeit gemacht und so den größten Überblick in der Gruppe über die Arbeit hat, dann ist das letztlich die beste Arbeit, die man haben kann, obwohl man sauer ist, daß die anderen nichts tun, weil man weiß, daß man am härtesten gearbeitet hat.« (Feray)

»Nach den Ferien fingen wir fast wieder bei Null an. Da kann sich Abdul noch so anstrengen, wenn von uns Schülern nichts kommt, läuft nichts. Und ich finde seine Einstellung richtig. Wir müssen für die Aufführung geradestehen, nicht er.« (Anna)

»Besonders die letzte Woche war sehr gut, denn durch die Aufführung wurde die Klasse wieder zusammengeschweißt. Diese letzte Woche war eine intensive Zusammenarbeit zwischen allen Klassenmitgliedern und Abdul und Arnulf Kunze. Ich habe gelernt, daß man auf die Hilfe anderer angewiesen ist und Rücksicht nehmen muß.« (Nico)

»Negativ fand ich, daß sich manche Leute nicht mal richtig anstrengen können.« (Nina)

»Wir haben in der Klasse mehr miteinander gesprochen und gelacht, ich habe alle als hilfsbereit erlebt.« (Yordanos)

»Die Zusammenarbeit mit Abdul fand ich echt unheimlich super. Doch am Freitag kam ein Wandel, den ich nicht vermutet habe. Ich habe ihn ja noch nie vor einer Aufführung erlebt. In der Woche war er immer ruhig und hat uns noch ein paar Verbesserungen für unser Stück gesagt. Doch am Freitag war er nicht mehr wiederzuerkennen. Er war hektisch und aufgebracht. Es war nicht schlimm, aber diesen Wandel hätte ich echt nie von ihm gedacht ... Ich hoffe, daß es nicht das letzte Mal war, daß wir mit Abdul zusammengearbeitet haben.« (Tobias)

Und wie konnten die Lehrer mit einem solchen »Störenfried«, Konkurrenten und »Meister« auskommen?

In zahlreichen Projekten arbeiteten Lehrer mit dem Regisseur zusammen, oft mehrere Wochen lang von morgens bis abends. Dabei machten auch sie neue Erfahrungen, wurden selbst zu Lernenden. Am erstaunlichsten war für die Pädagogen, wie ein pädagogisch nicht Ausgebildeter, ein Künstler eben, der vor allem seine Kunst im Auge hatte, einen anderen, oft direkteren Zugang zu den Schülern und Schülerinnen fand und diese sich während der Theaterarbeit verwandelten. Man konnte manchen viel mehr zumuten, als das im Unterricht möglich schien, und viele sind an diesen neuen anspruchsvollen Aufgaben gewachsen. Rike, Kl. 10b: »Abdul vermittelt uns nicht das Gefühl, seine Schüler zu sein, sondern betrachtet uns eher als Gleichgesinnte, mit denen er ein Stück entwickelt. Er gibt uns nicht das Gefühl: ›Ich bin hier, um euch etwas beizubringen!‹ sondern er ist da, um mit uns Theater zu machen.«

Das stellte natürlich unsere bisherigen Methoden in Frage, aber es war auch spannend und manchmal entspannend, wenn wir nicht mehr nur allein verantwortlich waren für den sogenannten Lernprozeß, sondern beobachten konnten, wie es ein anderer machte und wie die Schüler und Schülerinnen sich dabei veränderten. Die meisten von uns – auch wenn wir nicht direkt mit Abdul zusammenarbeiteten – empfanden das Theaterspielen als Bereicherung, die sie auch nach seinem Weggang nicht verlieren wollten.

Dennoch blieb bei den Schülern und Schülerinnen, ihren Eltern und den Lehrer und Lehrerinnen eine gewisse Unsicherheit, ob man bei so ausgedehntem Theaterspielen – manche Schüler und Schülerinnen fehlten bis zu sechs Wochen im Jahr im regulären Unterricht – nicht doch zu viel Fachunterricht versäume. Die Erfahrungen und Berichte von Schüler und Schülerinnen, die inzwischen Abitur gemacht haben oder ihre Lehre beendet haben, haben uns völlig beruhigt. Es gibt nicht einen einzigen Schüler oder eine Schülerin, der durch sein Theaterengagement in seiner schulischen oder beruflichen Karriere Nachteile hat einstecken müssen. Im Gegenteil, die positiven Erfahrungen beim Theaterspielen haben die Schüler und Schülerinnen selbstbewußt gemacht und ihnen das Gefühl gegeben: »Ich kann etwas. Ich kann mir selbst helfen«.

Organisation

Nach Abduls Weggang, wollten wir zwar weiterhin mit Künstlern zusammenarbeiten, aber nicht mehr in der Form einer Festanstellung mit einem regulären Angestelltenvertrag. Künstler brauchen mehr Freiheit und auch Wechsel als dies die institutionellen Zwänge der Schule möglich machen können. Ein Künstler, der zu lange fest und ausschließlich in der Schule arbeitet, ist in der Gefahr, sich ihr unmerklich anzupassen und insgeheim Teil des Kollegiums zu werden. Er verliert damit seine Widerspenstigkeit und sein Ganz-anders-sein, von dem Schüler und Schülerinnen und Lehrer und Lehrerinnen so sehr profitieren können. In der Folgezeit arbeiteten zahlreiche unterschiedliche Künstler (Schauspieler, Regisseure, Tänzer, Clowns, Sänger und Komponisten) an der Schule, jeweils für die Dauer eines bestimmten zeitlich fest umrissenen Projekts mit Honorarvertrag. Das hat den Vorteil, daß Lehrer und Schüler in Kontakt kommen mit einer Vielfalt künstlerischer Talente und mit unterschiedlichen Persönlichkeiten. Der häufige Wechsel hat allerdings auch den Nachteil, daß keiner dieser Künstler sich verantwortlich fühlt für den Theaterraum, die technische Einrichtung und die Kontinuität der Theatergruppen.

Im Laufe der Zusammenarbeit mit Abdul hatten sich bestimmte Organisationsformen als besonders tragfähig und nützlich erwiesen, so daß wir sie auch nach seinem Weggang beibehielten. Wir hatten schon viel früher im Zusammenhang mit dem Projektunterricht die Erfahrung gemacht, daß Innovationen, die nicht genau in das vertraute Schema des Fachunterrichts und der 45-Minuten-Schulstunde passen, zum Scheitern verurteilt sind, wenn sie nicht durch feste Strukturen in der Organisation der Schule verankert und geschützt werden.

Für das Theaterspielen haben sich folgende Strukturen herausgebildet und sind in der Schule allgemein anerkannt:

Klassenprojekte
in den Jahrgängen 5–8

In diesen Jahrgängen (vor allem in 5/6) wird im Rahmen des Projektunterrichts, insbesondere bei den Projektpräsentationen, im Literaturunterricht (Märchen, Fabeln, Balladen) oder im Englischunterricht viel Theater gespielt. Das sind mal kleine Szenen, die nur der Klasse vorgespielt werden, mal regelrechte selbstausgedachte oder -geschriebene lange Theaterstücke, die aus einem Unterrichtsthema oder dem Alltag der Kinder entstehen und dem Jahrgang und den Eltern vorgespielt werden. Solche Vorführungen werden sorgfältig und genußvoll zelebriert. Das beginnt mit schön gestalteten Einladungen, den Programmzetteln, den Ansagen, der Dekoration des Schülertreffs, den festlichen Garderoben der Zuschauer, den sorgfältig geprobten Auf- und Abgängen und endet mit einer selbstgemachten Bewirtung. Von der 5. Klasse an lernen alle Schüler und Schülerinnen, sich vor den Augen der Mitschüler auf der Bühne zu bewegen, etwas vorzuspielen oder ein Ereignis zu inszenieren. Genauso wichtig ist, daß alle lernen, achtsam und respektvoll zuzuhören und zu applaudieren.

Neben den tatsächlichen Theateraufführungen gibt es in diesen Jahrgängen viele kleine »Inszenierungen«: das Vortragen Freier Texte, Buchvorstellungen, Versuchsdemonstrationen, aber auch Musikvorführungen, die Vorstellung besonderer Hobbys, die Vorführung von Zaubertricks und Clownerien. Dies wird zunächst in der Klasse dargeboten, dann aber auch im Jahrgang anläßlich kleiner Kulturereignisse, genannt KIT. Das heißt: »Kunst im Treff« und läuft folgendermaßen ab:

Alle vier bis sechs Wochen wird montags die 1. Stunde reserviert. Abwechselnd bereitet jeweils eine Klasse des Jahrgangs eine Reihe von kleineren Vorführungen für den restlichen Jahrgang vor. Neben dem, was für den Unterricht vielleicht besonders wichtig war, werden auch die besonderen Talente der Schüler und Schülerinnen vorgestellt oder kleine Tänze und Sketche, die einzelne Gruppen zu Hause geprobt haben. Das macht wenig zusätzliche (Unterrichts-)Arbeit und hat eine große Wirkung. Damit die Klassen- und kleinen Jahrgangsinszenierungen ohne Aufwand stattfinden können, ist jedes Stockwerk in der Helene-Lange-Schule mit beweglichen Bühnenelementen zwei Scheinwerfern und einer kleinen Tonanlage ausgestattet, so daß viele Schüler und Schülerinnen im Laufe ihrer Schulzeit auch mit der notwendigen Technik vertraut werden.

Neben den Klassen- und Jahrgangsvorführungen werden traditionell zwei große Feste für die ganze Schule vom Jahrgang 5 und 6 ausgerichtet. Der alte Jahrgang 5 bereitet die Aufnahmefeier für den neuen Jahrgang 5 vor und tritt damit auf die große Bühne vor die Öffentlichkeit der Schule. Der Jahrgang 6 ist verantwortlich für die Weihnachtsfeier für die Jahrgänge 5/6. Auch dieses Fest wird lange vorbereitet und mit mehreren hundert Schülern und Schülerinnen und Eltern gefeiert. Seit zwei Jahren stellt uns dafür die benachbarte Kirche ihr Räume zur Verfügung.

Die Theaterarbeit in den Jahrgängen 5–8 liegt in der Hand der Lehrer. Häufig werden sie unterstützt von Eltern, die z. B. Kostüme nähen können, Tänze einstudieren, bei den Bühnenbildern helfen oder Musik machen. Selten wirken in diesen Jahrgängen engagierte Künstler von außen mit. Das hat seinen Grund wohl vor allem darin, daß Kinder in dem Alter noch eine so ursprüngliche Spiel- und Darstellungsfreude haben, daß wir Lehrer uns diese Theaterarbeit eher selbst zutrauen.

Jahrgangsprojekte

Eine wesentlich aufwendigere und organisatorisch schwierigere Form des Theaterspielens sind Vorführungen und Inszenierungen, die einen ganzen Jahrgang einbeziehen. Deshalb kommt das auch seltener vor. Ein Beispiel war »Alice im Wunderland«. Für eine solche klassenübergreifende Veranstaltung, muß der Jahrgang schon insgesamt sehr geübt und die Zusammenarbeit der Lehrer einigermaßen reibungslos sein. Vergleichbar einem solchen Theater-Jahrgangsprojekt war ein Musikprojekt, bei dem zehn Studenten und Studentinnen der Frankfurter Musikhochschule mitwirkten. Über ein Jahr lang wurde einmal wöchentlich mit dem gesamten Jahrgang in unterschiedlichen Musikgruppen geprobt. Schließlich wurde in einer vierwöchigen Intensivphase die Aufführung vorbereitet. So etwas stellt allerdings die Toleranz, das Engagement und das Organisationstalent einer Schule auf eine harte Probe.

Klassenprojekte im Jahrgang 9

Ein Schwerpunkt der Theaterarbeit in Form von regelrechten Projekten liegt im Jahrgang 9. Das hat vor allem zwei Gründe:
- Durch den Wegfall des »Offenen Lernens« wird es in den Jahrgängen 9 und 10 schwieriger, fächerübergreifende Projekte durchzuführen. Daher werden ganze kompakte Phasen aus dem normalen Unterricht herausgeschnitten (wie z. B. im Betriebs- und Sozialpraktikum), so daß in den verbleibenden Zeiten der fachbezogene Lehrgangsunterricht stärker zum Tragen kommen kann und weniger »gestört« wird.
- In der Klasse 9 sind die Schüler und Schülerinnen meist am Ende der Pubertät, aber oft noch mit vielen Brüchen ihrer Person beschäftigt und von Selbstzweifeln umgetrieben: das einfache, spielerische, selbstverständliche Theaterspielen der Jahrgänge 5/6 ist nicht mehr möglich. Die Unsicherheit dieses Alters wird oft versteckt hinter einer besonders coolen oder lässigen Maske und dem Bemühen, Idole aus den Medien zu kopieren. Hier kann ein Profi wesentlich mehr erreichen als der vertraute Lehrer.

Deshalb erhalten die Klassen 9 die Möglichkeit, ein vierwöchiges Theaterprojekt zusammen mit einem Künstler von außen durchzuführen. Es ist ein Angebot, das die Klassen wahrnehmen können unter der Voraussetzung, daß

sie bereit sind, folgende Bedingungen zu erfüllen: Proben am Nachmittag, gegebenenfalls am Abend und am Wochenende (das kann unter anderem den zeitweiligen Verzicht auf Hobbys bedeuten), sich auf ungewöhnliche Übungen auf der Bühne einlassen, Arbeit in den Werkstätten, zusätzliches Lernen von Texten zu Hause. Keine Klasse wird zu einem Theaterprojekt gezwungen. Am Ende des Diskussionsprozesses schließt die Klasse eine Art Vertrag mit der Schulleitung, wozu auch die Einwilligung gehört, vor Eltern und allen Schülern und Schülerinnen der Schule zu spielen. Während eines solchen vierwöchigen Projekts gibt es keinen Fachunterricht. Die Klassenlehrer sind während der Theaterarbeit mit dabei und von ihren sonstigen Unterrichtsverpflichtungen freigestellt, die Fachlehrer helfen zeitweise in den Werkstätten oder bei der Erstellung von Plakaten und Programmheften.

Bisher wurden acht solcher Klassenprojekte durchgeführt, darunter:

- »Total Schön«, ein selbst ausgedachtes Theaterstück unter der Leitung eines Schauspielers und einer Barock-Tänzerin,
- »Life«, ein von den Schülern und Schülerinnen konzipiertes Theaterstück in englischer Sprache unter der Leitung einer englischen Regisseurin,
- »… und weg bist Du!«, Szenen zum Thema Vorurteil nach der Lektüre von »Andorra« unter der Leitung von Abdul;
- »Eingeschneit«, ein Experimental-Stück ohne festen Text unter der Leitung von zwei freien Schauspielern.

Wichtig war in jedem Fall, daß sich sehr früh, oft Monate vor der eigentlichen Theaterphase, Künstler und Lehrer und Künstler und Klasse kennenlernten und sich über ihre gegenseitigen Erwartungen verständigten.

Das Besondere der Klassenprojekte liegt darin, daß alle Schüler und Schülerinnen einer Klasse mitmachen und trotz anfänglicher Scheu schließlich alle auf der Bühne eine größere oder kleinere Rolle spielen. Übereinstimmend berichteten alle Klassen, daß die Theaterarbeit anstrengender als Unterricht, die Freude über das Gelingen aber riesig gewesen sei, und das Projekt für die Klassengemeinschaft »viel gebracht« habe.

Freiwillige Theaterarbeit: Die TheaterWerkstatt

Seit sechs Jahren spielt eine Gruppe von bis zu 30 Schülern und Schülerinnen der Jahrgänge 8, 9 und 10 Theater außerhalb des Unterrichts. Die Zusammensetzung wechselt jährlich, weil jeweils die ältesten Mitglieder der TheaterWerkstatt die Schule verlassen. Das ist jedes Mal ein deutlicher Einschnitt. Die Gruppe muß sich neu formieren. Die künstlerische Leitung hat ein Schauspieler oder Regisseur von außen, die organisatorische eine Lehrerin oder Lehrer der Schule. Die Theaterwerkstatt trifft sich regelmäßig einmal in der Woche, daneben gibt es Intensivphasen :
– eine Woche im Herbst,
– eine Woche während der Fastnachtstage,

– fünf Wochen vor der Aufführung.

Zu der großen Arbeitsphase vor einer Premiere gehören auch die Osterferien, damit nicht allzu viel Fachunterricht ausfällt. Vor Eintritt in die TheaterWerkstatt unterschreiben die Schüler und Schülerinnen und ihre Eltern einen »Vertrag«, in dem sie sich verpflichten, die Arbeitszeiten einzuhalten und in diesen Intensivphasen auf Reisen und weitgehend auf private Unternehmungen und die Wochenenden zu verzichten. Das ist nicht einfach durchzuhalten. Insbesondere Eltern haben, wenn es dann auf die Ferien zugeht, oft gar kein Verständnis dafür, daß Nina oder Roland nicht mit nach Tunesien fliegen, sondern lieber alleine zu Hause bleiben. Wenn auch ernsthafte Vorhaltungen der Schulleiterin nicht helfen, kommt es vor, daß die Schüler und Schülerinnen sich entscheiden müssen: Verreisen oder Theater. Beides geht nicht. An diesem Punkt wird deutlich, daß das Theaterspielen – eindeutiger als vieles andere in der Schule – richtige Arbeit ist und unter ernsthaften Bedingungen stattfindet. Es zeigt aber auch, wie schwer das den Eltern klarzumachen ist, auch gerade solchen, die sonst immer nach mehr »Leistung« rufen.

Die TheaterWerkstatt bringt traditionell einmal im Jahr Anfang Mai eine große eigene Produktion heraus. Kulissen, Kostüme, Technik, oft auch die Texte oder die Musik werden selbst gemacht. Für alle Arbeiten gibt es Spezialisten, aber im Prinzip machen alle alles, so daß es wenig Hierarchie nach dem Muster gibt: Die einen spielen die fabelhaften Rollen und heimsen den Beifall ein, die andern schuften hinter der Bühne im Verborgenen.

Aufführungen der TheaterWerkstatt

Die Premiere mit anschließender Premierenfeier ist abends, vor allem für Eltern, Großeltern und Freunde. Die nächsten Aufführungen finden am Vormittag statt für alle Klassen der Schule. Damit wollen wir deutlich machen, daß Theaterspielen und seine Ergebnisse in der Helene-Lange-Schule genau so wichtig sind wie Unterricht und seine Ergebnisse und daß alle Schüler und Schülerinnen und Lehrer und Lehrerinnen die unerhörte Anstrengung der TheaterWerkstatt achten und dafür dankbar sind.

Unumstritten ist das im Kollegium natürlich nicht. Oft liegen die Aufführungen gerade zu einer Zeit, in der eine Klassenarbeit geschrieben werden sollte. Auch sonst wirft das Theater manche sorgfältige Planung über den Haufen. Daß es bis jetzt dennoch immer von der Mehrheit der Schüler und Schülerinnen, Lehrer und Lehrerinnen und Eltern mit Toleranz und Zustimmung getragen wurde, liegt sicher daran, daß fast alle von der Bedeutung und dem Nutzen des Theaterspielens überzeugt sind.

Nach den schulinternen Aufführungen wird für die Öffentlichkeit gespielt. Bei den Märchenstücken »Bremer Stadtmusikanten« oder »Der gestiefelte Kater« gab es bis zu 25 Aufführungen für Wiesbadener Kindergärten und Grundschulen. »Mit mir nicht« oder »Die kahle Sängerin« wurde vor allem für Schüler und Schülerinnen der Sek. I und Sek. II gespielt. Außerdem wurden Seniorenkreise, Altentagesstätten oder Familien am

Sonntag in unser Theater eingeladen. Kaffee und Kuchen (von Schülern und Schülerinnen hergestellt und serviert) und ein Gang durch die Schule führten dazu, daß Kinder, Jugendliche und ältere Menschen miteinander ins Gespräch kamen. Mit den öffentlichen Aufführungen wird der Schonraum Schule verlassen, Schüler und Schülerinnen mischen sich ein in die Kultur dieser Stadt, indem sie eine »Kultur von unten« machen. Das gibt Selbstbewußtsein und stärkt für das Leben nach der Schule. Mit zahlreichen Kindergärten und Grundschulklassen gab es nach dem Besuch in der Helene-Lange-Schule phantasievolle Briefwechsel und in einigen Klassen auch eigene Aufführungen der Stücke, zu denen die Theaterwerkstatt dann wiederum eingeladen wurde.

Geld

Das Spielen für die Öffentlichkeit außerhalb der Schule hat auch einen finanziellen Aspekt. Während die Honorare für die Künstler vom »Putzgeld« bezahlt werden konnten, war die TheaterWerkstatt für die übrigen Ausgaben auf Betteln und Spenden angewiesen. Weil Kulissen und Kostüme, auch zusätzliche Scheinwerfer und andere technische Geräte oder die Ausgestaltung des Theaterraums viel Geld kosteten, mußte ein Teil dieser Ausgaben durch Eintrittsgelder finanziert werden. So entwickelte sich ein Verfahren, nach dem die Unkosten für eine Produktion zunächst von Geldgebern vorfinanziert wurden. Dieser zinslose Kredit mußte aber durch die Aufführungen wieder eingespielt werden. Auch hier wird der Ernstcharakter des Theaterspielens deutlich. Für jede Produktion führten zwei Schüler und Schülerinnen genau Buch über die Ausgaben und Einnahmen und rechneten mit der Schulleiterin ab. Manchmal blieb am Ende ein Überschuß übrig, der für die nächste Produktion verwendet werden konnte. Schüler und Schülerinnen gehen mit Anschaffungen sehr viel sparsamer und sorgfältiger um, wenn sie wissen, daß sie dafür – wie im richtigen Leben – geradestehen müssen. Sie tragen Verantwortung nicht nur für den künstlerischen sondern auch für den wirtschaftlichen Erfolg. Auch die Aufführungen innerhalb der Schule kosten Geld. Alle Schüler und Schülerinnen zahlen pro Aufführung DM 3,–. Das ist zwar nicht übermäßig viel, hat aber im Kollegium immer wieder zu heftigen Diskussionen geführt. Dahinter steht wohl das Gefühl, es müßten innerhalb der Schulgemeinde, die einen für die anderen etwas »umsonst« tun – wie das ja auch bei vielen anderen Anlässen ist. Manchmal wird dann das Eintrittsgeld aus der Teamkasse gezahlt. Andererseits aber müssen Kinder und Jugendliche lernen, daß auch Kultur eben nicht »umsonst« ist, daß sie in den Augen der Zuschauer oft gerade deshalb keinen »Wert« hat, sondern als eine entbehrliche Verzierung angesehen wird, weil von diesen Kosten nie die Rede ist.

Fachunterricht

Wenn dann die intensive Zeit der Proben und der Aufführungen vorbei ist, kehren die Mitglieder der TheaterWerkstatt in ihre Klassen zurück und versuchen, sich im normalen Schulalltag, in ihrer ihnen etwas fremd gewordenen Klassengemeinschaft wieder zurechtzufinden. Das gelingt meistens gut, weil viele der Fachlehrer und Fachlehrerinnen in Anerkennung ihrer hohen Leistung großzügig mit den Versäumnissen umgehen, manche sogar bereit sind, zusätzlich außerhalb des Unterricht mit den Schauspielern zu lernen und ihnen den versäumten Stoff zu erklären. Nur in Ausnahmefällen müssen Klassenarbeiten, die in dieser Zeit geschrieben wurden, nachgeholt werden. In manchen Fächern kann in die Zeit der Intensivphase der TheaterWerkstatt eine Unterrichtseinheit oder ein Thema gelegt und abgeschlossen werden, das die Theaterspieler dann eben nicht »gehabt haben«, so als seien sie krank gewesen. Schwierig ist es in den Fächern, in denen kontinuierliches Vorangehen besonders bestimmend ist, wie in den Fremdsprachen oder in Mathematik. Hier leiden beide Seiten am meisten. Trotz mancher Schwierigkeiten hat sich jedoch bisher kein Schüler und keine Schülerin in einem Fach durch die vier Wochen Abwesenheit ernsthaft verschlechtert. Auch die Übergänge in eine weiterführende Schule und die Erfolge dort waren nie durch das Theaterspielen gefährdet.

Seit einem Jahr gibt es auch für die jüngeren Schüler und Schülerinnen ein Angebot für freiwilliges Theaterspielen. Wie bei den »Großen« wird auch diese Gruppe von einem Schauspieler und einem Lehrer geleitet, probt einmal in der Woche und hat zwei Intensivphasen (Herbstferien und zehn Tage vor den Halbjahreszeugnissen).

Anmerkungen

1 Die Idee, mit »richtigen« Künstlern zusammenzuarbeiten, stammt von dem Projekt KIDS, das Hildburg Kagerer seit vielen Jahren an der Ferdinand-Freiligrath-Oberschule in Berlin-Kreuzberg durchführt.
2 Siehe dazu: Kagerer, Hildburg: Das Fremde hört nicht auf. Schule – ein Ort gesellschaftlicher Weichenstellung. in: Neue Sammlung, Heft 4, 1991; Sloterdijk, Peter: Zur Welt kommen – Zur Sprache kommen. Frankfurter Vorlesungen. Edition Suhrkamp, Frankfurt am Main 1988.

ER

»Wie Gewalt entsteht«

Aus einem Programmzettel zu einer Aufführung der Klasse 8 (Schuljahr 1992/93)

Die Leute von Andorra sind gut, friedliebend, demokratisch, ehrlich, fleißig und rechtschaffen – solange es sie nichts kostet. Ja, sie sind stolz darauf, daß sie fleißiger, ordentlicher, einfach besser sind als andere Völker. Sie sind neutral, halten sich heraus, wollen eigentlich nur in Ruhe ihren Geschäften nachgehen. Ihr Land ist klein, unterlegen, hat wenig Reichtum und Ansehen, nur geringe außenpolitische Macht. Aber wahrhaft mächtig fühlen die Leute von Andorra sich moralisch: Sie sind unschuldig!

Doch gerade in ihrem Bemühen, nicht schuldig zu werden, treiben sie Andri in den Tod. Nachdem sie ihn zur eigenen Sicherheit geopfert haben, versuchen sie, mit schrecklicher Anstrengung wieder zu ihrem alten Wertsystem zurückzufinden. Verdrängung und Verleugnung sind gefragt, nicht Zurückschauen und Auseinandersetzung mit der Frage nach der Schuld. Die Personen im Stück, die wach werden, die das verhängnisvolle Geschehen erkennen, kommen zu spät, finden mit der Wahrheit kein Gehör. Letztlich bleiben alle, Täter wie Opfer, Gefangene der kollektiven Heuchelei und Lüge.

Was geht das uns an?

Ist Andorra nicht auch in uns? Über das, was in Rostock, Hoyerswerda und anderswo geschah und noch geschieht, haben wir uns empört, viele waren »betroffen«, nur wenige haben es sofort als das benannt, was es war: ein Verbrechen. Menschen, die der Gewalt entflohen sind, werden Opfer im Land ihrer Zuflucht. Unsere Politiker haben lange gebraucht, um mehr zu beklagen als das beschädigte Ansehen Deutschlands im Ausland.

Und wir selbst? Es läßt sich gut über solche Ereignisse diskutieren, sie sind scheinbar außerhalb und weit weg von uns. In der Klasse haben wir deshalb versucht, »in den Spiegel zu schauen«, uns mit den aggressiven Gefühlen, mit der Gewaltbereitschaft und Gewalttätigkeit, mit ihren verschiedenen Schattierungen und Ausformungen bei uns selbst auseinanderzusetzen. Schüler und Schülerinnen ausgrenzen, isolieren, überfordern, mit Worten herabsetzen und kränken, übersehen und nicht beachten ... bis hin zu tätlicher Gewalt. Auch unser Alltag ist voll von meist subtiler Gewalt.

Die achte Szene des Stücks »Andorra« von Max Frisch, die wir immer wieder gelesen und bearbeitet haben, wurde zum Kern unserer Auseinandersetzung. Hier nimmt das Stück eine Wende zur offenen Gewalt, zunächst stellvertretend an dem Koffer einer Fremden, dann gegen die Hauptfigur Andri. In dieser Szene wird der Druck in Andorra greifbar, einen Sündenbock auszumachen, sich an ihm abzureagieren, um vom Druck der äußeren Bedrohung durch das aggressive Nachbarland abzulenken. Auch das spätere Opfer, der Sündenbock Andri, ist nicht nur »gut«. Auch er ist in seinem Charakter und Verhalten schwierig, stur und widersprüchlich, ja er selbst eröffnet sogar die Tätlichkeiten, deren Opfer er später wird. In den Augen der Täter hat das Opfer selbst angefangen, ist selbst schuld! Der perfekte Sündenbock!

In dieser Szene kommen verschiedene Charaktere vor: der Mitläufer, der körperbetonte Tatmensch, der intellektuelle Selbstdarsteller und Schönredner, der bodenständige, rechtschaffene Handwerksmeister, der Wirt, der auf seinen Vorteil bedacht ist ...

Aufgabe der Schülergruppen war es dann, diese Grundsituation der achten Szene in selbsterdachte »aktuelle« Szenen umzusetzen.

Es sind Szenen entstanden, in denen Gewalt beginnt, in denen es nicht mehr gelingt, unschuldig zu bleiben, gerade denen nicht, die sich aus allem heraushalten wollen und damit die Ausgrenzung erst ermöglichen.

Wir werden aggressive Gefühle nicht los. Sie gehören zu unserem Leben. Liebe und Haß sind ein widersprüchliches Paar und doch zwei Seiten einer Medaille. Der Versuch, Aggressionen zu verleugnen oder abzuspalten, führt zu Heuchelei und Lüge.

Es geht vielmehr darum, aggressive Gefühle zu erspüren, zu erkennen, zu integrieren und die Energien, die im aggressiven Potential jedes Menschen liegen, konstruktiv und nicht zerstörerisch zu nutzen.

Wir sprechen zur Zeit viel über die Gewalt bei Jugendlichen. Kehren wir vor der eigenen Tür! Unser »Andorra«: das ist unser Kreis von Menschen, die Schulklasse, die Familie, die Arbeitskollegen, Nachbarn, ausländische Mitbürger ...

Gewalt kommt nicht immer mit »der Faust« daher. Der zerstörerische Umgang mit der Umwelt ist auch eine Form von Gewalt, übrigens zugleich Gewalt gegenüber den nachfolgenden Generationen. AK

Alice im Wunderland –
Die ganze Schule eine Bühne

Impressionen einer Zuschauerin

Die ganze Schule eine Bühne. Vom Keller bis unters Dach. Szene für Szene wurde gespielt, nacheinander, mehrmals auf jeder Etage. Dreimal, viermal? Ich weiß es nicht …

Kleine weiße Kaninchen, eine blaue Raupe und Trommler begleiten uns von Bühne zu Bühne durchs Wunderland. Ein Publikum in Bewegung und guter Laune.

»Ich glaub, ich muß mal ›Alice im Wunderland‹ lesen«, hörte ich zwischendurch von jemandem, »das darf man ja hier wohl kaum laut sagen!«

Dasselbe hatte ich auch gerade gedacht.

Wie war das denn noch? Lange her. Hat es mich früher tief beeindruckt? Oder war es damals doch nur das Bilderbuch für Kinder? Vom Inhalt wußte ich nichts mehr, und viel schlauer war ich nach der Aufführung auch nicht, aber entschlossen, das Buch von Lewis Carroll zu lesen.

Daß die Schule eine große Metamorphose durchmachen würde, ließ sich bereits am Vormittag des 18. März 1994 erahnen:

Schülerinnen und Schüler schleppten Bühnenelemente durchs Haus, Scheinwerfer, Lautsprecher, Kulissen. Sie bauten Bühnen auf, hüpften verkleidet umher, hängten Bilder und Figuren im Treppenhaus auf …. Man durfte gespannt sein. Die Generalprobe lief vor ausgewähltem Publikum: den Kindern aus dem Jahrgang 5.

Abends um 18 Uhr. Wegweiser führen das herbeiströmende Publikum – Eltern, Freunde, Verwandte, Bekannte – zum Raum C. Speisen und Getränke werden dorthin gebracht. Bin ich richtig? Ja, hier fängt's an!

Irgendwann waren sie dann zu hören, die Trommeln, Stimmen und Instrumente. Im Flur beginnt die erste Szene mit Tanz und Musik. Fünf weiße Kaninchen treiben uns mit Blick auf ihre Taschenuhren zur Eile an: »Schnell, schnell …«, hinauf in den zweiten Stock.

Eine Bühne im Scheinwerferlicht. Blauer Tüll. Zwei Vögel bewegen das Wasser, Tiere tauchen auf.

Eine Maus, die das eine Wort einfach nicht hören mag (K …); ein Affe, der unbedingt etwas ganz Tolles erzählen muß. Und dann kommt SIE, Alice. So ungefähr hatte ich sie mir immer vorgestellt: blauer Rock, weiße Bluse, langes Haar, schönes Gesicht. Sie schwimmt im Tränenteich:

»Wenn ich doch nicht so viel geweint hätte«, sagt Alice. »Zur Strafe soll ich jetzt anscheinend in meinen eigenen Tränen ertrinken! Wenn das nicht sonderbar ist! Nun, heute ist ja alles sonderbar!«

Auf der zweiten Bühne treten nacheinander Tiere auf: Igel, Fisch, Ente, Frosch, Kaninchen, Eidechse, Gans, Spitzmaus und – ganz langsam – die Schnecke. Lauter kleine Kunstwerke sind das. In der Ferne scheinen sie etwas Merkwürdiges zu entdecken: »Was ist denn das?« Scheinwerfer aus.

3. Stock. In der Mitte die Bühne. Ein schreiendes Kind mit Schweinskopfmaske wälzt sich am Boden. Es wird beschimpft und geschlagen. Ein kleiner Junge vor mir wird unruhig und bekommt wirklich Angst. Er muß von seiner Mutter beruhigt werden. »Die spielen das nur«, tröstet sie ihn und nimmt ihn in den Arm.

Und jetzt kommt die berühmte Raupe: Vorn ein blauer Kopf, viele blaue Hände auf den Schultern des Vordermanns, schwarze Trikots – neun Kinder bewegen sich Schritt für Schritt langsam voran. Sie halten das Publikum in Atem, gehen um die Bühne, auf die Bühne, bewegen sich wie eine Welle, strecken nacheinander die Arme in eine Richtung und fragen: »Wer bist denn du?«

Und weiter wandern wir durchs Schulhaus. Im 4. Stock werden wir zur Teeparty eingeladen: »Treten Sie näher, treten Sie ein! Sie dürfen sich die Schauspieler gern aus der Nähe betrachten!«

Das mache ich ausgiebig! Völlig erstarrt sitzen sie da, bei ihrer Teeparty. Wunderbar verkleidet, phantastisch geschminkt lassen sie sich überhaupt nicht ablenken. Da zuckt kein Mundwinkel, da gibt es keine Augenbewegung – sie halten unseren neugierigen Blicken stand.

Licht aus. Spotlights auf Szene eins. Hutmacher, Schnapphase, Haselmaus und Alice in Aktion, und plötzlich, mitten im Satz, erstarren sie wieder in ihrer Bewegung. Szene für Szene führt uns der Scheinwerfer die lang gedeckte Tafel entlang, und immer verrückter wird es beim »Aberwitz und Fünf-Uhr-Tee«.

Unüberhörbar ziehen die Trommler unsere Aufmerksamkeit auf die Rückseite des Raumes. Da hat sie schon ihren ersten Auftritt, die attraktive, herbe Königin. Zeigt einfach mit ihrem Stab auf eine Person in meiner Nähe und sagt: »Kopf ab!« Ich spüre einen leichten inneren Schrecken und freue mich, daß sie nicht auf mich gezeigt hat. Ist zwar Spiel, aber irgendwie hat es doch seine Wirkung.

Für das Finale im Zeichensaal ist eine große Landschaft aufgebaut. Gärtner streichen die Rosenblüten mit roter Farbe an. Und da ist sie wieder, die Königin. Immer wieder befiehlt sie: »Kopf ab! Kopf ab!«

Musik und Tänze lösen alles auf und führen uns in ein fröhliches Ende.

Einfach super! Surrealistisches Theater! Kunstvoll inszeniert! Hervorragend gespielt!

Es ist mir schleierhaft, wie unsere Kolleginnen und Kollegen aus dem 6er Jahrgang zusammen mit 100 Schülerinnen und Schülern dieses Meisterwerk hinbekommen haben. Ein riesengroßes Kompliment an alle Beteiligten! Kunst, Kreativität, Phantasie, Know-how, viel Mut, Ausdauer, Geduld, Ausprobieren und Üben, eine Menge an Vorarbeiten und Vorüberlegungen, eine gehörige Portion an Begabungen und Talenten und immer wieder Kooperation und Koordination sind da in idealer Weise zusammengekommen und haben zu einem wunderbaren gemeinsamen Ergebnis geführt.

Übrigens war ich so begeistert, daß ich mir alles gleich noch mal angesehen habe. Denn, wie gesagt, es gab ja mehrere Durchläufe für immer wieder neu anströmendes Publikum.

Am Ende waren alle glücklich, geschafft und zufrieden, bereit für die Stärkung in Raum C.

LD

Die Bremer Stadtmusikanten

Erinnerungen, zwei Jahre später[1]

Die TheaterWerkstatt der Helene-Lange-Schule bestand im Schuljahr 1992/1993 aus etwa zwanzig Schülerinnen und Schülern verschiedener Jahrgänge (viele, wie ich, im 9. Jahrgang), die daran interessiert waren, in der Schule, aber außerhalb des normalen Schulalltags, Theater zu machen. Wir trafen uns normalerweise einmal in der Woche. Doch in den »Arbeitsphasen«, also wenn gerade eine besondere Sache vorzubereiten war, und erst recht als dann »unsere« Produktion in Gang kam, waren wir fast jeden Tag viele Stunden in der Schule, auch am Wochenende und in den Ferien. ...

Dadurch, daß Abdul ein »Fremder« in der Schule war, und dazu einer mit »professionellen« Ansprüchen, Fähigkeiten und Arbeitsweisen, bekam das Theaterspielen eine Form, wie man sie normalerweise an Schulen nicht kennt.

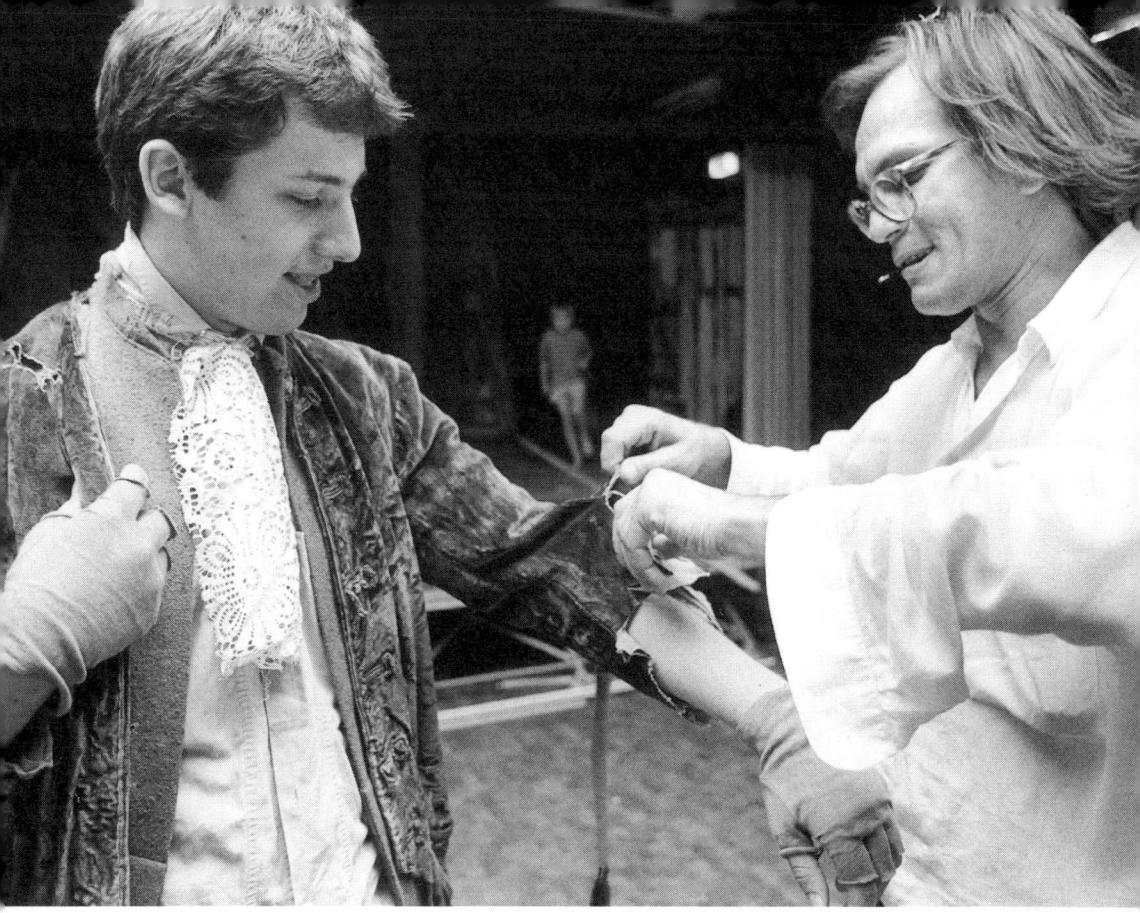

Vor Beginn dieses Schuljahres hatte die TheaterWerkstatt zwar schon einige kleinere eigene Aufführungen im kleineren Rahmen zustande gebracht, doch bestand ihre Arbeit vor allem darin, andere Projekte zu unterstützen, die Abdul mit Klassen oder anderen Gruppen in der Schule durchführte. Die TheaterWerkstatt kümmerte sich dabei um die Dinge im Hintergrund (Beleuchtung, Kulissen, Kostüme). Aber dann wurde der Wunsch immer stärker, ein großes eigenes Theaterprojekt zu verwirklichen. Die Voraussetzungen waren doch gegeben. …

Irgendwann waren wir uns einig, welcher Stoff die Grundlage für »unser« Stück sein würde: die Geschichte der »Bremer Stadtmusikanten«. Besonders mit Esel, Hund, Katze und Hahn konnten sich alle identifizieren. Wer möchte denn nicht aus seinem festgefahrenen und oft tristen Alltag ausbrechen und alles hinter sich lassen? Die Tiere tun es. Sie flüchten alle vor ihren Herren, aus Bedrückung und Alltagsroutine, um ihr eigenes kleines Glück in Bremen zu suchen. Unsere Entscheidung für die »Bremer Stadtmusikanten« hatte auch damit zu tun, daß gerade die alten Volksmärchen etwas für alle Altersgruppen sind. Für die einen ist es dann einfach ein Stück mit spannender Handlung, für die anderen ist es eine Geschichte mit abgrundtiefem Sinn. So sollte auch unsere Aufführung werden: auf jeden Fall unterhaltend und auch für Kindergarten-Kinder verstehbar, aber zugleich auch so, daß selbst Erwachsene etwas zum Nachdenken hätten. …

Die Bremer Stadtmusikanten **161**

Über viele Improvisationen und szenische Lesungen wurde eine erste Endfassung des Textes entwickelt. (Sie hat sich dann noch immer wieder verändert.) Das geschah meist an den Nachmittagen. Aber nun fing die eigentliche Vorbereitung erst an. Mit dem Text und damit, ihn auswendig zu lernen, war natürlich noch nichts getan.

Kostüme und Kulissen mußten entworfen, die Bühne eingerichtet, für die Finanzierung des Stückes gesorgt werden. Und natürlich geprobt, geprobt, geprobt. Bald begann auch das Orchester der Schule unter der Leitung eines Musiklehrers mit dem Einstudieren musikalischer Teile, denn »Die Bremer Stadtmusikanten«, wenn es denn schon um »Musikanten« geht, sollten auch Musik und einige Songs enthalten.

Jeder von uns mußte etwas Besonderes verantworten, bekam zusätzlich zu seiner Rolle eine Aufgabe, um die er sich zu kümmern hatte, für die er halt »verantwortlich« war. Zwar hatte Abdul so etwas wie die Oberleitung, doch gab er dann jedem viel Handlungsfreiheit für seinen Bereich. Ohne Eigendisziplin ging nichts. Es gab keinen Lehrer mehr, der hinter einem stand und alles überwachte und letztlich dafür geradestand, daß alles schön gemacht würde, so wie wir es vom Unterricht gewohnt waren. ... Wir lernten, was »professionelle« Maßstäbe sind.

Die Vorbereitungen nahmen immer mehr Zeit in Anspruch. Schon bald reichten die Nachmittage nicht mehr aus. Wir waren uns ganz sicher, es ginge nicht mehr ohne letzte vier Wochen, in denen wir – auch an den Vormittagen! – nichts mehr anderes tun würden, als die Aufführung »unseres« Stück perfekt zu machen. Diese Idee stieß jedoch bei vielen Lehrern und Eltern auf heftigen Widerstand.

Es kann doch nicht möglich sein, daß Schüler (vor allem die Schauspieler, aber dann auch die Techniker und Musiker) wochenlang aus dem Schulalltag ausbrechen, nicht mehr im Unterricht erscheinen, keine Klassenarbeiten schreiben? Wie soll da noch ein normaler Unterricht für die anderen stattfinden? Von einer Benotung der Theatertruppe in den verschiedenen Fächern ganz zu schweigen. Hätte es sich um eine geschlossene Klasse gehandelt, wäre alles vielleicht nicht so problematisch gewesen. Doch nun waren es einzelne Schüler, die in verschiedenen Klassen und Jahrgängen fehlen sollten. Trotz großer Bedenken stimmten dann aber doch alle Beteiligten, mehr oder weniger überzeugt, dem Plan zu, den Mitgliedern der TheaterWerkstatt die Möglichkeit zu geben, sich einen Monat nur auf ihr Projekt zu konzentrieren.

... Aber freie Zeit war das wirklich nicht! Einen Monat lang gab es für die Mitglieder der TheaterWerkstatt nur noch eins, nämlich jeden Tag, oft bis in die Nacht hinein, meist auch an den Wochenenden: Theater. ...

An der Idee, das Stück vor allem für Kinder aus Grundschulen und Kindergärten zu spielen, haben wir festgehalten. Doch wie macht man das dann praktisch? Auch dies Organisationsproblem mußte von uns selbst gelöst werden. Als abzusehen war, daß wir zu dem Termin, den wir uns vorgenommen hatten, fertig werden würden, wurde an alle Wiesbadener

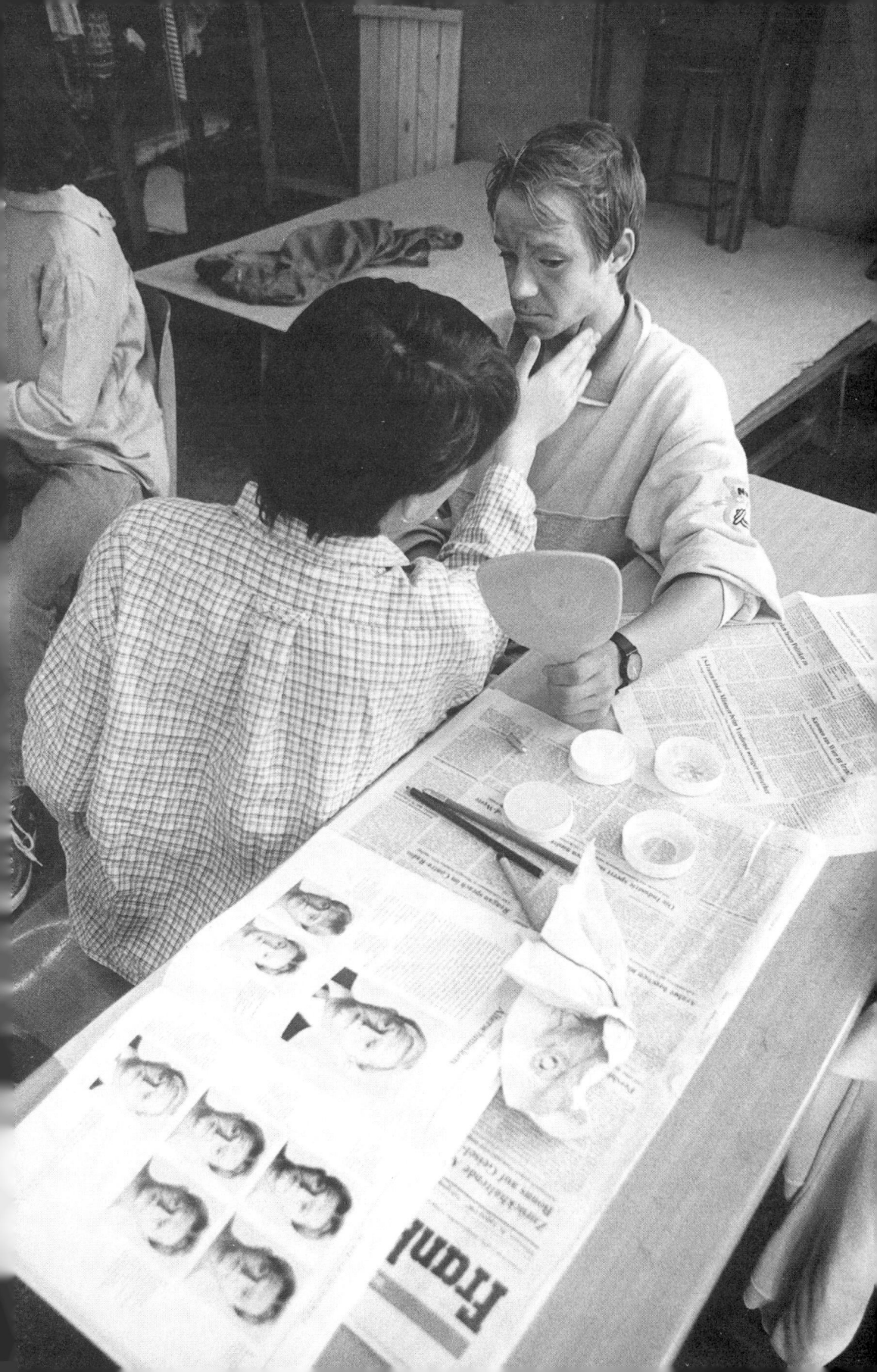

> »Weil wir in einem Vorort wohnen, kommt Dennis nachmittags immer erst so gegen 14 Uhr nach Hause. Aber das ist für ihn noch nie ein Thema gewesen. Es gibt hier in der Schule auch Möglichkeiten, daß die Kinder Fächer belegen, Theater oder dergleichen, die nachmittags stattfinden. Das war auch so ein Bedenken, das ich am Anfang hatte, ob ich dem Kind evtl. die Freizeit damit kompliziert mache. Es ist aber nicht der Fall. Er kommt auch mit seinen anderen Sachen zurecht. Das geht an und für sich ganz gut.«
>
> *Frau B., Mutter eines Sohnes auf der HLS*
> *und einer Tochter, die ein Gymnasium besucht*

Kindergärten und Grundschulen ein Brief geschickt, in dem die »Bremer Stadtmusikanten« vorgestellt und die Erzieher und Lehrer zur Premiere eingeladen wurden.

… Wir waren uns einig: mit dem Erfolg dieser ersten Aufführung würde der Erfolg der ganzen Produktion stehen oder fallen. »Was ist, wenn etwas schiefgeht?« »Haben wir nicht etwas Entscheidendes vergessen? »Was ist, wenn gar keine Zuschauer kommen?« »Oder, wenn es alle zwar ›ganz nett‹, aber doch ziemlich harmlos finden? Was für eine Blamage!«

Diese Anspannung belastete uns alle so, daß es immer häufiger zu Auseinandersetzungen untereinander kam. Jeder behauptete vom anderen, er würde nicht genügend tun. Doch dann legten eigentlich alle noch einmal einen Endspurt ein und arbeiteten bis an die Grenze ihrer Kräfte.

… Schließlich war es soweit. Das erste Mal: »Vorhang auf!« Man hört sein Stichwort und tritt auf die Bühne. Es ist wie ein Sprung ins kalte Wasser. Alle Augen sind nur auf dich gerichtet. Du kannst nicht mehr entfliehen. Du bist nun jemand anderes und mußt dich vollkommen auf diese Situation einlassen.

Als nach anderthalb Stunden der letzte Song zu Ende war, atmeten alle erleichtert auf. Keine größeren Pannen oder Zwischenfälle. Keine der Horrorvisionen war eingetroffen. Das Publikum war begeistert. Die ganze Anspannung der letzten Wochen war plötzlich verflogen.

… »Die Bremer Stadtmusikanten« verbreiteten sich wie ein Lauffeuer in Wiesbaden, immer mehr Grundschulen und Kindergärten meldeten sich an. Insgesamt wurde das Stück in Wiesbaden fünfzehn Mal gespielt. Dazu kamen noch zwei Aufführungen, die wir im Rahmen eines Gastspiels an der Grete-Unrein-Schule in Jena gaben. Insgesamt haben etwa 2500 Kinder die Aufführungen gesehen.

Je öfter das Stück gespielt wurde, desto routinierter wurden die Akteure. Das war einerseits gut, doch andererseits barg das auch ein Problem. … Viele Rollen, nicht nur die Hauptrollen von Esel, Hund, Katze und Hahn, waren zwar doppelt besetzt, doch bei einigen Schauspielern war nach den ersten Aufführungen irgendwie »die Luft raus«. (Unsere »Techniker«, die für Beleuchtung und anderes zuständig waren, und auch die Musiker waren da zäher.) Dabei war jede Vorstellung unterschiedlich und von neuem aufregend. Denn die Kinder reagierten immer wieder anders. Sie lebten sich in die

Geschichte hinein und wirkten sogar mit Zwischenrufen an der Vorstellung mit. Je sicherer wir in unseren Rollen wurden, um so freier konnten wir damit umgehen und spontan auf die Reaktionen unseres Publikums eingehen.

... An den Vormittagen, an denen es keine Vorstellung gab, nahmen die Mitglieder der TheaterWerkstatt natürlich wieder am normalen Unterricht teil. Für manche war es gar nicht einfach, sich in den normalen Schulalltag zurückzufinden. Beim Nacharbeiten des Stoffes hatte eigentlich keiner Probleme. Die meisten Lehrer waren hilfsbereit und rücksichtsvoll. Einiges mußte nachgelernt werden, aber das war in ein paar Nachmittagen zu erledigen. Doch vom Gefühl her war es irgendwie merkwürdig, nach vielen Wochen, in denen man sich nur mit einer Sache beschäftigt hatte und sich seine Zeit selber einteilen konnte, wieder in den 45minütigen Schulrhythmus zu kommen.

Außerdem war da oft etwas wie ein Spalt zwischen den Schülern, die bei der TheaterWerkstatt mitgearbeitet hatten, und ihren jeweiligen Klassen. Die einen hatten viele neue Erfahrungen gesammelt und einmal etwas ganz anderes als Schule gemacht. Und die anderen hatten in dieser Zeit weiterhin in ihrem gewohnten Schulrhythmus gearbeitet. Es mußten viele Diskussionen und Gespräche geführt werden, bis auch die letzten Probleme und Neidgefühle zwischen den Klassen und ihren neuen/alten Klassenkameraden aus der Welt geschafft waren.

... »Die Bremer Stadtmusikanten«: Das war etwas anderes als zum Beispiel ein Referat, für das man ja auch viel arbeitet. Dann trägt man es vor. Und dann ist es vorbei, als wäre es nie gewesen. Unsere Theaterarbeit ist anerkannt worden. Sie hat etwas bewirkt. Und sie hat alle, die daran beteiligt waren, verändert – die einen mehr, die anderen vielleicht nur ein bißchen.

Anmerkung

1 Auszüge aus einem sehr viel längeren Beitrag, der in der Zeitschrift PÄDAGOGIK, Heft 7–8/1995, erschienen ist.

Anna W.

10. Fachleute in der Schule
(Anders Lernen 7)

W̲ENN ES UM DAS L̲ERNEN GEHT, so wie es die Schule seit vielen Generationen bestimmt hat und auch heute noch, auch die Helene-Lange-Schule, weitgehend bestimmt, also ein Lernen, das zum Beispiel die französische Revolution zum Gegenstand hat, oder die Frageformen im Englischen oder das Ohmsche Gesetz, dann sind die Lehrerinnen und Lehrer mit Sicherheit »Fachleute« für ein solches Lernen.

Sie kennen diese Gegenstände. Sie wissen, mit welcher Begründung und Absicht sie im Lehrplan (ob das nun »Rahmenrichtlinien« oder »Rahmenpläne« sind) ihren Platz gefunden haben. Sie kennen auch die »Lernziele«. Zum Beispiel die jeweils besonderen. Also daß bei elektrischen Strömen, die in einem Leitungssystem »fließen« (was fließt da eigentlich?), Stromstärke, Spannung und Widerstand in einem wechselseitigen Abhängigkeitsverhältnis stehen, das man in eine Gleichungsformel fassen kann, die der Schüler/die Schülerin dann »kennen« und »anwenden« können soll. Und viele Lehrerinnen und Lehrer mühen sich, so etwas nicht nur als reines Formelspiel zu erklären, sondern dabei zu fragen, ob man nun die neue Microwelle und den neuen Geschirrspüler über die gleiche Steckdose anschließen kann, an der schon Küchenherd und Backofen hängen. Und vielleicht werden sie sogar ein entsprechendes Experiment machen.

Das in den Lehrplänen zu »Kennen« und »Anwenden« oft noch hinzugesetzte Wort »Verstehen« weist nicht selten eher auf Abgründe hin: Welcher Physiker »versteht« eigentlich, was sich letztlich hinter dem Ohmschen Gesetz verbirgt? Wann »versteht« einer ein Gedicht von Ingeborg Bachmann?

Natürlich ist dies der Schule vertraute Lernen wichtig. Und niemand würde grundsätzlich darauf verzichten wollen. Es geht eben auch um die wichtigen Erkenntnisse und Einsichten der Generationen vor uns: Vieles (nicht alles!) an den Phänomenen der Natur läßt sich in Formeln fassen, die sie teilweise berechenbar und damit vorhersagbar machen. Englisch zu sprechen, zu lesen, zu schreiben kann man lernen, auch wenn man nicht als Kind in einer Englisch sprechenden Umgebung aufwächst. Man kann es sogar »abgekürzt« lernen, wenn man bestimmte grammatische Gesetzmäßigkeiten kennt. Die Geschichte ist nicht einfach nur »Geschick«, sondern kann befragt werden: Warum ist dies oder jenes gerade zu diesem Zeitpunkt geschehen? Und sie gibt Antwort auf solche Fragen. Antworten, die »einleuchtend« und gut begründet sind – und andere, die weniger einleuchtend oder weniger gut begründet sind.

Lehrerinnen und Lehrer kennen auch die übergeordneten »allgemeinen« Lernziele ihres Unterrichts und ihres Fachs, von »Mündigkeit« und »Emanzipation« über »Gemeinsinn« und »Solidarität« bis zu »Berufsfähigkeit« oder »Studierfähigkeit«. Kaum einer von ihnen würde diese allgemeinen Lernziele bestreiten

Aber weil sie als Lehrerinnen und Lehrer ständig auch daran gemessen werden, ob der »Durchschnitt« ihrer Schülerinnen und Schüler das Ohmsche Gesetz kennt und anwenden kann, oder von 90 Vokabeln des XY-Tests mindestens 76 beherrscht, finden viele von ihnen es ziemlich schwer, diese allgemeinen Lernziele in irgendeiner Verbindung zu ihrer Stunde kurz vor dem Aufbruch ins Wochenende am Freitagmittag zu sehen.

»Die Menschen stärken, die Sachen klären!« So hat Hartmut von Hentig die Aufgabe der Schule auf eine Kurzformel gebracht. Doch die Schule, so, wie sie unter dem Druck von außen und innen handelt, ist immer in Gefahr, allzu schnell – und oft mit geradezu vorauseilendem Gehorsam – etwas anderes zu tun: die Menschen, die zu stärken wären, nur als Schüler zu sehen, die vor allem zu disziplinieren und zu prüfen sind. Und die Sachen, die zu klären wären, in Lehr»Stoff« zu verwandeln, dessen »Beherrschung« dann »abprüfbar« wird.

Es ist ein Teufelskreis, dem die Schule im Alltag nur mit viel Mut und großem Einfallsreichtum ein wenig entrinnen kann. Eigentlich ist sie eine »pädagogische« Einrichtung: Junge Menschen beim Hineinwachsen in die komplizierte Welt der Erwachsenen zu unterstützen, ist ihre »primäre« Aufgabe. Aber die ist ständig überlagert durch ganz andere (»sekundäre«) Forderungen: Die Menschen prüfen, sortieren, auslesen und sie zugleich davon überzeugen, daß es ihr eigenes »Verdienst« sei, wenn sie zu den »Gewinnern« gehören, oder ihre eigene »Schuld«, wenn sie sich als »Verlierer« finden (Berechtigungswesen).

Und außerdem noch: Die Menschen beaufsichtigen. In der (Arbeits-)Welt der Erwachsenen ist kein Platz für Kinder und Jugendliche. Sie würden dort nur stören. Ohne Schulpflicht, die Kinder und Jugendliche zwingt, sich an den meisten Werktagen des Jahres viele Stunden täglich an vorgeschriebenem und kontrolliertem Ort aufzuhalten, hätten wir – so wie wir unsere Welt eingerichtet haben – erhebliche »gesellschaftliche« Probleme. Wer weiß, wo sie sich rumtreiben, was sie anstellen, in welche Gefährdungen sie geraten würden?

Und zugleich muß (?) die Schule den (jungen) Menschen vermitteln, daß sie (noch?) nicht mitreden und widersprechen dürfen, daß sie (noch?) »öffentlich« unerheblich sind und nicht gebraucht werden, so lange sie nichts »geleistet« haben.

Wobei dann die Leistung anhand von Maßstäben »gemessen« wird, die aus den Schulfächern und ihren Lehrplänen, nicht aber aus der Lebensbewährung des einzelnen Schülers, der einzelnen Schülerin abgeleitet sind.

Darüber hinaus gehört es zu dem geheimen Lehrplan der Schule, daß Kinder und Jugendliche dort immer wieder erfahren: Freiheit (außer der Freiheit, sich innerlich zu verabschieden) hat ihre Grenzen in Vorschriften – von der Pflicht der Schüler und Schülerinnen, sich zu bestimmten (nicht vereinbarten, sondern festgelegten) Stunden an einem bestimmten Ort aufzuhalten und dort sich so zu verhalten, wie es ihnen »vorgeschrieben« wird, bis zur Aufsichtspflicht der Lehrer und Lehrerinnen.

Die Gefährdung (und Versuchung!) der Schule ist es immer wieder, zu einer »geschlossenen Gesellschaft« zu werden, in der die sekundären

Forderungen die primäre Aufgabe überlagern und verfälschen – bis dahin, daß man diese pädagogischen Aufgaben im Alltag einfach vergißt und nur noch als folgenlose Sonntagsworte tradiert.

Eine der Möglichkeiten, sich davor zu schützen, ist es, »Fremde« in die Schule hineinzuholen, nicht nur als freundlich-kritische Beobachter und Besucher, sondern als »andere« Erwachsene, als »Fachleute«, von denen und mit denen die Kinder und Jugendlichen eben auch Wichtiges lernen können.

Das ist für Lehrer und Lehrerinnen durchaus nicht einfach. Es stellt das eigene »Monopol« und seine Rechtfertigungen in Frage. Es kann Anlaß zu Loyalitätskonflikten, Eifersucht und Kränkungen sein. (»Na ja, mit denen ein bißchen Pop-Musik machen, da hast du natürlich alle auf deiner Seite, aber denen dreimal in der Woche abverlangen, daß sie ihre französischen Vokabeln gelernt haben, das ist halt nicht so angenehm.«) Doch wenn es gut geht, dann ergibt sich nach notwendigen Mißverständnissen und Reibungsverlusten eine produktive Arbeitsteilung und Zusammenarbeit. Ebenso wie die Lehrerinnen und Lehrer können auch die »Fremden« zu »bedeutungsvollen Erwachsenen« werden. Die Lehrer und Lehrerinnen erfahren dabei, daß sie halt nicht für »alles« zuständig sind. Aber sie erfahren auch, daß nur sie gemeinsam den Schülern und Schülerinnen die Gewißheit geben können: Diese Schule ist ein verläßlicher und stimmiger Ort, kein Supermarkt der »Sonderangebote«! Wir wollen, daß ihr vieles lernen könnt, was für euch wichtig ist. Aber wir übernehmen auch die Verantwortung dafür, daß ihr in der Welt, wie sie nun einmal ist, nicht scheitert. Und dazu gehören in deinem Fall auch die französischen Vokabeln. Darüber werden wir reden. Dafür wirst du auch viel arbeiten müssen. Aber wir haben verstanden, daß du mehr bist als ein erfolgreicher französische-Vokabel-Lerner.

Eine Möglichkeit zu verhindern, daß die Schule zu einer »geschlossenen Gesellschaft« wird, sind die »fremden« Fachleute in der Schule. Eine andere ist »Raus aus der Schule!«. Davon wird im nächsten Kapitel die Rede sein.

GB

Lernen mit Fachleuten in der Schule

Wenn man nur einen kleinen Schritt aus dem üblichen Lehrer-Schüler-Beziehungsmuster hinausgeht und beispielsweise als Verbindungslehrer mit Schülerinnen und Schülern der SV arbeitet oder eine freiwillige Arbeitsgemeinschaft leitet, in der sich interessierte Jugendliche engagieren, spürt man schon sehr deutlich die Veränderungen in den Beziehungen und in der Arbeitssituation. Die Erwachsenen werden »unverdächtiger«, der pädagogische Anspruch tritt zurück. Die Erwachsenen verlieren ihren »Bewertungsblick« und ihren Kontrollanspruch. Die Frage der »Macht« in der Erziehungssituation tritt in den Hintergrund. Schüler und Erwachsene können sich unbefangener und freier begegnen, ein »normalisierter«

Beppo The[r
Gospelsänger ur
Maler, Breme

Umgang stellt sich ein. Die Schüler legen rasch ihr taktisches Verhalten ab, ihre Konkurrenz untereinander verliert an Schärfe und wird produktiver, sie richtet sich mehr an der Sache, am Arbeitsprozeß aus. Die Autorität des Erwachsenen legitimiert sich aus einer Mischung von Sachkompetenz und Persönlichkeit (Lebens- bzw. Berufserfahrung).

Seit mehr als fünf Jahren holen wir uns nun schon Menschen in die Schule, die keine Lehrer und Pädagogen sind, deren Fähigkeiten wir in unseren Werkstätten, beim Theaterspielen und Musizieren, bei der Verwirklichung verschiedenster Projektvorhaben gut gebrauchen können. Zum Teil finanziert über ABM-Maßnahmen, unterstützt durch Stiftungsgelder, Fördervereinsmittel und Spenden, aus Schulkiosk-Einnahmen und nicht zuletzt durch das »Putzgeld«, das wir von der Stadt Wiesbaden nach langen Verhandlungen dafür erhalten, daß die Schüler ihre Klassenräume selbst reinigen.

Inzwischen arbeitet schon der vierte Regisseur/Schauspieler mit der TheaterWerkstatt und in anderen Theaterprojekten mit; ein Druckermeister hat in der Druckerei der Schule zwei Jahre lang mit Schülern bei allen Druckerzeugnisen auf professionelle Qualität geachtet; schon drei Köchinnen haben intensiv in der Schulküche mitgearbeitet, um Klassen beim Kochen zu unterstützen, Essen bei festlichen Anlässen und die Bewirtung von vielen Besuchergruppen zu ermöglichen. Eine Schreinerin unterstützte zeitweise die Arbeit in der Holzwerkstatt; ein Musikprofessor und seine Studenten verwirklichten ein großes Musikprojekt in der neunten Klasse; ein Gospelsänger studierte mit dem ganzen sechsten Jahrgang ein Weihnachtskonzert ein; zur Zeit haben wir wertvolle Hilfe und Unterstützung beim Buchbinden, Marmorieren und Mappenherstellen unter Einsatz des Wiesbadener Regals. Die Aufzählung ließe sich noch fortsetzen.

Unsere Schüler sind neugierig auf Menschen, die von »draußen« kommen, um mit ihnen ein Vorhaben mit »Profianspruch« zu verwirklichen. Diese Erwachsenen sind keine Lehrer und verhalten sich auch nicht so, mitunter eher wie ein strenger Meister im Betrieb, was aber erstaunlich bereitwillig und selbstverständlich angenommen wird, da die Ansprüche glaubhaft vermittelt werden.

All diese »fremden« Erwachsenen haben deutlich andere Lebenswege und Biographien hinter sich als die Lehrerinnen und Lehrer, mit denen es die Schüler sonst zu tun haben. Menschen, die zum Beispiel einen Asylantrag gestellt haben oder längere Arbeitslosigkeit in ihrem erlernten Beruf hinnehmen mußten, die sich in verschiedensten Arbeitsstellen und unterschiedlichen Tätigkeiten behaupten mußten. Da steht nicht ein Lehrer vor den Schülern, der aus Interesse oder wegen seines Hobbys mit ihnen Theater spielen möchte, sondern einer, der es »von der Pike auf« gelernt hat und sein Leben der Regiearbeit oder der Schauspielerei gewidmet hat. Einer, der glaubhaft vermittelt, daß es sich lohnt, sich so einer Sache oder Arbeit mit allen Vor- und Nachteilen, Höhen und Tiefen zu verschreiben. Schüler sind erstaunt und erfreut über das Interesse, daß ihnen jemand »von draußen«

us Huhle,
hauspieler
d Performer,
esbaden/
zburg

entgegenbringt, um mit ihnen etwas zu erarbeiten. Das begünstigt es, daß der Funke überspringt, es dieser Person gleichzutun und sich zu engagieren.

Ob ein Druck zum x-ten Male immer wieder neu gerichtet und gedruckt werden mußte, bis er millimetergenau stimmte oder ob noch in der Nacht vor der Premiere fieberhaft an der Fertigstellung der Kulissen gearbeitet wurde: den »Fachleuten« ist es immer wieder gelungen, Schüler bis an ihre Grenzen und mitunter auch darüber hinaus zu fordern. Doch natürlich standen diese Fachleute oft auch »quer« zum Schulalltag und zu den institutionellen Abläufen unserer Schule und haben damit für Verärgerung und Konfliktstoff gesorgt. Sie waren und sind ja auch nicht an Abläufe und Verpflichtungen gebunden, die die Pädagogen beachten müssen.

Die Konflikte um die Frage »Was ist uns wichtiger?« haben unsere Schule, unsere Auffassung vom Lernen stark verändert. Was wird in solchen Projekten gelernt? Was bedeutet das für die Zukunft unserer Schüler? Welche Konsequenzen entstehen für Übergänge und Abschlüsse, wenn wir unseren Schulalltag so verändern? Sich gegenseitig in Frage zu stellen, führt zu grundsätzlichen kritischen Fragen: Was heißt eigentlich »Lernen«? Welche Qualität und welche Ziele wollen wir in unserer Schule erreichen?

Nicht zuletzt durch den Einsatz dieser »fremden« Mitarbeiter haben Kreativität und praktische Arbeit an unserer Schule eine größere Bedeutung bekommen und sich Platz geschaffen neben dem herkömmlichen schulischen Lernen, das selbstverständlich nach wie vor einen großen Raum einnimmt. Es ist nicht immer leicht, eine von allen bejahte Balance zu finden zwischen den unterschiedlichen Ansprüchen, zumal wir als Halbtagsschule mit gelegentlichem Nachmittagsunterricht arbeiten. Vermutlich muß es ständig Konflikte um die sinnvolle Nutzung der zur Verfügung stehenden Zeiten geben.

Im schulischen Alltag haben »Hand-« und »Kopfarbeiten« mittlerweile oft ihren Platz nebeneinander. Aber es besteht nach wie vor ein schlimmes Mißverhältnis ihres Gewichts für die schulischen Abschlüsse und Übergänge. Die Veränderung der Praxis, wie wir Ergebnisse der Arbeit und des Lernens von Schülerinnen und Schülern festhalten und »bewerten« (zum Beispiel: die probeweise Abschaffung der Ziffernnoten in den Klassen 5 und 6), ist ein Versuch, aus unseren eigenen Erfahrungen Schlußfolgerungen zu ziehen. Bisher lag der »Lohn« der Arbeiten in den Bereichen außerhalb der vorgeschriebenen »Fächer« und ihrer Zensuren zum Beispiel in einer gelungenen Aufführung, die beim Publikum »ankam« oder in der Zufriedenheit der Gäste einer festlichen Veranstaltung. Wir Lehrer und Lehrerinnen haben uns natürlich immer wieder über die Entwicklungsschritte gefreut, die jeder einzelne dabei gemacht hat. Das haben wir auch in den »Beiblättern« festgehalten und bestätigt. Aber reicht das schon aus? Wie können wir auch für Außenstehende dokumentieren, daß unsere Schülerinnen und Schüler nicht nur gelernt haben, was man als Ergebnis »normalen« schulischen Lernens voraussetzt, sondern daß sie darüberhinaus Gelegenheit hatten, auch zu lernen, was ungewöhnlich und unüblich für die Schule ist?

AK

Edith Lalong
Barock-Solotänzeri
Pa

Profis und andere – Beispiel Medien

Die Schülerinnen und Schüler an der Helene-Lange-Schule lernen von der 5. Klasse an den selbständigen Umgang mit bestimmten Medien, mit deren Hilfe sie sich und ihre Werke für andere präsentieren. Dabei spielen in unserer Schule einige Medien ein wichtigere Rolle als andere. Auch hier versuchen wir, uns zu konzentrieren und verzichten darauf, möglichst vieles oberflächlich zu machen und uns damit vermutlich zu verzetteln. Wichtiger ist uns, daß sich die Schüler auf einigen Gebieten zunehmend sicher fühlen und berechtigte Anerkennung finden. Es soll nicht ein bißchen »herumgebastelt« werden, sondern die Produkte sollen am Ende so »gut« sein, daß die Schüler und Schülerinnen stolz auf das Ergebnis ihrer Arbeit sein können. Das bedeutet: es ist wichtig, daß sie auch in diesen Bereichen lernen, bestimmten Qualitätsansprüchen zu genügen.

Die Auswahl der Medien, die man selbst zu beherrschen lernt, hängt in jeder Schule im hohen Maße davon ab, welche Talente es unter den Lehrern gibt. Gehört ein leidenschaftlicher Filmemacher zum Kollegium, werden die Schüler sicher lernen, wie man gute Filme dreht. Weitere Kriterien sind die Kosten, der Aufwand und die konkurrierenden Vorbilder außerhalb der Schule. So verzichten wir in der Helene-Lange-Schule zum Beispiel weitge-

hend darauf, Videofilme herzustellen, weil durch das übermächtige und all-
gegenwärtige Fernsehen die »Standards« so hoch sind, daß ihnen in der
Schule nur mit einem unverhältnismäßigen Zeit- und Materialaufwand zu
genügen wäre.

Neben dem selbstverständlichen Erwerb der Fähigkeit, Vorträge anschaulich informativ und verständlich vor einem kleinen und großen Publikum
vorzutragen, sind bei uns die am häufigsten verwendeten Darstellungs-
formen und damit eben auch selbst gestalteten »Medien« das Buch, das
Theater und die Radiosendung.

Für Radiosendungen sind wir in der glücklichen Lage, daß wir vor einiger Zeit ein kleines Tonstudio einrichten konnten, das so ausgestattet ist, daß
gute Wortsendungen gemacht werden und vor allem die Bänder »professionell« geschnitten werden können. Dort stellen ganze Klassen oder kleinere
Gruppen von Schülern Sendungen her. Die Themen ergeben sich zum
Beispiel aus den Projekten und aus dem Fachunterricht oder sie sind frei
gewählt. Eine Lehrerin, die mit einem Teil ihrer Stunden beim Rundfunk
arbeitet und das nötige Know-how mitbringt, unterstützt die Schüler bei
ihren Vorhaben. (Von ihr stammt auch der folgende Erfahrungsbericht.)

ER

Radio Aktiv

»Achtung Aufnahme – Band läuft!« Sie sitzen im Tonstudio vorm Mikrophon, Kopfhörer auf, den Text gut lesbar vor sich. Versprecher – macht nichts, einfach noch mal ab Satzanfang beginnen, wird hinterher geschnitten. Am Ende klingt es dann ganz perfekt. Die Regie am Mischpult und an der Bandmaschine hat alles gut im Blick und im Ohr. Die Technik macht manchmal Überraschendes möglich.

Wir haben ein Tonstudio in unserer Schule, ganz unauffällig im vierten Stock. Da gibt es ein Aufnahmestudio mit Mikrophonen und einen Technikraum mit Mischpult, Tonbandmaschine, Zuspielgeräten und Lautsprecheranlage. Schülerinnen und Schüler können hier journalistisches Handwerk erlernen. Sie können eigene Texte aufnehmen, Hörszenen, Moderationen, Interviews, Gespräche. Ins Detail geht es dann, wenn man die Aufnahmen bearbeitet, schneidet, kürzt, neu zusammensetzt und einen eigenen Beitrag baut.

Wer macht da mit? Das sind hauptsächlich die Schülerinnen und Schüler aus dem Kurs: »Festes Vorhaben: Radio«, Jahrgang 9/10. Außerdem gibt es mit interessierten Klassen besondere Radioprojekte, je nach Thema mehrere Wochen lang. Manchmal arbeiten kleine Schülergruppen an Einzelprojekten, außerhalb der üblichen Unterrichtszeit.

›Learning by doing‹ – selber aufnehmen, schneiden, texten, senden – auch Fehler machen, und es beim zweiten oder dritten Mal besser hinkriegen – selber aktiv sein und Radio machen . Deshalb haben die Schülerinnen und Schüler ihr schulinternes Radio »Radio Aktiv« genannt.

Einmal im Monat sendet der Radiokurs live in der Schule über Lautsprecheranlage, mal im Forum, mal im Schülertreff. Wenn da 18 Minuten lang locker Moderation, Interviews, Beiträge und Musik zu hören sind, dann ist dem viel Arbeit vorausgegangen:
– Interessante Themen entdecken
– und für die Mitschüler und Mitschülerinnen gut »rüberbringen«;
– mit Mikrophon und Reportergerät unterwegs sein und Interviews mit Experten, Schülern, Lehrern oder Passanten aufnehmen;
– das Aufgenommene, die O-Töne (Originaltöne), anhören und sinnvoll für den eigenen Beitrag zusammenstellen; entscheiden: Welche Aussagen nehmen wir? Welche kommen raus? Das bedeutet konkret: kürzen, kürzen, kürzen, schneiden, kleben, neu zusammenstellen, also viel Zeit an der Bandmaschine.
– Anschließend den eigenen informierenden, ein- und überleitenden Text für die Zwischenmoderation überlegen, aufschreiben, im Studio aufnehmen.
– Und wieder schneiden und alles passend zusammenmontieren.
Verständlich, daß sich die Radiomacher und -macherinnen dann bei der Sendung über zahlreiche, interessierte Hörerinnen und Hörer freuen, wie zum Beispiel bei der vergangenen Weihnachtssendung oder bei der Sendung »earSinn – Ohren auf und durch«, bei der es sogar etwas zu gewinnen gab.

Neben »Radio Aktiv« gibt es auch Projekte mit ganzen Klassen zu unterschiedlichen Themen. Mit besonderem Schwung und Elan sind Schülerinnen und Schüler aus dem Jahrgang 6 dabeigewesen:

- Die jetzige 7d hat, als sie noch 6d war, eine eigene Halbstundensendung produziert, die sogar im Mai 1995 im Hessischen Rundfunk gesendet worden ist unter dem Stichwort: »Kinder machen Radio«. Darin kamen Szenen vor, Schülerinterviews über »Angst« und ein Beitrag über unser Nepal-Projekt.
- Die jetzige 6d hat in diesem Schuljahr eine eigene »Radio Aktiv«-Sendung produziert zum Thema »Tiere«: »Rund um den Hund – Wie bleiben Mensch und Tier gesund?« mit Beiträgen über »Tierliebe«, »Tierallergien« und »Qualen bei der Tierzucht«. Die Klasse hat sich besonders gegen Tierquälerei engagiert und eine Unterschriftenaktion gestartet, als ihre Sendung am 17. November 1995 bei uns in der Schule im Forum lief.
- Die Klasse 10b hat eine eigene Hörcassette produziert. Im Unterricht haben sie von Irina Korschunow: »Er hieß Jan« gelesen und anschließend eigene Fortsetzungsgeschichten in Form von Hörszenen geschrieben. Die Szenen haben wir im Tonstudio aufgenommen. Die Schülerinnen und Schüler haben sie dann mit geeigneten Überleitungstexten, Tondokumenten und Musik zu einer in sich abgerundeten Hörfolge zusammengestellt.
- Die Klasse 7b hat im Rahmen ihrer UNESCO-Gruppe einen Hörbrief auf Toncassette für ihre Briefpartner in der Ukraine produziert mit persönlichen Briefen, Freien Texten, Szenen, Lieblingsmusiken und Moderation. Im Tonstudio haben wir alle Einzelbeiträge auf Tonbandmaschine aufgenommen, geschnitten, zusammengestellt und am Ende das fertige Produkt auf Toncassette überspielt. Die Briefpartner haben mit Grüßen in Russisch und Deutsch auf einer Toncassette gedankt.
- Ein von und mit Schülerinnen und Schülern aus dem Jahrgang 8 produzierter Bericht über das Projekt »Tätige Nächstenliebe« ist im »Bildungsforum« von hr 2 gesendet worden.
- Vier Schülerinnen und ein Schüler aus der 7d haben sich Ende des letzten Schuljahres mit eigenen Beiträgen am »Kinder-Radiotag im Hessischen Rundfunk« beteiligt. Vier Zehnminutensendungen zum Thema: »Der erste Schultag« sind entstanden mit Interviews, Moderation und Musik – und in hr 1, gesendet worden.

Anna schreibt danach: »Das Radioprojekt hat mir riesigen Spaß gemacht. Es war das erste Mal, daß ich in einem Tonstudio war. Am schönsten war es, den vorbereiteten Text auf Tonband zu sprechen und sich hinterher wieder im Radio zu hören. Aber auch das Interviewen der Eltern hat Spaß gemacht.«

Und Johanna sagt: »Ich habe gelernt, wie eine richtige Radiosendung zustande kommt und wie man eine gute Moderation macht. Natürlich war es auch manchmal anstrengend, vor allem an den Texten haben wir ein paar Tage gesessen. Am Ende mußte noch geschnitten werden – oh Mann, das dauerte vielleicht lange. Jeder Satz mußte genau stimmen. Wenn man noch nie eine Radiosendung gemacht hat, kann man sich gar nicht vorstellen, wieviel Arbeit hinter diesen paar Minuten steckt. Ich würde mich freuen, wenn unser Team einmal eine Radio Aktiv-Sendung machen dürfte.«

Tonstudio, das bedeutet für manche auch: Die technischen Möglichkeiten bringen einen ständig auf neue Ideen, man kann ganz viel machen. So haben beispielsweise zwei Schüler aus dem Radiokurs ihr GL-Referat über Entwicklungshilfe in Form von Hörszenen und Info-Text verfaßt und im Tonstudio produziert. Die Klasse 9c bekam dann am Ende die fertige Cassette zu hören.

LD

11. Raus aus der Schule (Anders Lernen 8)

BIS IN DIE NEUZEIT ging es in der Schule um wenige begrenzte »Künste«: Lesen, Schreiben, Rechnen, Katechismus, für wenige Schüler vielleicht noch Latein oder Griechisch. Aber nach und nach hat die Schule dann immer mehr »Realien« in Lernstoff verwandelt. Fast nur in dieser Form kam und kommt die reale Welt in der Schule vor. Das kann dann zu der Vorstellung führen, Lernen heiße ausschließlich, sich den schulischen Lernstoff einzuprägen. »Eigentlich« wissen wir alle, daß das natürlich nicht stimmt, daß wir alle vor allem gelernt haben und lernen, indem wir Erfahrungen machen, die Wirklichkeit beobachten, sie zu verstehen und zu deuten versuchen.

An der Helene-Lange-Schule ist uns immer deutlicher geworden, wie wichtig das Erforschen und Erfahren des Lebens außerhalb der Schule für die Entwicklung der Schüler ist. Und wie wichtig es ist, daß sie immer wieder erfahren: was ich da in der Schule lerne, ist eben nicht nur »Lernstoff«, sondern hat oft ganz unmittelbar mit der Wirklichkeit außerhalb der Schule zu tun.

Fahrten

Es war deshalb kein Zufall, daß sich an unserer Schule auch der Charakter von »Klassenfahrten« im Laufe der Zeit verändert hat. Anfangs waren sie vor allem gemeinsame »Freizeiten« und dadurch eine willkommene Abwechslung vom Schulalltag; natürlich hat das seine Bedeutung und seinen Wert für das Zusammenwachsen der Klassengemeinschaft, für bessere Beziehungen untereinander. Aber mittlerweile sind die meisten dieser Fahrten an die großen Projektthemen angebunden. In diesen Wochen außerhalb der Schule soll etwas Sinnvolles gearbeitet, erforscht oder erfahren werden, was in der Schule oder in ihrem unmittelbaren Umfeld nicht so erarbeitet, erforscht oder erfahren werden kann. Im übrigen haben wir die Erfahrung gemacht, daß gerade gemeinsame Herausforderungen und Aufgaben der Klassengemeinschaft in besonderer nutzen.

So fahren die sechsten Klassen im Rahmen ihres Waldprojektes in das Forsthaus ›Petershainer Hof‹ am hessischen Vogelsberg, das der Schutzgemeinschaft Deutscher Wald gehört. Dort arbeiten sie eine Woche lang mit Förster und Waldarbeitern im Wald. Typische Arbeiten für diese Woche sind: Ausbau eines Waldlehrpfades oder Pfades der Sinne, junge Bäume pflanzen, Nistkästen und Nisthilfen bauen, Schutzvorrichtungen für Ameisenhaufen, Hochsitzbau, Brücken über Waldbäche, Musikinstrumente aus Holz herstellen und vieles mehr.

Im Forsthaus gibt es weder Fernsehen noch Radio, kein Telefon, keinen Kiosk, nichts von den sonstigen für Stadtkinder selbstverständlichen Unterhaltungsmöglichkeiten. Die sind in der Regel auch verblüffend schnell »vergessen«. Stattdessen: Natur pur! Und die Möglichkeit, sie im wörtlichen Sinne zu erleben. Die Kinder bauen sich ein neues Floß für den Badesee im Wald, sie lernen richtig zu angeln, sie lernen schnitzen, machen Lagerfeuer und Spiele, um den Wald zu erkunden. Das theoretische Wissen, das sie aus der Schule über den Wald mitbringen, erweist sich als wirklich nützlich und

Tagebuch vom Mittwochmorgen

Da wir am vorherigen Tag schon um 5 Uhr von den Kühen geweckt worden waren, schliefen wir heute etwas länger. Nachdem wir uns alle angezogen hatten, gingen wir frühstücken.

Nach dem Frühstück wurden wir wieder in zwei Gruppen geteilt. Die zweite Gruppe, in der ich war, baute am Hochsitz weiter. Die erste Gruppe durfte mit der Sense Unkraut mähen, am »Pfad der Sinne« weiterbauen und Bäume fürs Floß fällen. Die erste Gruppe mußte bis zum »Pfad der Sinne« laufen. Wir wurden mit dem Traktor bis zu einer Stelle gefahren, von der aus wir noch ein Stück bis zum Hochsitz laufen mußten.

Der Förster und seine Helfer nahmen das Werkzeug aus dem Traktoranhänger und trugen es zum Hochsitz. Ein paar starke Kinder holten einige gefällte Bäume zum Hochsitz. Dann gab uns der Förster eine Kiste voll Handschuhe und sagte, jeder solle sich ein Paar nehmen. Nils erwischte als erstes zwei rechte Handschuhe. Als jeder ein Paar Handschuhe hatte, ging die Arbeit los. Einige Kinder sollten die herangetragenen Bäume entrinden, andere die restlichen Sprossen für die Leiter festnageln. Ich nahm mir einen Hammer und nagelte ein paar Sprossen fest. Dann gab ich den Hammer an jemand anders weiter und fing an, einen Baumstamm zu entrinden. Da mir das aber nach einiger Zeit zu anstrengend wurde, hörte ich auf.

Nachdem die Leiter fertig war, fingen wir an, das Gerüst zu bauen. Wir nahmen vier Baumstämme und sägten sie auf gleiche Höhe. Wir nahmen nun zwei große Stämme und benutzten die zwei kleinen als Querbalken. Timur schlug ganz viele Nägel krumm. Später, als wir das Gerüst fertig hatten, trug jeder ein paar Werkzeuge zurück zum Anhänger.

Um ca. halb zwölf fuhren wir zurück. Unterwegs gabelten wir noch die andere Gruppe auf, die dann noch mitfuhr. Nach dem Essen, um halb zwölf gingen wir auf die Sommerrodelbahn.

Jan

kann angewendet werden. Viele neue Fragen entstehen vor Ort im Umgang mit den Dingen. Und es gibt viele Möglichkeiten, sich Antworten zu beschaffen und etwas gründlich zu erforschen. Ein wichtiges Prinzip dabei, an das wir Lehrer uns zu halten und das wir den Jungen und Mädchen zu vermitteln versuchen: probiert zunächst einmal allein oder in der Gruppe, selbst eine Antwort zu finden – oder auch neue Fragen.

Die Erkenntnis, daß unser Wald gefährdet ist, daß das Waldsterben – auch wenn es in der Öffentlichkeit kaum mehr »Thema« ist – weitergeht, steht ganz am Ende. Unsere Erfahrung zeigt, daß Schüler dann bereit sind, sich heute oder später für eine Sache einzusetzen, wenn diese vorher für sie mit positiven Erfahrungen verbunden, ihnen wichtig geworden war. Ist »Waldsterben« nur Schulstoff mit dem moralischen Anspruch, »man« müsse etwas dagegen tun, wird das eher Abwehr hervorrufen und kaum jemand bewegen, sich zu engagieren.

Den gleichen Grundsätzen folgt auch die Klassenfahrt zur Nordsee, die im Rahmen des Projektes »Wasser« am Ende der Klasse 7 durchgeführt wird. Steht zunächst das Naturerlebnis »Meer- und Küstenlandschaft« im

Vordergrund, wächst vor Ort in der Zusammenarbeit mit der Schutzgemeinschaft Deutsches Wattenmeer die Erkenntnis, wie gefährdet und sensibel das ökologische Gleichgewicht dieser einmaligen Landschaft ist. Aus Kostengründen überlegen wir nun, ob wir Projektfahrten zum Thema »Wasser« nicht auch zu Flüssen, Bächen und Seen in den nähergelegenen Mittelgebirgen durchführen könnten.

Im Herbst 1995 fand das erste »ÖkoCamp« statt, ein Pilotprojekt mit deutlich ökologischem Schwerpunkt in einer Hochgebirgshütte in Osttirol. In enger Zusammenarbeit mit örtlichen Organisationen gab es einen gemeinsamen 14tägigen Aufenthalt von Schülern und Lehrern der drei hessischen Versuchsschulen: Offene Schule Waldau, Steinwaldschule und Helene-Lange-Schule. Acht Mädchen, sieben Jungen und zwei Lehrer unserer Schule nahmen teil. Der Verzicht auf den gewohnten Komfort, Naturerfahrung, verbunden mit körperlicher Anstrengung und Belastung standen neben Aufgaben im Naturschutz. Bilanz aller Touren: »Jugendliche, die stolz waren, schwierige und strapaziöse Wege gegangen zu sein, die aber auch stolz waren, daß wir Lehrer ihnen in dieser Situation alles zugetraut haben; Jugendliche, die sich in schwierigen Situationen ganz selbstverständlich gegenseitig halfen.« (So in dem Bericht einer der beteiligten Schulen.)

Erweitert haben wir jüngst (im Sommer 1996) unseren Anspruch und die Herausforderung für die älteren Schüler: Erstmals verreisten sie am Ende der 9. Klasse ohne Lehrerbegleitung. Kleine klassenübergreifende Gruppen von sechs bis zehn Jungen und Mädchen gingen in den verschiedensten Regionen Deutschlands auf Wander-, Fahrrad- oder Kajaktour. Alles mußten diese Gruppen selbst entscheiden und verantworten: ein Ziel finden, sich einen studentischen Betreuer auswählen (der oder die als eine Art »Schutzengel« die Reise begleiten, sich aber im Hintergrund halten sollte), die Reise in allen Einzelheiten planen, Material beschaffen, mögliche Quartiere ausfindig machen und sicherstellen. Der organisatorische Aufwand, um alle Fragen zwischen den beteiligten Gruppen abzuklären, war erheblich: Schüler, Lehrer und Schulleitung, Studenten der Fachhochschule und Mitarbeiter des Jugendamtes waren an diesem Prozeß beteiligt. Nicht zuletzt mußte den Eltern das gesamte Vorhaben zur Billigung vorgestellt werden und jede geplante Reise verschiedene Genehmigungsverfahren durchlaufen. Dabei waren viele Kriterien zu erfüllen, nicht nur ein (niedriges) Budget, das nicht überschritten werden durfte. Nach Abschluß der konkreten Vorbereitungen fanden die Unternehmungen dann in der vorletzten Schulwoche Anfang Juli 1996 statt. Als nicht planbar erwies sich das Wetter: die Woche war für fast alle Gruppen total veregnet. Schwere Regenfälle in den ersten Tagen in Süddeutschland, kühle Tages- und Nachtemperaturen und Sturm im Norden Deutschlands, wo zwei Gruppen unterwegs waren.

Wegen des Wetters war manche Planung hinfällig: Ziele, Strecken und Versorgung mußten vor Ort neu geklärt und bewältigt werden. Die Gruppen mußten alle anstehenden Entscheidungen allein treffen, die studentischen Begleiter hatten sich auf ihre Schutzengelfunktion zu beschränken.

So war die wichtigste Aufgabe, sich in einer Gruppe, die nicht bereits seit Jahren als Gruppe bestanden hatte, sondern sich nur für diese Reise zusammengefunden hatte, zu organisieren, sich auch und gerade in Konfliktsituationen sozial und verantwortlich zu verhalten.

Auch körperlich war es eine Herausforderung: Es galt eine (meist anspruchsvolle) Strecke zu bewältigen und ein selbstgestecktes Ziel zu erreichen, trotz Ermüdung, Erschöpfung und widrigem Wetter. Manchmal wurden die Ziele dann doch unterwegs »zurückgenommen«. Aber alle kamen, wenn auch »geschafft«, so doch voller Eindrücke und Erlebnisse zurück, stolz ihre Tour bewältigt zu haben. Die Auswertung und Präsentation der einzelnen Reisegruppen fand zu Beginn des Schuljahres 1996/97 statt. Es schloß sich eine gründliche Diskussion an, was aus diesem ersten Versuch zu lernen sei, in welchem Rahmen wir dieses Vorhaben in Zukunft ausführen werden, um zum Beispiel den Planungsaufwand in vertretbaren Grenzen zu halten.

Praktika

Mit dem Betriebspraktikum am Ende der Klasse 8 verlassen unsere Schüler zum ersten Mal einzeln den vertrauten und gewohnten Raum der Schule, um auf sich gestellt in einer fremden Umgebung mit neuen Herausforderungen zurecht zu kommen. Über das eben beschriebene Reiseprojekt der Klasse 9, für einzelne außerdem den Aufenthalt in Gastfamilien beim Frankreichaustausch, bis hin zum Sozialpraktikum in Klasse 10, bei dem der Einsatz in der Wiesbadener Partnerstadt Görlitz an der polnischen Grenze sicher eine besondere Aufgabe und Anforderung darstellt, gibt es so ein sich über drei Jahre aufbauendes Konzept.

Wachsende Selbständigkeit bei erweiterten, altersgemäßen Anforderungen macht selbstbewußt und schafft Vertrauen in die eigenen Fähigkeiten. Die Erfahrung zeigt, daß Schüler in dieser Hinsicht weit mehr leisten können und wollen, als ihnen die Erwachsenengesellschaft üblicherweise zugesteht. Auch die Abschlußfahrten der Klasse 10 wollen und sollen nicht mit den Angeboten der Reiseveranstalter konkurrieren. Am Ende einer sechsjährigen Schulzeit an der Helene-Lange-Schule steht ein intensives Natur- und Gemeinschaftserlebnis. Wir wollen bewußt keine Großstadt-Klassenfahrt ins Ausland, bei der die Klasse in kleine Interessengrüppchen zerfällt und alles auseinanderläuft. Häufig gewählt wird dagegen zum Beispiel eine Fahrt auf einem Plattbodensegelschiff auf dem Ijsselmeer oder zu den Inseln in der Nordsee.

Alle Fahrten, Praktika, Erkundungen, Theatervorführungen an anderen Orten und eine Vielzahl kleinerer Unternehmungen außerhalb der Schule sind ein wichtiger Bestandteil unseres Schulkonzeptes und eine Antwort darauf, welchen Raum Schule Jugendlichen in Hinblick auf Selbsterfahrung und Entwicklungschancen geben kann. Das ist uns besonders wichtig für die Altersstufe, die sich in den Jahrgängen 8 bis 10 befindet. Besonders für sie haben wir darum in den letzten Jahren nach neuen Wegen und Antworten gesucht. Das ist auch darin begründet, daß in dieser Altersstufe das Verhältnis der Jugendlichen zum verschulten Lernen »schwieriger« wird, für viele von ihnen ist es nur dann durchzuhalten, wenn daneben immer wieder andere Erfahrungen möglich sind.

Jugendliche wollen sich erproben, ihre Grenzen spüren, gegen Mißstände kämpfen, mit neuen ungewohnten Situationen zurechtkommen, um letztlich Sicherheit in sich selbst zu finden. Wir Erwachsenen müssen ihnen zum »richtigen« Zeitpunkt etwas zutrauen und abverlangen, Verantwortung wirklich abgeben, um Loslösung und Selbständigkeit zu ermöglichen.

Das steht in Spannung und oft im Widerspruch zu den »Hürden«, die in dieser Altersstufe gesetzt sind: Prüfungen, Bewerbungen um Ausbildungsstellen, Schulabschlüsse und Übergänge auf weiterführende Schulen. Für Jugendliche heißt die geheime Botschaft all dieser »Hürden« eben auch: Als Person und mit Deinen Fähigkeiten wirst Du noch (lange) nicht wirklich gebraucht. Dazu mußt Du erst noch viele Prüfungen bestehen, Ausbildungsstufen absolvieren und vermutlich etliche »Warteschleifen« drehen.

Prüfungen, Zulassungsbeschränkungen und harte Konkurrenz um Ausbildungsplätze sind eine gesellschaftliche Realität. Man kann der Auseinandersetzung damit nicht ausweichen. Dennoch wollen wir bewußt etwas anderes danebensetzen. Wir wollen den Jugendlichen ermöglichen, ihr Lernen wieder stärker selbst in die Hand zu nehmen und zu verantworten, übrigens auch, um auf diese Weise die Identifikation mit »ihrer« Schule zu erhalten.

AK

Der Dienstag

An diesem Morgen wurde Andy von merkwürdigen Stimmen geweckt. Im ersten Moment dachte er, die anderen Jungen in seinem Zimmer würden schon schwätzen. Doch als er richtig nachschaute, sah er, daß alle noch schliefen. Dann schaute er auf die Uhr und sah zu seinem Erstaunen, daß es erst fünf Uhr war. Er stand auf und ging zum Fenster und sah, daß im Hof eine Kuhherde stand. Etwas später gingen Dennis und Andy auf den Hof und scheuchten die Kühe mit Geschrei und Getrampel von unserem Fußballplatz, auf dem nun viele frische Kuhfladen lagen, die die Jungen am Abend mit Schaufeln beseitigen mußten, weil sie wieder Fußball spielen wollten.

Inzwischen wurden auch die Mädchen von Frau Teichner geweckt. Wir hatten Frühstücksdienst. Es war einfach, wir mußten nur decken und später abräumen. Das machte uns sogar Spaß.

Nach dem Frühstück wurden wir in die zwei Arbeitsgruppen eingeteilt. Wir fuhren mit einem Anhänger, der von einem Traktor gezogen wurde, durch den Wald zu unserem Arbeitsplatz, an dem wir einen Hochsitz bauen sollten. Die Fahrt machte uns großen Spaß, denn so etwas macht man doch nicht alle Tage – oder?

Als wir dort angekommen waren, mußten wir jeder ein oder zwei Werkzeuge aus dem Anhänger mitnehmen. Wir liefen ca. 200 Meter durch den Wald, überquerten eine kleine Brücke, bis wir an einer Lichtung angekommen waren. Wir fanden die Lichtung sehr schön. Ralph teilte unsere Gruppe wieder in drei kleine Gruppen ein. Die einen mußten in den Wald gehen und geeignete Bäume fällen und schälen. Die anderen mußten herausragende Äste abschneiden. Als wir wieder zusammen waren, bestand unsere nächste Aufgabe darin, ein neues Geländer für die kleine Brücke zu bauen. Dazu mußten wir drei dünne Stämme vom Hänger holen. Die waren ganz schön schwer, so daß wir Schwierigkeiten hatten, sie zu tragen. Am besten ging es, als wir sie auf die Schultern nahmen. Wir rissen das alte Geländer ab und bauten ein neues. Doch hatten wir Schwierigkeiten, die Nägel in das Holz zu schlagen, denn sie wurden schnell weich und verbogen sich.

Danach hatten wir die Aufgabe, die gefällten und geschälten Baumstämme aus dem Wald zu holen. Das war sehr mühsam, denn die Kinder, die vorne liefen, waren zu schnell, so daß die hinteren nicht mitkamen und stolperten.

Dann haben wir zwei dieser Stämme nebeneinander gelegt und mit zwei dicken Stangen an den Enden verbunden. Aus diesen zwei Stämmen schlugen ein paar Kinder mit der Axt Keile heraus. Das war sehr anstrengend. Wir haben es auch mal probiert. Dem Förster dauerte das alles viel zu lange. Er holte zum Glück seine Motorsäge und schnitt damit die keilförmigen Vertiefungen hinein. Das mußte auch ziemlich maßgenau sein, da aus diesen beiden Stämmen die große Leiter entstehen sollte. In die Ausbuchtungen legten wir nun an den Seiten abgeflachte, kurze Querbalken und nagelten sie mit jeweils vier langen Nägeln als Stufen fest. Das war genauso schwer wie beim Bau des Brückengeländers.

Als es schon auf zwölf zuging, fuhren wir wieder mit dem Traktor und dem Anhänger zum Petershainer Hof zurück. Nach dem Mittagessen durften wir anderthalb Stunden im See baden. Pia und Andy waren nicht so lange im Wasser wie Lisa. Denn Lisa fand das Baden im See supergut!

Nach dem Baden im See haben viele Mädchen geduscht. Nun hatten wir bis zum Abendessen noch viel Freizeit, das fanden wir sehr gut. Nach dem Abendessen haben wir ein Lagerfeuer angezündet. Die Jungen haben »Strip-Poker« gespielt, und die Mädchen haben zugeschaut. Das war sehr lustig, wie sich jeder denken kann. Wir fanden den Tag anstrengend – aber schön wie jeden Tag auf dem Petershainer Hof.

Lisa, Andy und Pia, Kl. 6

Helene-Lange-Schule, Langenbeckstraße 6 - 18, 65189 Wiesbaden

**Helene-Lange-Schule
Integrierte Gesamtschule
Versuchsschule des
Landes Hessen**

UNESCO-Projekt-Schule

Langenbeckstraße 6 - 18
65189 Wiesbaden
Telefon: 06 11 · 31 36 70 / 31 36 71
Telefax: 06 11 · 31 39 42

Datum und Zeichen Ihres Schreibens	Unser Zeichen	Datum
		15.03.93

Team III - Jahrgang 9

SOZIALPRAKTIKUM

Sehr geehrte Eltern des Jahrgangs 9,

mit diesem Schreiben möchten wir Sie frühzeitig über das geplante
SOZIALPRAKTIKUM informieren, das wir im 10ten Schuljahr in der
Zeit vom 4.-15.10.1993 durchführen werden. Alle Schülerinnen und
Schüler des Jahrgangs, die nach der Klasse 10 keine
Berufsausbildung beginnen, werden 14 Tage in einem von ihnen ge-
wählten sozialen Bereich ein Praktikum absolvieren. Die anderen
Schüler und Schülerinnen haben die Möglichkeit ein zweites gezieltes Berufspraktikum zu machen.
Dieses etwas kürzere zweite Praktikum ermöglicht den SchülerInnen
einen weiteren Erfahrungszuwachs und eine Bewährung in einem
Bereich, den viele erst kennenlernen, wenn Verwandte oder sie
selbst die Hilfe sozialer Einrichtungen benötigen. Da immer weniger junge Menschen Interesse an sozialen Berufen bekunden, hat
eine Initiative des Deutschen Caritasverbandes und der Ev. Kirche
in Deutschland ein Programm für ein Sozialpraktikum entwickelt,
das auch in Wiesbaden angeboten wird.
Einblick und Erfahrungen im sozialen Bereich zu gewinnen, einen
Sinn darin zu sehen, anderen zu helfen, das wird in Zukunft wie-

der gewichtiger werden. Diese Erfahrungen werden jeden einzelnen bereichern, auch wenn dabei für manche erst einmal eine Hemmschwelle zu überwinden ist, da ein Krankenhaus, ein Altersheim oder ein Behindertenheim zunächst eine 'andere Welt' darstellt, die unangenehme Erinnerungen und Gefühle, Unsicherheiten und Ängste auslösen kann. Natürlich soll niemand zu einem Pflegedienst gedrängt werden, wenn sie/er große Ängste hat, in diesem Bereich sein Praktikum abzuleisten. Das Angebot ist breit und wird jedem einen Zugang ermöglichen. Anstelle eines ausführlichen Praktikums-Berichtes wird jeder einen kurzen Vortrag über seine Erfahrungen und Eindrücke ausarbeiten.

Die vorgesehenen Einsatzbereiche im SOZIALPRAKTIKUM:

1. Krankenhäuser
2. Altenpflegeeinrichtungen
3. Ambulante Altenpflege
4. Einrichtungen für Behinderte
5. Diakonische Hilfe (z.B. Familienhilfe)
6. Fahrdienste und Begleitdienste
7. Kindergärten
8. Horteinrichtungen

Die Praktikumsplätze in den Bereichen 1. bis 6. werden über die Schule zentral vermittelt, dann erst stellen sich die SchülerInnen in den Einrichtungen vor. In den Kindergärten und Horten werden die Schüler und Schülernnen sich wie im vergangenen Jahr selbst um einen Praktikumsplatz bewerben können.

Auf einem der kommenden Elternabende werden wir weiter über das Sozialpraktikum informieren und Ihre Fragen beantworten. Im Unterricht wird das Praktikum rechtzeitig vorbereitet und Ende Oktober nachbereitet werden. In den kommenden 14 Tagen soll sich nun jeder vorentscheiden, in welchem Bereich er sein Praktikum leisten möchte, damit bis Anfang Juli alles in die Wege geleitet werden kann, und jeder seinen Platz erhält.

Wir verbleiben mit freundlichen Grüßen
Ihre Lehrerinnen und Lehrer des Teams III

In der Schule für Geistigbehinderte

Erfahrungen im Sozialpraktikum der 10. Klasse

Ich muß zugeben, daß ich dadurch, daß ich bis zu diesem Sozialpraktikum keinen Kontakt mit Geistigbehinderten hatte, sehr verunsichert war und mit einer gehörigen Angst meine Arbeit angetreten habe.

An meinem ersten Arbeitstag, Montag früh, wurde ich gleich in eine Klasse der Oberstufe eingeteilt. Die Schüler und Schülerinnen waren natürlich ziemlich begeistert, mal ein neues Gesicht zu sehen, und ich wurde gleich in Beschlag genommen. Insbesondere Stefanie, eine Schülerin mit Langdon-Down-Syndrom, wollte mir ihre Zuneigung zeigen. Stefanie hat Sprachprobleme und kann nicht so gut laufen. Sie stellte sich also vor mich hin und versuchte mir etwas zu erklären. Das, was ich zur Kenntnis nahm, waren aber weniger ihre Worte als vielmehr der Speichel, der mir ins Gesicht flog.

Wenn man sich zu einem Sozialpraktikum bei Behinderten entschließt, dann steht man Behinderten gegenüber bestimmt nicht unaufgeschlossen gegenüber. Ich habe also versucht, das zu akzeptieren und habe mir nichts anmerken lassen. Bis diese Akzeptanz aber wirklich da war, bis ich mir sagen konnte, das ist halt so, ohne Abscheu zu empfinden, das hat noch ein paar Stunden gedauert. Eigentlich ist das eine kurze Zeitspanne. Dennoch mir ist es so gegangen, daß sich an einem Vormittag die »Aufgeschlossenheit«, mit der ich gekommen war, in eine unsichere Akzeptanz der Geistigbehinderten umgewandelt hat.

Ich hatte damit schon einen wesentlichen Schritt gemacht. Ich habe mich mit den Schülern und Schülerinnen angefreundet. Ich habe erkannt, daß das Wegfallen einer oder mehrerer Fähigkeiten, die ein »normaler« Mensch hat, keine halbe Menschen macht, sondern eher sehr empfindsame, vielleicht naivere, aber liebenswürdige Menschen.

Die Klasse, in der Stefanie ist, wird auch von Thomas besucht. Thomas sitzt im Rollstuhl, seine dünnen Beine sind aneinander gepreßt. Er kann seine Bewegungsabläufe nicht exakt koordinieren und hat auch Probleme beim Sprechen. Jedesmal nach dem Frühstück und nach dem Mittagessen und manchmal auch noch zwischendurch muß Thomas auf Toilette. Das bedeutet: eine Fahrt mit dem Rollstuhl, Thomas vom Rollstuhl hochheben, Hosen runter, auf das Spezialklo setzen. Und wenn das Geschäft erledigt ist, das Ganze in umgekehrter Reihenfolge plus Hände waschen. Als die Lehrerin mich das erste Mal darauf aufmerksam machte, daß dies nun auch meine Aufgabe sein würde, hätte mich fast der Schlag getroffen. Trotzdem begleitete ich bereitwillig lächelnd Christian, einen Zivi, und Thomas.

Danach erschien mir alles nur noch halb bis gar nicht mehr so schlimm. Das lag vor allem daran, daß Christian mir das Wasserlassen von Thomas nicht als furchtbare Aufgabe vorführte, sondern als hinzunehmende Tatsache und vor allem als Forum zur Kommunikation (Wo kann man schon so gut zusammen reden wie auf dem Klo?). Ich kam jedenfalls aus dem Lachen nicht mehr heraus, als Thomas mit grinsendem Gesicht »Holzkopf« in Richtung Christian flüsterte, woraufhin der damit drohte, er werde Thomas auf dem Klo verhungern lassen. Ein verzückter Schrei von Thomas folgte, und er schien sich völlig sicher zu sein, daß Christian das nicht machen würde. Als ich dann das erste Mal mit Thomas zur Toilette gefahren bin, stellte sich diese Arbeit als ziemlich schweißtreibend heraus (jemandem, der die Knie aneinander preßt, die Hose runter und wieder hoch zu ziehen, damit er sich nicht darauf pinkelt, während man ihn zugleich festhalten, eigentlich tragen muß, ist nicht ganz einfach). Aber es war nicht schlimm oder eklig.

Ich hatte einen weiteren Schritt gemacht. Vor allem durch das Beobachten des Verhaltens von Christian wurde mir klar, daß man im alltäglichen Umgang nicht ständig Mitleid mit den Behinderten haben kann, wenn man nicht auch selber daran zerbrechen will. Wenn man mit ihnen arbeitet, muß man einen normalen Umgang anstreben. Wenn man sich mit Thomas unterhält, muß man davon wegkommen, daß man, nur weil er behindert ist, auch über schlechte Witze lacht. Das heißt, daß man statt seiner Behinderung ihn selbst ernst nehmen sollte.

Patrick ist in der zweiten Klasse, in der ich mitgearbeitet habe. Er ist elf Jahre alt, hat Verhaltensstörungen und wird von seinen Mitschülern sehr gerne geärgert, weil er sich immer so schön aufregt. Patrick ist hyperaktiv und sucht ständig körperliche Nähe. Da der Tagesablauf auch hier mit dem Frühstück beginnt, saß ich gleich zu Beginn meiner Arbeitsphase in dieser Klasse neben Patrick. Er stellte ständig Fragen und berührte mich dabei. Es wurde immer offensichtlicher, daß er die Fragen stellte, um mich am Arm berühren zu können.

Als seine Klassenlehrerin das mitbekam, schimpfte sie mit Patrick: er solle das lassen. Später, als ich mit dieser Lehrerin über meine Eindrücke sprach, kamen wir auch auf diese Situation zu sprechen. Sie meinte, daß ich sicher auch darüber nachdenke, wie streng sie mit Patrick umgehe. Und sie erzählte mir, daß Patrick früher jedem, der zur Tür hereinkam, um den Hals gefallen sei. Es habe Jahre gedauert, bis ihm das abgewöhnt wurde, und so seine Konzentration auch etwas anderem zugute kommen konnte.

Ich war anfangs wirklich nicht ganz sicher, ob es richtig ist, mit Patrick zu schimpfen, nur weil er die körperliche Nähe sucht, die er zu brauchen scheint. Erst nach und nach verstand ich, daß es eben nicht darum geht, körperliche Nähe als etwas Schlechtes zu vermitteln. Sondern wichtig ist, daß den Behinderten, gerade damit sich die anderen nicht irgendwann überfordert abwenden, klar werden sollte, daß andere Menschen eine Privatsphäre haben. Auch Behinderte müssen, soweit es ihnen möglich ist, lernen, daß sie nicht machen können, was sie wollen, nur weil sie behindert sind.

Nach und nach habe ich verstanden, daß man das vorsichtig verallgemeinern muß, wenn man einen »normalen« Umgangs mit Behinderten will: Man muß von der Einbildung wegkommen, daß eine geistige Behinderung alles rechtfertigt. Gerade wenn man den Schülern und Schülerinnen etwas beibringen will, muß man bereit sein, bestimmte Kompromisse nicht zu machen.

Es stimmt, zumindest in sehr weiten Grenzen, eben nicht, daß Behinderte nicht auch Benimmregeln und Regeln des Zusammenlebens akzeptieren können. Natürlich ist viel Erfahrung nötig, um sagen zu können, wo die Grenzen des einzelnen liegen, in denen für ihn seine Verhaltensweisen kontrollierbar sind. Nur werden bei flüchtigen Begegnungen mit Geistigbehinderten diese Grenzen oft viel zu weit gesetzt, getreu dem Motto »Die wissen ja nicht, daß sich das nicht gehört« oder »Aber der ist doch behindert«.

Anfangs habe ich zu sehr versucht, meine Aufgeschlossenheit gegenüber den Behinderten zu zeigen, indem ich jede Bewegung, jedes Wort akzeptiert habe, wie es kam. Ich habe gedacht, so wäre es am vernünftigsten und am sinnvollsten. Erst im Laufe der Zeit begann eine kritische Auseinandersetzung mit den Behinderten, statt des ständigen »Ja« kam auch mal ein »Nein« von mir. Dieser Normalisierungsprozeß kommt wahrscheinlich ganz von alleine, wenn man ein paar Wochen mit den Schülern und Schülerinnen gearbeitet hat.

Ich glaube, Abscheu entsteht aus Unwissenheit und Angst. Deshalb wären meiner Meinung nach viele Parolen gegen Behinderte kaum noch zu hören, würde jeder einmal diese Erfahrungen machen.

Bernd B.

Wenn einer eine Reise tut ...

Ursprünglich hatten wir die Vorstellung, jeder Schüler und jede Schülerin sollte sich im Jahrgang 9 oder 10 für drei Wochen »allein in der Fremde« bewähren: In Polen oder Dänemark oder Italien. Vor allem aus rechtlichen Gründen ist ein solches Vorhaben für Schüler und Schülerinnen unter 16 Jahren nicht möglich. Auch sämtliche internationalen Work- oder Begegnungscamps, mit denen wir Kontakt aufgenommen haben, nehmen nur Jugendliche, die älter als sechzehn Jahre sind.

So dachten wir erneut nach und kamen zusammen mit dem Jugendamt der Stadt Wiesbaden auf die Idee, daß Schüler und Schülerinnen – anstatt eine fertiggeplante Reise zu konsumieren – eine Reise von etwa 7 bis 10 Tagen selbst planen, organisieren und durchführen könnten, um bewußtes Reisen zu lernen und dabei zugleich selbständiger zu werden. Kaum war diese Idee geboren, türmten sich Bedenken über Bedenken: Wie ist das mit der Versicherung? Und wenn die alle ans Mittelmeer fahren? Was lernen Schüler und Schülerinnen denn eigentlich auf einer selbstorganisierten Reise? Welche Gefahren lauern am Fluß, auf der Straße, am Meer? Wie wird der Fachunterricht nachgeholt? Was ist mit den Abschlüssen nach Kl. 10? Muß denn jeder mitfahren? Aber was machen dann die, die hierbleiben? Was machen überhaupt die Lehrer in dieser Zeit?

Nachdem in mühseliger Kleinarbeit die meisten dieser Ängste und Bedenken (auch mit freundlicher Unterstützung von Schulamt und Kultusministerium) ausgeräumt worden waren, konnten die Schülerinnen und

Schüler, die von Anfang an von der Idee begeistert waren, an die Vorbereitung gehen. Die mußte nachmittags stattfinden, damit nicht zu viel Unterricht ausfiel.

Bedingungen: Das Lehrerteam hatte eine Reihe von Bedingungen gesetzt, die erfüllt werden mußten, bevor die Genehmigung für eine bestimmte Reise gegeben wurde: Alle Schüler und Schülerinnen mußten sich in Gruppen von sechs bis zehn Schülern und Schülerinnen finden; die Reise sollte mindestens sieben, höchstens zehn Tage dauern; für diesen Zeitraum war mit etwa 260,– DM/je Teilnehmer zurechtzukommen; jede Reise sollte entweder einen sportlichen oder einen kulturellen oder einen ökologischen Schwerpunkt haben oder sie sollte einen »Forschungsauftrag« enthalten (»etwas herausfinden und dokumentieren«); wenn »Anreise«, dann mit dem Wochenendticket der Bahn; Übernachten in Zelten. Die Schüler sollten sich selbst verpflegen und vor Antritt der Reise einen Essensplan vorlegen. Die Reise mußte auf jeden Fall dokumentiert werden. Überwacht wurde die Einhaltung dieser Bedingungen vom »Reiseteam«, das aus den vier Klassenlehrern des Jahrgangs und einem Schüler oder einer Schülerin aus jeder Klasse bestand.

Entstehung der verschiedenen Reisegruppen: Ideen einzelner Schüler wurden im Schülertreff an die Wandtafel geheftet, Interessierte setzen sich mit ihnen zusammen und beratschlagten über Möglichkeiten, einige Pläne wurden verworfen oder abgeändert. In dieser Zeit fanden viele klassenübergreifende Gespräche statt, bis wirklich alle in eine der zwölf Reisegruppen integriert waren. Dann gab es eine lange und manchmal mühselige Phase der Feinplanung in den Gruppen.

Das Jugendamt unterstützte das Projekt durch das Ausleihen von Booten, Zelten und anderen Sport- und Freizeitausrüstungen, ferner mit einem Zuschuß von DM 2000,–.

Da die Schüler und Schülerinnen aus versicherungsrechtlichen Gründen nicht ohne Aufsicht fahren durften, die Lehrer aber gerade nicht dabei sein sollten, suchten wir nach jungen Erwachsenen, die als eine Art »Schutzengel« mitreisen und nur im Notfall helfend eingreifen sollten. In Zusammenarbeit mit der Fachhochschule Wiesbaden, Abteilung Sozialwesen, wurden interessierte Studenten und Studentinnen gefunden, die von einer Dozentin und der Pädagogischen Leiterin der Helene-Lange-Schule auf ihre Aufgabe vorbereitet wurden und die einzelnen Schülergruppen begleiteten.

Schließlich waren – oft nach mehreren Anläufen – alle Reisen genehmigt, und dann ging es endlich los.

An alles war gedacht worden, nur nicht an das Wetter, das einen Teil der sorgfältigen Planung vollständig über den Haufen warf.

Wo waren sie? Die Gruppe, zu der Kristof und Benjamin gehörten, fuhr mit dem Fahrrad um den Bodensee, Sina und Nadine umwanderten mit ihrer Gruppe die Insel Sylt, Manuels und Silkes Gruppe machte eine Fahrradtour durch die Lüneburger Heide, zusammen mit fünf anderen Jungen und

Mädchen wanderten Silvana und Karine mit Blasen an den Füßen von Worms nach Wiesbaden, Karen und Jonathan gehörten zu einer Gruppe, die mit Booten auf der Lahn unterwegs war, und eine Mädchengruppe wanderte an der Mecklenburgischen Seenplatte. Für viele war schon die Anreise mit häufigem Umsteigen ein großes Abenteuer, da sie auch auf sehr weiten Strecken wegen des Wochenendtickets nur die Nahverkehrszüge benutzen durften.

Wie kamen sie zurück? Was war das vorherrschende Gefühl? Sie waren alle stolz auf ihre Leistung, trotz der schlechten Wetterbedingungen ihre Ziele erreicht oder Schwierigkeiten bewältigt zu haben. Die Gruppe hatte sich dabei fast immer als eine gute Stütze erwiesen. In den Tagen nach der Rückkehr war im Jahrgang 9 Hochstimmung. Die Schüler erzählten: Wie sie nachts an einem völlig überfüllten Zeltplatz ankamen und weggeschickt wurden; wie sie bei strömendem Regen in einem Dorf von einer Frau als ganze Gruppe eingeladen wurden, auf dem Dachboden schlafen konnten und noch ein Abendessen bekamen; wie sie nach langem Umherirren wieder zu ihrem richtigen Weg fanden; wie genau sie die Preise für ihre Nahrungsmittel verglichen, um möglichst billig einkaufen zu können; wie sie nach stundenlangem Wandern im Regen sich über eine Tasse heißen Kaffees freuten.

Die Begeisterung der Schüler übertrug sich auch auf die Eltern, die in einer Gesamtkonferenz dem nachfolgenden Jahrgang unbedingt die Wiederholung des Reiseprojekts empfahlen.

Nur die Lehrer waren eher skeptisch: Was hatten die Schüler und Schülerinnen denn nun wirklich gelernt? Lohnte sich der Aufwand? Am enttäuschendsten war, daß viele der »Forschungsaufträge« nicht erfüllt worden waren, weil man sich um die nassen Klamotten hatte kümmern müssen, zwischendurch ein neues Quartier hatte suchen müssen, die Zubereitung des Essens mehr Zeit in Anspruch genommen hatte als geplant, oder auch weil sich eine Gruppe zwei Tage lang hoffnungslos zerstritten hatte.

Schließlich setzte sich aber auch bei den Lehrern die Überzeugung durch, daß die von den Schülern erbrachten »Leistungen« hoch einzuschätzen seien (auch wenn das möglicherweise andere Leistungen waren als von den Lehrerinnen und Lehrern vorher erwartet).

Die Erfahrungen wurden durch das Team des Jahrgangs 10 (zur Zeit der Reise noch Jahrgang 9) ausgewertet und dokumentiert. Diese Auswertung wurde von der Planungsgruppe und in einer Gesamtkonferenz gründlich diskutiert. Das Nachfolgeteam beschloß die Wiederholung des Projekts mit einigen Veränderungen.

ER

Auswertung des Projekts »Reisen« durch das Team des teilnehmenden Jahrgangs

1. Reaktionen und ihre Auswertung

Das Schuljahresende 1996 des 9. Jahrgangs war im Vergleich zu den vorangegangenen Jahren untypisch. Die Schüler kamen am Montag der letzten Schulwoche mit Freude in den Unterricht, um die Reisegruppe wiederzusehen und der Klasse viel von Ereignissen und Erlebnissen berichten zu können.

1.1 Reaktionen der Schüler

Nach Befragung der Schülerinnen und Schüler war für sie die Wahl der Gruppen mit ihren möglichen Änderungen der Zusammensetzung überwiegend positiv. Die Entscheidungen waren breit gefächert. Teilweise waren es die Freunde, die ausschlaggebend waren, einige waren neugierig auf die Schüler der anderen Klassen. Teilweise war es die Art der Reise oder das Ziel. Nur wenige Schüler fühlten sich in der Gruppe unwillkommen.

Bei der Wahl der Aktivitäten beteiligten sich entweder alle und beratschlagten über Tagespensum oder Route, oder eine kleine Gruppe entwickelte sich zu opinion leaders und preschte mit Vorschlägen und Festlegungen vor. In nahezu jeder Gruppe gab es ideenreiche Akteure und Abwartende, die froh waren, sich irgendwo anhängen zu können.

Für die meisten bestand die Herausforderung während der Reise darin, bei den schlechten Wetterbedingungen die geplanten Vorhaben zu Fuß, mit dem Fahrrad oder dem Boot einzuhalten. Für einige war das Zusammenleben in der Gruppe die eigentliche Herausforderung. Nur wenige haben mit großer Anstrengungsbereitschaft ihre Ziele genau wie geplant erreicht, die Mehrheit der Gruppen hat ihre Aktivitäten wegen des Regens verändert. Wirkliche Grenzerfahrungen mit körperlicher Anstrengung oder der Bewältigung unvorhergesehener Schwierigkeiten haben wohl nur wenige gemacht. Teilweise war übrigens die Planung wohl doch unrealistisch, weil zu umfangreich und kaum zu bewältigen. Manchmal siegte auch einfach die Bequemlichkeit und führte dazu, die Pläne aufzugeben.

Im Mittelpunkt stand bei fast allen Schülern der Spaß, das Erlebnis in der kleinen Gruppe, bei einigen Gruppen auch die sportliche Anstrengung oder das Abenteuer täglich neuer Erlebnisse und Anforderungen. Bei einigen Schülerinnen und Schülern entwickelte sich während der Reise jedoch zur zentralen Frage: Wie komme ich mit Personen zurecht, die ich nicht mag?

Die Entscheidungsfindung innerhalb der Gruppen wurde meist positiv beschrieben. Bei Anstrengungen richtete man sich nach dem Schwächsten. Manchmal war das wohl willkommen: Das Unbehagen angesichts zu erwartender Strapazen fand so einen Vorwand, das Programm abzuändern. Einige rügten, daß sich einzelne zu sehr in den Vordergrund gedrängt hätten, um etwas festzulegen. Schwierig war oft die Einteilung der anfallenden Arbeiten, wie Einkaufen, Kochen, Aufräumen.

Die Zusammenarbeit mit der Begleitperson war offenbar sehr unterschiedlich: sehr gut bis schlecht. Einige Gruppen erlebten den Studenten oder die Studentin als freundlich, souverän und sympathisch, andere empfanden sie als überbesorgt und zu vorsichtig. Nur wenige Schüler hatten den Eindruck, sie sei autoritär und mische sich zu schnell ein. Einzelne hat die Begleitperson genervt und war ihrer Meinung nach überflüssig.

Die abschließende Beurteilung fiel bei allen Schülerinnen und Schülern positiv aus. Die meisten finden diese Reise besser als eine Klassenfahrt, da sie ohne Lehrer und Lehrerinnen stattfindet und die Selbständigkeit fördert. Durch die klassenübergreifenden Gruppen hatte man eine gute Gelegenheit, Mitschüler besser kennenzulernen und ein stärkeres Gruppengefühl zu entwickeln. Die lange und detaillierte Planung fanden viele Schüler übertrieben, lästig und störend. Einige betonten aber ausdrücklich, daß sie gelernt hätten, wie notwendig die genaue, umfangreiche und sorgfältige Planung einer Reise ist. Gut beurteilten alle, was sie »sozial« gelernt hätten, vor allem im Umgang mit Konflikten. Nahezu alle Schüler und Schülerinnen würden diese Reise sofort wieder unternehmen.

Die Mehrheit der Schüler und Schülerinnen ist der Meinung, daß die Planung und Durchführung des Projekts Reisen sehr gut war und alles beibehalten werden sollte. Einige schlagen vor,
- die Planung zu vereinfachen, heißt nicht so kleinlich zu handhaben, wie z. B. einen Speiseplan entwerfen zu müssen oder die Einteilung der Finanzen etc.,
- die Begleitperson ohne Vorgabe selber suchen zu können,
- die Teilnahme bei den Reisen allen Schülern freizustellen – mehr Unterrichtszeit zum Planen zur Verfügung zu stellen,
- Versicherungsfragen früher zu klären,
- auch Großstädte zuzulassen.

1.2 Rückmeldung der begleitenden Studenten/Studentinnen
Es gab vor allem zwei wesentliche Punkte, die die Studenten kritisierten: die mangelnde Absprache zwischen den Institutionen und die fehlende Klarheit ihrer Rolle als Begleitperson. Von der Schule und dem Jugendamt fühlten sich die Studenten über Termine, Vereinbarungen oder die Finanzierung zu wenig informiert. Trotz guter Zusammenarbeit von Schule und Fachhochschule gelangten Termine oder Absprachen oft nicht bis zu ihnen. An zwei Fortbildungstagen in der Fachhochschule wurde zwar über rechtliche Fragen gesprochen, über Aufgaben und Ziele des Projekts und ihre eigene Rolle als »Schutzengel«. Während der Reise war ihnen jedoch nicht immer klar, wann sie einschreiten, entscheiden oder klärend in Prozesse eingreifen – und wann sie den Schülern auch bei Unsicherheiten Entscheidungsfreiräume lassen sollten.

Die Studentinnen und Studenten haben sich zur Vorbereitungszeit nahezu ausschließlich negativ geäußert. Nach der Vorstellungsrunde vor den Schülern war nur für wenige die Wahl schnell klar, einige hörten nichts mehr von den Schülern oder recht spät, oder einer Zusage folgte eine Absage. Die Schwierigkeit bestand darin, daß die Studenten eine frühe Klarheit brauchen, um sich bei negativem Bescheid einen anderen Job zu suchen, während die Schüler Zeit für einen Findungsprozeß benötigten.

Unterschiedlich war die Reaktion auf die Reise selbst. Nahezu alle hatten einen positiven Eindruck vom Sozialverhalten der Schüler und den Entscheidungsprozessen innerhalb der Gruppen. Sie äußerten sich erstaunt über das zuverlässige Einhalten von Absprachen. Kritischer waren ihre Äußerungen zum Engagement der Schülerinnen und Schüler, obwohl hier die Eindrücke sich von Begleitperson zu Begleitperson offensichtlich unterschieden. Bei ihren Beschreibungen der Schüler und Schülerinnen überwog aber Unlust oder fehlende Anstrengungsbereitschaft. Auch die häufige Suche nach Spaß, Ruhe und Bequemlichkeit wurde kritisiert.

Nahezu alle haben andererseits bei den Aktivitäten mit ihrer Gruppe viel Freude erlebt. Einige würden gern bei einer nächsten Reise wieder mitmachen.

1.3 Kommentare der Eltern

Die Bilanz der Eltern zum Projekt reichte von Begeisterung bis Skepsis. Übereinstimmend war der positive Eindruck ihrer Kinder nach der Rückkehr von der Reise, der lebendigen Schilderungen guter, schwieriger oder auch negativer Erfahrungen, die bewältigt werden mußten und der freundschaftlichen und kooperativen Stimmung in den Gruppen. Die Altersstufe, um ein solches Vorhaben zu realisieren, halten die Eltern für geeignet, besonders gut auch den gewählten Zeitpunkt am Ende des 9. Schuljahres. Unterschiedlich war die Meinung, ob die Schüler wirklich lernen, selbständiger zu planen und zu organisieren, an Grenzen zu stoßen und zu versuchen, diese zu überwinden. Einige Eltern hatten den Eindruck, daß die Jugendlichen einen vorgezogenen Urlaub gemacht und wenig hinzugelernt hätten. Andere lobten den Lernprozeß zwischen Theorie und Praxis, also einerseits der Idee einer Reise und deren Ausgestaltung und andererseits den Schwierigkeiten und Mühen mit selbständiger Arbeit, beim Übernehmen von Verantwortung, mit der Zuverlässigkeit bei Absprachen oder der Arbeitsteilung. Ihrem Eindruck nach bildete sich in den einzelnen Gruppen schnell die bekannte Unterteilung in aktive Mitglieder, die die Arbeit umsichtig und mit viel Engagement in die Hand nehmen, und in passive, die auch nach mehrmaliger Aufforderung ihre Arbeitsaufträge nicht erledigen und sich gewissermaßen auf die anderen verlassen.

Unterschiedlicher Auffassung waren die Eltern über die fehlende Integration der vorbereitenden Arbeiten in die Unterrichtsarbeit. Die einen waren mit der Planung der Reise einverstanden, andere schlugen vor, sie in ein übergeordnetes Projekt »Sanftes Reisen« einzubinden, an dessen Ende dann die Realisierung unterschiedlicher Vorhaben steht. Einige Eltern lobten den Erfahrungsprozeß, den die Jugendlichen ihrer Meinung nach gemacht haben, um den Umfang einer guten Vorbereitung zu beurteilen. Es gab aber auch Stimmen, die diese Absprachen von Festlegung der genauen Reiseroute mit den Tagesetappen, mit Anmeldung und Rückmeldung der Übernachtungsquartiere, dem Aufstellen eines Ämter- und Speiseplanes für überorganisiert und übertrieben hielten.

Einige Eltern fanden die »sportliche« Seite einschließlich der täglichen Aufgaben wie Zelte auf- und abbauen, einkaufen, kochen, aufräumen und so weiter völlig ausreichend. Als Überlastung bewerteten sie die darüber hinaus geplanten künstlerischen oder kulturellen Arbeitsaufträge.

Auswahl, Rolle und Verhalten der Begleitpersonen wurden unterschiedlich bewertet. Einige Eltern hatten zu allen Punkten positive Erfahrungen zu berichten, andere waren mit der Einführung in die Aufgabe als Begleitperson, mit der Einbindung der Studenten in die Vorbereitungen und überhaupt mit der Zusammenarbeit mit den Schülern oder auch mit dem Verhalten unterwegs unzufrieden. Sie sehen die positive Entscheidung, daß die Schüler und Schülerinnen nicht von den Lehrerinnen und Lehrern begleitet werden, doch möchten sie zu den Studierenden der Fachhochschule noch weitere Alternativen.

Vorschläge der Eltern als Ergänzungen oder Alternativen zur bisherigen Planung und Durchführung der Reise waren:
- Einbettung der unterschiedlichen Aktivitäten in ein Projekt »Sanftes Reisen«,
- Reisen den Schülern darin als freiwilliges Angebot anzubieten,
- Ziele innerhalb eines Radius von 100 km um Wiesbaden herum festzulegen, da die gewünschten Lernprozesse nicht unbedingt große Entfernung voraussetzen,
- Schüler in ein ökologisches oder mit einem sozialen Schwerpunkt arbeitenden Camp zu schicken, um dort in einer fremden Umgebung, mit fremden Menschen neue, wichtige Erfahrungen zu sammeln,
- Schüler mit Einverständnis der Eltern auch ohne Begleitperson auf Reisen zu schicken,
- Schüler von einem gewählten Punkt ohne Reiseplanung eine Woche in ein Abenteuer (nach Art des survival trainings) zu schicken, das sie mit einigen Vorgaben selber bewältigen müssen,
- Begleitpersonen aus dem eigenen Bekanntenkreis zu suchen.

Aus Sicht der Eltern kann das Projekt insgesamt als positiv bewertet werden und sollte unter Berücksichtigung der Änderungsvorschläge dem nächsten 9. Jahrgang weiterempfohlen werden.

2. Auswertung durch das Team
2.1 Pädagogische Auswertung
Für die Lehrerinnen und Lehrer des Teams waren die Planung des Projekts und seine Durchführung, die Einbindung der Begleitpersonen, die Beratung der Reisegruppen mit der notwendigen Lösung von Konflikten, die Kontrollen durch das Reiseteam und die Information der Eltern mit viel

Arbeit und einem großen Zeitaufwand verbunden. Sicher war es ein Pilotprojekt, bei dem Fragen und Unklarheiten auftreten, die bei einem zweiten Durchgang nicht mehr so umfangreich sind. Und doch steht als Resümee des Unternehmens, jedenfalls in der Form, wie das Projekt »Reisen« in diesem ersten Durchlauf realisiert wurde, nach unserer Einschätzung der Zeitaufwand in einem problematischen Verhältnis zum Lernprozeß der Schülerinnen und Schülern.

Gesamteindruck ist: Was den Lehrern wichtig war, war den Schülern nicht unbedingt wichtig. Das Grundanliegen, sie durch genaue Planung, Organisation und Durchführung ihrer Reise in ein Stück Selbständigkeit einzuüben oder sich selbst Anforderungen zu stellen, wurde nach dem Eindruck der Lehrer von vielen Schülern in der Vorbereitungsphase ignoriert. Wir haben keinen eindeutigen Hinweis darauf, daß sie mehr Sicherheit oder Selbständigkeit erlernt haben. Die Erwartung der Lehrer und Lehrerinnen war, daß ihnen nach Vorgabe der Rahmenbedingungen die Organisation ihrer Reise so wichtig würde, daß sie – wie verabredet – in ihrer Freizeit als Gruppe sorgfältig planen. Wir Lehrer beobachteten die Aktivitäten und das Engagement einzelner und die Untätigkeit vieler. Diese vermittelten uns eher den Eindruck, daß sie sich der inhaltlichen Arbeit entziehen und einen Urlaub planen, der nicht zu anstrengend sein soll. Weite Strecken mit dem Fahrrad und dem Anhänger zu fahren, wurde nicht, wie empfohlen, vorher in der Gruppe geübt, auch das Wandern mit Rucksack gelang vor der Reise nur einer Gruppe. Die Bootsgruppen haben auf dem Wasser geprobt, weil sie ohne den Nachweis von zwei Übungsdurchläufen nicht hätten teilnehmen dürfen.

Obwohl abgesprochen, war die monatelange Vorbereitung der Reise durch die Schülergruppen ein ständiger Konflikt zwischen deren Durchführung in der Freizeit und der Bitte der Schüler, dafür Unterrichtsstunden zur Verfügung zu bekommen. Die Schüler konnten nur schwer ihre Treffen regeln, bekamen schwer gemeinsame Termine zustande, selbst in freien 5. oder 6. Stunden war dies nahezu unmöglich. Zwar wurde den häufigen Bitten um Vorbereitungszeit während der Unterrichtsstunden gelegentlich stattgegeben, oft entstand dadurch jedoch eine ungute Arbeitsatmosphäre.

Aufwendig und unbefriedigend waren die Zusammenkünfte der Gruppen mit dem Reiseteam, bestehend aus den Klassenlehrern und einem Schüler pro Klasse. An vielen Nachmittagen mußten die Schwerpunkte und Aufgaben mit den Gruppen neu diskutiert und die Nachbesserungen eingemahnt werden.

Positiv war in dieser Vorbereitungsphase der Gruppenfindungsprozeß. Es war nicht einfach, alle bei immer wieder notwendigen Gesprächen in die Reisegruppen einzubinden, doch ist dies den Schülerinnen und Schülern gelungen.

Sowohl bei der Planung als auch bei der Durchführung der Reisen hatten wir den Eindruck, daß sich die Rollenverteilung bei den Schülern kaum verändert hat. Diejenigen, die wir in Projekten, im Unterricht oder bei

Aktivitäten als engagiert oder verantwortungsbewußt erleben, übernahmen auch in ihrer Gruppe eine entsprechende Rolle. Dadurch konnten viele derjenigen Schüler oder Schülerinnen, die wir bisher als ängstlich, passiv oder bequem erlebt hatten, ihr Verhalten beibehalten. Uns erscheint es zumindest fraglich, ob diese Schüler oder Schülerinnen an Selbständigkeit gewonnen haben.

Bei die meisten Gruppen haben wir Lehrer den Eindruck, daß die Umsetzung der Aufgabenstellung oft keine echte Herausforderung für die Jugendlichen war. Herausforderungen waren am ehesten sportlicher (bei einzelnen Fahrradgruppen, einer Bootsgruppe und bei einigen Schülern und Schülerinnen Wandern mit Gepäck) oder sozialer Art (in der Gruppe bestehen). Schwierigkeiten bei der Umsetzung der Reiseziele, z. B. durch das schlechte Wetter, führten nach unserem Eindruck zu schnell zur Reduktion des vorher formulierten Anspruchs.

Eine positive Erfahrung war die Rückkehr der Schülergruppen von ihren Reisen. Während sich meist zu Schuljahresende eine gewisse Müdigkeit und Unlust zeigt, war in diesem Jahr bis zum Schluß eine freudige, von ihren Erlebnissen angeregte und aktive Stimmung. Wir führen dies u. a. darauf zurück, daß die Schüler und Schülerinnen positive Erfahrungen gemacht haben, die wir z. T. in der Planungsphase nicht so genau im Blick hatten:
– sich Ängsten gestellt zu haben,
– in einer kleinen Gruppe über viele Tage »überlebt« und dabei z. T. schwierige Gruppenprozesse bewältigt zu haben,
– bei Konflikten Ratlosigkeit überwunden zu haben und mit Ärger oder Wut fertiggeworden zu sein etc.

2.2 Kooperation mit der FHS

Die Auswahl und die Zusammenarbeit mit den Studentinnen und Studenten der Fachhochschule war problematisch, weil z. T. auch widersprüchlich. Bei der Vorstellungsrunde hatten wir Lehrer den Eindruck, geeignete und weniger geeignete Begleitpersonen zu erkennen, wollten uns jedoch zurückhalten, da die Schüler die Wahl treffen sollten. Diese Auswahl ihrer Begleitperson, gemeinsame Verabredungen oder die Information über ihre Planung und die Organisation ihrer Reise gestaltete sich meist schwierig und war für Schüler und Studenten unbefriedigend. Die Studenten und Studentinnen beklagten sich, nichts zu erfahren, die Schüler waren frustriert, weil sie ihre Begleitperson nur schwer erreichten.

Bei zwei Fortbildungsveranstaltungen in der Fachhochschule haben die Studenten die Erwartungen der Lehrerinnen und Lehrer an sie in ihrer Rolle als Begleitpersonen erfahren. Einigen gelang es, die Rolle als »Schutzengel« in der nötigen Distanz gut umzusetzen, andere griffen recht schnell in Entscheidungsprozesse ein oder waren parteiisch oder desinteressiert. Da die Reise für die Studenten auch eine Verdienstmöglichkeit für den Zeitraum von sieben bis zehn Tagen war, konnten die Lehrer gelegentlich nicht unterscheiden, ob der Grund der Teilnahme ein Interesse an diesem Unternehmen

»Reise mit Schülern« war oder ob der finanzielle Gesichtspunkt eigentlich entscheidend war.

Die Lehrerinnen und Lehrer des Teams können für eine Wiederholung das Arrangement, Studenten der Fachhochschule als bezahlte Begleitpersonen einzusetzen, nicht empfehlen. Stattdessen könnten sie sich ehemalige Schüler der HLS vorstellen, die bereits 18 Jahre sind oder interessierte Freunde oder Bekannte, die von Eltern und den Schülern ausgewählt werden. Für die Begleitpersonen sollte die Fahrt und der Unterhalt während der Reise kostenlos sein, doch sollte nicht noch einmal ein Tagesverdienst gezahlt werden.

2.3 Überlegungen zu einer möglichen Fortsetzung
— In einem Projekt »Sanftes Reisen« sollen Kriterien für umweltbewußtes Reisen erarbeitet werden, um die Schüler mit der Auswahl von ökologisch vertretbaren Verkehrsmitteln, der Wahl der Unterkünfte, einer bewußten Verpflegung und dem Verhalten vor Ort vertraut zu machen. Vorwiegend sollte dann als selbstbestimmte Reise die Möglichkeit einer Unternehmung zu Fuß, mit dem Boot oder per Fahrrad vorgesehen werden.
— Um dem Projekt Reisen klarere Ziele zu geben, sollten mehr Fachlehrer eingebunden werden, die die Fahrt unter sportlichen, künstlerischen, kunsthistorischen, geographischen, biologischen etc. Schwerpunkten betreuen könnten.
— Die Kontrollgespräche mit Reiseteam und Gruppen sollten beibehalten, können aber vielleicht zeitsparender organisiert werden.
— Die Begleitpersonen sollten sich aus dem Freundes- und Bekanntenkreis rekrutieren und weiterhin von allen Teilnehmern der Gruppe und den dazugehörigen Eltern ausgewählt werden.
— Bei den Reisen sollte kein fester Standort über einen größeren Zeitraum zugelassen werden, die Gruppen sollten also tatsächlich »unterwegs« sein.
— Angesichts des billigen Wochenendtickets ist es schwer, Schüler auf nahe Ziele zu beschränken. Die Möglichkeit der freien Wahl sollte bestehen bleiben.
— Beibehalten sollte werden: der Zeitpunkt der Reise, die Gruppengröße und der Finanzrahmen,
— Für Unternehmungen mit Booten eignen sich nur Flüsse in unmittelbarer Nähe, da die Organisation und der Transport sonst zu schwierig und aufwendig werden.

IK und das Jahrgangsteam 10

12. Wir mischen uns ein
(Anders Lernen 9)

IM KLASSENRAT, im Montagmorgenkreis, im Jahrgangsrat, in der SV, in der Schulkonferenz, beim täglichen Putzen der Klassenräume, bei der Reinigung der Außenanlagen, bei der Renovierung der Toiletten, bei all diesen Dingen geht es um das verantwortungsbewußte Zusammenleben innerhalb der Schule. Aber das Leben hört nicht an der Schultüre auf, und die Welt von »draußen« ragt in die Schule hinein mit den großen Erschütterungen: Krieg, Vertreibung, Ozonloch, Klimakatastrophe. Und auch mit jenen Verstörungen, die zum menschlichen Leben gehören: Armut, Krankheit, Tod, Einsamkeit.

In dieser Schule wollen wir uns nicht nur um uns selbst kümmern, sondern wir wollen uns für andere einsetzen. Wir wollen Stellung beziehen, wir wollen uns einmischen und versuchen, soweit wir es vermögen, die Welt ein wenig zu verändern, sie ein wenig friedfertiger, warmherziger, freundlicher zu gestalten. Für diese Art des praktischen Tuns für andere sollen in diesem Abschnitt zwei Beispiele verdeutlichen, wie wir uns politisch eingemischt haben, als uns das notwendig schien. Es folgen weitere Berichte über soziales Engagement.

1. Beispiel: Ein Krieg bricht aus

In den Wochen vor Ausbruch des Golfkrieges, während der »Aufmarsch« der Truppen tägliches Thema in den Medien war, herrschte in Deutschland ein »politisches« Klima, das für viele, gerade der sensibleren Kinder und Jugendlichen geprägt war von Ohnmachtsgefühlen, Angst und emotionaler Anteilnahme, gleichzeitig aber auch von Unkenntnis über die eigentlichen Hintergründe, die erst Jahre später in ihrer Vielseitigkeit deutlich geworden sind. Am Nachmittag, bevor der Krieg ausbrach, beriet das Kollegium, wie es in einem solchen Fall reagieren würde.

Wir glaubten, in dieser Situation nicht einfach Unterricht machen zu können, sondern wir wollten uns und die Kinder stärken, indem wir ein Zeichen setzten, um nicht einfach in Hilflosigkeit und Angst zu verharren. Am nächsten Morgen – der Krieg hatte in der Nacht begonnen – breiteten wir Lehrer im Schulhof unsere große Friedensfahne aus. Diese Fahne ist etwa zehn mal zwanzig Meter groß, auf ihr ist ein riesiger Regenbogen mit einer weißen Friedenstaube dargestellt. Sie war einige Jahre zuvor von allen Klassen gemeinsam angefertigt worden, als die Helene-Lange-Schule zur UNESCO-Modellschule ernannt wurde. Alle Schülerinnen und Schüler, Lehrerinnen und Lehrer versammelten sich um die Fahne. Die Schulleiterin hielt eine kurze Ansprache, dann trugen 50 Schüler der Klassen 10 die ausgebreitete Fahne aus dem Schulgelände hinaus, die gesamte Schulgemeinde folgte, und es ging durch die Stadt bis zu Wiesbadens zentralem Platz zwischen Rathaus und Landtag.

Dort, neben die große Marktkirche, wo früher einmal unsere Schule gestanden hatte, bevor sie im 2. Weltkrieg zerstört worden war, legten wir unsere Fahne nieder. Wir hatten beim Pfarrer der Marktkirche erreicht, daß er uns die Kirche öffnete, damit wir einen Friedensgottesdienst halten konnten. Wir versammelten uns also in der Kirche. Es waren auch viele

»Es sind ja auch unsere Probleme! Und ich finde es sehr wichtig, daß die Kinder damit aufwachsen. Trotzdem ist es immer freiwillig, wenn sie zum Beispiel auf eine Demonstration gehen. Aber sie werden darauf vorbereitet. Sie gehen nicht bei einer Demonstration mit und wissen eigentlich nicht, um was es da geht. Das wird vorher sehr gründlich aufgearbeitet. Auch in diesem Fall kann ich wieder nur den Vergleich anführen: Meine Tochter kam nach Hause und fragte mich: ›Unterschreibst Du bitte hier, damit ich während der Demonstration versichert bin? Da und da ist die Demonstration. Wer will, kann mitgehen.‹ In der Schule ist überhaupt nicht darüber gesprochen worden, was nun eigentlich dahinter steckt und welche Argumente pro und contra es gibt.«

Frau B., Mutter eines Sohnes auf der HLS
und einer Tochter, die ein Gymnasium besucht

»Doch: ›politisch‹ sind sie ja recht wach gehalten worden. ... Nun sage ich einmal als bürgerlicher Konservativer: Immer in einem erstaunlich normalen Rahmen. Was mich beeindruckt hat: daß das zwar oft *sehr* kritisch war, manchmal auch alles andere als meine Meinung, aber nie Indoktrination!«

Herr W., ein Sohn und eine Tochter waren auf der HLS

»Ich bin der Meinung, daß die Kinder nicht gedrängt werden, so etwas zu machen. Das fände ich auch nicht gut. Da würde ich sagen, daß irgend etwas nicht stimmt. Aber das ist es ja nicht, sondern man kann mitmachen, man kann es aber auch lassen. Ich denke mir, wenn Eltern ihre Kinder hier an der Schule haben, die politisch von zu Hause ganz anders geprägt sind, die bräuchten keine Angst zu haben, daß ihre Kinder plötzlich indoktriniert würden. Es ist immer die Freiheit des Handelns dagewesen. Ich finde es toll, daß die Kinder diese Möglichkeit haben dürfen und daß diese Begeisterung und diesem Mitfühlen und Mitdenken Ausdruck gegeben werden kann.«

Frau J., ein Sohn und eine Tochter waren auf der HLS

Schülerinnen und Schüler aus anderen Schulen gekommen. Unser Musiklehrer hatte Texte vorbereitet und stimmte mit den Schülerinnen und Schülern mehrere Lieder an, die Schulleiterin hielt eine kurze Ansprache, und wir alle zusammen beteten für den Frieden am Golf und für die Menschen dort. Nach diesem »Gottesdienst« nahmen wir unsere Fahne wieder auf und trugen sie zurück in die Schule, gefolgt von den Schülerinnen und Schülern, den Lehrerinnen und Lehrern und vielen, vielen Eltern.

Mit diesem Gang durch die Stadt und in die Kirche hatten wir versucht, eine Form zu finden, in der unsere Angst und unsere Trauer einen gemeinsamen öffentlichen Ausdruck finden konnten. Es geschah in der Hoffnung, daß dies für jeden einzelnen tröstlich sein könne.

Wir hatten am Fortgang des Krieges nichts geändert. Aber wir gingen dennoch gestärkt in die Schule zurück. Wir hatten unseren entschiedenen Willen zum Frieden deutlich und öffentlich gemacht, und wir kamen mit der Überzeugung und Zuversicht in die Schule zurück: Wir sind viele, wir sind nicht allein. Später in den Klassen, als die Lehrer und Lehrerinnen mit ihren Schülerinnen und Schülern über unseren Friedensgang sprachen, brachten viele der Kinder ihre Erleichterung zum Ausdruck und sagten, sie hätten jetzt weniger Angst.

Nach diesem Tag haben wir für viele Wochen eine morgendliche Mahnwache für den Frieden eingerichtet. Freiwillig versammelten sich eine halbe Stunde vor dem Unterricht Erwachsene, Kinder und Jugendliche, sangen miteinander, trugen selbstgemachte Gedichte vor, meditierten und beteten. Aus dieser morgendlichen Mahnwache entstand dann später ein Buch, mit selbstgemachten Gedichten und Liedern, die im Handsatz gedruckt wurden.

2. Beispiel: Gegen Gewalt und Ausländerfeindlichkeit

Wir wußten, daß durch den Gang mit der Friedensfahne, durch unseren »Gottesdienst« und durch die Mahnwachen weder der Krieg verhindert noch der Kriegsverlauf beeinflußt werden konnte. Bei der Frage der Gewalt gegen ausländische Mitbürger und Mitbürgerinnen ging es uns um wirkliche Einflußnahme, um den Versuch, das innenpolitische Klima wenigstens lokal zu beeinflussen. Wir wollten einen Beitrag leisten, daß potentielle Gewalttäter durch die Aktivitäten von möglichst vielen Schülerinnen und Schülern, aber auch Erwachsenen erfahren sollten, daß sie eine große und entschlossene Mehrheit gegen sich haben.

Seit etwa 1990 hatte die ausländerfeindliche Gewalt in der Bundesrepublik Deutschland kontinuierlich zugenommen. Die Ermordung von Mitgliedern der Familie Genc durch einen Brandanschlag in Mölln hatte auch in Wiesbaden große Erschütterung ausgelöst und bei vielen zu dem Gefühl geführt, man könne nicht einfach wieder »zur Tagesordnung übergehen«. Jugendliche und Erwachsene trafen sich in der Stadt zu spontanen Demonstrationen. Auch Schülerinnen und Schüler der Helene-Lange-Schule haben sich daran beteiligt. Kollegium und Schulleitung hatten das geduldet und zum Teil unterstützt, auch wenn es während der Unterrichtszeit stattfand.

Die Diskussion darüber führte zu der Frage, ob nicht gerade wir – die Erwachsenen – in dieser Situation eine besondere Verantwortung trügen, ob wir nicht öffentlich und gemeinsam für Toleranz eintreten müßten, um unseren Schülerinnen und Schülern und mit ihnen deutlich zu zeigen, daß in dieser Stadt der Schutz von Minderheiten sich der entschlossenen Unterstützung von vielen sicher sein kann. Deshalb regte die Helene-Lange-Schule zusammen mit einem anderen Wiesbadener Gymnasium in einer Schulleiterdienstversammlung an, daß alle Wiesbadener Schulen sich gemeinsam an einer großen öffentlichen Veranstaltung gegen Gewalt und unmenschliches Verhalten gegenüber Minderheiten beteiligen sollten. Dieser Anregung schlossen sich die übrigen Mitglieder der Schulleiterdienstversammlung an, und wir einigten uns, daß am 23. März 1993 in allen Schulen Wiesbadens ein Projekttag zum Thema »Gewalt und Unmensch-

EINLADUNG ZUR FILMPREMIERE
Die Würde des Menschen ist unantastbar
am 26.1.1994, 17.30 Uhr, im Festsaal des Rathauses

Der Film über die 'Aktion gegen Gewalt und Ausländerfeindlichkeit' am 23.3.93 – hergestellt vom Wiesbadener
Medienzentrum und finanziert von der Stadtbildstelle – ist
fertig.

Die Premiere des Films in Form einer kleinen Veranstaltung
soll noch einmal erinnern, warum wir damals in fast allen
Wiesbadener Schulen einen Projekttag durchgeführt haben und
warum sich etwa 12.000 Schülerinnen und Schüler auf dem
Schloßplatz versammelt haben. Gleichzeitig wollen wir uns
selbst in unserem Vorsatz bestärken, auch heute und morgen
in unserem Alltag, gegen Gewalt jeder Art einzutreten.

Der Oberbürgermeister hat die Schirmherrschaft über die
Veranstaltung übernommen, Herr Schuldezernent Riedle wird
mit einer kurzen Ansprache eröffnen. Außerdem werden
Schüler und Schülerinnen aus verschiedenen Wiesbadener
Schulen mit eigenen Gedichten und selbstgemachten Liedern
noch einmal Ausschnitte der Projektergebnisse vorstellen.

Die Veranstaltung dauert ca. 50 Minuten und wird vorbereitet und organisiert von der Theaterwerkstatt der Helene-
Lange-Schule.

Wir würden uns freuen, wenn Sie, die Lehrer/Lehrerinnen und
die Schüler/Schülerinnen Ihrer Schule an der Filmpremiere
teilnähmen, um so auch der Öffentlichkeit zu zeigen, daß
unsere Aktion im März keine Eintagsfliege war.

Im Anschluß an die Veranstaltung im Rathaus findet um 19.00
Uhr in der Oranienschule eine Diskussion zum Thema Gewalt
statt.

An ihr werden teilnehmen: Kultusminister Hartmut Holzapfel,
Wissenschaftler und Journalisten.

Enja Riegel	Norbert Trutzel
Schulleiterin	Schulleiter
Helene-Lange-Schule	Elly-Heuß Schule

lichkeit« mit anschließender Versammlung aller Schulen vor dem Rathaus stattfinden sollte.

Nach einer Vorbereitungszeit von knapp zwei Monaten versammelten sich etwa 12.000 Schülerinnen und Schüler sowie Lehrerinnen und Lehrer aus 24 Schulen auf dem Schloßplatz von Wiesbaden. Kein Zwischenfall störte den ruhigen und disziplinierten Ablauf der Sternmärsche und der zentralen Kundgebung. Für zwei Stunden gehörte die Stadt den Wiesbadener Kindern und Jugendlichen, die deutlich machten: »Wir mischen uns ein in die Politik und in die Kultur dieser Stadt.« Passanten und Erwachsene, die mitgingen, waren berührt von dem Engagement der Jugendlichen. Das von den Schülerinnen und Schülern gestaltete Bühnenprogramm »kam an«, wenn auch die jüngeren Schüler und Schülerinnen nicht alles verstanden. Aber immer wieder klatschten sie den eigenen Mitschülern und Mitschülerinnen nach dem gelungenen Vortrag eines Textes oder Liedes begeistert Beifall. Insbesondere die beiden ausländischen Schülerinnen und Schüler wurden für ihren Mut und ihre bewegenden Texte von den Zuhörern mit großem Jubel belohnt. Wichtiger jedoch als der einzelne Beitrag von der Bühne war für die Kinder und Jugendlichen das Gefühl: »Wir sind viele. Wir gehören in unserem Protest gegen Gewalt zusammen, und wir schützen unsere ausländischen Mitschüler und Mitschülerinnen.«

In der Helene-Lange-Schule hatten alle (Lehrer, Schüler, Eltern) einstimmig beschlossen, sich aktiv an der Vorbereitung dieser Aktion – sie stand unter dem Motto »Die Würde des Menschen ist unantastbar – Gegen Gewalt und Ausländerfeindlichkeit« – zu beteiligen:

– Im regulären Fachunterricht und in fächerübergreifenden Vorhaben hatte sich die Schule in ihrer Gesamtheit über mehrere Wochen gründlich und ernsthaft mit dem Thema beschäftigt.

– In mehreren Jahrgängen wurden riesige Bildplakate hergestellt, von denen einige auch noch jetzt (1996) in den Fluren hängen.

– Theaterstücke wurden geschrieben und aufgeführt.

– Es entstanden Gedichte und Lieder, die zu einem Gedichtband zusammengefaßt wurden.

– Die Eltern ihrerseits organisierten in der Schule einen ganzen Tag, an dem in verschiedenen Arbeitsgruppen das Thema »Gewalt« in unterschiedlichen Aspekten diskutiert wurde.

– Die Theaterwerkstatt bereitete die inhaltliche Gestaltung der Kundgebung auf dem Schloßplatz vor und koordinierte sie zwischen den verschiedenen Schulen.

Nach dem Aktionstag gab es in der Schule eine große Ausstellung mit Fotos, Bildplakaten, Wimpeln und Schülerzeichnungen zu der Aktion. Zur Kundgebung selbst waren alle mitgegangen, und für viele war sie ein tiefes Erlebnis, das noch lange in Erinnerung geblieben ist.

KK/ER

»Gerade was das Projekt Nepal betrifft ... da haben sicher viele Eltern erstmal gesagt: Also ist das nicht Zeitverschwendung; da sollen sie lieber Mathematik, Deutsch oder Englisch lernen. Auf der anderen Seite, wenn ich heute darüber nachdenke, dann stand das symbolisch für etwas anderes. Es stand nicht nur alleine, speziell für das eine Projekt in dem Moment, sondern auch weiter greifend dafür, sich sozial selbst zu engagieren und darüber nachzudenken. Einfach sich mit den Dingen, die in der Welt vor sich gehen, zu beschäftigen, auch mit den negativen Dingen – und auch, diese Sachen, die wir genießen durften und unser sonstiges Leben hier in Deutschland, nicht nur so als selbstverständlich hinzunehmen.«

Petra W., ehemalige Schülerin, 6 Jahre auf der HLS

Das Nepal-Projekt

Dienstagnachmittag – im Schülertreff des Jahrgangs 9 geht es betriebsam zu, der kommende Nepal-Weihnachtsbasar muß vorbereitet werden: Björn und Andreas schleppen schwere wollene Teppiche in das 3. Stockwerk, im Flur werden letzte Handgriffe an die Ausstellung angelegt, die über Bhandar informiert, Bilder und Informationstafeln müssen beschriftet und aufgehängt werden. Das von nepalesischen Einheimischen handgeschöpfte Papier wird von Georg und Nicole mit Holzstempeln, die religiöse Symbole des Hinduismus darstellen, bedruckt, dann wird es zu Schreibblöcken gebunden. Westen und Socken werden nach Größen sortiert, schmiedeeiserne Hähne, die als Öllampen im Garten verwendet werden können, bekommen Preisschilder.

Die Schüler der UNESCO-Gruppe erfahren, wie zeitaufwendig anstrengend, aber auch wichtig eine gute Vorbereitung ist. Damit tun sich unsere Schüler manchmal schwer. Gegenüber dem Buch-Unterricht werden sie direkter mit Problemen konfrontiert, deren Lösung sie zu ihrem eigenen Anliegen machen können: Die Lebenssituation der Kinder in der sog. dritten Welt, Kinderarbeit, Bedeutung von Alphabetisierung und Bildung. Sie finden heraus, was sie selbst tun können, und sie können die Wirkung ihres Handelns erfahren. Auf den mehrmals im Jahr in der Helene-Lange-Schule veranstalteten Basaren werden alle Schüler, Lehrer und Eltern gefordert. Hier wird ein großer Teil der finanziellen Verpflichtungen für die Schulpartnerschaft mit Bhandar verdient. Auch für diese Basare trägt die UNESCO-Gruppe die Verantwortung.

Begonnen hat alles 1988, als der Lehrer Dr. Walter Limberg von seiner Reise aus Bhandar in Nepal, einem der ärmsten Länder der Welt, zurückkehrte und seiner Klasse von Hunger, Elend, Unwissenheit, Diskriminierung und von der Chancenlosigkeit der Menschen in der einsamen Hochgebirgsregion im östlichen Himalaja berichtete. Spontan beschlossen einige Schülerinnen, zu helfen. Sie verpflichteten sich, monatlich 2,50 DM von ihrem Taschengeld für eine Schülerpatenschaft abzuzweigen – das ist das Schulgeld für ein Kind für einen Monat.

Eine Wasserleitung für die Secondary High School

Im Juni erhielten wir aus Bhandar die Nachricht, daß die Schreiner, die mehrere Monate an den Fenstern und Schulmöbeln gearbeitet hatten, nun fertig seien. Das Schulkomitee äußerte den Wunsch nach einer Wasserleitung von einer nahe gelegenen Quelle (Bhandar liegt in Höhen zwischen 1500 m und 2800 m Höhe) direkt zum Schulgebäude. In Verbindung damit könnten gleich acht in der Nähe gelegene Wohnhäuser mit fließendem Wasser versorgt werden.

Die Erdarbeiten wollten die Anlieger und die Schüler der höheren Klassen übernehmen. Nur für das Material benötigte man unsere Hilfe von umgerechnet 1800 DM. Von Herrn Dr. Limberg erfuhren wir, daß nur ein Bruchteil der Häuser mit fließendem Wasser versorgt sind. Es herrscht zwar kein Mangel an Wasser, aber die nächste Wasserstelle befindet sich oft in beträchtlicher Entfernung, und die offenen Wasserläufe werden gleichzeitig als Latrinen benutzt. So entsteht ein Kreislauf von Bakterien, es verbreiten sich Durchfall, Epidemien und andere Krankheiten.

Das Sommerfest der Schule stand bevor, und wir beschlossen in der UNESCO-Gruppe, an einem kleinen Stand Schüler, Eltern und Lehrer über unser neues Projekt zu informieren und um Spenden zu werben. Wir verkauften kleine Papprohre, die der Spender mit seinem Namen versehen und bemalen konnte. Diese Rohre wurden dann auf eine lange Leine gezogen, die die neue Wasserleitung symbolisierte. Wir nahmen 626 DM ein. Die SV stellte uns die Hälfte des Überschusses der anderen Stände auf dem Sommerfest zur Verfügung. Das waren weitere 320 DM. Und in den nächsten Monaten kamen noch großzügige Spenden von Eltern und Lehrern und auch einigen anderen Leuten von außerhalb der Schule dazu. Zu Weihnachten konnten wir dann das Geld nach Bhandar schicken. Inzwischen haben wir Bilder vom Bau der Wasserleitung und die Endabrechnung bekommen.

Die UNESCO-Gruppe, 1989

Bhandar, unsere Partnergemeinde, ist eine dörfliche Region, in der über 90 Prozent der Menschen Analphabeten sind. Es liegt in einem abgelegenen Himalaja-Tal, 12 Stunden Busfahrt und weitere 12 Stunden Fußmarsch in nord-östlicher Richtung von Kathmandu entfernt. Die Erzeugnisse der Landwirtschaft reichen – bedingt vor allem durch ein zu großes Bevölkerungswachstum – oft nicht einmal mehr zum Ernähren der Familien, schon gar nicht zum Handel. Die Handwerker unter den Einheimischen haben auf Grund der zunehmenden Armut keine Aufträge in der Heimat, aber auch nicht anderswo. Es gab bis 1996 im Umkreis von zwei bis drei Tagesmärschen keine ärztliche Hilfe. Unwissenheit über Gesundheitsvorsorge und Hygiene und die bittere Armut sind die Ursachen für viele Krankheiten.

Aus den anfänglichen Schülerpatenschaften ist inzwischen eine weitreichende Kooperation geworden. »Grundbildung für Alle« ist das Hauptziel unserer Arbeit. Wir kümmern uns um Schulen, sie wurden saniert und ausgestattet, neue wurden gebaut, und weitere sind geplant. Neu geschaffene

Die Teppich-Knüpferei

Mit einem zinslosen Darlehen von DM 2500,- haben wir 1991 geholfen, eine Teppich-Knüpferei in unserem nepalesichen Patenort Bhandar einzurichten.

Frau Ngima Laki Lama Sherpani ist eine erfahrene Knüpferin und leitet die Werkstatt. Sie hat viele Jahre in Kathmandu gearbeitet. Sie hat sich verpflichtet, ihren Knüpferinnen um ein Drittel höhere Löhne zu zahlen als die Knüpfereien in Kathmandu – ein Beitrag zur Schaffung von Arbeitsplätzen in der ländlichen Region. ARBEIT STATT ALMOSEN ist unser Ziel.

Sie hat sich auch verpflichtet, keine Kinder unter 15 Jahren an den Knüpfrahmen arbeiten zu lassen. Das ist ein kleiner, aber wichtiger Beitrag zu den weltweit gestarteten AKTIONEN GEGEN KINDERARBEIT. Wir sind der Meinung, einen Teppich ohne Kinderarbeit, den kann sich bei uns jeder leisten.

Wir haben uns unsererseits verpflichtet, jährlich 200 m² Teppiche abzunehmen und den Gewinn nach Bhandar zurückzuschicken zur Mitfinanzierung unserer Schulpatenschaften und anderer Projekte.

Was ein Teppich-Kauf bewirkt, sehen Sie aus folgenden Beispielen:

Mit dem Kauf eines Teppichs von 2,5 m² geben Sie nicht nur einer Knüpferin 10 Tage Arbeit, sondern

- zahlen Sie auch das Schulgeld für 3 Schüler für ein ganzes Jahr
- oder finanzieren Sie für 3 Monate einen Grundschullehrer
- oder spenden Sie 4 Monatsgehälter für eine Krankenschwester
- oder decken Sie den Medikamentenbedarf für Bhandar (3600 Einwohner) für 6 Wochen.

Die UNESCO-Gruppe

Lehrerstellen werden vorerst von uns bezahlt. Zur Unterstützung der Gesundheitsfürsorge werden Leitungen für hygienisch einwandfreies Wasser verlegt. Wir unterstützten jahrelang eine Gesundheitsstation, jetzt finanzieren wir ein kleines Krankenhaus mit sechs Betten und mit der Möglichkeit ambulanter Behandlung. Einige begabte junge Menschen erhalten Stipendien für medizinische Ausbildungen und für die Ausbildung zum Lehrer oder zur Lehrerin in Kathmandu. Außerdem unterstützen wir die Ausbildung von Schulabgängerinnen zu Krankenschwestern. Sie verpflichten sich, anschließend drei bis fünf Jahre in der Region zu arbeiten.

Bildung allein kann aber letztlich die Lebenssituation der Bewohner nicht verbessern, wenn es keine Arbeitsmöglichkeiten gibt. Wir unterstützen deshalb auch Vorhaben, die direkt Einkommen schaffen. Mit der Einrichtung einer Teppich-Knüpferei, in der keine Kinder arbeiten, und der Förderung eines Schmiedes und der Zusammenarbeit mit mehreren Silber-Schmieden (Herstellung von traditionellem Silberschmuck) knüpfen wir an traditionelles Handwerk an und geben einigen Familien aus den ärmsten Kasten eine Existenzgrundlage. Wir verkaufen hier in Deutschland die Erzeugnisse, und die Gewinne fließen zurück in die Schulprojekte. Weiterhin richteten wir eine Schneider-Lehrwerkstatt ein, in der Schulabgängerinnen von einem

Chronologie

1988 erstes Engagement
Schülerpatenschaften werden über-
nommen
Gründung des Schulkomitees in
Bhandar
Finanzierung von Fenstern, Türen,
Schulmöbeln, Wandtafeln und
Schreibmaterialien für die
Secondary High School

1989 Neubau einer Wasserleitung
Anlage des Schulgartens

1990 Übernahme von
Lehrerpatenschaften
Aufstockung der Lehrergehälter um
20 Prozent
Dachneubau für die Grundschule
von Dokarpa

1991 Gründung der Teppich-Kooperative,
Werkstatt wird eingerichtet
Erste Teppichverkäufe in Wiesbaden
Aufbau einer Schul-Gemeinde-
Bibliothek
Stoff-Schultaschen für alle 560
Grundschüler
Weitgehende Finanzierung der
Gesundheitsstation

1992 Wasserleitung und Toiletten für
zwei Grundschulen
Einrichtungsgegenstände für die
Gesundheitsstation

1993 Neues Schulhaus für die Secondary
High School in Lumbu
Werkzeuge für die Silberschmiede
5 Silberschmiede beginnen mit der
Arbeit
Erste Schmuckverkäufe in

Wiesbaden
Unterstützung der Schmiede
(Aufträge für Petroleumlampen)
Die Schneider-Lehrwerkstatt wird
eingerichtet
Bigu bekommt eine Grundschule
Verkauf von Steckhähnen
(Petroleumlampen) in der HLS

1994 Dachneubau Secondary High
School Those
Schulmöbel für 3 Grundschulen
Pilotprojekt Grundschule Dokarpa:
»Schulgeld für Eltern« (d. h. Eltern
bekommen einen kleinen Betrag,
wenn sie ihre Kinder regelmäßig zur
Schule schicken)
Schulkleidung Grundschule
Dokarpa
Gehaltsfinanzierung für 6
Grundschullehrer
Ein kleines Krankenhaus wird
geplant
Schulkleidung für 336
Grundschulkinder
20 Prozent Gehaltszulage für Lehrer
in Those
Dorje bekommt eine Grundschule

1995 Erweiterung der Grundschule in Sim
»Schulgeld für Eltern« an zwei wei-
teren Grundschulen
Schreiner-Werkstatt wird mit einem
Kredit eingerichtet
Kleinkredite an 14 Frauen
Das Krankenhaus wird gebaut
Zwei Schwestern und ein Arzt wer-
den eingestellt
Stipendien für College-
Ausbildungen in Kathmandu

> »Nein, ich denke nicht, daß sie hier auf einer heilen Insel leben, fernab von der Wirklichkeit.«
>
> *Frau D., ein Sohn und eine Tochter waren auf der HLS,*
> *ein weiterer Sohn ist noch dort*

Meister ausgebildet werden, und auch Frauen und Männer aus der Gemeinde Gelegenheit zum Nähen haben. Nach und nach wird hier die Schulkleidung für alle von uns betreuten Grundschüler genäht. In einer Schreiner-Lehrwerkstatt werden auch viele Schreinerarbeiten für das Projekt selbst ausgeführt. Ferner werden Kleinkredite an Frauen vergeben. »Hilfe zur Selbsthilfe« ist das Ziel dieser Projekte.

Daß sich in acht Jahren aus kleinen Anfängen ein so umfangreiches Projekt entwickelte, verdanken wir den vielen Sponsoren. Manche gehören unmittelbar zur Helene-Lange-Schule, andere stehen nur über dies Projekt mit ihr in Verbindung. Eine unserer erfolgreichsten Aktionen war eine Fahrrad-Rallye, an der die ganze Schulgemeinde teilnahm. Hunderte von Angehörigen, Freunden und Nachbarn und Wiesbadener Firmen sponserten Schüler und Schülerinnen, Lehrerinnen und Lehrer und auch Eltern, als sie auf insgesamt 10.000 Kilometer das notwendige Geld für das geplante kleine Krankenhaus »erradelten«.

Die jüngsten Spender sind viele Schüler und Schülerinnen der Helene-Lange-Schule. Lehrerinnen und Lehrer haben Patenschaften übernommen. Eltern (und inzwischen deren Freunde) lassen sich zu besonderen Anlässen von ihren Gästen Geld für unser Projekt schenken. Eine Kirchengemeinde gab einen gezielten Zuschuß für die Schneider-Lehrwerkstatt. Mit Hilfe des Hessischen Wirtschaftsministeriums konnte ein neues Schulgebäude gebaut werden, außerdem eine Trinkwasserleitung für einen ganzen Ortsteil. Von Eltern vermittelte Firmen haben uns zu Weihnachten anstelle von Geschenken für ihre Kunden oder Mitarbeiter Geld geschickt. Die UNESCO-Gruppe der Schule verdient auf den Sommerfesten der Schule wie auf den Weihnachtsbasaren mit dem Verkauf der in den nepalesischen Werkstätten hergestellten kunsthandwerklichen Gegenstände beträchtliche Summen für ihre Partnerschulen in Bhandar.

Die Verantwortung für die Umsetzung der verschiedenen Projekte liegt bei den Einheimischen vor Ort. Das nachgewiesene eigene Engagement, meistens in Form von vielen unentgeltlichen Arbeitsstunden, und die Beschäftigung einheimischer Handwerker sind wichtige Kriterien für die Zustimmung zu einem Vorhaben. Entstanden ist ein »German-Help-Committee«, das neue Pläne prüft und uns anschließend gegebenfalls um Hilfe bittet oder Vorschläge macht. Für die detaillierten Abrechnungen und die Kontoführung ist der Lehrer S. P. Pokharel unser zuverlässiger Partner. Eine gewisse Kontrolle, aber vor allem der wichtige direkte Austausch über die Arbeit, über Probleme, die aufgetreten sind, und über neu geplante Vorhaben erfolgt dadurch, daß Herr Dr. Limberg jedes Jahr einmal nach Bhandar reist, meistens mit einer Gruppe weiterer Interessierter. Neben vielen Besprechungen mit den direkt Betroffenen gibt es dann auch immer eine Dorfversammlung, auf der jeder zu Wort kommen kann.

Den Anspruch, daß jede gespendete Mark Bhandar erreicht, konnten wir bisher einlösen. Alle Arbeiten hier erfolgen ehrenamtlich, und die Reisen werden privat finanziert. Die Abrechnungen aus Bhandar werden ebenso wie unsere Abrechnungen veröffentlicht. Der Verein »Freunde und Förderer der Helene-Lange-Schule e.V.« ist Träger des Nepal-Projekts. Er ist auch berechtigt, Spendenquittungen auszustellen.

WL u. a.

Sozialpraktikum in Görlitz

»Beim Pflegen die Mauer im Kopf abgebaut« Unter dieser Überschrift berichtete die »Frankfurter Rundschau« am 6. Dezember 1994 über ein Sozialpraktikum, das Schüler und Schülerinnen der Helene-Lange-Schule in jenem Jahr zum ersten Mal in Görlitz, der östlichsten Stadt Deutschlands, durchgeführt hatten.

Seit der Wiedervereinigung sind die früher von manchen Schulen regelmäßig veranstalteten »DDR-Fahrten« weggefallen. Wenn es um das Verhältnis zwischen Ost und West geht, dann ist viel von den sich daraus ergebenden finanziellen Folgen die Rede. Von den Menschen in den neuen Bundesländern wissen die meisten kaum mehr als Ungenaues und oft von Vorurteilen Gefärbtes. Wir wollten das nicht nur beklagen, sondern mit unseren Möglichkeiten etwas dafür tun, daß Einheit und Solidarität nicht verordnet, sondern gelebt werden.

Daraus entstand 1994 an der Helene-Lange-Schule die Idee, einer Gruppe von Schülern und Schülerinnen zu ermöglichen, ihr Sozialpraktikum (das sowieso zum festen Bestand des Konzeptes der Helene-Lange-Schule gehört) in Görlitz durchzuführen. Sie sollten für drei Wochen Wiesbaden verlassen und in Kindergärten, Altersheimen und Behinderteneinrichtungen dieser Stadt arbeiten.

Nachdem alle organisatorischen Vorbereitungen abgeschlossen waren (viele und nicht immer einfache Vorgespräche mit Behörden, Schulamt, Betrieben, Politikern, Gastfamilien, Kirchen, Eltern), konnte dieser Plan verwirklicht werden. Schon die Anreise mit dem »Wochenendticket« war ein Abenteuer eigener Art.

Aber erst recht mit der Ankunft in Görlitz begann für die Schüler und Schülerinnen eine sehr aufregende Zeit. Sie mußten sich (und für viele hieß das: zum ersten Mal tatsächlich allein, ohne einen Erwachsenen, also ohne einen, der jeden Schritt vorbereitet hatte) in einer fremden Stadt zurechtfinden. Und das war in vieler Hinsicht eine sehr fremde Stadt, deren Alltag gleichermaßen von Aufbruch und Vergänglichkeit gezeichnet ist. Die nicht vom Krieg zerstörte, eindrucksvoll schöne Innenstadt wird (glücklicherweise!) mit erheblichem Aufwand saniert. Zugleich machen mehr und mehr

Wirtschaftsbetriebe dicht, gibt es immer weniger Arbeitsplätze, sind die Geburtenzahlen dramatisch zurückgegangen. Die kaum oder gar nicht gelösten sozialen Konflikte sind überall spürbar. Die Nähe zu Polen verschärft manche von ihnen noch. Diese konfliktgeladene Situation ist, wie sich in vielen Gesprächen zeigte, den Schülern und Schülerinnen sehr deutlich geworden.

Da die meisten von ihnen in einer Wohnung lebten, die wir von der Methodistengemeinde in Görlitz angemietet hatten, erlebten sie nicht nur die Entfernung von den Zufluchtsmöglichkeiten des Elternhauses, sondern auch Schwierigkeiten ebenso wie Unterstützung durch das Zusammenleben in einer Wohngemeinschaft mit Gleichaltrigen. Das Organisieren des Alltags war eine wichtige Erfahrung.

In den drei Wochen des Praktikums erhielten die Jungen und Mädchen dann mehr als nur ein paar flüchtige Eindrücke von der »anderen Seite« einer Wohlstandsgesellschaft. Im Umgang mit Alten, Kranken und Behinderten erfuhren sie, daß auch »Helfen« bestimmte Fähigkeiten und Einstellungen voraussetzt, die man erlernen und einüben kann: aufmerksam und zuverlässig sein, zuhören können, Bedürfnisse wahrnehmen und dann das »Richtige«, das Not-wendige tun.

Aber die wichtigste Erfahrung war wohl, »hautnah« zu erleben, daß es »wirklich« auf sie ankam, daß sie gebraucht wurden.

AR

Schule der Zukunft? Eine Reportage

Stefan, acht Jahre alt und geistig behindert, ist müde und fängt plötzlich an, das ihm so mühevoll in den Mund geschobene Essen wieder auszuspucken. In einem leichten Anflug von Verzweiflung versucht der sechzehnjährige Thomas das zu verhindern. Aber es ist schon zu spät. Das Essen macht nicht mehr mit und will auf den Teller zurück oder auch auf Tischtuch und die Klamotten von Stefan und Thomas.

Solche oder ähnliche Situationen gehörten in den letzten drei Wochen zum Alltag von Thomas. »Natürlich geht man schon mit einer gehörigen Portion Angst in ein solches Praktikum«, gesteht er, »aber im nachhinein überwiegen die guten Erinnerungen.«

An der Helene-Lange-Schule geht es immer wieder um mehr als um Unterrichtsstoff.

Ein Teil von diesem »Mehr« ist das Sozialpraktikum, das seit langem Tradition ist. Die Schüler und Schülerinnen der zehnten Klassen verlassen die Schule, um in gemeinnützigen Einrichtungen zu arbeiten und in Kontakt mit Menschen zu kommen, die, aus welchen Gründen auch immer, am Rand der Gesellschaft sind. Die anfängliche Freude vieler Schüler und Schülerinnen, endlich einmal aus der Schule rauszukommen, wird schnell von Lampenfieber verdrängt. »Ich hatte vorher kaum Kontakt mit behinderten Menschen, deshalb war ich schon sehr aufgeregt«, meint auch Thomas.

Manche begnügten sich aber nicht mit dem »üblichen« Sozialpraktikum. 18 Schüler und Schülerinnen verbanden es auch 1995 mit einem dreiwöchigen Aufenthalt in Görlitz. Die Premiere dieser Aktion fand 1994 statt, und da die, die mitgefahren waren, begeistert zurückkamen, wollte man auch dieses Jahr wieder nach Görlitz fahren. »Betreut« wurden die Jugendlichen nur eine Woche von ihren Lehrern, zwei Wochen lang waren sie ganz auf sich allein gestellt. (Für den schlimmsten Fall gibt es, wenn gar nichts mehr geht, das Telefon, durch das man in Wiesbaden Rat holen könnte. Aber es gibt auch den Ehrgeiz zu zeigen, daß man darauf nicht angewiesen ist.) Thomas schreibt anschließend, daß »die Fahrt nach Görlitz keine Vergnügungsfahrt, sondern teilweise wirklich anstrengend war. Doch genau dadurch habe ich sehr viele wichtige Erfahrungen gemacht.«

Thomas arbeitete in Görlitz in einer Schule für Geistigbehinderte. Insgesamt 81 Schüler und Schülerinnen werden hier unterrichtet, jedes der behinderten Kinder braucht andere Lernbedingungen und vor allem viel Aufmerksamkeit. Aber auch wenn es anstrengend war, würde Thomas es trotzdem wieder machen. »Die Behinderten sind einfach sehr vereinnahmend, man fängt automatisch an, eine innige Beziehung aufzubauen. Und durch die Fahrt nach Görlitz war eine viel intensivere Auseinandersetzung damit möglich, als wenn man nach der Arbeit in seinen täglichen Trott zurückfällt.«

Untergebracht war er gemeinsam mit Bernd in einem Zimmer in der Schule. Sie verpflegten sich selbst und mußten bzw. durften auch selbst entscheiden, was sie tun und wann sie es tun. Diese Freiheit, aber auch die eigene Verantwortung sind wichtige Bestandteile des Konzeptes, das hinter diesem Sozialpraktikum steht. Darauf besteht Andreas Rech nachdrücklich. Er ist der Initiator des Projektes und war, gemeinsam mit Klaus Seibold, auch während der ersten Praktikumswoche »für alle Fälle« in Görlitz anwesend. Diese Verantwortung für sich selbst und andere war tatsächlich ein wichtiger Bestandteil der Erlebnisse aller, die nach Görlitz gefahren sind.

Sechs Schüler und Schülerinnen waren in Gastfamilien untergebracht. Die anderen mußten »komplett« für sich selbst sorgen, nicht nur sich selbst verpflegen. Zehn Mädchen der Gruppe wohnten in einem Haus der Methodistengemeinde. Sie mußten neben ihrem täglichen Einsatz in einer »Einrichtung« selbst einkaufen, kochen, putzen und eben all das tun, was zu einer Wohngemeinschaft dazugehört.

Inka ist leicht genervt. Sie muß heute für die zehn Mädchen in der gemeinsamen Wohnung kochen. Kein Brot ist mehr da, und Nutella, ein wesentliches Grundnahrungsmittel, ist auch ausgekratzt. Alles, was man braucht, um was Richtiges zu kochen, fehlt natürlich ebenfalls. Nur noch Mehl, ein wenig Milch, Zucker und Salz stehen im Schrank. Also wird es heute Pfannkuchen geben, die am Ende nur noch aus Mehl und Wasser bestehen werden, weil auch der Rest Milch eigentlich nicht erwähnenswert ist. So geht das nun schon zum dritten oder vierten Mal. Wer wollte/sollte doch einkaufen?

Ist das eigentlich die Schule der Zukunft? Da reagieren viele der Wiesbadener, die in Görlitz dabei waren, eher skeptisch. Sicher, man hört ja oft, die Schule müsse Selbständigkeit fördern. Aber die Schule soll ja noch in vielen anderen Bereichen »bilden«: Nicht nur Verantwortung für sich selbst und andere, Kennenlernen der eigenen Grenzen, Kontakt mit abgedrängten Menschen in unserm Land. Sondern die Schüler und Schülerinnen sollen eben auch noch ganz viele solide Kenntnisse haben, sie sollen »flexibel« und »leistungsorientiert« sein. Sie sollen wenigstens das »Wichtigste« (wenn man nur wüßte, was das ist!) über die deutsche Literatur von Walther von der Vogelweide bis Peter Handke, über Atomphysik und über die Hintergründe des Bürgerkrieges im ehemaligen Jugoslawien wissen. (Und natürlich auch über Oxydation und Reduktion und über Karl den Großen und die Reformation – oder vielleicht doch die Französische Revolution? – und Bismarck!) Dennoch waren sich alle einig: Görlitz war ein wichtiger Teil, es war etwas, das wirklich auf das Leben vorbereitet. Und keiner möchte es missen.

Stefan hat inzwischen doch noch gegessen und lächelt zufrieden. Nachdem alle gewaschen sind, wird er zur Mittagsruhe ins Bett gebracht. Der Arbeitstag von Thomas endet hier. Das »Lernen« ist freilich noch nicht zu

»Die Jugendlichen haben allein in der fremden Umgebung selbstverantwortlich gelebt, gearbeitet und Konflikte gelöst. Sie haben ein fantastisch funktionierendes soziales Netz aufgebaut und auch die außerhalb der Wohngemeinschaft lebenden einbezogen und bei Problemen aufgefangen. Die Betreuung der alten Menschen hat zum Nachdenken über das Alter angeregt: Was und wie wird es sein, wenn die Eltern alt sein werden, und was bedeutet Leben und Alter für jeden einzelnen. Wir haben nach Jessicas Rückkehr viel über Leben, Altern und Sterben gesprochen und diskutiert. Jessica ist von Görlitz erwachsener, selbstverantwortlicher, nachdenklicher und toleranter zurückgekehrt. Ihre eigenen Worte sind: »Görlitz ist das Beste, was mir passieren konnte!« Nach der Heimkehr fuhr sie mit Lisa schon bald wieder hin.«

Aus dem Brief der Mutter einer Schülerin, die mit in Görlitz war

Ende, schließlich ist es – für die meisten in der Gruppe – das erste Mal, daß man drei Wochen auf sich alleine gestellt ist, mit allen Vor- und Nachteilen.

Vielleicht ist das die Zukunft des Unterrichts. Schüler und Schülerinnen lernen nicht mehr, weil es der Lehrer sagt, sondern weil sie es selbst als notwendig erkennen. Selbsterfahrung wird großgeschrieben. Lernziele werden nicht unverrückbar vorgegeben. Was wäre, wenn Lernziele nicht mehr nur in Rahmenplänen ständen, sondern meine eigenen »Ziele« wären: Ich will/muß hier bestehen. Und deshalb muß/will ich viel mehr verstehen, wahrscheinlich auch wissen, vor allem aber ordnen und einordnen können?

Vielleicht entwickeln sich »Lernziele« erst mit dem eigenen Lernen und verändern sich, weil man andere Erfahrungen macht und sich dabei mit vielen Erwartungen auseinandersetzen muß. Ganz oft kommt man nicht weiter ohne Unterstützung und Hilfe von Lehrerinnen und Lehrern. Doch »was für eine flächendeckende Unterrichtsweise in dieser Form notwendig wäre«, schreibt Thomas, »ist so gut wie unerreichbar.« Die öffentlichen Kassen sind leer, die öffentlichen Hände unverantwortbar verschuldet. Jetzt wird gespart bei denen, die eben nicht mächtig sind, deren Wählerstimmen (noch) nicht zählen.

Hat die Helene-Lange-Schule hier ein seltenes Glück? Zum Beispiel, weil sie »Versuchsschule« ist, was Klassengrößen von höchstens etwa 25 Schülern und Schülerinnen garantiert, während sich in Gymnasien manchmal bis zu 35 Pennäler in einer Klasse drängen. Aber »Versuchsschule« ist die Helene-Lange-Schule vor kurzer Zeit doch nicht zufällig geworden, sondern weil sie vorher unter sehr normalen Bedingungen immer wieder »Vorleistungen« erbracht hatte. Weil an ihr seit mehr als zehn Jahren »persönlicher« unterrichtet wurde. So entstanden freundlich gestaltete Klassenräume und Schülertreffs. Das führte neben vielem anderen zum »Putzdienst«, bei dem die Schüler und Schülerinnen ihren Dreck selber wegmachen müssen. Von dem eingesparten Geld konnte beispielsweise ein Theaterregisseur bezahlt werden. Das war alles vor »Versuchsschule«.

Kritische Einwände gegen den »Aufwand« der Helene-Lange-Schule gibt es durchaus: Die Verwirklichung ihrer pädagogischen Ziele fordere von den Eltern mehr, als sie aufbringen könnten, sagen manche Eltern. »Billig« ist das, was diese Integrierte Gesamtschule sich vorgenommen hat, wirklich nicht. Staatliche Zuschüsse reichen nicht. Darum werden auch die Eltern ziemlich hartnäckig um eine jährliche Spende gebeten. Kosten für einzelne Veranstaltungen kommen dazu. (Alle – vor allem die Schüler – werden ständig darüber informiert, daß jeder »Luxus« nach dem Konzept dieser Schule grundsätzlich tabu ist. Aber Mindestkosten gibt es halt.) Auch die Fahrt nach Görlitz mußte so von den Eltern finanziert werden.

Gegen die didaktischen Vorstellungen an der Helene-Lange-Schule sind dagegen kaum skeptische Stimmen zu vernehmen. Schon eher gibt es eine zwiespältige Haltung bei dem Einsatz, mit dem dieses Konzept umgesetzt wird. Er wird gelobt und zugleich kritisiert. » Das kann man doch nicht verallgemeinern!« Wirklich nicht? Leserbrief einer Leserin in einer Wiesbadener Zeitung: Es dürfe, erstens, überhaupt nur, was einen gleichen Standard an Wiesbadener Schulen garantiere, finanziert werden, bevor man Experimente mache, zweitens würde ein bißchen weniger Aufsehen das soziale Anliegen sicher glaubhafter erscheinen lassen. Soll das Glas nun eigentlich lieber halb voll sein, oder ist es korrekter, ständig darauf hinzuweisen, es sei eben doch halb leer?

Thomas sieht das anders: »Wir machen ja nicht einfach nur Experimente, sondern haben die Möglichkeit, Schule von morgen zu testen. Damit ist zwar auch ein finanzieller Kraftakt verbunden, aber viele Dinge entstehen einfach durch eine andere Einstellung, die von anderen Schulen durchaus abgeguckt werden könnte.« Und auch das »Aufsehen« (allerlei Veröffentlichungen) verteidigt er – wenigstens teilweise. Blauäugigkeit sei natürlich bekloppt, aber »wenn man Engagement zeigt, soll man das öffentlich verheimlichen?«

Sein Engagement entspringt aber, wie er offen zugibt, nicht nur seinem Willen zu helfen. Lernen im richtigen Leben sei nicht nur aufregender, sondern bringe zugleich vielseitigere Erfahrungen als das Pauken in der Schule.

Eine dieser Erfahrungen ist das tägliche Leben in Ostdeutschland. Man sitzt nicht in der Schule und brütet über einem Arbeitsblatt mit Diagrammen, die angeblich die Wiedervereinigung spiegeln. Sondern man kann Meinungen und Geschichten unmittelbar von denen hören, deren Geschichten und Meinungen sie sind. Zusammenwachsen und die Grenze im Kopf abbauen: ein heftig beschworener Wunsch nicht nur von hochrangigen Politikern, sondern mittlerweile von jedem, der sich halböffentlich äußert. In Görlitz geht es um gelebtes Miteinander, nicht um Diskussionsrunden von Stellvertretern im Fernsehen.

Als die Gruppe in Görlitz ankommt, gibt es dann auch gleich einige Mißverständnisse. Die Schüler und Schülerinnen berichten, daß bösartige Vorurteile dabei eigentlich nicht vorgekommen seien, aber bestimmte Vorstellungen von »denen da drüben« (ob West oder Ost) scheinen in jedem zu wurzeln.

Die Gasteltern von Janosch entschuldigten sich zuerst für die sanitären Anlagen und bemerkten, daß das im Westen bestimmt alles besser sei, obwohl, so Janosch, ihm alles (auch für westliche Verhältnisse) vollkommen »normal« vorgekommen sei. Und auch bei den Mädchen, die drei Wochen in der Wohnung der Methodistengemeinde lebten, bedauerte der vermietende Pastor die schlechte Ausstattung des Quartiers. Völlig überflüssig, meinen die Mädchen übereinstimmend. Durch gemeinsame Unternehmungen wurden solche Irrtümer aber glücklicherweise wohl ziemlich weitgehend ausgeräumt.

Görlitz und Wiesbaden sind durch eine Städtepartnerschaft verbunden. Der Görlitzer Oberbürgermeister Lechner unterstützt sie »mit vollen Kräften«. So »begrüßt« er dies Sozialpraktikum. Von der Mauer im Kopf will er nichts hören. Das eigentliche Problem sei, so sagt er, eine große Unwissenheit. Die Wiedervereinigung sei längst vollzogen, sie müsse jetzt nur mit Leben gefüllt werden.

Aber wie? »Da konnte man Überlegungen zur Wiedervereinigung erleben, statt sie in der Zeitung zu lesen. Das ist halt einfach vielfältiger. Es ist, wie wenn man ein Brötchen endlich ißt, anstatt dauernd darüber zu reden. Wenn man nur darüber redet, verhungert man irgendwann«, sagt einer von denen aus Wiesbaden nachher.

Es ist sieben Uhr. Der Wecker klingelt unbarmherzig. Morgens gibt es kaum Schrecklicheres. Erst mal ist jetzt Aufstehen angesagt, dann Anziehen und Waschen, während man schon die ersten eintreffenden Schüler und Schülerinnen in der Schule für Geistigbehinderte begrüßen kann. Ein weiterer Arbeitstag beginnt für Thomas und Bernd, und das, nachdem es letzte Nacht wieder sehr spät geworden ist.

Vielleicht ist Pauken doch angenehmer als Selbsterfahrung.

Bernd B.

13. Leistungen bewerten
(Anders Lernen 10)

VIELE LEHRERINNEN UND LEHRER EMPFINDEN es als eine besonders schwierige (und auch mit vielen Gefühlen belastete) Aufgabe, angemessene Formen der »Leistungsbeurteilung« und der Rückmeldung von Lernfortschritten an die Schülerinnen und Schüler zu entwickeln. Diese Aufgabe wird umso dringlicher, wenn sich die Formen, in denen Schüler und Schülerinnen arbeiten und lernen, und damit zugleich die Schwerpunkte des Unterrichts verändern.

Die Noten (in der Abkürzungsform von Ziffern, also eine »Eins« oder eine »Vier«) gehören scheinbar ebenso selbstverständlich zur Schule wie der über das ganze Schuljahr gleichbleibende Stundenplan mit seinem 45-Minuten-Raster. Sieht man von den Waldorfschulen und ein paar sonstigen Ausnahmen ab, dann wird nur in der Grundschule diese Selbstverständlichkeit (in den ersten beiden Schuljahren inzwischen in fast allen Bundesländern) immer deutlicher in Frage gestellt. Warum nur in der Grundschule? Nicht wenige Lehrerinnen und Lehrer, die in den ersten Jahren der Sekundarstufe I unterrichten, haben den Eindruck, daß die Argumente, die in der Grundschule zu Veränderungen geführt haben, zumindest für die Jahrgangsstufe 5/6 genau so gelten.

Wenn man einige Jahre Erfahrungen mit anderen Formen der Beurteilung und Rückmeldung machen würde, sie gesammelt und gründlich ausgewertet hätte, könnte sich erweisen, daß auch eine über die Jahrgangsstufe 5/6 hinausgehende Diskussion, die sich nicht vornehmlich an »Vergleichbarkeit« und »Berechtigungen« orientiert, erforderlich wäre.

Es folgen zu diesem Problembereich einige »Dokumente«. Zuerst eine allgemeine Darstellung, die den Stand der Überlegungen im Herbst 1994 wiedergibt (»Zur Frage der Leistungsbewertung«). Dann ein leicht überarbeitetes Positionspapier einer Arbeitsgruppe von Lehrerinnen und Lehrern, das im Zusammenhang des dort erwähnten »Pädagogischen Tages« im Jahre 1994 entstanden ist (»Zeugnis ohne Noten im 5./6. Schuljahr«), und einige Beispiele im Zusammenhang mit den »Beiblättern«. Die Diskussion ist aber weitergegangen. Erfreulicherweise hat sich besonders die Schüler- und Schülerinnenvertretung noch einmal dieser Frage angenommen und sie nach sehr gründlicher Vorbereitung wieder in die Schulöffentlichkeit getragen. Diesen Weg und sein Ergebnis, auch in den verschiedenen Gremien der Helene-Lange-Schule, schildert ein sehr ausführlicher und anschaulicher Bericht des Schülers und der Schülerin, die im Schuljahr 1995/96 Schulsprecher waren. Er kann aus Platzgründen leider nur in Auszügen abgedruckt werden.

»Ich glaube übrigens, daß die Lehrer hier auch anspruchsvoller sind als an den anderen Schulen. An der Schule, an der ich danach war, wenn man so sein Pensum erfüllt hatte, dann lehnte man sich zurück und alles war ok. Man hatte seine Punkte. Hier dagegen war es so, daß dann oft noch mehr rausgekitzelt wurde. Mit einem Lehrer habe ich mich mal total angelegt, weil ich dachte, er würde immer nur an mir rumnörgeln. Und dann stand in meinem Beiblatt: ›Die Lehrer wollen immer nur das Beste. Das Gute ist eben nicht gut genug, das kann man immer noch verbessern.‹ Das war dann doch ein Ansporn.«

Jan W., Student, 5 Jahre auf der HLS

»Ich habe mir darüber schon oft Gedanken gemacht: Von der 5. Klasse an bekommen die Kinder ja das Zwischenzeugnis mit einer zusätzlichen Beurteilung zusammen. Wie diese Beurteilungen geschrieben sind! Das sind nicht nur drei, vier Sätze, auch nicht oberflächlich. Das ist eine ganze Seite. Es schreibt zwar die Klassenlehrerin, aber man merkt: sie hat mit den anderen Lehrern und Lehrerinnen im Team gesprochen. Ich nehme manchmal alle diese Beurteilungen zur Hand und verfolge noch einmal die Entwicklung über die ganzen Jahre hinweg. [...] Seine Klassenlehrerin ist wirklich eine tolle Pädagogin. Ich denke, daß sie oft die Stärken und Schwächen von Dennis besser erkennt als ich, da sie mittlerweile mehr Stunden mit ihm verbringt als ich. Denn zu Hause passen wir uns alle doch ein bißchen an. [...] Es steht immer das Kind im Vordergrund. Bei anderen Schulen ist das die Note, die im Vordergrund steht.«

Frau B., Mutter eines Sohnes auf der HLS
und einer Tochter, die ein Gymnasium besucht

Zur Frage der Leistungsbewertung

Mit bereits veränderten Lernformen oder mit der Absicht, sie zu verändern, wird die Frage der Bewertung und Würdigung der Leistungen der Schüler neu gestellt. Viele Aktivitäten in der Schule lassen sich nicht mehr mit dem herkömmlichen Ziffernnotensystem erfassen und würdigen. Zur Zeit trennen wir in Bereiche, die der üblichen Leistungsbewertung unterliegen, und in Bereiche, die wir in »Beiblättern« – sie sind so etwas wie Begleitbriefe zu den Zeugnissen an die Schüler und Eltern – würdigen.

Damit wagen wir einen widersprüchlichen Spagat zwischen Ziffernnotensystem, auf das es bei der Vergabe der Abschlüsse letztlich ankommt, und schriftlichen, differenzierteren Würdigungen, die bei aller Mühe und Arbeit, die uns diese »Beiblätter« machen, (noch) keine vergleichbare Bedeutung für Schullaufbahn und Abschlüsse haben.

Schon das Wort »Beiblätter« ist nicht unproblematisch, kennzeichnet sie als »Zugabe« und wertet sie so ein wenig ab. Weil uns diese schriftlichen Würdigungen so wichtig sind, möchten wir diese Abwertung vermeiden. Sie sollten künftig vielleicht »Lernentwicklungsberichte« heißen.

Die bisherigen »Beiblätter« haben verschiedene Funktionen: sie sind Brief an die Schüler, Dokument für die Schulakte, Information an die Eltern, persönliche Mitteilung als Gesprächsgrundlage, um einen Dialog zu eröffnen. Sind »Beiblätter« mehr oder weniger endgültige Urteile, oder sind sie durch Schüler und Eltern auch veränderbar? Sie dürfen auf keinen Fall Gespräche mit Schülern und Eltern im laufenden Schuljahr – den unmittelbaren Dialog – ersetzen.

Form und Inhalt der »Beiblätter« müssen neu überdacht werden, wenn sie als Entwicklungsschritt in Richtung »Zeugnis ohne Noten« angesehen werden.

Die Fragwürdigkeit und problematische Wirkung von Ziffernnoten ist hinreichend bekannt und diskutiert worden. Jede Schule, die konsequent Reformen betreibt und neue Lern- und Arbeitsformen einführt, muß sich irgendwann der Frage der Veränderung von Leistungsbewertung stellen.

Mit unseren Beurteilungen von Projektarbeiten, Rückmeldungen zu Freien Texten, Würdigungen von Theateraufführungen, Ausstellungen u. a. in den Beiblättern haben wir schon längst neue Wege beschritten. Auf der Pädagogischen Tagung im Februar 1994 haben wir die Diskussion zur Abschaffung der Noten begonnen, uns zunächst die Erfahrungen der Laborschule Bielefeld zur Arbeit ohne Noten angehört, dann unsere eigenen Erfahrungen, Befürchtungen und Wünsche formuliert.

Die Konferenz, die das Thema im Herbst 1994 erneut diskutierte, kam mehrheitlich zu dem Entschluß, zunächst die bestehende Praxis der Beiblätter/Lernentwicklungsberichte zu verbessern und die im Sommer 1994 beschlossene Neukonzeption der Stufen 8/9/10 in die Tat umzusetzen, bevor ein Einstieg in ein weiteres großes Vorhaben »Zeugnis ohne Noten« erfolgt.

AK

Zeugnis ohne Noten im 5./6. Schuljahr

Begründung von Berichtszeugnissen

Ziffernzeugnisse gehen von der Vorstellung aus, es sei möglich, den Durchschnitt der Halbjahresleistungen eines Schülers zu messen und in einer Note festzuhalten. Zeugnisse ohne Noten wollen vor allem eine Entwicklung beschreiben. Wenn wir unseren Unterricht verändern, in ihm andere Schwerpunkte setzen, jeden Schüler als Individuum begreifen wollen, der mit unserer Anleitung und Unterstützung sowohl kognitiv lernen, als auch Möglichkeiten entdecken und entwickeln soll, sein Leben gestalten und bewältigen zu können, brauchen wir auch Beurteilungskriterien, die diesen Zielen angemessen sind. Pädagogisch gerechtfertigt sind dabei solche Kriterien, die von unserem Verständnis von Schule ausgehen.

Im Konzept der Helene-Lange-Schule stehen die Wochenplanarbeit, das Projektlernen und die praktische Arbeit im Mittelpunkt. Sie machen auch andere Sozialformen notwendig, wie Helfersysteme, Partner- oder Gruppenarbeit. An diesen Lern- und Sozialformen konkretisiert sich ein verändertes Verständnis vom Lernen. Es erfordert Unterrichts- und Arbeitsformen, durch die die Neigungen, Fähigkeiten, Stärken und Schwächen des einzelnen Schülers besser berücksichtigt werden können.

Mit dem Ziffernzeugnis werden am Ende des Halbjahres plötzlich alle Schüler wieder gleich – gleichmachend – behandelt. Wir sind in der Gefahr, den komplexen Lernfortschritt des einzelnen Schülers wieder nur in von uns ausgewählten Leistungsausschnitten anhand von wenigen Leistungskriterien zu bestimmen. Daß dann alles in einer Note konzentriert wird, steht im Widerspruch zu den vorausgegangenen Arbeitsformen und -zielen.

Wir wissen, wie bedeutsam Erfahrungen, Erlebnisse, Erfolge und Mißerfolge als Teil der Selbsteinschätzung für den Schüler sind. Unterricht und Beurteilung müssen ihm hierbei behilflich sein. Wir brauchen für Schüler verständliche Formulierungen und keine abstrakten Ziffern.

Besonders Schüler, die Gefühle von Unsicherheit und Ängstlichkeit zeigen, müssen vor allem ermutigt werden, lernen, sich selbst etwas zuzutrauen, damit sie nicht frühzeitig resignieren. Sie müssen immer wieder Möglichkeiten haben zu erfahren, daß sie mehr können, als sie von sich selbst geglaubt haben.

Eine Folgerung ist, Kinder des 5. und 6. Schuljahres nicht einzustufen, also auf Formen äußerer Differenzierung ganz zu verzichten. Die Ziffernnoten stehen im Widerspruch zu dieser Folgerung.

Denn das Ziffernnotensystem ist zugleich immer ein System der Gewinner und Verlierer. Ein schwacher Schüler kommt oft in mehreren Fächern nicht über die Note 4 hinaus. Seine Anstrengungsbereitschaft, viele kleine, aber wichtige Veränderungen und Erfolge in Bereichen des Lernens, können von den Ziffern nicht erfaßt werden. Am Ende bleibt bei dem Schüler das Gefühl: Es hat alles nichts gebracht. Der Verzicht auf äußere Differenzierung allein reicht also nicht aus.

Es geht nicht nur um Ermutigung. Es ist auch wichtig, daß Schüler und Schülerinnen lernen, selbst ihre eigenen Lernfortschritte zunehmend realistischer zu beurteilen. Darum brauchen Schüler vor allem für sie verständliche Rückmeldungen, in denen sie sich und ihre Arbeit auch anschaulich wiedererkennen können. Dazu helfen Fragen wie: Wo hast Du gestanden, bevor wir angefangen haben? Wie hast Du angefangen? Was hast Du dazugelernt? Wo stehst Du jetzt? Anfangs werden die Lehrer die Antworten formulieren. Sie müssen dem Schüler zugleich zeigen: Die Lehrer sehen mich, sie machen sich über mich Gedanken und setzen sich mit mir auseinander.

Schwache Schüler halten sich selbst nicht für Genies, im Gegenteil: meist wissen sie von ihren Unzulänglichkeiten und schätzen ihre Möglichkeiten oft pessimistischer ein, als es angemessen wäre, auch wenn sie das nach außen vielleicht zu verbergen gelernt haben. Sie nehmen Hinweise auf ihre Schwächen in Kauf, wenn sie den Eindruck haben, daß die Lehrer sie kennen und ihnen helfen wollen. Mit Ziffernnoten ist das nicht zu vermitteln.

Das Zeugnis ohne Noten, etwa in Form eines Lernentwicklungsberichtes, gibt uns vielfältige Möglichkeiten, die unvermeidbaren Verunsicherungen und Entmutigungen zu vermindern, gerade in einer Situation, in der sich für die Schülerinnen und Schüler nach einem Wechsel aus der Grundschule in die Sekundarstufe I bei den Arbeitsformen, -schwerpunkten und -zielen vieles verändert. Wir sind davon überzeugt, daß diese Form der Leistungsbeschreibung dazu beiträgt, auch schwächere Schüler in ihrer Persönlichkeitsentwicklung zu stärken. Dies macht sie widerstandsfähiger für den Konkurrenzdruck, der sich sowieso in den späteren Jahren verstärkt und noch genug Enttäuschungen für sie bereithält.

Noten geben heißt, Schüler auf Distanz bringen. Auf Noten zu verzichten heißt, diese Distanz verringern. Daß nicht alle Leistungen gleich (und damit letztlich gleichgültig) sind, ist eine wichtige Erfahrung, die auch die Schule vermitteln muß. Aber das muß in einer Weise geschehen, die den Schülerinnen und Schülern möglichst wirksam zu verstehen hilft, wie sie ihre Leistungsfähigkeit verbessern können. Dazu sind nach unserer Überzeugung Berichte und Berichtszeugnisse besser geeignet als Ziffernnoten und Ziffernnotenzeugnisse.

Mögliche Einwände

Selbstverständlich stehen dieses Überlegungen auch Argumente gegenüber, die für Ziffernnoten angeführt werden.

Der häufigste Einwand: Der Arbeitsaufwand für die Anfertigung eines Lernentwicklungsberichtes ist unangemessen hoch. Der Arbeitsaufwand ist hoch! Aber gerade angesichts der Schüler, die wir in unserer Schule haben, müssen pädagogische Überlegungen Vorrang haben.

Es ist viel Zeit für die Aufzeichnungen und Protokolle über jeden Schüler erforderlich, die besser für Beratung der Schüler eingesetzt werden sollte. Wir meinen, daß dies ein Mißverständnis ist. Genaue Beobachtung und differenzierte »Diagnosen« sind auf jeden Fall notwendige Voraussetzungen für eine wirksame Beratung.

Ferner wird die fehlende Vergleichbarkeit von Wortzeugnissen angeführt. Sind Ziffernnoten denn tatsächlich jenseits einer Lerngruppe vergleichbar, oder wird diese Vergleichbarkeit nur stillschweigend vorausgesetzt? Ziffernnoten sind, was oft vergessen wird, sozusagen Kürzel für Wortzeugnisse: sehr gut, befriedigend, mangelhaft. Für eine wirkliche Vergleichbarkeit von Ziffernnoten wären sehr genaue Übereinkünfte erforderlich. Solche Übereinkünfte sind aber immer in der Gefahr, nur das als Kriterien festzulegen, was sich leicht und scheinbar exakt »messen« läßt. Natürlich ist auch Vergleichbarkeit ein wichtiger Gesichtspunkt. Aber er ist bei Beurteilungen eben nicht der einzige und sicher nicht der wichtigste.

Ziffernnoten ermöglichen dem Lehrer eine schnelle Orientierung, wo jeder Schüler seiner Lerngruppe in der Rangordnung der Klasse steht. Dies ist richtig und oft hilfreich. Problematisch wird es, wenn ihre Nebenwirkungen mehr Schaden stiften als der Nutzen einer solchen schnellen Orientierung rechtfertigt, oder wenn über diesem Nutzen vergessen wird, was Ziffernnoten alles nicht leistet. In unserer pädagogischen Arbeit sind wichtiger als

Rangordnungen die intensive Beschäftigung mit jedem einzelnen Schüler unter Berücksichtigung seiner individuellen Lernerfolge und Lernprobleme.

Lernentwicklungsberichte

Wie kann nun ein Lernentwicklungsbericht entstehen und abgefaßt werden?

Der Bericht zur Lernentwicklung eines Schülers darf sich nicht auf die Beobachtung und Beschreibung einer Tagesform oder nur zufälliger Eindrücke beschränken. Er setzt viele Beobachtungen aller Lehrer in unterschiedlichen Situationen voraus, die möglichst immer wieder auch unter den Lehrerinnen und Lehrern besprochen werden sollten. Dazu kommen Protokolle und Einzelgespräche mit Schülern und Eltern. Da im 5. und 6. Schuljahr in der Helene-Lange-Schule beim Lehrereinsatz darauf geachtet wird, daß möglichst wenige Lehrer alle Fachstunden, Projekte und das Offene Lernen abdecken, können Schüler auch differenziert beobachtet und beurteilt werden. Das Team stellt hierfür Kriterien zusammen. Dazu gehören: besondere Interessen des Schülers oder der Schülerin, Begabungen und Fähigkeiten, Erfolge und Mißerfolge, Leistungen bei unterschiedlichen Aufgaben, Tätigkeiten und hergestellten Produkten, das Arbeitsverhalten, das soziale Verhalten, besondere Ereignisse und Vorkommnisse usw.

Im Zusammenhang mit Lernentwicklungsberichten ist es notwendig, über Arbeitserleichterungen für die Lehrerinnen und Lehrer nachzudenken. Eine Möglichkeit könnte sein, sich in jedem Halbjahr des 5. und 6. Schuljahres immer nur mit 25 Prozent der Schüler besonders intensiv zu beschäftigen. Die übrigen würden dann »normale« Beiblätter erhalten. Jeder Schüler erhielte so in diesen zwei Schuljahren einmal einen detaillierten Lernentwicklungsbericht und damit genaue Auskunft über seine Veränderungen und Lernfortschritte. Jeder Schüler braucht sicher mindestens einmal in diesen zwei Schuljahren eine solche genaue Beschreibung. Auch für einen leistungsstarken Schüler kann eine ständig positive Rückmeldung oder eine gleichbleibend monotone Beschreibung seiner guten oder sehr guten Leistungen ohne genaueres Eingehen auf unterschiedliche Beispiele verletzend sein. Seine Schlußfolgerung kann sein: Der Lehrer nimmt sich nicht genügend Zeit, beschäftigt sich weniger mit mir als mit anderen, nimmt mich nicht ernst.

Unproblematischer scheint uns die Situation ab Klasse 7. Die Schülerinnen und Schüler sollten dann so weit stabilisiert sein, daß sie die Kurzform der Beurteilung verkraften können.

Nach dem Protokoll einer Arbeitsgruppe
bei den Pädagogischen Tagen 1994

Fragen an Schüler

Eine besonders schwierige Aufgaben ist es, »Fremdwahrnehmung« und »Selbstwahrnehmung« miteinander zu »vermitteln«. Selbst vielen Erwachsenen gelingt das nicht. Auch sie fühlen sich oft »ungerecht« beurteilt, mißverstanden, denken: »Ihr habt ja keine Ahnung!« oder: »Wenn ihr wüßtet!«

Für Kinder und Jugendliche ist die Beurteilung ihrer »Leistungen« durch einen mächtigen Erwachsenen anfangs so etwas wie ein Gottesurteil. Sie mögen es als »ungerecht« empfinden. Doch wie sollen sie sich gegen eine Note anders wehren als dadurch, daß sie den Lehrer anklagen: »Peter hat vierzehn Fehler in seiner Mathearbeit, ich hab nur zwölf! Wieso kriegt der im Zeugnis eine Drei und ich nur eine Vier?«

Jenseits aller Fachinhalte gehört es zu den Aufgaben der Schule, Kindern und Jugendlichen zu helfen, daß sie zu einer »realistischen« Einschätzung ihrer eigenen »Leistungen« finden, damit »Fremdwahrnehmung« und »Selbstwahrnehmung« nicht unversöhnlich nebeneinander stehen bleiben. Das geht nur, wenn Beurteilter und Beurteiler miteinander reden können. Die Schule ist in einer schwierigen Lage: Nicht nur, weil es das Berechtigungswesen gibt, sondern auch, weil »Zensuren« oft ihr »letztes« Disziplinierungsmittel sind, tun sich Lehrer und Lehrerinnen schwer, in einen Dialog über die »Leistungen« ihrer Schüler und Schülerinnen anders als »objektiv« und »kollektiv« einzutreten. Natürlich wissen die meisten von ihnen, daß Peters »Leistung« sich nicht an seinen vierzehn Fehlern festmachen läßt.

Um diesen Dialog zu erleichtern, kann es hilfreich sein, ihn auch einmal schriftlich zu führen. Der folgende Brief eines Klassenlehrers aus dem Jahr 1992 soll den Schülern und Schülerinnen helfen, sich selbst und ihre »Leistungen« genauer wahrzunehmen. Zugleich dient er dazu, daß sie besser verstehen, was alles der Lehrer/die Lehrerin dann »beurteilt«.

Liebe Schüler und Schülerinnen der Klasse 7c,

vor einem halben Jahr hatte ich mit Euch besprochen, daß wir die Beiblätter gemeinsam schreiben.

Ich hatte vorgeschlagen, daß jede/r von Euch sich selbst ein Beiblatt schreibt. Ich würde dann darauf antworten. Ich fände es eine gute Sache, wenn uns dieser Plan gemeinsam gelingen würde.

Ich gebe Euch jetzt einige Stichpunkte, zu denen Ihr Euch äußern solltet. Versucht das möglichst vollständig.

Sicher ist das nicht ganz einfach. Aber ich denke, wir haben z. B. im Klassenrat gelernt, über uns selbst nachzudenken, und auch mutig Stellung zu beziehen.

1. Mitarbeit im Unterricht
   - Mitarbeit im gemeinsamen Unterricht
   - Mitarbeit im Stuhlkreis
   - Mitarbeit bei der Freien Arbeit am Wochenplan oder im »Offenen Lernen«
   - Zusammenarbeit mit den Mitschülern und Mitschülerinnen (z. B. in der Gruppen- oder Partnerarbeit)

2. Mitarbeit bei praktischen Arbeiten (Experimentieren, Praktische Arbeiten im Rahmen eines Projektes, Kunst u. ä.)
– Aufmerksamkeit bei Erklärungen zur Arbeit
– Verläßlichkeit im Besorgen der notwendigen Materialien, Verantwortung übernehmen für gutes Gelingen
– Planen und Arbeiten auf ein Ziel hin
– Ordnung, Ausdauer, Sorgfalt. Wert legen auf »professionelle«, ernsthafte und angemessene Ergebnisse

3. Engagement bei Exkursionen/Klassenfahrten
– richtig vorbereitet (Kleidung, Ausrüstung, Vorarbeiten)
– aufmerksam bei Erklärungen während der Exkursion
– bemüht, die eigenen besonderen Aufgaben (z. B. Spezialthema) einer Exkursion/einer Klassenfahrt selbständig und selbstverantwortlich zu erledigen

4. Hausaufgaben
– Führung des Infoordners (vollständig, Erledigtes abgehakt usw.)
– kurzfristige Aufgaben von einer zur anderen Stunde
– längerfristige Aufgaben (als Einzelarbeit oder als Gruppenarbeit)

5. Zusammenarbeit in der Gruppe/Klassengemeinschaft
– Lernen in der Lerngruppe, z. B. gemeinsame Protokolle, Spezialthemen, Übungen (Habe ich eine aktive Rolle – eine mehr passive Rolle gespielt? War ich auf das Gelingen der gemeinsamen Aufgabe bedacht? Habe ich die Situation oft für andere Tätigkeiten genutzt, die mit der gemeinsamen Arbeit wenig zu tun hatten?)
– Mitarbeit im Klassenrat
– Putzdienst
– Klassenamt
– Übernahme von Aufgaben für die Klasse bei besonderen Gelegenheiten und deren verläßliche Erledigung
– Rücksichtnahme auf Bedürfnisse der anderen (Mitschüler und Mitschülerinnen, aber auch Lehrer und Lehrerinnen)
– Verhalten bei der Regelung von Konflikten (bereit zu Kompromissen oder in erster Linie auf die Durchsetzung der eigenen Interessen bedacht)
– Was mir an meiner Klasse gefällt
– Was besser werden müßte

6. Sonstiges

Beiblätter

Zwischenbericht der vorbereitenden Gruppe
für die Sitzung der Planungsgruppe am 11. 2. 93

Als Diskussionsgrundlage für die nächste Sitzung der Planungsgruppe möchten wir zum einen die Gesichtspunkte vorlegen, die uns in Hinsicht auf die Beiblätter als unverzichtbar und konsensfähig erscheinen, andererseits auch die Fragen benennen, über die wir uns nicht einigen konnten.

Beiblätter richten sich in erster Linie an die Schüler, sind aber auch Mitteilungen an die Eltern.

Beiblätter umschreiben nicht die Noten in den einzelnen Fächern, können aber Leistungsnoten relativieren oder ergänzen.

Anhand von Schülerbeobachtungen sollen Aussagen gemacht werden über die Lernentwicklung im Lernumfeld der Schule: Welche Lernbedingungen und -angebote stellt die Schule zur Verfügung? Wie hat sich der Schüler darin zurechtgefunden / wie ist er damit zurechtgekommen?

Hierzu gehören Aspekte wie:
– Unterrichtsbedingungen (Projekte, Arbeit nach dem Wochenplan, Kreisgespräch, praktische Arbeiten usw.) und ihre Auswirkungen auf den Schüler und die Tischgruppe,
– beobachtete Lernentwicklung und Veränderung in Bezug auf die Arbeitsmöglichkeit des einzelnen Schülers,
– Auswirkungen von Be- oder Entlastungen durch Einstufung in G-, bzw. E-Kurse,
– ab der Klasse 8 auch gegebenenfalls Kommentierung der Abschlußprognose.
Darüber hinaus sollte im Beiblatt etwas zur sozialen Einbindung des Schüler gesagt werden, u. a. über:
– Beiträge und Rolle im Klassenrat und bei Konflikten
– Ausführen des Amtes und gegebenenfalls Übernahme von besonderen Aufgaben.
Das Beiblatt sollte den Schüler als Person spiegeln, d.h. mit Interessen und Wünschen, mit Bedürfnissen und Gefühlen. Folgende Fragen können dabei für Schüler wichtig sein:
– Wo haben die mich besonders gemocht?
– Was erwarten die eigentlich von mir?
– Wo haben die gemerkt, daß ich mich angestrengt habe?
– Wo haben die ein Problem mit mir?
Der Lehrer ist dabei als Person gefragt, das heißt: auch mit seinen Wünschen, Interessen, mit Ärger und Freude. Zugleich soll er sich um »Objektivität« bemühen.

Bei der Formulierung sollte darauf geachtet werden, daß das Beiblatt
– Auskunft gibt über einen Prozeß und seine Bedingtheit,
– keine formalisierte Aussage über Schüler enthält, sondern den individuellen Lernprozeß beschreibt, Fortsetzung auf S. 239

LANDESHAUPTSTADT ⚜ ⚜
WIESBADEN

Helene-Lange-Schule, Langenbeckstraße 6 - 18, 65189 Wiesbaden

Helene-Lange-Schule
Integrierte Gesamtschule
Versuchsschule des
Landes Hessen

UNESCO-Projekt-Schule

Langenbeckstraße 6 - 18
65189 Wiesbaden
Telefon: 06 11 · 31 36 70 / 31 36 71
Telefax: 06 11 · 31 39 42

Datum und Zeichen Ihres Schreibens   Unser Zeichen   Datum

Klasse 9/3 – Schuljahr 1995/96, 1.Halbjahr

BEIBLATT ZUM ZEUGNIS
für Hannah D.

Liebe Hannah,
dieses Jahr hast Du in verschiedenen Bereichen bewiesen, daß Du
nicht nur schulische Anforderungen ausgezeichnet meisterst, sondern auch an außerschulischen Aktivitäten mit großem Engagement
und Erfolg teilnimmst.
    Während Deines Praktikums in einem Graphikbetrieb hast Du zur
vollsten Zufriedenheit Deines Chefs die Sekretärin ersetzt, d.h.
selbständig den Telefondienst wahrgenommen und Arbeiten am
Computer erledigt. Deinen Praktikumsordner hast Du mit viel
Sorgfalt bearbeitet und graphisch professionell gestaltet.
    Am Anfang dieses Halbjahres stand für Dich ein weiterer
Höhepunkt, nämlich das zweiwöchige Öko-Camp in der Lienzer Hütte
im Debanttal/Osttirol, das klassen- und schulübergreifend im
Rahmen eines hessischen Modellversuches durchgeführt wurde. Du
hast dort Mut, Einsatzwillen und Hilfsbereitschaft bewiesen und
anstrengende Wanderungen gemeistert. Du kamst begeistert mit vielen neuen Eindrücken zurück – es ist sehr schön, daß Du bereit
bist, Dich auf Unbekanntes einzulassen, und in der Lage bist,
schnell Kontakte zu knüpfen. Den versäumten Stoff hast Du in kurzer Zeit eigenverantwortlich nachgeholt.
    Am Ende dieses Halbjahres stand das Theaterprojekt, bei dem Du
Dich wiederum stark engagiert hast. Du bist sowohl beim
Barocktanz als auch in den modernen Szenen mit Erfolg aufgetreten
und hast bei den Proben und Vorstellungen Ausdauer,
Konzentrationsfähigkeit und Ernsthaftigkeit unter Beweis gestellt.
    Trotz der zeitintensiven Proben und Deines langen Schulweges

hast Du regelmäßig am Unterricht der 2. und 3. Fremdsprache teilgenommen.

Du bist sehr belastbar und bist in einem bewundernswerten Ausmaß
dazu in der Lage, Deine Arbeit zu organisieren. Darüber hinaus
fühlst Du Dich nicht nur für Deine eigenen Pflichten verantwortlich, sondern versuchst, auch andere bei ihren Aufgaben zu unterstützen. Mit dieser Arbeitshaltung wirst Du an jeder Oberstufe
erfolgreich mitarbeiten können, denn Du bist in der Lage, Deine
Fähigkeiten realistisch einzuschätzen und auftretende Schwierigkeiten durch gezieltes Üben zu bewältigen.

Erfreulich ist auch, daß Du bereit warst, Verantwortung für die
Klasse zu übernehmen, indem Du das Amt der Klassensprecherin wahrgenommen hast. Du bemühst Dich bei der Durchführung der
Klassenratssitzungen, was nicht immer einfach ist, und wirst von
der Klasse in Deiner Rolle akzeptiert. Du oder Dein Vertreter
sollten jedoch auch regelmäßig an SV-Sitzungen teilnehmen.

Wir wünschen Dir weiterhin viel Erfolg und Freude bei Deinen
schulischen Arbeiten!

Wiesbaden, den 1. Februar 1996
Klassenlehrerin:
Kenntnis genommen:
Ort und Datum:
Unterschrift der Erziehungsberechtigten:

BEIBLATT ZUM ZEUGNIS
für Mirjam K.

Liebe Mirjam,
die Tatsache, daß Du mit diesem Zeugnis zum ersten Mal nur eine
Hauptschulprognose bekommst, ist für Dich sicher eine große
Enttäuschung. Doch noch ist genügend Zeit, daran etwas zu ändern.
Allerdings mußt Du sehr bald beginnen! Voraussetzung für einen
Realschulabschluß ist, daß Du weiterhin erfolgreich in den E-
Kursen in Deutsch und Englisch mitarbeitest und in den G-Kursen
befriedigende Leistungen erreichst.

Das dürfte für Dich in Deutsch keine besonderen Schwierigkeit
bedeuten, wenn Du Deine Aufgaben und Buchvorstellungen, bei denen
Du Dir immer Mühe gibst, weiterhin gut erledigst. In Englisch mußt
Du jedoch regelmäßiger arbeiten und auch aus eigenem Entschluß das
wiederholen, was Du einfach noch nicht richtig kannst. Dir fehlen
Grundlagen. Einen Plan, was Du wiederholen solltest und wie Du das
am besten machst, können wir miteinander besprechen. Auch solltest
Du Dich mündlich mehr beteiligen. Dazu bist Du durchaus in der
Lage. Das hat Dein guter Vortrag gezeigt.

In Mathematik mußt Du Dich frühzeitig und intensiver um die
Bereiche bemühen, in denen Du Verständnisschwierigkeiten hast, und
sie nicht einfach auf sich beruhen lassen. So ist zum Beispiel

Dein relativ schlechtes Abschneiden bei der letzten Mathematikarbeit vor allem darauf zurückzuführen, daß Du die offensichtlichen Mängel der vergangenen Arbeit nicht aufgearbeitet hast. Wenn Du Hilfe brauchst, frag mich oder frag eine von Deinen Mitschülerinnen.

In der Physik bemühst Du Dich zu wenig darum, Zusammenhänge zu verstehen. So hast Du z.B. kaum wichtige Sachverhalte aus dem Buch in Deinen Hefter übernommen. Aber es ist immerhin deutlich, daß Du Dir bei der Führung des Hefters mehr Mühe gegeben hast als im vergangenen Halbjahr.

Insgesamt ist es einfach so, daß vor allem Deine Arbeitshaltung sich ändern muß, wenn Du einen sicheren Realschulabschluß erreichen möchtest. Du mußt selbst initiativ werden, Fragen stellen und regelmäßig Zeit in Üben und Wiederholen investieren. Die Entscheidung dafür kann Dir niemand abnehmen. Du mußt sie selbst ganz ehrlich und entschlossen fällen. Es wird Dir helfen, wenn Du Dir klar machst, daß Du dadurch Weichen für Deine berufliche Zukunft stellst. Erfolg wirst Du wohl nur haben, wenn Du Dich dafür entscheidest, daß schulische Arbeit für die nächsten anderthalb Jahre Vorrang vor allen anderen Beschäftigungen haben muß.

Du solltest auf jeden Fall schon jetzt beginnen, Dir zu überlegen, was Du nach dem zehnten Schuljahr machen möchtest. Dazu mußt Du Dich informieren. Bei Fragen zu den möglichen Berufen und ihren Ausbildungen ist die Berufsberatung beim Arbeitsamt oft eine Hilfe. Du kannst auch ein weiteres Praktikum absolvieren, um die Realität in einem Bereich Deiner Wahl zu erleben. Dein Betriebspraktikum beim ZDF war sicher sehr interessant für Dich, hat Dir aber vermutlich für eine Orientierung über eine mögliche Ausbildung für Dich nicht entscheidend weitergeholfen. Dennoch hast Du wichtige Erfahrungen gemacht, z. B. als Du selbst aktiv werden mußtest, um in eine andere Redaktion wechseln zu können. Es war ein Erfolg, daß Dir das gelungen ist.

Am Theaterprojekt hast Du mit Freude teilgenommen. Du bist durch Hilfsbereitschaft aufgefallen und hast durch Deine ausgefallene, wunderschöne Schuhkreation einen positiven Akzent bei der Laufstegszene gesetzt.

Wir wünschen Dir viel Energie, Ausdauer und Erfolg im nächsten Schuljahr!

Wiesbaden, den 1. Februar 1996
Klassenlehrerin:
Kenntnis genommen:
Ort und Datum:
Unterschrift der Erziehungsberechtigten:

- das Vertrauen des Schülers in seine Möglichkeiten stärkt und ihm Mut zum Lernen oder zu erneuter Anstrengung macht,
- keine abschließenden Urteile fällt, die zu Festschreibungen führen können, nie verletzend ist,
- Aussagen immer wieder an konkreten Beispielen verdeutlicht.

Selbstverständlich drückt sich in den Beiblättern auch der persönliche Stil eines jeden Lehrers aus.

Das Beiblatt soll keine Momentaufnahme des Klassenlehrers über das Verhalten des Schülers in den letzten beiden Monaten sein. Damit das vermieden wird, ist es sicher notwendig, daß alle Lehrer nach Abschluß von Unterrichtseinheiten oder Projekten ihre Eindrücke zu positiven oder negativen Ereignissen, Besonderheiten, Vorfällen kurz notieren (zum Beispiel auf Karteikarten); dazu gehört auch die Beschreibung von Arbeitsergebnissen (nicht Klassenarbeiten), wie z. B. handwerkliche Arbeiten, Projektordner, Vorträge.

In den Teams sollten immer wieder Grundzüge für die Erstellung der Beiblätter diskutiert werden.

Beiblätter sollen regelmäßig geschrieben werden, in den Klassen 5 und 6 auf jeden Fall zwei Mal im Jahr, ab der Klasse 7 auf jeden Fall zum Halbjahrestermin; auch intensive Gespräche mit Schülern und/oder Eltern machen Beiblätter nicht überflüssig. Gerade die Schriftform gibt der Mitteilung im Beiblatt seine besondere Bedeutung. In besonderen Fällen kann auch in höheren Klassen sinnvoll sein, auch zum Sommer Beiblätter zu schreiben.

Ab der Klasse 8 ist der Halbjahrestermin schon deshalb besonders wichtig, da mit dem Zeugnis die Abschlußprognose ausgeteilt wird, die oft kommentiert werden muß.

Angesprochen, aber nicht geklärt wurden folgende Fragen:
- Wie ausführlich muß ein Beiblatt sein, wie ausführlich dürfen es einzelne Lehrer schreiben, ohne daß dies zum Standard wird?
- Sollen Schüler ermuntert werden, selbst Beiträge für ihre Beiblätter zu schreiben? (Wie ehrlich können sie ihre wirkliche Meinung schreiben?!).
- Wie weit ins Persönliche dürfen die Beobachtungen und ihre Deutungen gehen? Wo beginnt eine gefährliche Amateuranalyse?
- Wie subjektiv dürfen Beiblätter sein (z. B. aus der Sicht des Klassenlehrers)?

Protokoll: KH

Voller Erwartung

Die Kinder sitzen im Kreis und warten gespannt auf die ersten Zeugnisse in der neuen Schule. Noch mehr gespannt sind sie allerdings auf ihre Beiblätter zum Zeugnis, von denen schon vorher dann und wann die Rede war.

Mit ein paar persönlichen Worten übergebe ich jedem Kind Zeugnis und

Beiblatt. Das Zeugnis wird sofort prüfend überflogen. Die Noten sind bereits bekannt. Sie wurden vorher besprochen. Man überprüft jetzt, ob sie auch wirklich da stehen, und man nimmt das Gesamtbild des Zeugnisses in sich auf. Das ist schnell geschehen.

Nun widmet sich jedes Kind voller Erwartung seinem Beiblatt. Vorsichtig wird es zur Hand genommen wie etwas ganz Kostbares. Dem neugierigen Überfliegen folgt ein intensives Lesen. Besonders interessante Stellen werden anschließend erneut aufgesucht.

Die Kinder heben den Kopf und schauen sich im Kreis um. Erste Blickkontakte zu Mitschülern werden hergestellt. Verstohlen zeigen einzelne Kinder vertrauten Freunden und Freundinnen ihr Beiblatt vor. Dabei wird zunächst aus der Ferne die Textgestalt gewürdigt. Leise Hinweise sind zu hören: »Schau mal, wie viel bei mir steht.« – »Meins ist kürzer.« Einzelne Textstellen werden nun vorgezeigt, Formulierungen unter Freunden verglichen.

Das Vergleichen führt zu einer Entdeckung. Viele Kinder hatten erwartet, daß die Texte sich in Bezug auf Länge und Formulierung gleichen, so wie sich ja auch ihre Zeugnisse nur darin unterscheiden, daß die Ziffern in ihnen jeweils anders angeordnet sind. Die Beobachtung, daß die Texte sich in der Formulierung unterscheiden, macht die Kinder stolz. Sie behandeln ihr Beiblatt wie einen Schatz. Einige bedanken sich bei mir für die Mühe und Sorgfalt. Die Lehrerin hat jedem von ihnen einen persönlichen Brief geschrieben. Die Botschaft darin will genau entschlüsselt und wohl bedacht sein. Offensichtlich haben die Kinder vor, sich noch ausführlicher damit zu beschäftigen. Kein Kind stellt eine Frage zum Inhalt. Vorsichtig wird das Beiblatt zusammen mit dem Zeugnis weggepackt.

Am Elternabend erzählen mir die Eltern, wie sehr sich die Kinder mit ihren Beiblättern identifiziert haben. Sie haben sie als Würdigung ihrer Person erlebt, als Beschreibung ihrer Rolle in der Klasse und als Wegweiser in die Zukunft. Sie haben sie stolz vorgezeigt und hatten es gern, wenn darüber wohlwollend gesprochen wurde. Diskutieren möchten sie darüber allerdings nicht.

UE

Abschaffung der Ziffernnoten in den Klassen 5 und 6

Bericht über eine Initiative der Schüler- und Schülerinnenvertretung

Als ehemaliger Schulsprecher und ehemalige Schulsprecherin berichten wir über eine Aktion der Schüler- und Schülerinnenvertretung (SV) der Helene-Lange-Schule, die in der Geschichte der Schule bisher einmalig war:

Auf Antrag der SV beschloß die Gesamtkonferenz am 10. Juni 1996 mit einer Mehrheit von 23 zu 16 Stimmen bei 6 Enthaltungen, daß die Ziffernnoten in den Klassen 5/6 für einen Erprobungszeitraum von drei

Jahren durch Lernberichte ersetzt werden sollen. Der Schulelternbeirat folgte diesem Beschluß bei drei Enthaltungen, und die Schulkonferenz entschied endgültig (am 18. November 1996) mit einer Enthaltung.

Im folgenden werden die einzelnen Schritte und Anstrengungen beschrieben, die zu diesem Ergebnis geführt haben, auf das die gesamte SV stolz ist, denn damit haben wir Schüler und Schülerinnen zum ersten Mal ohne Hilfe von Lehrern und Lehrerinnen das pädagogische Konzept der Schule weiterentwickelt.

1. Der Anfang und die erste Meinungsbildungsphase

Unsere Initiative begann in einer denkwürdigen Gesamtkonferenz im Herbst 1994. Damals diskutierten die Lehrerinnen und Lehrer schon einmal über »Zeugnisse ohne Ziffernnoten«. Die sehr kontrovers geführte Auseinandersetzung brachte aber keine Entscheidung …

»Die spinnen doch!« Der erste Kommentar eines Klassensprechers zum Bericht von der Gesamtkonferenz bezog sich nicht etwa auf den chaotischen Ablauf der Lehrersitzung, sondern auf die Idee, man könne an seiner Schule die Noten teilweise abschaffen. Mit unserem Bericht von der Gesamtkonferenz wurde eine heiße Diskussion in der SV entfacht. Obwohl ein entsprechender Beschluß keines der SV-Mitglieder selbst betreffen würde, war das Interesse für dieses Thema von Anfang an riesig. Hier ging es schließlich nicht um irgend etwas, sondern um die zentrale Fragen unseres Lernprinzips. Ist in der Schule ein System nützlich, das die Menschen in bessere und schlechtere Gruppen aufteilt, in Gewinner und Versager? Ist es gut zu wissen, daß Anna an 1. Stelle steht in Französisch und Tom an 24.? Wäre es nicht besser zu zeigen, daß Schülerinnen und Schüler einfach nur unterschiedlich sind? Und wofür lernen wir eigentlich? Für unsere Noten? »Für eine 1 bekomme ich schließlich DM 10,– !« Jeder fand einen Zugang zu dem Thema, denn jeder von uns hatte natürlich schon viele Noten bekommen, gute und schlechte.

Am Anfang des Diskussionsprozesses war die große Mehrheit der Meinung, daß wir in der Tat die Noten brauchten und daß das auch richtig so wäre und so bleiben sollte. Noten gehörten einfach immer schon zur Schule. Das wurde akzeptiert und verteidigt, als wäre es unabänderlich. ...

Im Laufe unserer Diskussionen merkten wir, daß die Noten deshalb so verführerisch sind, weil sie scheinbar so objektiv, klar und einfach zeigen, was man geleistet hat. Das Problem dabei ist, daß keiner so genau weiß, was z. B. eine »3« in Deutsch bedeutet. Zwar ist es schon toll, daß alles das, was mir der Lehrer mitteilen möchte, in eine einzige Zahl paßt. Die Frage ist nur: Was wollte er mir eigentlich mitteilen? Worauf bezieht sich diese Note? Welchen Teil meiner Leistung deckt sie ab, wenn es um mehr geht als das Abfragen von Vokabeln?

Das Zeugnis wurde, als wir es uns genauer anschauten, zum Zahlenrätsel. Warum wird die Rückmeldung des Lehrers so verklausuliert? Es erschien uns doch sinnvoller, wenn auch mühevoller, der Schülerin oder dem Schüler differenziert, individuell und konkret zu sagen, was er oder sie schon kann oder noch lernen muß. Gerade für die schwächeren Schüler und Schülerinnen unter uns wäre es toll, wenn ihnen der Lehrer nicht immer wieder eine »4« gäbe, sondern auch eine Rückmeldung über ihre Fortschritte. Und auch für leistungsstärkere Schüler und Schülerinnen, die die Chancen einer sich öffnenden Schule nutzen, wird die Note zum Ärgernis. Soll Engagement, das zwar im Rahmen des Unterrichtes Platz findet, aber auch über ihn hinausgeht, das zwar die Fähigkeiten eines Schülers in einem bestimmten Gebiet zeigt, aber nicht nur am Unterrichtsgeschehen festzumachen ist, soll das nun mit in die Note einfließen oder nicht? ...

Wir brauchten mehr Zeit für die Arbeit an diesem Thema.

Es folgt eine Schilderung von einem ersten , selbstorganisierten, sehr lebendigen SV-Seminar zum Thema im Februar 1995 in Bad Homburg:

Nach dem intensiven Meinungsaustausch kam die SV – zumindest vorerst – zu dem Schluß, daß sie sich für die Leistungsbeurteilung ohne Ziffernnoten an der Helene-Lange-Schule einsetzen wolle. Wir kamen zu dem Ergebnis, daß die »heilige Kuh« Note überholt sei. Wir beschlossen, uns für Lernberichte einzusetzen, die unsere Anstrengungen in der Schule differenzierter beschreiben, die uns Mut machen und Verbesserungsvorschläge geben.

Hier folgen im Originalbericht kritische Berichte über Besuche in einer Waldorfschule, in der IGS Göttingen-Geismar und in der Laborschule Bielefeld und der Bericht über ein zweites SV-Seminar im Februar 1996 in Limburg.

Die zweite Phase unserer Initiative, die vor allem dazu gedient hatte, uns zu informieren, und die von einer detaillierteren Meinungsbildung der SV geprägt war, ging hier zu Ende. In Limburg entwickelte eine Arbeitsgruppe schließlich unseren Antrag. Darin forderten wir, die Ziffernnoten in den Jahrgängen 5 und 6 mit Beginn des Schuljahres 1997/98 versuchsweise für zwei Schuljahre durch verbale Berichte zu ersetzen. Kurz nach dem SV-Seminar, am 23. Februar 1996, stimmte die SV diesem Antrag ohne Gegenstimme zu. Auch der Klassensprecher, der den Vorschlag in der ersten Diskussion für verrückt erklärt hatte, stimmte für den Antrag, denn »vieles, was man so aus dem Bauch heraus sagt, sollte man vielleicht erst mal überdenken«. Auch wenn das anstrengend ist.

3. Beschlußfassung

Nachdem die SV den Antrag beschlossen hatte, ging es in die dritte und heißeste Phase. Die Gesamtkonferenz mußte vorbereitet werden, Lehrer und Lehrerinnen bearbeitet und überzeugt werden. Das Aufbegehren der SV hatte mittlerweile selbst den letzten Verfechter der Notengebung aus dem Dornröschenschlaf gerissen. Zwischen dem Beschluß der SV und der Gesamtkonferenz lagen noch einmal über drei Monate zur Vorbereitung, und um neue Kraft zu schöpfen. Außerdem besteht die Arbeit der SV ja nicht nur aus einem Thema. Manchmal waren wir auch ganz froh darüber, daß die entscheidende Gesamtkonferenz erst im Juni stattfinden sollte, aber manchmal waren wir auch schon zwei Monate vorher aufgeregt. Taktische Verabredungen mußten getroffen werden. Die Lehrer und Lehrerinnen auf keinen Fall direkt angreifen, immer ruhig bleiben und Verständnis für ihre Sorgen zeigen, lauteten einige Grundsätze. Auch sollte das Argument, die Note als Druckmittel sei überholt, lieber ganz weggelassen werden. Darauf reagierte so mancher zu heftig, hatten wir festgestellt. ...

Diskret wurden Gespräche, die wir mit Lehrern führten, auf unser Thema hingelenkt, und wir versuchten, Überzeugungsarbeit zu leisten, wo es nur ging. Nur wenige ließen sich gar nicht erst auf ein Gespräch ein und schienen immer mit einem »Ich bin dagegen« auf den Lippen zu grüßen.

Am 10. Juni 1996, als die Gesamtkonferenz ihren Entschluß fällte, waren wir alle furchtbar nervös und aufgeregt. Die Lehrer und Lehrerinnen, die Schulleiterin, die die Konferenz leitete, der Vorsitzende des Schulelternbeirats und unsere siebenköpfige Delegation, alle saßen gebannt in der Bibliothek. Auch wenn die Schulkonferenz, die sich aus fünf Lehrern und Lehrerinnen, drei Eltern, zwei Schülern und Schülerinnen sowie unserer Schulleiterin zusammensetzt, als oberstes Entscheidungsgremium den endgültigen Beschluß fassen muß, so hat die Gesamtkonferenz doch großen Einfluß auf diese Entscheidung. ...

Jessica sprach mir aus der Seele, als sie sich bei der einleitenden Begründung des Antrags verhaspelte und mit den Worten entschuldigte: »Ich bin einfach ziemlich aufgeregt. Es geht heute schließlich um die Arbeit von zwei Jahren.« ...

Drei Stunden wurde leidenschaftlich, aber nicht gereizt oder gar unbeherrscht gestritten. Mit dem Beitrag einer Lehrerin, die wir als »Nein-Stimme« einkalkuliert hatten, kippte die Stimmung schließlich aber doch zu unseren Gunsten. Sie erzählte, daß sie mit der Gewißheit in diese Sitzung gegangen sei, daß der Antrag innerhalb kurzer Zeit abgelehnt werde, daß wir sie mittlerweile aber in der Tat überzeugt hätten. Sie war tief beeindruckt und stolz auf »ihre« Schülerinnen und Schüler.

Schließlich stimmten 23 Lehrer und Lehrerinnen für unseren Antrag, 16 dagegen und »6« enthielten sich der Stimme. Der Antrag war erweitert worden, und zwar wurde die Versuchszeit auf drei Jahre ausgedehnt und es wurde ein Zusatz angefügt, der u. a. vorsieht, daß das Pilotteam in einem gewissen Umfang entlastet wird, um die für unsere Schule adäquate Form der Lernberichte und um neue Formen des Unterrichtens zu entwickeln.

Die erste und schwierigste Hürde war genommen. Nach der Sitzung waren wir erschöpft und glücklich, eine riesige Last fiel von uns ab.

Es folgen Berichte über den Verlauf der Sitzungen des Schulelternbeirates und der Schulkonferenz.

Der spannendste Teil der SV-Initiative beginnt aber erst jetzt: Denn jetzt wird der erste Schritt in eine neue Ära der Leistungsbeurteilung an der Helene-Lange-Schule gewagt. Und die SV möchte bei der Umsetzung der gefaßten Beschlüsse natürlich mitwirken – ist doch Ehrensache.

Bernd B., Jessica L.

14. Zeit haben, Zeit geben
(Anders Lernen 11)

WÄRE »ZEIT HABEN UND ZEIT GEBEN« nicht ein Kennzeichen einer Pädagogik, die heute notwendiger ist als je? Zeit haben für einen anderen, das heißt, ihn merken lassen: alles andere, was es sonst noch auf der Welt an wichtigen Dingen gibt, ist unwichtiger, als daß ich dir jetzt zuhöre und zu verstehen versuche, was du mir sagen willst durch Worte oder durch dein Handeln. Oft heißt es auch: dem anderen Zeit lassen, ihm Zeit geben, sein Zeitmaß und Tempo respektieren, abwarten können, geduldig sein, jemanden nicht drängeln, sich nicht zur Unzeit einmischen, aber zur rechten Zeit zur Stelle sein.

Doch beim Thema »Zeit« geht es in der Schule noch um andere wichtige Entscheidungen, Umgangsformen, Regeln.

Wichtig ist zum Beispiel, daß bestimmte Zeiten für bestimmte »Inhalte« reserviert werden. Eine solche Gliederung nicht nach mechanischen Rastern, sondern von dem her, was man da erwarten kann, hilft, daß nicht alles zu einem faden Einheitsbrei wird, schafft Verläßlichkeit.

Wichtig ist aber zum Beispiel auch, daß die Tage und Wochen und das Schuljahr zwar »mit buntem Leben prall gefüllt«, aber eben nicht übervoll sind, daß aus Aktivität nicht Aktionismus und Gehetztheit wird, für die Schüler und Schülerinnen ebensowenig wie für die Lehrerinnen und Lehrer. »Wer rastet, der rostet«, das klingt zwar, als sei es wahr, aber nur deshalb, weil es »Rasten« mit Faulheit gleichsetzt. Im Gegenteil: Man muß immer wieder auch einmal rasten, um dann um so zügiger und entschlossener vorangehen zu können.

Auch Beziehungen haben etwas mit Zeit zu tun. Steht für sie zu wenig Zeit zur Verfügung, werden sie flüchtig, oberflächlich, erweisen sich in schwierigen Situationen als nicht belastbar. Werden sie zu oft nach zu kurzer Zeit wieder abgebrochen, dann kann das dazu führen, daß gerade junge Menschen sie als unzuverlässig erleben und den Mut verlieren, sich auf neue Beziehungen noch wirklich einzulassen.

In einer Epoche, deren wichtigstes Kennzeichen nach Meinung vieler die rasende Beschleunigung aller Lebensvorgänge und Entwicklungen ist, könnte sich die (Wieder)»Entdeckung der Langsamkeit« als eine besonders dringliche Aufgabe der Schule erweisen.

GB

Rituale, Feste, Feiern
oder: Die Kultur des Zusammenlebens

Neben der Reform des Unterrichts und der Organisation (einschließlich Lehrereinsatz und Räumen) versuchten wir, das Zusammenleben und -arbeiten in der Schule bewußt mit der Hilfe von Ritualen zu gestalten.

In den 70er Jahren haben wir an dieser und an anderen Schulen erlebt, wie überkommene und erstarrte Formen zusammenbrachen. Manche haben

> »Vorgestern abend, als wir diese private Abschiedsfeier der Klasse von Jessica
> hatten, die in einer Kindertagesstätte stattfand, das war phantastisch! Sie
> haben es so toll organisiert. Wir sind am nächsten Morgen noch einmal dorthin.
> Sie hatten schon aufgeräumt. Es war nichts kaputt. Und am Abend vorher lief
> alles in einer Ordnung, wie man das von Jugendlichen in dem Alter normaler-
> weise nie annehmen würde, mit einer Verantwortung, die vorbildlich war. Dabei
> waren doch eine Menge Leute da und viel Organisation, die bewältigt werden
> mußte. Das war das absolute Geheimgremium, es war so geheim, daß wir erst
> eine Stunde vorher erfuhren, wer dahintersteckt.«
>
> *Frau J., ein Sohn und eine Tochter waren auf der HLS*

wir, weil wir sie mit gutem Grund als Ausdruck einer autoritären Denkweise
empfanden, auch bewußt abgeschafft.

Zugleich führte die rapide Veränderung der Lebenswelt der Schüler
außerhalb der Schule in den letzten zwei Jahrzehnten aber bei vielen von
ihnen zu Vereinzelung, Verunsicherung und Orientierungslosigkeit. Hier
sahen wir einen Teil der Ursachen für destruktives oder aggressives
Verhalten in der Schule. Auch deshalb schien es uns wichtig, bestimmte
Rituale bewußt und überlegt wieder zum selbstverständlichen Bestandteil
unseres Schullebens werden zu lassen. Wir hofften, durch sie
– die Arbeit im Unterricht zu strukturieren,
– dem Zusammenleben eine verläßliche Orientierung zu geben,
– die Schulzeit zu gliedern und mit Spannung zu erfüllen und
– jedem/jeder einzelnen möglichst einen Halt zu geben.

Sinn und Funktion von Ritualen

In der Schule sind Rituale vor allem feste Bräuche, die meist zugleich einen
symbolischen Gehalt haben, der von den Beteiligten möglichst ohne viel
Erklärungen verstanden wird, zum Beispiel als Eröffnungssignal für eine neue
Handlung. (So bedeutet das Handheben zu Beginn des Unterrichts, daß alle
still werden und sich auf den Beginn des Unterrichts konzentrieren.)

Im Unterschied zu Regeln, Geboten und Verboten haben Rituale nicht nur
einen rationalen Kern, sondern viele von ihnen entfalten auch eine bestimm-
te Symbolkraft (z. B. der Kreis am Montagmorgen oder beim Klassenrat).
Darüber hinaus strukturieren sie Situationen der Arbeit und des alltäglichen
Zusammenlebens und sind bedeutsam bei der Inszenierung von Feiern.
Dieses bewußte In-Szene-Setzen von großen und kleinen Situationen ist das
Gegenteil von dem häufig beobachtbaren nachlässigen unbewußten
Verhalten von Lehrern, z. B. bei Unterrichtsbeginn oder -ende.

So wie Symbole nicht ständig in einem Diskussionsprozeß neu erfunden
und festgelegt werden, so sind Rituale im Idealfall selbstverständliche Praxis,
werden zunächst einmal einfach vollzogen und beziehen auch daraus ihre
»Zauberkraft«.

Bei der bewußten Entscheidung für bestimmte Rituale ging es dem
Kollegium der Helene-Lange-Schule darum, die Unterwerfungsrituale der

»alten« Schule zu vermeiden. Aber es müssen auch die Rituale der »neuen« Schule immer wieder befragt werden, ob sie mit Sinn erfüllt sind, ob sie Ausdruck von Achtung vor jedem einzelnen sind oder ob sie entleert und erstarrt sind. Was zehnjährigen Jungen und Mädchen selbstverständlich ist und von ihnen als »schön« erlebt wird, mag Sechzehnjährigen »kindisch« vorkommen oder »auf die Nerven gehen«. Darum begleiten durchaus nicht alle Rituale, die im folgenden beschrieben werden, die gesamte Schulzeit.

Zwei Gegenüberstellungen, um zu verdeutlichen, was mit Ritualen gemeint und beabsichtigt ist

1. Unterricht

Zu Beginn einer Deutschstunde in der 7e sitzen Schülerinnen und Schüler gelangweilt und mit privaten Dingen beschäftigt in Gruppen. Die Lehrerin tritt ein, begrüßt die Klasse kurz und bittet, die Hausaufgaben – einen Aufsatz – aufzuschlagen und vorzulesen. Als sich niemand freiwillig meldet, ruft die Lehrerin einen Schüler auf. Von seinem Platz aus liest Moritz widerwillig in das leise Schwätzen der Klasse hinein seine Hausaufgabe vor. Einige Schüler lachen, andere tauschen abfällige Bemerkungen aus. Nach dem Vorlesen die Frage der Lehrerin: »Wer möchte dazu etwas sagen?« Zwei, drei Schüler melden sich und kritisieren den Text als langweilig und zu leise gelesen, denn man habe ja nichts verstanden. Moritz schlägt bedrückt und verlegen lachend das Heft zu. Nach dem Unterricht geht er nach vorne, um sich seine Note sagen zu lassen.

Die Beschreibung dieses Vorgangs ist natürlich ein wenig überzeichnet, aber so ähnlich dürfte er sich täglich in tausenden von Deutschstunden abspielen. Die Schülerinnen und Schüler haben offensichtlich keine Formen, miteinander umzugehen, außer einer ziemlich brutalen Offenheit. Sie sind ehrlich, aber ihre Ehrlichkeit ist armselig. Der vorlesende Schüler ist entmutigt und beschämt. Er hat eine schlechte Leistung geliefert und wird sich der Tortur einer solchen Vorführung so schnell nicht wieder aussetzen, außer wenn er muß – nämlich für die Note. Der Vorgang insgesamt ist langweilig für die Klasse und unterscheidet sich kaum von dem Beginn der folgenden Stunden, ob das nun Deutsch, Französisch, Englisch oder Mathematik ist.

Alle zwei Wochen, dienstags in der 1. Stunde, hat die 7b eine Deutschstunde, die nennt sich »Freie Texte«. Als der Lehrer hereinkommt, sitzt die Klasse bereits erwartungsvoll im Kreis, der zur Tafel hin geöffnet ist. Dort steht ein Rednerpult. Auf die Frage des Lehrers, wer heute vorlesen möchte, melden sich mehrere Kinder, deren Namen an der Tafel notiert werden. Danach Stille. Zuerst steht Susanne auf, geht mit ihrem Heft zum Rednerpult und liest stehend ihren langen Text vor. Am Ende klatschen alle Beifall und danach nimmt Susanne vom Rednerpult aus die lobenden, kritischen und fragenden Äußerungen der Schülerinnen und Schüler entgegen und antwortet darauf.

Was ist geschehen? Das Vorlesen der »Freien Texte« in der 7f ist eingebettet in eine Reihe bestimmter, bekannter, eingeübter und immer wiederkehrender Formen, die eine Hilfe sowohl für die Vorlesende als auch für die Zuhörer sind und jede dieser Stunden zu einem Erlebnis machen, auf das sich die Schüler freuen. In vergleichbarer Weise sind die Buchvorstellung, die Freien Vorträge, das Vorspielen in Musik oder die Demonstration eines Experiments in Naturwissenschaft ritualisiert, also Unterrichtssituationen, in denen einzelne Schüler sich mit einer vorbereiteten Einzelleistung vor der Klasse oder dem Jahrgang exponieren.

Susanne ist aufgeregt, sie hat Angst, denn sie weiß, daß sie nicht besonders gut schreiben kann. Aber sie weiß auch, wie der vorgegebene Ablauf ist. Sie muß sich nicht anstrengen, um Ruhe herzustellen, und bei dem Beifall fühlt sie Erleichterung. Alle bemühen sich, ihr zu zeigen, daß sie keine Angst haben muß, daß sie mit Geduld und Respekt rechnen kann, auch bei ihren Feinden. Der Kreis, die Stille, das Aufstehen beim Lesen, der Beifall erschaffen zusammen eine Atmosphäre, in der Kinder auch ganz Persönliches sagen können, eine Atmosphäre, die es möglich macht, daß Kinder den Mut fassen, sich selbst in den Mittelpunkt zu stellen. Die Klasse als Zuhörer findet eine Form vor, muß sie nicht jedesmal neu erfinden. Sie kann auf etwas zurückgreifen, auf das Verlaß ist, auch wenn einzelne gerade an diesem Tag schlecht gelaunt sind. Im Beifall nach dem Vorlesen drückt sich aus: Wir danken dir, daß du dich angestrengt hast. Wir haben Hochachtung vor dir, daß du es gewagt hast, dich unserer Kritik auszusetzen. Wir geben dir die Sicherheit, daß wir dich nicht fallenlassen. Manchmal wird geklatscht, obwohl einige in der Klasse finden, daß der oder die Vorlesende »blöd« ist und daß der Text eigentlich ziemlich langweilig war. Dennoch ist das Klatschen keine Lüge, sondern eine freundliche Geste, in der Schülerinnen, Schüler, Lehrerinnen und Lehrer sich in dem Glauben üben, daß Feindseligkeit überwindbar sei. Dagegen ist die karge Redlichkeit oft wenig menschlich. Die gezielten ermutigenden und kritischen Beiträge nach dem Klatschen machen es Susanne möglich, aus ihren Fehlern zu lernen und das nächste Mal einen besseren Text zu schreiben.

2. Aufnahmefeier eines neuen Schülerjahrgangs

Als ich meinen Sohn Sebastian in einem Gymnasium einschulte, fand die Aufnahme dort folgendermaßen statt:

Auf dem Schulhof standen ca. 160 Kinder und Eltern herum, die sich meist nicht kannten. Zur vorher mitgeteilten Zeit erschien der Schulleiter mit einigen Lehrern und bat die neuen Schülerinnen und Schüler und deren Eltern in eine windgeschützte Ecke des Schulhofes, wo er eine kurze Ansprache hielt, in der er auf die wesentlichen Regeln der Hausordnung hinwies und insbesondere betonte, daß viele Flure der Schule frisch gestrichen seien und er hoffe, daß sie auch in einigen Jahren noch so sauber aussähen wie heute. Dazu sollten die neuen Schüler ihren Beitrag leisten. Dann stellte der Schulleiter die neuen Klassenlehrerinnen und Klassenlehrer vor, las die

Namen der dazugehörigen Schülerinnen und Schüler vor, und die einzelnen Klassen verschwanden in ihren Klassenräumen. Sie erhielten dort ihren Stundenplan und Anweisungen für die nächsten Tage. Der Schulleiter seinerseits erläuterte den im Schulhof wartenden Eltern die Bestimmungen der Elternmitarbeit und die Raumnot der Schule. Nach ungefähr einer Stunde war die »Aufnahmefeier« beendet. Der Empfang in dieser neuen Schule wurde von Schülerinnen und Schülern und Eltern als kühl und unfreundlich empfunden. Diese Schule hatte sich offensichtlich von den im Gymnasium üblichen Aufnahmeritualen verabschiedet, aber keine neue Form gefunden, wie ein neuer Jahrgang in einer neuen Schule zu begrüßen sei. Deutlich war das Bestreben, den normalen Schulablauf möglichst wenig zu stören und so zu tun, als sei die Aufnahme von 160 neuen Schülerinnen und Schülern etwas völlig Alltägliches, was so nebenbei zu erledigen ist. Mein Sohn Sebastian kann sich heute nicht mehr daran erinnern.

Am 2. Schultag nach den Sommerferien findet alljährlich in der Helene-Lange-Schule das große Fest der Aufnahme des neuen Jahrgangs 5 in die Schule statt. Dieses Fest wird vorbereitet von dem vorhergehenden Jahrgang 5. Lieder, kleine Theaterstücke, Akrobatik und Kostproben aus dem Fachunterricht werden über mehrere Wochen vor Schuljahresende geprobt und dann bei der Aufnahmefeier vorgeführt. Jedes Jahr erhalten die neuen Schülerinnen und Schüler Geschenke von den Sechstkläßlern, unter anderem eine große Fahne aus 100 Stoffteilen, auf der alle bisherigen Schülerinnen und Schüler der Gesamtschule ihren Namen eingetragen haben, und die von Jahrgang zu Jahrgang weitergereicht wird. Das zweite traditionelle Geschenk ist das Bild der Helene Lange mit dem von den Schülerinnen und Schülern selbst eingedruckten Datum der Einschulung als Erinnerung an diesen Tag. Eine Schülerin oder ein Schüler des Jahrgangs 6 führt durch das Programm, die Schulleiterin hält eine an die Schülerinnen und Schüler gerichtete Rede. Dann stellt sich auf originelle und überraschende Weise das jeweilige Lehrerteam den Eltern und den neuen Schülerinnen und Schülern vor. Am Ende der Feier werden alle neuen Schülerinnen und Schüler auf die Bühne gerufen. Die Schulleiterin nennt jedes einzelne Kind beim Namen und gibt ihm die Hand zum Zeichen, daß es nun in die Helene-Lange-Schule aufgenommen ist. Begleitet von der Musik eines kleinen Schulorchesters verlassen die neuen Klassen 5 mit ihren Klassenlehrern die Aula. In den neuen Klassenräumen, die für sie sorgfältig hergerichtet sind, lernen sie sich durch Gespräche und Spiele kennen und verlieren so die erste Angst vor der Schule, den neuen Mitschülerinnen und Mitschülern. Die Eltern des Jahrgangs 6 backen Kuchen für die Neuankömmlinge, die sich zum Schluß der Feier bei Kaffee und Kuchen im Forum miteinander bekannt machen und die neuen Lehrerinnen und Lehrer kennenlernen.

Die Aufnahme der neuen Schüler in die Helene-Lange-Schule wird nicht nur als notwendiger Verwaltungsakt vollzogen, sondern als Feier inszeniert. Damit wird die Handlung – Übergabe der Kinder von den Eltern an die weiterführende Schule – aus der üblichen Schulroutine herausgehoben und für alle – die Aufnehmenden wie die Neuankömmlinge – zu einem Erlebnis, das sich dauerhaft in die Erinnerung eingräbt und den neuen bestätigt, nun »dazuzugehören«. Den Gefühlen, die dabei die Beteiligten bewegen: Freude, Angst, Schmerz, wird eine öffentliche Form gegeben, so daß alle sich miteinander freuen können und erfahren, daß sie in ihrer Angst nicht allein sind. Dies ist tröstlich für Kinder und Eltern. Eine solche Form der Aufnahme in einen neuen, fremden Bereich erinnert an Riten, mit denen andere Kulturen den Übergang von einer entscheidenden Lebensphase zu einer anderen feierlich begehen. Solche Transitionsriten sind uns fremd geworden, sie stehen in unserer Kultur nicht mehr selbstverständlich zur Verfügung, sondern es bedarf des Nachdenkens und Entscheidens der Lehrerinnen und Lehrer, um sie neu zu beleben und mit Inhalt zu füllen.

Lebenszeit gliedern, Arbeitssituationen entlasten, Zusammenleben unterstützen

Schulzeit ist auch Lebenszeit. Bestimmte Höhepunkte, z. B. der Anfang und das Ende einer Lebensstufe, werden mit Hilfe von Ritualen in besonderer Weise inszeniert und ragen damit aus dem üblichen Zeitbrei heraus.

Zu den die Lebenszeit gliedernden Ritualen gehören in der Helene-Lange-Schule:
– das eben beschriebene Aufnahmefest für die »Neuen« und das Entlassungsfest für die Klassen 10,
– die Klassenchronik, die Monatsfeier (heute meist: »Kunst im Treff«), der Jahreszeitentisch,
– die Weihnachtsfeier, das Sommerfest.

Allen diesen über die Schulzeit und das Schuljahr verteilten Veranstaltungen und Tätigkeiten ist gemeinsam, daß sie sich in bekannten, wiederkehrenden Formen abspielen. Die Gewißheit der Wiederkehr dieser Rituale gibt Sicherheit. Sie bestärken für alle Beteiligten ein Gefühl der Zugehörigkeit zu dieser Schule und bilden ohne viele Worte das Selbstverständnis der Schule ab.

Neben den Ritualen, die die Lebenszeit der Schüler gliedern, versuchen wir in der Helene-Lange-Schule auch den Alltag mit Hilfe von Ritualen zu strukturieren. Dabei unterscheiden wir

Rituale, die sich auf Arbeitssituationen beziehen, wie z. B.:
– das Handzeichen,
– der zweite Teil des Montag-Morgen-Kreises,
– der Projektbeginn, die Projektpräsentation,
– die Ausgestaltung der Treff- und Flurwände mit Arbeitsergebnissen,
– die Ritualisierung bestimmter Unterrichtssituationen,
– Ämter, Putzplan,
– die Präsentation der Ergebnisse aus den Festen Vorhaben und Arbeitsgemeinschaften

und Rituale, die sich auf das Zusammenleben beziehen, wie z. B.:
– der erste Teil des Montag-Morgen-Kreises, der Klassenrat,

Stichworte zu einigen Ritualen an der Helene-Lange-Schule

Montag-Morgen-Kreis

Schüler und Lehrer sitzen im Kreis und berichten vom Wochenende oder von irgend einem Ereignis, das den einen oder anderen bewegt. Der zweite Teil des Montag-Morgen-Kreises dient der Planung der Woche mit der Festlegung des Wochenstundenplans, der Besprechung besonderer Unternehmungen oder Ereignisse und der Ausgabe des Wochenarbeitsplans. Ab Klasse 7 ist es bei unserer Organisation schwierig, die Klassenlehrer jeweils montags morgens in den ersten beiden Stunden in ihren Klassen einzusetzen. Es kann passieren, daß sie erst am Dienstag ihre Klasse zum ersten Mal sehen. Dann sollte es eben einen Dienstag-Morgen-Kreis geben, in dem gemeinsam mit den Schülern die Woche geplant wird. Bei älteren Schülern (ab Klasse 9) könnte diese Stunde auch 1 x im Monat stattfinden. Das Wochenanfangs-Kreisgespräch könnte von einem Fachlehrer der Klasse übernommen werden.

Klassenrat

Am Ende der Woche, möglichst freitags in der 5. oder 6. Stunde findet zusammen mit dem Klassenlehrer der Klassenrat statt. Alle sitzen im Kreis. Eine Schülerin oder ein Schüler leitet den Klassenrat, ein anderer führt Protokoll. Der Klassenrat ist eine Schülerstunde. Er wird vorbereitet durch eine Wandzeitung, die montags in der Klasse ausgehängt wird. Diese Wandzeitung hat in der Regel drei Spalten: Ich finde gut, ich finde nicht gut, ich wünsche mir. Im Laufe der Woche können alle Schüler und alle Lehrer

Eintragungen in die drei Spalten der Wandzeitung machen. Die Diskussionsleiterin oder der Diskussionsleiter nimmt dann am Freitag die Wandzeitung ab. Die einzelnen Beiträge werden vorgelesen und zunächst hat diejenige oder derjenige, die/der eine bestimmte Bemerkung auf die Wandzeitung aufgeschrieben hat, das Wort. Wandzeitungen und Protokolle werden in der Klasse in einem Ordner abgeheftet.

Stehkreis

In der Jahrgangsstufe 5/6 ist es üblich, daß sich am Ende des Schulvormittags in der letzten Stunde die Schülerinnen und Schüler sich in einen Kreis stellen und sich kurz noch einmal wichtige Dinge für den nächsten Tag oder den Nachmittag mitteilen: die Hektik des Aufbruchs wird durch einen Augenblick der Stille verlangsamt. In manchen Klassen fassen sich die Schülerinnen und Schüler dann zum Abschied an den Händen und wünschen sich einen guten Tag.

Klassenchronik

In ein Buch, das in der Klasse ausliegt, werden fortlaufend ab Klasse 5 Wochenberichte, Fotos, Berichte von Klassenfahrten oder von sonstigen wichtigen Ereignissen aus dem Leben der Klasse eingetragen.

Geburtstage

Im Klassenraum hängt ein Kalender mit den Geburtstagen der Schüler und Lehrer. Die Form der Geburtstagsfeiern legen Klassenlehrerinnen und Klassenlehrer mit ihren Klassen fest (z. B. Kerzen, Blumen, Kuchen,

Lieder, Spiele). In einem Jahrgang 5 gab es beispielsweise einen »Geburtstagsstab«: Ein schön verzierter Stab wurde im Kreise herumgereicht. Jeder, der ihn bekam, wünschte dem Geburtstagskind etwas Gutes.

»Kunst im Treff«

hervorgegangen aus der »Monatsfeier«: Einmal im Monat in einer 1. oder 6. Stunde (und nicht länger) versammelt sich der gesamte Jahrgang im Schülertreff. Einige Schülerinnen und Schüler führen auf der Jahrgangsbühne etwas vor: einen Zaubertrick, eine Akrobatiknummer, ein Musikstück, eine Demonstration aus dem Bereich der Naturwissenschaften oder das Vorlesen eines Freien Textes.

Freie Texte/Buchvorstellung/ Freie Vorträge

Situationen, in denen einzelne Schülerinnen/Schüler sich in besonderer Weise exponieren und ihre Bemühungen der Klasse vortragen, sollten eingebettet sein in feste Rituale. Dazu gehört: alle sitzen im Kreis, der/die Vortragende steht am Rednerpult, Beifall am Ende des Vortrags und dann erst Lob und Kritik. Die »Werke« oder eine Auswahl daraus werden in der Klasse gesammelt und zum Beispiel zu einem Klassenlesebuch zusammengefaßt oder gedruckt und verkauft.

Projektbeginn/Projektpräsentation

Durch die Art des Beginns eines Projekts in jeder Klasse wird deutlich, daß nun eine längere Unterrichtssequenz kommt, die in Form und Inhalt ganz anders ist als der sonstige Fachunterricht. Die Präsentation der Ergebnisse wird über die Klasse hinaus im Jahrgang und in der Regel auch vor einer Öffentlichkeit, wie zum Beispiel Eltern oder sonstigen eingeladenen Gästen stattfinden.

Schülertreff/Flure

Die Wände in den Fluren und Schülertreffs sind Ausstellungsflächen, um die Ergebnisse aus dem Fachunterricht, den Projekten oder den Festen Vorhaben einer Schulöffentlichkeit über die Klassen und den Jahrgang hinaus vorzustellen. Damit wird Hochachtung und Respekt vor Schülerleistungen dokumentiert. Gleichzeitig ist dies ein Mittel, um andere Jahrgänge über die eigene Arbeit zu informieren.

Jahreszeitentisch

In den Klassenräumen der Jahrgangsstufe 5/6 ist ein Tisch reserviert, auf dem Früchte, Pflanzen oder Gegenstände, die typisch für die Jahreszeit sind, ausgestellt werden.

Klassenraumtür

Jede Klasse gestaltet ihre Tür individuell. Viele Klassen stellen sich auf der Flurseite der Tür vor. Eine geschlossene Tür bedeutet: »Wir wollen nicht gestört werden«, eine offene: »Zutritt ist möglich«.

Ämter

Alles, was in der Klasse und außerhalb für die Klasse zu verwalten, zu versorgen, zu besorgen etc. ist, wird auf »Ämter« verteilt. Jede Schülerin/jeder Schüler hat mindestens ein oder zwei Ämter, deren Aufgaben genau festgelegt werden. Die von der Klasse beauftragten Amtsinhaber unterschreiben einen Vertrag, in dem ihre Aufgaben und Verpflichtungen genau beschrieben sind. Das Ämterbuch mit den unterschriebenen Verträgen liegt in der Klasse. Ebenso hängt in der Klasse eine Ämterliste, aus der deutlich hervorgeht, welcher Schüler welches Amt inne hat. Der Klassenrat ist der Ort, wo für die Arbeit in den einzelnen Ämtern Lob, Kritik oder Forderungen geäußert werden können.

TEAM

- die Geburtstagsfeier,
- die Gestaltung des Klassenraums und der Klassenraumtür,
- der Stehkreis,
- der Jahrgangsrat,
- die Begrüßung der »Neuen« am Anfang des Schuljahres und die Verabschiedung der Abgänger am Ende des Schuljahres.

Dazu kommen »spontane Inszenierungen« oder Rituale, die wir selbst erst aus besonderen Anlässen erfinden müssen: wenn uns im Schuljahr ein Schüler oder Lehrer verläßt, wenn es (politische oder andere) Ereignisse gibt, angesichts derer wir nicht einfach business as usual machen können (ob Golfkrieg oder Mordanschläge auf Asylanten), wenn der Tod eines Mitschülers oder Lehrers viele verstört.

Manche Rituale sind nicht eindeutig nur einem Bereich zuzuordnen, sondern dienen zum Beispiel sowohl der Strukturierung der Arbeitssituationen als auch der Integration des einzelnen und dem friedlichen, konfliktlösenden Miteinander. So eröffnet der Montag-Morgen-Kreis in seinem ersten Teil den Schülerinnen und Schülern die Möglichkeit, außerschulische Erlebnisse im Kreis einer teilnehmenden Zuhörerschaft zu erzählen und sich dabei aufgehoben zu fühlen. Im zweiten Teil wird die Arbeit der Woche geplant und zwar so, daß die Schülerinnen und Schüler zunehmend selbständig mitplanen und nicht nur die »Dienstanweisung« der Lehrer entgegennehmen.

Die Arbeitsrituale und die Rituale des Zusammenlebens sollen den Schülerinnen und Schülern eine verläßliche Orientierung und psychischen Halt geben. Sie entlasten den einzelnen (Schüler wie Lehrer) und schaffen ein Klima von Achtsamkeit und Behutsamkeit für Menschen und Dinge. Daß das Kollegium der Helene-Lange-Schule in den letzten zehn Jahren so intensiv über Rituale nachdachte und sie zusammen mit dem Reformkonzept in der Schule einführte und praktiziert, hat seinen Grund vor allem darin, daß unsere Erfahrung unsere Vermutung bestätigt hat: Viele Kinder und Jugendliche brauchen solche Orientierung und Entlastung und ein solches Klima heute besonders dringend.

Im weiteren Sinn gehören auch Feste und Feiern zu den Ritualen. Sie markieren Einschnitte, fassen etwas zusammen, sollen eine gemeinsame, »schöne« Erfahrung sein, die für einen begrenzten Zeitraum den »Alltag« aufhebt. Feste und Feiern müssen sorgfältig vorbedacht und vorbereitet werden. Auch das ist für viele Schüler und Schülerinnen eine neue Erfahrung. An dieser Vorbereitung sind viele beteiligt. Es muß etwas rechtzeitig besorgt, vielleicht über lange Zeit etwas eingeübt werden. Für das Gelingen des Festes oder der Feier sorgen nicht nur ein paar »Funktionäre«, sondern letztlich alle durch ihr Verhalten, manche auch durch besondere Beiträge, manche, indem sie die Dekoration der Räume oder die Bewirtung übernehmen. Das Fest oder die Feier ist zugleich ein Zielpunkt: die Aufführung eins Theaterstücks oder ein kleines Konzert sind nicht mehr nur »pädagogische« Veranstaltungen, sondern sie werden zum Element eines größeren Zusammenhangs. Bei vielen der Feste und Feiern sind auch Gäste eingeladen.

Einführung von Ritualen, ihre Veränderung im Laufe der Schulzeit der Schülerinnen und Schüler

Damit Rituale im Alltag selbstverständlich und entlastend (also gerade nicht ein verkrampfter Zwang) werden, ist nicht nur eine immer wieder zu erneuernde Verständigung über ihre Bedeutung und Wichtigkeit erforderlich, sondern ganz einfach viel Arbeit und Zähigkeit.

Und trotz aller Einsicht sind wir Erwachsenen oft geneigt, die Rituale, auf die wir uns verständigt haben, im Alltag doch für nebensächlich, für eine Art Verzierung zu halten, nachlässig mit ihnen umzugehen, oder, insbesondere in den Pubertätsjahren, zu schnell auf die Wünsche von Schülerinnen und Schülern einzugehen und ihren Widerständen nachzugeben.

Das hat sicher auch damit zu tun, daß uns auch öffentlich für unseren Lehrerberuf zwar verschiedene Idealvorstellungen angesonnen werden, zu denen aber höchstens am Rande und verzerrt (Disziplin, Ruhe, Ordnung) gehört, daß es eine unserer wichtigsten Aufgaben ist, einen Lebensraum zu schaffen, der dem einzelnen Kind und Jugendlichen hilft, sich sicher zu fühlen, Selbstvertrauen zu entwickeln, mutig für sich selbst einzustehen und zugleich Rücksicht auf andere zu nehmen. Stattdessen sind die Pole einerseits der Therapeut, der nur dem einzelnen zugewendet ist, oder der Technokrat, für den Effektivität, ob bei der Organisation von Unterrichtsabläufen oder bei der Administration, das einzige Kriterium zu sein habe.

Schule ist eine öffentliche Veranstaltung. Das Öffentliche können wir uns meist aber nur als funktional und formal vorstellen. Intensiv ist dagegen (auch nach unserer heimlichen Überzeugung) und darf auch nur sein ausschließlich das Private/Innerliche. Die symbolische Formensprache für öffentliche Intensität müssen auch wir oft erst selbst wieder lernen.

Um Sicherheit zu gewinnen und der Nachlässigkeit entgegenzuwirken, ist es wichtig, im Lehrerteam immer wieder über die konkreten Rituale, die in diesem Jahrgang gelten sollen, miteinander zu sprechen.

Das Jahrgangsteam für den nächsten Jahrgang 5 sollte sich vor den Sommerferien über die wichtigsten Rituale verständigen, die mit den neuen Schülern und Schülerinnen einzuüben sind. Die Lehrerinnen und Lehrer sollten sich im Laufe des Jahres gegenseitig immer wieder daran erinnern, diese Rituale konsequent zu praktizieren.

Da viele Schülerinnen und Schüler infolge ihrer Lebensbedingungen außerhalb der Schule feste Bräuche, die von der augenblicklichen Gestimmtheit unabhängig sind, kaum kennen, müssen sie zunächst einmal über lange Zeit Erfahrungen mit Ritualen machen und deren positive Auswirkungen spüren können. Dazu gehört sicher auch, daß ihnen bei einem für sie neuen Ritual erklärt wird: Das machen wir hier so. Und wir machen das deshalb so, weil … Erst wenn ein Ritual selbstverständlicher Teil ihrer Alltagserfahrung geworden ist, ist es sinnvoll (und kann sehr wichtig sein!), mit ihnen auch über die mögliche Veränderung dieses Rituals zu diskutieren. Eine zu frühe Mitentscheidung oder gar Abstimmung der Schülerinnen und Schüler über die jeweiligen Rituale würde ihnen eine

Verantwortung für Entscheidungen aufbürden, deren Konsequenzen sie ohne eigene Erfahrung mit dem bisher weitgehend Unbekannten nicht überschauen können. Das ist der Grund, warum wir meinen, daß Rituale zu Beginn der Klasse 5 von Lehrerinnen und Lehrern klar und eindeutig eingeführt werden sollen.

Ungefähr von der zweiten Hälfte der Klasse 7 an ist zu beobachten, daß einige Rituale verschwinden, andere nur noch halbherzig praktiziert werden. Da wird zum Beispiel die Wandzeitung zur Vorbereitung des Klassenrats montags nicht mehr ausgehängt oder Montag-Morgen-Kreis und Klassenrat finden überhaupt nur noch sporadisch statt, oder Geburtstage werden einfach vergessen ...

Dieses allmähliche Verschwinden von manchen Ritualen hängt einerseits sicher auch mit den Schwierigkeiten zusammen, die Lehrerinnen und Lehrer selbst mit Ritualen haben. Andererseits opponieren Schülerinnen und Schüler in der Pubertät generell gegen geltende Regeln, gegen Gebote und Verbote, als die sie nun auch die Rituale empfinden, sei es, weil sie von den Erwachsenen vorgegeben sind, oder sei es, weil sie ihnen (oft mit gutem Grund!) »kindisch« vorkommen, z. B. das Handzeichen und das Singen eines Geburtstagsliedes. Zu fragen ist jedoch, ob Schülerinnen und Schüler nicht gerade in der Phase der Pubertät, in der sie extrem verunsichert sind, (neue) Rituale genau so nötig brauchen wie die jüngeren Schülerinnen und Schüler.

Es wäre also darüber nachdenken (wir haben das noch nicht systematisch getan!), wie wir mit modifizierten oder gänzlich anderen Ritualen deutlich machen können, daß wir verstanden haben: die Schülerinnen und Schüler haben eine neue Lebensstufe erreicht. So wie sie ihre Kinderkleider ablegen und ihr Kinderspielzeug wegräumen, so müßten auch einige der in ihren Augen »kindischen« Formen durch andere, erwachsenere ersetzt werden. Statt des Handzeichens ein akustisches z. B. mit einer Glocke wie in den Parlamenten der Erwachsenen? Könnte sich der Klassenrat, der in 5/6 vielfach mit den Streitereien der Schülerinnen und Schüler untereinander angefüllt war, nicht – von Schülerinnen und Schülern vorbereitet – mit allgemeineren Problemen (politischen, religiösen, weltanschaulichen) beschäftigen? (Das geschieht oft schon.) Die Wandzeitung würde zu einer übersichtlichen Tagesordnung, die den Klassenrat vorbereitet. Aufpassen müssen wir, daß wir den Klassenrat, diese Stunde der Schüler, weil er doch »nichts mehr bringt«, nicht als zusätzliche Unterrichtsstunde verplanen. Könnte in der Jahrgangsstufe 7/8 vielleicht als neues Ritual ein »Jahrgangsrat« eingeführt werden?

Auch die Schülerinnen und Schüler der Jahrgänge 7/8 und 9/10 würden nach der Beobachtung vieler Lehrer und Lehrerinnen in der Vorweihnachtszeit gerne ein Fest feiern, nicht nur Geschenke im Klassenraum austauschen, aber dies müßte sich von der Form und den Inhalten her von dem Weihnachtsfest der Klassen 5/6 deutlich unterscheiden.

Einschnitte, Unterscheidbarkeiten, eindeutige Neubeginne bedeuten immer auch Chancen für hilfreiche Entwicklungsschritte. Eine bestimmte

Richtung der Psychologie benutzt in diesem Zusammenhang den Begriff der »Gestalt«, die einen erkennbaren Anfang und ein ebenso erkennbares Ende haben muß.

Anlaß und Hilfe können zum Beispiel die Umzüge am Ende der Jahrgänge 6 und 8 sein. Wenn diese Klassen ihre neuen Stockwerke beziehen und Klassenräume und Schülertreffs neu einrichten, dann sollte das nicht nur aus Putzen, Malen, Wegwerfen und Möbelschleppen bestehen. Könnte nicht der Abschied von dem alten Raum und der Einzug in den neuen irgendeine feierliche Form bekommen, z. B. ein großes Jahrgangsmahl oder eine andere Form von Fest im alten oder neuen Schülertreff mit Vorführungen? (Da gibt es schon ermutigende Erfahrungen.)

Besonders intensiv muß sicher immer wieder über die Klasse 10 nachgedacht werden. Abschiednehmen nach sechs Jahren intensivem Miteinander-Lebens ist für alle Beteiligten eine schwierige Situation. Sie bedeutet auch Ablösung und darum auch (manchmal heftige) Entwertung, das Suchen nach Anlässen für Kritik – von beiden Seiten. Manche dieser Abschiede sind in den letzten Jahren wunderbar gelungen (»Sehn wir uns wieder, lächeln wir gewiß; wo nicht, war dieser Abschied wohlgetan!« könnte man mit Shakespeare sagen), andere waren eher ein bißchen peinlich oder gar für manche verletzend. Wie sähen Rituale aus, die das Gelingende unterstützen, das Peinliche oder Verletzende weitgehend verhindern würden?

Es ist mittlerweile an der Helene-Lange-Schule selbstverständlich, daß bei der Erstellung des Jahresarbeitsplans der einzelnen Teams nicht nur die Projekte und die Epochen, sondern auch die Rituale für das kommende Schuljahr berücksichtigt und festgehalten werden.

ER

Arbeitszeit

Stellen Sie sich bitte einmal folgende Situation vor:

Sie finden morgens die Tür zu Ihrem Arbeitsplatz verschlossen. Zusammen mit Ihren Arbeitskollegen warten Sie dicht gedrängt im Freien oder im Treppenhaus auf Einlaß. Pünktlich um 8.00 Uhr, aber oft auch erst später, wird aufgeschlossen, und Sie bewegen sich hastig auf Ihren Platz zu. Der Raum ist nur mit dem Nötigsten versehen: Tische, Stühle, Tafel. Alles, was Sie zum Arbeiten brauchen, müssen Sie jeden Tag wieder selbst mitbringen.

Sie haben Ihren Platz noch gar nicht richtig eingenommen, geschweige denn zur Arbeit eingerichtet, da werden Sie schon von Ihrem Vorgesetzten aufgefordert, umgehend ganz bestimmte zu Hause vorbereitete Arbeitsunterlagen hervorzuziehen. In schneller Folge werden nun Sie und Ihre Kollegen gebeten, die jeweils geforderten Teile der Arbeitsunterlagen auf Zuruf vorzutragen. Eine Verständigung darüber untereinander ist aufgrund von Zeitmangel nicht möglich.

Nun folgt ein Vortrag, dem Sie mit aller Aufmerksamkeit zu folgen haben, denn zu Hause haben Sie bereits zum nächsten Tag wieder neue Arbeitsunterlagen zu diesem Thema zu erstellen.

Ein Klingelzeichen ertönt. Ihre Detailfragen bleiben unbeantwortet, denn der Vorgesetzte muß plötzlich den Raum verlassen. Mitten in Ihr Gespräch mit einem Kollegen hinein, das diese ungeklärte Frage zum Gegenstand hat, ertönt wiederum das Klingelzeichen. Ein anderer Vorgesetzter betritt den Raum und verlangt dringend von Ihnen die Arbeitsunterlagen zu einem ganz anderen Thema. Er ist ärgerlich darüber, daß das Material zum eben behandelten Bereich noch nicht weggeräumt wurde.

Sie erhalten nun 15 Minuten Zeit, Ihre Ergebnisse mit denen der Kollegen zu vergleichen, die Ihnen am nächsten sitzen, und sich mit Ihnen auf ein gemeinsames Ergebnis zu einigen. Danach haben Sie für weitere 15 Minuten Gelegenheit, die Ergebnisse im Plenum zu diskutieren. In den verbleibenden 15 Minuten wird Ihnen ein neuer Arbeitsauftrag erteilt, dessen Zusammenhang zu Ihrem Ergebnis Ihnen nicht klar ist. Fünf Minuten vor Schluß dürfen Fragen dazu gestellt werden. Der Kollege neben Ihnen wird, nachdem Sie Ihre Frage gestellt haben, gebeten, Ihnen den Zusammenhang zu erklären.

Das Klingelzeichen ertönt. Sie müssen Ihren Arbeitsplatz verlassen und dürfen Ihre Unterlagen nicht mitnehmen. Sie begeben sich zusammen mit der gesamten Belegschaft Ihres Betriebes für 20 Minuten ins Freie und verzehren dort Ihr mitgebrachtes Brot, falls Sie daran gedacht haben, es mitzunehmen.

Am Ende Ihres Arbeitstages wird die Tür zu Ihrem Arbeitsplatz pünktlich auf die Minute abgeschlossen, und Sie haben gerade noch Zeit, in großer Eile Ihre mitgebrachten Unterlagen, Bücher und Arbeitsmittel wieder in Ihrer Tasche zu verstauen. Sie müssen dabei mit Umsicht und Sorgfalt vorgehen, denn das Betriebstor wird genau zur festgesetzten Zeit verschlossen, und Sie können, sollten Sie etwas Wichtiges vergessen haben, nicht vor dem nächsten Morgen zurück an Ihren Arbeitsplatz gelangen.

UE

Montag-Morgen-Kreis und Klassenrat oder: Der Rahmen der Schulwoche

Wenn montags die Klasse wieder in der Schule zusammenkommt, dann setzen wir uns zuerst in einen Gesprächskreis, um uns gegenseitig vom Wochenende zu erzählen und zuzuhören. Eine halbe bis dreiviertel Stunde lang berichten etwa zehn bis zwölf Schüler von ihren Erlebnissen. Es gibt Lustiges, Spannendes, Langweiliges, Bewegendes und auch mal Trauriges zu erzählen, doch das Zuhören ist dabei das Wichtigste.

Mit der Zeit bildet jede Klasse ihre eigene Gesprächskultur aus, in der die Schüler so zu sprechen lernen, daß sie dabei die Erwartungen und Aufnahmefähigkeit der Zuhörer berücksichtigen, und in der sie aufmerksames Zuhören lernen. Es ist die beste Vorbereitung für alle Formen von

Unterrichtsgesprächen, für Vorträge und Referate. Wer seine Erzählung übertreibt, zu langatmig ausholt, unverständlich oder belanglos erzählt, auf den reagiert die Gruppe mit Unruhe, sie kann nicht mehr zuhören, bestenfalls kommen dann Verständnisfragen oder direkte kritische Kommentare. Lebendiges und anschauliches Erzählen wird dagegen mit großer Aufmerksamkeit verfolgt. Die Anerkennung, die dem Erzähler so zukommt, tut gut, seine Art zu erzählen wird zum anschaulichen Vorbild.

Eine typische Entwicklung einer solchen Gesprächskultur, wie ich sie oft erlebt habe:

In der fünften Klasse, in der immer auch schon etliche Kinder Morgenkreiserfahrungen aus der Grundschule mitbringen, beginnt es meist so: Im Zentrum stehen zunächst Berichte vom Sport (Fußball für die Jungen und Reiten für die Mädchen); Erlebnisse mit Haustieren und Berichte von familiären Unternehmungen; Feste und Verwandtenbesuche sind ebenfalls interessant. Wenn von Hobbys oder von Geschwisterrivalitäten erzählt wird, dann gibt es Erfahrungen der Kinder, die sich berühren, man fragt nach oder möchte spontan auch etwas Passendes dazu beitragen.

Ernst und traurig kann es werden, wenn von bedrohlichen Erkrankungen, Unfällen oder vom Tod gesprochen wird. Angesprochen werden diese Themen aber erst dann, wenn in der Gruppe untereinander und zum Lehrer ein stabiles Vertrauensverhältnis besteht.

»Dennis hat zu seiner Schule einen anderen Bezug als meine Tochter zu ihrer. Er sagt öfter mal: 'Ich komme heute später, ich möchte noch in der Schule bleiben!'. Das ist seine Schule. Er fährt morgens einen Bus früher, damit er auch früher da ist. Das ist schon seit der 5. Klasse so. Ich muß ihn aus dem Bett werfen; er ist kein Frühaufsteher. Aber er fährt regelmäßig einen Bus früher, damit er vorher noch ein wenig Zeit hat für seine Schule. So ist es dann oft auch nachmittags.«

Interview mit Frau B., Mutter eines Sohnes auf der HLS
und einer Tochter, die ein Gymnasium besucht

»Soziales Lernen? Nach meinem Eindruck: Ganz stark! Wie das vor sich ging? Vor allem dadurch, wie da gearbeitet wurde: Gruppenarbeit, Selbsthilfe, und ganz wichtig, die Tatsache, daß alle, normalerweise drei Schulformen, in einer Klasse sind! Daß die »Unterprivilegierten« in der gleichen Klasse sind, daß man denen helfen kann, helfen muß, auch weil das erwartet wird! Das erzeugt natürlich ein ganz starkes Gefühl der Solidarität und auch Verantwortlichkeit. Unsere Kinder waren ja, Gott sei Dank, immer sehr gut in der Schule. Aber sie haben miterlebt (das weiß ich sehr genau bei Jan), daß Klassenkameraden, die eigentlich als Sonderschüler hier eingetreten sind, es dann über die mittlere Reife bis hin ins Gymnasium geschafft haben und daß die ein großes Selbstbewußtsein entwickelt haben. So etwas mitzuerleben, führt schon zu anderen Einstellungen.«

Interview mit Herrn W., ein Sohn und eine Tochter waren auf der HLS

»Aber ich will auch die andere Seite erwähnen. Daniel, der älteste, hat zu mir gesagt: 'Diese endlosen Diskussionen bei dem Klassenrat! Der Klassenrat war schon für uns wichtig und gut und auch inhaltlich wichtig, aber manchmal gab es auch Klassenlehrer, die das ausgewalzt haben! Statt zu sagen, daß sie uns eine bis anderthalb Stunden geben, haben wir wirklich oft drei Stunden Klassenrat gemacht, daß es mir hier oben stand.' Also ich denke, diese Freiheit, die Kinder gestalten zu lassen, ist vielleicht an vielen Stellen zu locker, zu weit gefaßt, zu ausufernd.«

Interview mit Frau D., ein Sohn und eine Tochter waren auf der HLS,
ein weiterer Sohn ist noch dort

»Die lernen das. Das ist nicht nur Unterricht, das zieht sich dann durchs Leben. Wir haben das oft gemerkt. Zu Hause gibt es wirklich ab und zu mal Probleme, auch mit seiner Schwester. Da kann er jetzt offen darüber sprechen. Früher war es nur ein Streiten. Daß es jetzt anders ist, das hat er hier gelernt. [...] Er läßt sich auch nichts gefallen. Nicht daß er ein Duckmäuser wäre. Nein, im Gegenteil! Aber es wird daran gearbeitet. Ich merke es auch an den Klassenkameraden. Wenn was ist, schon geht das Telefon, und die Kinder reden darüber, und das Ganze wird dann irgendwie auseinander genommen.«

Interview mit Frau B., Mutter eines Sohnes auf der HLS
und einer Tochter, die ein Gymnasium besucht

Ein Beispiel: Ein Mädchen berichtet aufgewühlt, daß ihr Bruder in der bevorstehenden Woche eine lebensbedrohliche Operation vor sich hat. An ihren kurzen, unterbrochenen Sätzen wird ihre Spannung, ihre Belastung und Angst um ihren Bruder spürbar. Die Mitschüler nehmen das schweigend auf, fühlen mit. In der Woche gibt es immer wieder Nachfragen, Ermutigung und Trost, alle sind schließlich erleichtert, als die Operation gut verläuft. Das Mädchen war mit seiner Angst nicht allein, hat sich in dieser Woche nicht zurückziehen müssen, um sich zu schützen. Alle haben gewußt, was los ist, haben mitgefühlt und dabei Angst und Erleichterung ein wenig geteilt.

Bei vielen ernsten Themen entwickeln sich auch spontane, kurze Gesprächssequenzen, viele Kinder werden angeregt, auch ihre Erfahrungen und Ängste auszusprechen. Belastende Erlebnisse können so auch unter Kindern über die Mitteilung ein wenig verarbeitet werden.

Leichter erzählt sich ein lustiges oder außergewöhnliches Erlebnis, z. B. der Gewinn einer Trophäe im Sport. Im Montagmorgenkreis wird man neugierig aufeinander: Was haben die Freunde und Mitschüler erlebt, was kann ich selbst erzählen? Es wird viel gelacht, das Erzählen wird reizvoll, die Gruppe stimmt sich wieder aufeinander ein. Neugierig wird aufgenommen, wer bei wem das Wochenende verbracht hat und was man gespielt oder unternommen hat. So gibt es viele Anregungen, sich auch für das nächste Wochenende zu verabreden und etwas Kreatives zu unternehmen.

Um mehr als nur oberflächlich zu erzählen, braucht es sicheres Vertrauen zur Gruppe und zum Lehrer. Niemand wird seine Gefühle erneut preisgeben, wenn er dafür ausgelacht oder gekränkt wurde, auch wenn dies nur durch abfällige Mimik ausgedrückt wurde. Bringen mir die anderen wirkliches Interesse entgegen, werde ich ernstgenommen, auch wenn ich meine Sorgen und Ängste erzähle? Kinder, die das Gefühl haben, ihnen höre ja doch niemand zu, verstummen nachhaltig, und das wird auch meist ihrem Verhalten im Unterricht entsprechen. Oft gibt es eine Vorgeschichte, die von Erfahrungen außerhalb der Schule bestimmt ist.

In jeder Gruppe gibt es zunächst Kinder, die sich in den Vordergrund drängen, die schon selbstsicher erzählen können, die auch scheinbar immer etwas Interessantes erleben, kurz die gelernt haben, wie man sich in der Schulkonkurrenz durchsetzt und sich selbst wirkungsvoll einbringt. Daneben gibt es immer eine Gruppe Kinder, die sich diesen Raum nehmen läßt, die verschlossen ist und sich nicht mit ihren Erlebnissen in die Gruppe wagt.

Hier sehe ich eine wichtige Aufgabe des Lehrers, gerade diesen Kindern Raum zu geben, sie freundlich aufzufordern und zu ermutigen, etwas von sich zu erzählen. Das Wichtigste ist, daß sie Interesse an ihrer Person spüren. Ein Junge, der lange Zeit nur zuhörte, antwortete auf Nachfrage erst verschämt: »Ich habe das ganze Wochenende nur ferngesehen, … ich kann doch nicht die Filme erzählen, die ich gesehen habe! … Ich habe mich total gelangweilt!« Das ginge ihm oft so, und er habe einfach nichts zu erzählen, was für die anderen interessant sein könnte. Nach kurzer Pause

> »Also: Jan und Anna hatten nicht nur eine eigene Meinung. Die haben vermutlich die meisten Jugendlichen in ihrem Alter. Sondern ich glaube: Die Schule hat ihnen beigebracht, ihre Meinung immer überzeugender zu vertreten. Auch in häuslichen Auseinandersetzungen. Wie die Stellung beziehen und einem das dann sachlich um die Ohren hauen! Das ist schon erstaunlich. Da muß man sich als Erwachsener, wenn man berufsbedingt erschöpft nach Hause kommt, doch zurücknehmen. Das ist klar.«
>
> *Interview mit Herrn W., ein Sohn und eine Tochter waren auf der HLS*

sprechen auch andere davon, daß sie sich oft langweilen und was sie dagegen tun. Plötzlich ist »Langeweile« und der Umgang damit ein wichtiges gemeinsames Thema.

Auch wir Lehrer müssen lernen, im Morgenkreis ruhig und empathisch zuzuhören. Im üblichen Frontalunterricht reden wir viel und lang, verhalten uns dabei lernzielorientiert (wir haben im Unterricht eine Art Rederecht, das allen anderen vorgeht). Die Erfahrung und Verantwortung *jedes Gespräch* zu steuern und zu einem Ziel zu führen, prägt uns schnell, *jedes Gespräch* zu dominieren, und wir tun uns oftmals schwer, uns zurückzuhalten und zuzuhören. Dazu kommt, daß anfangs viele Kinder ihre Erzählung ausschließlich an den Lehrer richten und keinen Blickkontakt mit den Mitschülern suchen. Das zeigt deutlich, auf welchen Bahnen die Kommunikation im Unterricht sonst läuft.

Der Lehrer sollte seine Person nicht gänzlich heraushalten, sondern auch mal etwas von sich erzählen. Auch für die Klasse ist es wichtig zu erfahren, ob es für ihren Lehrer etwas Besonderes gab, das des Erzählens wert ist. Gibt es Ereignisse oder Sorgen, die die Kinder im Umgang mit ihrem Lehrer wissen sollten? Was man erzählt, sollte man überlegt auswählen.

Die Kinder spüren genau, ob sich der Lehrer und ihre Mitschüler wirklich für das Erzählte interessieren und damit ihre Person und ihre aktuelle Geschichte annehmen. Das Vertrauen und die Sicherheit, vor der Gruppe etwas von sich selbst vorzutragen, wächst mit der Zeit und stärkt das Selbstvertrauen. (Hat mein Wort für die anderen Bedeutung, kann ich sie »berühren« und »erreichen« mit dem, was ich erzähle, welchen Platz habe ich in der Gruppe?)

Ein nicht zu unterschätzender Nebeneffekt des Montag-Morgen-Kreises: Nach dieser Erzählrunde haben sich alle das Wichtigste mitgeteilt, man kann das Wochenende ablegen und ihm seinen Platz geben, man ist in Ruhe bei den anderen angekommen und kann sich nun freier auf den folgenden Unterricht konzentrieren. So werden unmittelbar im Anschluß an den Erzählkreis die Arbeitsvorhaben der nächsten Tage geplant und der Wochenplan aufgeschrieben.

Als Lehrer erfahre ich viel von dem, was Kinder auch außerhalb der Schule in ihrer Freizeit mit Freunden und Familie erleben, was sie zur Zeit beschäftigt. Wir sind uns nicht fremd. Besuchern fällt dieser freie und entspannte Umgangston zwischen den Schülern und zu den Lehrern sofort auf,

ebenso das Selbstbewußtsein und die Offenheit, mit der die Kinder ihre Gedanken, ihre Gefühle und auch Kritik äußern können.

Da hört sich jetzt vieles ideal und leicht an: Man nehme ... und dann ...! Zunächst hängt es jedoch zentral vom Lehrer ab, ob er den Morgenkreis und Klassenrat als zentrales und elementares Mittel der sozialen Erziehung ansieht, oder ob er innerlich gelangweilt und genervt ist von den sich oft wiederholenden und ähnlichen Erzählungen.

Dann werden die Gespräche wohl kaum in die Tiefe gehen können. Auch von der Klasse selbst, von einzelnen Kindern ist es natürlich abhängig, welches Gruppen- und Gesprächsklima möglich wird.

So erleben auch bei uns an der Schule manche Klassen und ihre Lehrer den Morgenkreis und auch den Klassenrat als unproduktiv und wenig ergiebig, erleben ihn als vertane Zeit, in der man doch besser Unterrichtsstoff bearbeitet hätte.

Allein durch ein starres Ritual läßt sich eine gute Gesprächskultur nicht erzwingen. Es muß die Einsicht entstehen und in die Tat umgesetzt werden, daß jedes einzelne Gruppenmitglied verantwortlich ist für das, was läuft. Bei Schülern diese Verantwortung für ihren Morgenkreis und Klassenrat anzuregen und zu stabilisieren, ist die originäre Aufgabe des Klassenleiters. Das ist ein hoher Anspruch, und die Umsetzung in die Tat gelingt eben nicht immer!

Das Ende der Woche wird mit dem festen Ritual des Klassenrats gesetzt.

Die Kinder haben die Woche über auf einer Wandzeitung ihre Wünsche, ihr Lob und ihre Kritik eingetragen. Zu verhandelnde Konflikte und Kritiken nehmen in der Regel den größten Raum ein. Dieses Instrument der Konfliktregelung ist stark ritualisiert und wird intensiv genutzt. Jeder weiß, daß die Besprechung und Auseinandersetzung in der letzten Wochenstunde ihren festen Platz hat und damit im Unterricht während der Woche nicht zur Debatte steht. So regelt sich schon manches vorher, wenn z. B. jemand nicht wünscht, daß sein Fehlverhalten vor der ganzen Gruppe oder dem Lehrer zur Sprache kommt. Man lenkt ein, entschuldigt sich oder findet im Vorfeld schon einen Kompromiß. Die halböffentliche Eintragung in der Wandzeitung wird gestrichen.

Die Gruppe hat eine starke erzieherische Kraft. Der Kritik am eigenen Verhalten zuzuhören, sie anzunehmen, ist ein langer, schwieriger und manchmal schmerzlicher Weg. Es kann auch überraschende Unterstützung geben, die aufbaut und gut tut. Insgesamt ist aber doch erstaunlich, wie differenziert und einfühlsam die Schüler mit Kritik umgehen. Wenn einmal zu harsch formuliert wird, wenn es weh tut und Tränen fließen oder jemand »den Rolladen runterläßt«, dann gibt es auch gleich Trost und Mitgefühl. Am Ende steht das feste Ziel, gemeinsam eine tragbare Lösung zu finden, die möglichst dem Wiedergutmachungsprinzip folgen soll.

Ein Beispiel: Eine ausländische Mitschülerin – noch nicht sehr lange in Deutschland – ist stolz, daß man ihr den Blumendienst anvertraut hat. Die Blumen wurden zuvor in einer Pflanzaktion in der Stadtgärtnerei eingetopft. Jeder Schüler hat eine »eigene« wertvolle Pflanze.

Das Mädchen gießt die Blumen nun übermäßig – in dem Glauben: »Viel, hilft viel!«. Die ersten Blumen zeigen Schäden und gehen ein. Mehrere Kinder schreiben das als Kritik in die Wandzeitung, die Stimmung ist aufgebracht. Da die Pflanzen hoch besetzt sind, wird die Kritik zunächst recht scharf vorgetragen, man will ihr das Amt sofort entziehen. Das Mädchen reagiert bestürzt, es fließen Tränen. Nun reagiert die Klasse ihrerseits beschämt. Es gibt nach kurzer, hilfloser Pause Taschentücher und Trost.

Man sucht eine Lösung. Es muß für das Mädchen eine Chance zur Wiedergutmachung geben, so die ersten Äußerungen. Man sucht nach den Gründen. In ihrem Heimatland kannte sie im Haushalt keine Blumen, sie muß es also erst noch lernen. Man findet eine kundige Assistentin, die ihr vier Wochen lang beim Blumendienst zur Hand gehen soll, danach soll sie zeigen, daß sie es alleine kann. In zwei Monaten soll dann neu entschieden werden. Die Lösung wird im Protokollbuch festgehalten. Das Mädchen versorgte dann später die Blumen ohne Probleme.

Als Lehrer sollte man sich stark zurückhalten, den Kindern diese Stunden wirklich in die eigenen Hände geben und nicht zu schnell Lösungen anbieten, sondern den Schülern auch mal Hilflosigkeit, Ratlosigkeit und die Suche nach Lösungen zugestehen. Nicht immer läuft es so bilderbuchmäßig konstruktiv und pädagogisch erbaulich ab wie in dem beschriebenen Beispiel.

Die Schüler haben auch ein Recht darauf, aus ihren Fehlern zu lernen.

Wandzeitung und Klassenrat wie sie Freinet in seinem Unterricht entwickelt hat, sind wohl durchdacht und geben Verantwortung und »das Wort an die Kinder« – wie es Freinet formuliert hat. Sie muten und trauen der Gruppe die Konfliktregelung selbst zu.

Ein Mädchen und ein Junge leiten im Wechsel etwa ein viertel Jahr lang den Klassenrat, führen die Rednerliste, erteilen das Wort, strukturieren die Diskussion und steuern das Gespräch auf eine Lösung hin. Das stellt einen hohen Anspruch an die Schüler und will erst gelernt sein. Durchsetzungsfähigkeit, Abstand und Überblick in einer strittigen Diskussion zu bewahren und sich nicht selbst zu stark involvieren zu lassen, ist schwer. Oft genug geht das schief, und der Klassenrat endet auch mal in Chaos und Mißstimmung. Dann muß Meta-Kommunikation betrieben werden: Woran lag es, warum ist es so schief gelaufen? Es gibt richtige Klassenrats-Krisensitzungen. Hat man die Moderatoren entmachtet oder haben sie schlecht geleitet? Welche Themen soll man zulassen? Wie lang darf jeder reden? Wann darf die Leitung eingreifen und die Rednerliste beenden? Wann war die Kritik »unter der Gürtellinie«? ... usw.

Nach meiner Erfahrung lernen die Schüler gerade auch durch die Bewältigung mehrerer Klassenratskrisen, recht gut mit Kritik umzugehen. Letztendlich ist es das Forum und die Basis für Mitwirkung und Mitbestimmung in der Schule und »ersetzt« die früheren SV-Stunden. Die Gruppe erlebt die Wirkung und die Veränderungen, die ihre Kritik, ihre Vorschläge und Wünsche hervorrufen. Eine lebendige und kreative Gruppe wird diese Zeiten fest in die eigene Hand und Verantwortung nehmen. Es summiert sich die Erfahrung, Konflikte bewältigen zu können, man muß ihnen nicht ausweichen. Jeder einzelne kann spüren, daß seine Stimme Gewicht hat und etwas bewirken kann.

Auch als Lehrer muß man sich immer wieder der Kritik stellen: Bevorzugt man Schüler; war im Unterricht etwas schlecht vorbereitet oder ausgeführt; gab es zuviel Hausaufgaben; war man ungerecht oder hat etwas Wichtiges übersehen? Auch Lehrer und Schüler anderer Klassen werden in den Klassenrat geholt. Niemand genießt Immunität.

Anfangs muß man der Klasse Hilfestellung und Beispiel geben, bis das Ritual dieser Stunden stabil handhabbar ist und eigenverantwortlich läuft, besonders dann, wenn über den Ablauf des Klassenrats reflektiert wird. Mit der Zeit soll man sich dann immer stärker zurücknehmen, sich heraushalten und genau hinhören, nirgendwo lernt man mehr über seine Klasse.

Ich erfahre auch immer wieder, daß die Schüler uns Erwachsenen nach einigen Jahren im Umgang mit Kritik und in der Offenheit, mit der sie über Gefühle sprechen, etwas vormachen. Wir Lehrer sind sonst ständig die, die andere bewerten und durch die Brille der Leistungsbeurteilung betrachten, da fällt es uns oft schwer, und wir sind empfindlich berührt, wenn wir selbst der Kritik und Bewertung ausgesetzt sind. Wer kennt das nicht von Elternabenden oder wenn eine gesamte Klasse massiv Kritik übt: »Ihr

Unterricht ist langweilig! Sie waren ungerecht! ... etc.«. Doch die Möglichkeit für die Schüler, im Klassenrat auch solche Fragen zur Sprache zu bringen, bietet die Chance zur Bearbeitung und läßt Konflikte nicht verhärten und festfahren.

Morgenkreis und Klassenrat werden um so besser gelingen, je glaubhafter wir unsere Ansprüche vorleben können. Tatsächlich geht es um die Frage, wie demokratisch und konfliktfähig wir letztendlich selbst sind.

Wie sind unsere Lösungsstrategien und -muster, um unsere eigenen Konflikte beim Teamteaching vor der Klasse, im Team, im Kollegium und mit der Schulleitung zu lösen?   AK

Klassenlehrer

Wer als Lehrer an die Helene-Lange-Schule kommen will, wird sich zuvor in der Regel mit ihren Zielen und Grundabsichten auseinandergesetzt haben, wird einige Zeit in der Schule hospitiert, mit Kollegen, Eltern und Schülern gesprochen haben, um sich begründet entscheiden zu können. Manchmal wird die Unzufriedenheit mit der bisher erlebten Schulrealität, manchmal die Hoffnung, etwas nach den eigenen Wünschen und Überzeugungen verändern zu können, der wichtigste Antrieb sein, sich neu zu orientieren. Jeder wird Für und Wider genau abwägen. Der Arbeitsalltag, die Formen der Zusammenarbeit, die anhaltende Reform und Weiterentwicklung der Helene-Lange-Schule Schule erfordern einen besonderen Einsatz, den man deutlich bejahen muß.

Das gilt vor allem für die Klassenlehrer, bei denen »die Fäden der schulischen Alltagsarbeit zusammenlaufen«. Da ist zunächst der Einsatz mit einer hohen Wochenstundenzahl – zwischen zehn und 15 Stunden – in der Klassenstufe 5 und 6, in der man als Klassenlehrer beginnt. In der Regel bleibt man dann für sechs Jahre Klassenlehrer dieser Klasse, wobei der Wochenstundenanteil nach und nach sinkt. Über viele Jahre bedeutet das einen fast täglichen Kontakt mit der »eigenen« Klasse, die man über verschiedene Entwicklungsstufen hin bis zum Schulabschluß der Sekundarstufe I begleiten wird. Eine lange Zeit, in der sich eine verläßliche, intensive und hoffentlich belastbare Beziehung entwickeln kann. Diese langjährige, große Nähe zu den Schülern stellt die entscheidende pädagogische Herausforderung dar. Vielfältige Anforderungen und zahlreiche Veränderungen sind zu bewältigen. Neben guten Entwicklungen, wo es »voran« zu gehen scheint, gibt es schwierige Phasen oder auch ernste Krisen, die bewältigt werden müssen. Dies fordert uns als Person. Immer wieder müssen wir auch Distanz gewinnen, um unsere Arbeit und den Umgang mit den Schülern zu reflektieren, unser Handeln nach unseren Einsichten verändern.

Das Team kann diese Distanz und Reflektion erleichtern. Auch ein großer Teil der Fachlehrer begleitet die Klasse über sechs Jahre. Der Gruppe der Schüler steht eine beständige Gruppe Erwachsener gegenüber mit einem

eigenen Gruppenleben. Die pädagogischen Aufgaben sind umso besser zu bewältigen, je mehr es gelingt, im Team die Kräfte des Dialogs nutzbar zu machen. Die ständige Kommunikation ist anstrengend, aber lohnend. Das wird gerade bei fachübergreifenden, gemeinsamen Projekten deutlich. Oft ist es mühsam, alle Interessen aufeinander abzustimmen, alle Einwände und Fragen zu klären, jeder Stimme Gewicht und Einfluß zu verschaffen, sich gegenseitig Raum zu geben, mit der Konkurrenz angemessen umzugehen. Aber es ist eben auch lohnend, etwas gemeinsam zu verwirklichen, wobei Fähigkeiten und Kräfte sich ergänzen. Die Schüler beobachten sehr genau und erleben mit, wie ihre Lehrer sich in *ihrer Erwachsenengruppe* verhalten.

Als Klassenlehrer – aber auch als Fachlehrer – haben wir einen entscheidenden Einfluß auf das Lernverhalten und den schulischen Werdegang jedes einzelnen Schülers. Wir müssen uns immer wieder bewußt machen, daß das auch Macht und deshalb Verantwortung bedeutet. Und auch, daß wir dabei ständig mit einen schwierigen Widerspruch umgehen müssen: Wir wollen uns als verläßliche, stabile und dauerhafte Bezugsperson anbieten, der man vertrauen kann, die Grenzen setzt, die schützt, die fordert und fördert, die altersgemäße Loslösung und Autonomie ermöglicht, gleichzeitig bewerten und benoten wir, schreiben Zeugnisse und vergeben Abschlüsse, die die Chancen weiterer Wege eröffnen oder verschließen. Das System produziert nicht nur »Gewinner«, sondern auch »Verlierer«. Gemeinsam mit den ande-

»Ich kenne keine andere Schule, bei der die Klassenlehrer die Kinder bis zur 10. Klasse begleiten. Sonst gibt es immer, spätestens nach zwei Jahren, einen Wechsel. Aus Erfahrung muß ich nun sagen, gerade in der Pubertät ist es wichtig, daß ein Lehrer das Kind kennt, wenn es schwieriger wird. Es verändert sich doch sehr viel, und wenn der Lehrer das Kind schon lange kennt, kann er es einfach anders einschätzen, wenn es Probleme gibt. Und die gibt es ja fast immer. Diesen ständigen Wechsel empfinde ich bei meiner Tochter als sehr negativ. Bis die Jugendlichen sich auf den Lehrer eingestellt haben, ist der nächste Wechsel schon wieder da.«

Frau B., Mutter eines Sohnes auf der HLS
und einer Tochter, die ein Gymnasium besucht

»Als Mutter empfand ich es als sehr wohltuend, die Lehrer zu kennen und auch über einen längeren Zeitraum zu wissen, wer eigentlich mein Ansprechpartner ist. Aus Konferenzen, an denen ich teilgenommen habe, aber vor allem aus den Erzählungen meiner Kinder wußte ich einfach, wie diese Lehrer »sind« und wie sie reagieren. Das war für mich eine sehr gute Situation. Und auch zu wissen, daß die Kinder und die Lehrer längere Zeit miteinander zu tun haben, war für mich sehr wichtig!«

Frau W., ein Sohn und eine Tochter waren auf der HLS

»In allen drei Jahrgängen haben sich die Lehrer schon sehr um die Kinder bemüht. Für manche vielleicht sogar ein bißchen zuviel. Als wir heute morgen über dies Gespräch hier geredet haben, hat Kerstin, also die Mittlere, gemeint: »Sag doch, daß manche Lehrer einfach zuviel bohren!«. Es gab wohl in dem Team, wo sie war, Lehrer und Lehrerinnen, wo die Kinder das Gefühl hatten: »Die lassen mich einfach nicht in Ruhe!«. Manchmal kann man eben auch zuviel tun, um Probleme und Konflikte zu klären, die sich von der Schule nicht klären lassen.«

Frau D., ein Sohn und eine Tochter waren auf der HLS,
ein weiterer Sohn ist noch dort

ren Lehrern und Lehrerinnen im Team müssen wir immer wieder über einzelne Schüler nachdenken, damit Ermutigung und Förderung nicht nachläßt oder Krisen sich nicht festfahren. Das setzt voraus, daß von Anfang an auch die Eltern für einen Dialog und für die Zusammenarbeit mit der Schule gewonnen werden, daß man sich austauscht und miteinander – und nicht gegeneinander – arbeitet.

Der Klassenlehrer wird – um diese wichtige Konzeptidee des Einsatzes von 10–15 Wochenstunden in seiner Klasse verwirklichen zu können – auch Fächer unterrichten müssen (wollen), die er nicht studiert hat. Nur das ermöglicht, daß die Zahl der Schüler, die jeder Lehrer unterrichtet, deutlich geringer wird. Die Zeit, die für jedes Kind zu Verfügung steht, steigt so erheblich an. Wir sehen die Kinder (und später die Jugendlichen) nicht mehr nur aus dem Blickwinkel eines Faches, wobei sich leicht Bewertung und

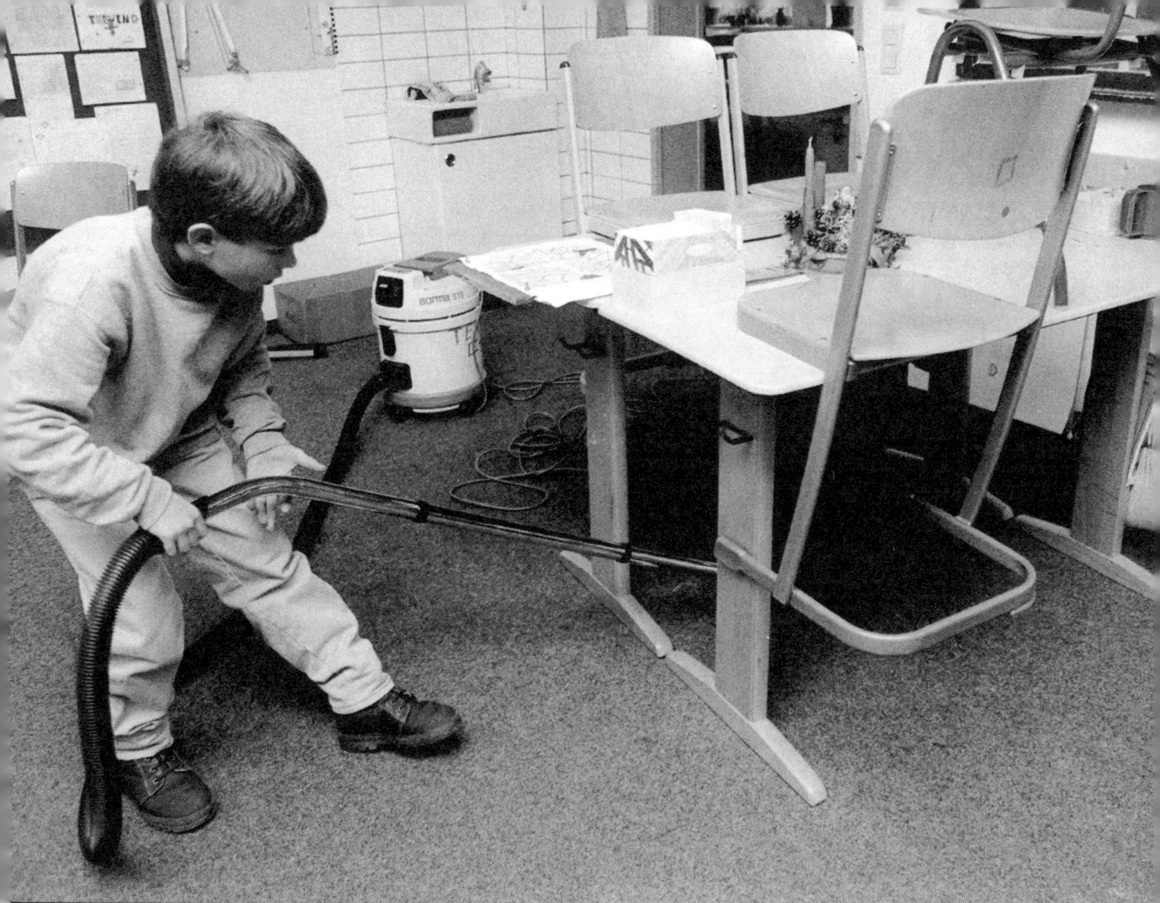

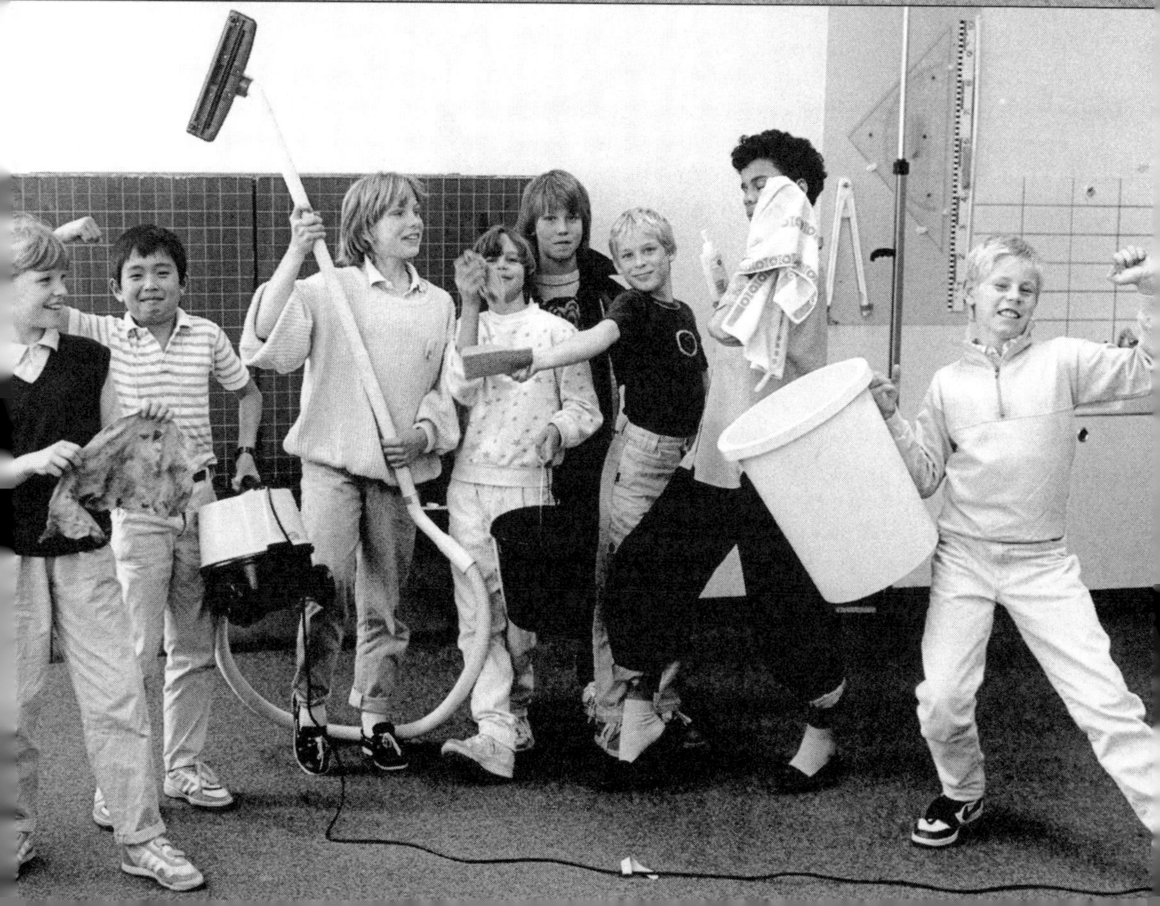

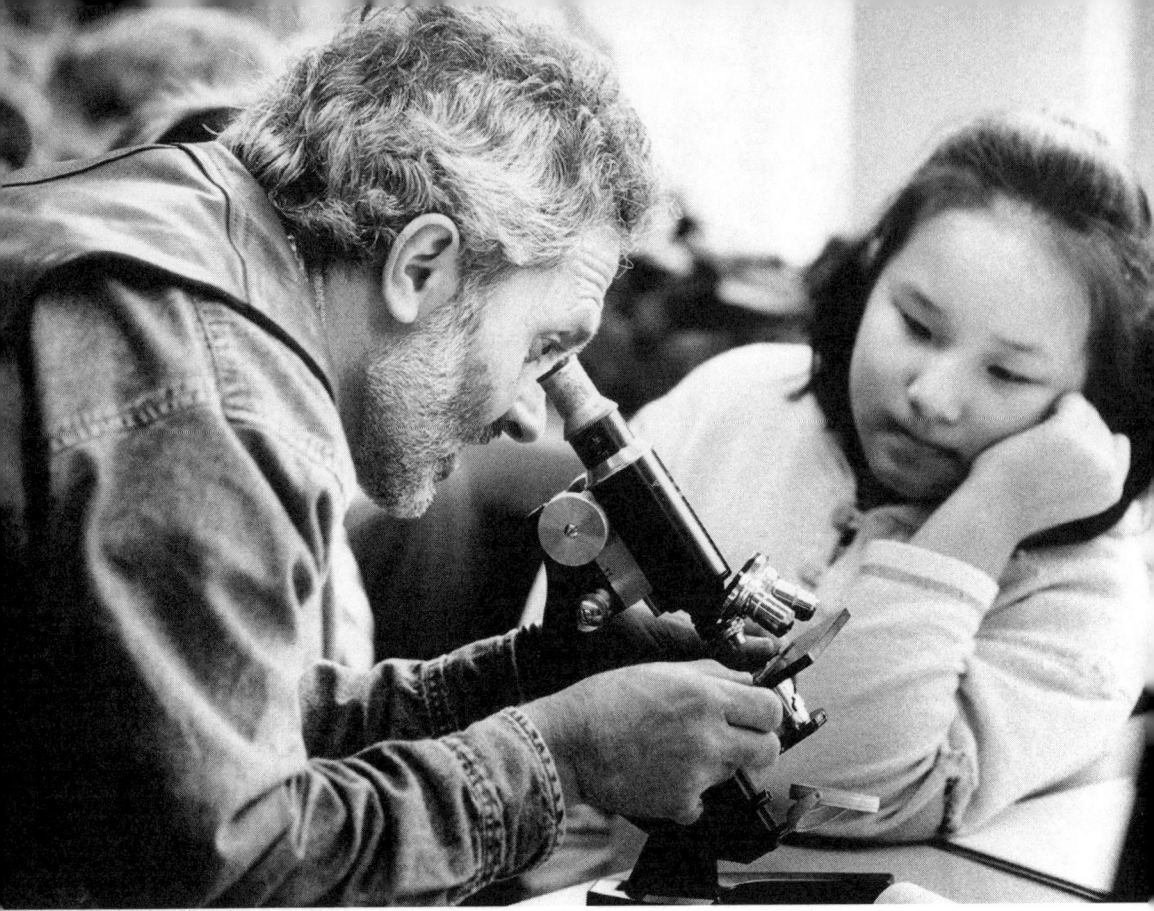

Beurteilung in den Vordergrund schieben, sondern erleben sie lebendig, vielseitig und abwechslungsreich in der Erzählrunde des Montagmorgenkreises, in verschiedenen Fächern und Projekten, bei praktischen Arbeiten, bei der Ämterausübung, bei Festen und gemeinsamen Unternehmungen innerhalb und außerhalb der Schule, bei Vorträgen und Darbietungen, im Klassenrat und bei vielen anderen Gelegenheiten. Wir erleben Kinder ganzheitlicher, mit Stärken und Schwächen, nehmen Krisen und kritische Entwicklungen eher und intensiver wahr und haben so bessere Chancen, sie bei der Bewältigung zu unterstützen.

Das gilt natürlich auch umgekehrt, also dafür, wie intensiv Schüler ihre Lehrer erleben. Als Sekundarstufenlehrer sind wir nicht ausgebildet, 14 Stunden in der Woche, mitunter fast den ganzen Vormittag – vielleicht sogar noch »fachfremd« – in einer Klasse zu unterrichten. Wir sind von unserer eigenen Schulzeit und Lehrerausbildung geprägt, in der wir »besucht«, »beobachtet« und »bewertet« wurden. Kein Wunder, daß wir den Wunsch haben, die »Tür zuzumachen« und endlich in Ruhe gelassen zu werden, wenn wir »fertige« Lehrer sind.

Doch an unserer Schule sind die Türen meistens offen, wir unterrichten einige Stunden zu zweit, arbeiten häufig mit anderen Fachlehrern und außerschulischen Fachleuten zusammen, haben häufig Besucher als teilnehmende Beobachter in der Klasse, und immer wieder sitzen wir im Team zusammen und müssen uns dem manchmal anstrengenden Dialog stellen. Wir werden als Lehrer nie »fertig«.

Als neuer Klassenlehrer gerade an der Helene-Lange-Schule wird man bald feststellen, daß man ständig Vorhaben verwirklichen soll, die man selbst erst erlernen muß. Da kann schnell das Gefühl entstehen, überfordert zu sein. Genauso geht es auch den Schülern. Einer sagte mir mal: »Immer muß ich in der Schule lernen, was ich noch nicht kann!« Das ist anstrengend, hält aber in jeder Hinsicht fit. Ohne Anstrengung geht es keinen Schritt weiter.

Unser Beruf ist ein Erfahrungsberuf, und Erfahrungen gewinnen ihren Wert, indem man sie weitergibt. Erfahrung ist eine »Ware«, die sich im Austausch vermehrt.

Ein weiterer wichtiger Gesichtspunkt ist, daß wir uns in unseren offenen Teamarbeitsformen stärker der Konkurrenz untereinander aussetzen. Unsere Fähigkeiten und Stärken, aber auch unsere Schwächen, Fehler und unser Unvermögen lassen sich kaum vor den anderen verbergen. Damit produktiv umzugehen, ist mühsam. Wenn diese »Arbeit« gelingt, wenn vor allem durch sie genügend Toleranz entsteht, sich gegenseitig Raum und Zeit zur Entwicklung zu geben, Fehler und Unvollkommenes, also Normalität auszuhalten und anzunehmen, dann gewinnen wir die Solidarität und den Schutz der Gruppe. Wir lernen »systemisch« zu denken, d. h. zu erkennen, wie Ereignisse und Personen sich gegenseitig beeinflussen.

An die Klassenlehrer werden dabei besondere Anforderungen gestellt. Die Erwartungen und die Ansprüche sind hoch – nicht zuletzt die Ansprüche, die man an sich selbst stellt! Sie einzulösen ist aus unterschiedlichen Gründen nicht immer möglich.

Deshalb ist es wichtig, gegebenenfalls auch einen Wechsel vollziehen zu können. Ein solcher Wechsel in ein anderes Team und damit in eine andere Klassenstufe ist nach drei oder vier Jahren durchaus möglich. Immer wieder gibt es erwartete oder unerwartete personelle Veränderungen, die Bewegung in die Besetzung der Teams bringen. Es ist eine Illusion zu glauben, jeder könne mit jedem beliebigen anderen Kollegen der Schule gut zusammenarbeiten. Nicht jedem »liegt« das Unterrichten in jeder Altersstufe, mitunter ist ein Wechsel für eine Klasse, den Lehrer oder das Team die bessere Lösung. Auch wenn wir ihn in der Regel zu vermeiden suchen, muß ein Klassenlehrerwechsel jedoch nicht immer damit zu tun haben, daß ein Konflikt festgefahren ist, daß man nicht mehr miteinander weiterkann und will. Es gibt auch Wünsche, mit bestimmten Kollegen an neuen Projekten zu arbeiten, eine neue Zusammenarbeit zu erproben, Erfahrungen z. B. nach der Stufe 9/10 direkt und unmittelbar zu verarbeiten, also wieder in eine 9 einzusteigen, statt in der 5 zu beginnen.

Es hat sich bewährt, jedes Team, das in Klasse 5 beginnt, neu zusammenzustellen und zu »mischen«. Das heißt: fünf oder sechs Lehrerinnen und Lehrer des alten 10er-Teams bilden mit zwei oder drei neu an die Schule kommenden Lehrern ein neues 5er-Team. Dazu kommen einige Lehrer aus anderen Teams, so daß immer wieder neue Arbeitskonstellationen entstehen, ohne zuviel Unruhe in die personelle Besetzung der ganzen Schule zu bringen.

Daß die Klassenlehrer in den Klassen 8–10 weniger Unterricht in »ihrer« Klasse haben, hat nicht nur mit dem nun deutlicher vom Fachunterricht geprägten Lehrplan zu tun. Es gibt einen weiteren wichtigen Grund: Viele Jugendliche wollen sich in diesem Alter auch von jenen Erwachsenen wieder lösen, die sie so lange bestimmt und geprägt haben. Neue Lehrkräfte und besonders Fachleute aus anderen Berufen (etwa die Theaterprofis und die Musiker) werden dankbar angenommen.

Der langjährige Klassenlehrer kann und sollte jetzt stärker in den Hintergrund treten. Unsere Schülerinnen und Schüler der 10ten Klassen können sehr differenziert und genau zurückmelden und beurteilen, wie sie unser 6-Jahressystem erlebt haben. Eigentlich jeder fand es im Rückblick wichtig und gut, daß ein vertrauter Erwachsener sie über einen so langen Zeitraum begleitet und so gut kennengelernt hatte. Gerade bei den Beratungen über den weiteren schulischen oder außerschulischen Werdegang wurde das als nützlich angesehen. Doch mit wachsendem Alter legen die Schüler auch Wert darauf, öfter aus der Schule herauszukommen, neue Menschen kennenzulernen und neue Erfahrungen machen zu können. Daß es immer wieder auch »neue« Lehrer in der Schule gibt, ist in diesem Zusammenhang wichtig.

Durch weniger fachfremden Unterricht in den höheren Jahrgangsstufen, durch das Auslaufen des Offenen Lernens nach Klasse 8, durch den zunehmenden Wahlunterricht etc. werden die Stunden beim Klassenlehrer reduziert. Das Problem besteht dann eher darin, wie man als Klassenlehrer seiner Stundenverpflichtung nachkommt, ohne Minusstunden anzusammeln, die man in folgenden Jahren nacharbeiten muß. Es kann auch durchaus ein Nachteil sein, nur in einer Jahrgangsstufe zu unterrichten. Ein zeitweiser Einsatz in anderen Jahrgängen als Fachlehrer (»Einflieger«, wie es bei uns heißt), ist eine angenehme Abwechslung, gerade dann, wenn man sonst täglich nur pubertäre Konflikte zu bearbeiten hätte. Man erlebt durch den zeitweisen Abstand etwas gelassener, daß der schulische Alltag auch anders aussehen kann. Besonders für Lehrer mit reduzierter Stundenzahl stellt die Arbeit in einer Klasse oft die gesamte schulische Arbeitsrealität dar. Das kann in kritischen Phasen stark belasten.

Zur Zeit erproben wir in Stufe 5/6 aus privater Initiative ein Doppelklassenlehrermodell. Mit der Englischlehrerin der Klasse, die auch Offenes Lernen im Teamteaching mit mir unterrichtet, teile ich mir die Aufgaben der Klassenleitung. Vor Schülern und Eltern sind wir von Beginn an als Klassenleiterpaar aufgetreten. Klassenrat, Ausflüge, Unternehmungen, Projekte, Feiern, Elternabende usw. planen und gestalten wir gemeinsam. Wenn es möglich ist, führen wir auch Elterngespräche zusammen, das Zeugnis- und aufwendige Beiblattschreiben teilen wir uns. Meine Kollegin nimmt über ihre Stundenverpflichtung hinaus zusätzlich an Klassenratsstunden teil, engagiert sich zeitintensiv als zweite Klassenleiterin und fühlt sich ebenso wie ich verantwortlich für »unsere« Klasse.

Für mich sind die Erfahrungen mit dieser Doppelklassenleitung durchweg positiv. Ich teile die Verantwortung. Die mit der Klassenleitung verbundene Arbeit mindert sich deutlich. Jeder beachtet und sieht andere Aspekte, wir entlasten und ergänzen uns. Die Schülerinnen und Schüler haben eine Frau und einen Mann als Identifikationsfigur und Ansprechpartner. Die Klasse erlebt die Arbeitsbeziehung zweier Erwachsener, die nicht ausschließlich auf sie bezogen sind. Damit wird die gegenseitige »Beziehungsabhängigkeit« vermindert, etwas mehr Distanz zu den Kindern stellt sich her, was eine bessere Balance zwischen Nähe und Distanz im Gruppengeschehen erlaubt.

Ist die Zusammenarbeit so nah, muß man sich schon »gut« verstehen, das Teamwork miteinander verläßlich erprobt haben. Über Unterrichtsmethoden, Ziele, Grenzsetzungen etc. muß man sich jederzeit ohne große Probleme verständigen und intensiv austauschen können, um immer wieder neu möglichst weitgehenden Konsens anzustreben.

Besonders darüber, wieviel jeder arbeitet und wie man die Arbeit angemessen teilt, muß man sich einigen. Neid- und Konkurrenzgefühle, die immer wieder entstehen werden, darf man nicht verdrängen, sondern muß sie thematisieren, um sie aushalten und manchmal auch bearbeiten zu können.

In einer Arbeitsgruppe zum Thema »Klassenlehrer an unserer Schule« haben wir einmal die besonderen Aufgaben und Anforderungen an die Klassenleitung zusammengestellt. Davon konnte einem schwindlig werden, aber so eine Liste könnten schließlich auch Eltern, Hausmeister oder Sekretärinnen für ihren Arbeitsbereich zusammenstellen.

AK

15. Räume
(Anders Lernen 11)

Das Schulhaus: ein Ort der Bildung und zugleich ein gemeinsamer Lebensraum

Mit der Umwandlung des Gymnasiums in eine integrierte Gesamtschule, mit den tiefgreifenden Veränderungen unseres pädagogischen Konzepts wurden auch Zug um Zug die räumlichen Gegebenheiten der Schule umgestaltet. Für jeden kommenden neuen IGS-Jahrgang wurde in den vorangehenden Sommerferien ein neuer Jahrgangsbereich geschaffen: Dazu wurden Wände herausgebrochen, Schülertreffs und Team-Lehrerzimmer u. a. eingerichtet. Die alten Raumgrenzen wurden überschritten, die Schule wurde offener und heller, die Architektur wurde, soweit das bei einem vorgegebenen älteren Gebäude möglich war, der neuen Pädagogik angepaßt und nicht umgekehrt. Aus den unpersönlichen langen Fluren mit den rechts und links hinter verschlossenen Türen gleichförmig aufgereihten Klassenräumen wurde ein Schulgebäude mit offenen, hellen Etagen, die jeweils ihr eigenes »Gesicht« hatten. Leider war es nicht möglich, die einzelnen Klassenräume auf ein vernünftiges Maß zu vergrößern. So sind aus Platzmangel gerade die Klassenräume der neunten und zehnten Klassen sehr beengt. Einen Sitzkreis herzustellen, ist nur möglich, wenn man die Arbeitstische an die Seite schiebt; die Einrichtung fester Einzelplätze, Leseecken u. a. sind nicht mehr denkbar. Alle Aktivitäten, die durch die gerade noch mögliche Sitzordnung (Gruppen von meist sechs Schülerinnen/Schülern) behindert würden, müssen – in Abstimmung mit drei Parallelgruppen – in den Schülertreff ausgelagert werden. Durchweg wäre es wünschenswert, wenn alle Klassenräume schlicht doppelt so groß wären. Die »Individual-Distanz« würde größer und damit eine ruhige Arbeitsatmosphäre noch viel selbstverständlicher.

Bei allen Veränderungen des Baus und seiner Einrichtung war es unser Ziel, das Vorgefundene so zu verändern, daß es seinen Anstaltscharakter ablegte und stattdessen jedem signalisierte: hier bist du willkommen, hier sollst du dich wohl fühlen, hier kannst du mitgestalten und deine »Spuren« hinterlassen.

Die Konzeption der Räume sollte die pädagogischen Ziele unterstützen und besser wirksam werden lassen. Die Räume sollten zu Mitgestaltung und zur Identifizierung mit der Schule einladen.

Der Unterricht an der Helene-Lange-Schule beginnt um viertel nach acht; schon kurz vor acht kommen die ersten Schüler einzeln oder in Gruppen in die Schule, finden sich in den Schülertreffs ihrer Jahrgangsstufe. Wenn um acht Uhr alle Räume geöffnet werden, ist der größte Teil der Schüler schon da. Es wird viel erzählt, Verabredungen und Absprachen mit Mitschülern werden getroffen, einige vergleichen und korrigieren schnell noch Hausaufgaben, andere legen ihre Sachen für den folgenden Unterricht bereit, Ämter werden erledigt, wie z. B. Blumengießen. Alles, was die Schüler vor dem Unterricht noch regeln wollen, geschieht in Ruhe und ohne Hetze. Auch ein Lehrer ist als Ansprechpartner immer greifbar, hat Zeit für ein kurzes Gespräch. Der Unterricht kann ohne Störungen beginnen, jeder ist in Ruhe angekommen. Fast alle Schüler nutzen diesen Zeit-Raum vor dem Unterricht, nur wenige kommen um 8.15 Uhr.

Die ruhige Atmosphäre des morgendlichen Unterrichtsbeginns hat viel mit den Räumlichkeiten der Schule zu tun, sie sind offen, die Schüler kommen gern früher, weil sie sich in ihren Räumen wohlfühlen, den ungezwungenen Beginn im Kreis ihrer Klassenkameraden genießen. Jeder Jahrgang hat seinen eigenen Bereich: eine ganze oder abgeteilte halbe Etage des Schulgebäudes. Es sind »Kleine Schulen« in der großen Schule, die überschaubare Arbeits- und Lebensbereiche schaffen. So kennt bei 100 Schülern im Jahrgang nach einiger Zeit jeder jeden mit Namen. Die Überschaubarkeit schafft Vertrautheit.

Jede Klasse hat ihren eigenen Klassenraum, den nur sie nutzt; dazu kommt ein großer Schülertreff für je vier Parallelklassen, ein Zimmer für das Lehrerteam und ein Materialstützpunkt für Unterrichtsmittel.

Was führt dazu, daß die Schüler sich in so hohem Maß mit ihren Räumlichkeiten identifizieren und den angebotenen Raum ergreifen und nutzen?

Früher glaubte man, daß Schulräume nüchtern und auf sachliche Art nur mit dem Notwendigsten ausgestattet sein müßten, damit sich die Schüler ohne Ablenkung auf den vom Lehrer vorgetragenen Stoff konzentrieren könnten. Die kahlen und anonymen Räume, die sich kaum voneinander unterschieden, schufen Distanz und förderten bei lehrerzentrierter Ausrichtung isoliertes Konkurrieren, sie waren Ausdruck einer Mißachtung menschlicher Bedürfnisse des Zusammenlebens und -lernens. Das »Leben« wurde meist systematisch ausgesperrt, die Räume vermittelten weder Geborgenheit und Identität, noch Unverwechselbarkeit. Kalte Nüchternheit in den Schulgebäuden hatten ihre Entsprechung in der Distanz zwischen Lehrern und Schülern. Zerstörungswut und Vandalismus kann man auch als einen zornig-verzweifelten Versuch von Jugendlichen interpretieren, »Spuren« in »ihrer« Schule zu hinterlassen.

Auch heute begegnet man dem Argument immer wieder, man dürfe den Schülern keine Gelegenheit geben, sich abzulenken, nüchterne, kahle Räume förderten die Konzentration. Das ist eine Behauptung, die offensichtlich hartnäckig auch gegen die eigene Erfahrung immunisiert wird. Unter Lehrern und auch unter sonstigen Erwachsenen, die »geistig« arbeiten, wird kaum einer sein, dessen eigener, häuslicher Arbeitsraum kahl und karg eingerichtet ist, damit er konzentrierter arbeiten kann. Im Gegenteil, die meisten brauchen alles mögliche, über das ihr Auge abwesend schweifen kann, damit ihnen etwas einfällt und sie sich gleichzeitig konzentrieren können. Das gilt im besonders hohen Maß für jede kreative Arbeit.

Eine unpersönliche und in der Ausstrahlung »kalte« Schule signalisiert ja eigentlich etwas ganz anderes: Es ist die Botschaft der »Anstalt«, der Kaserne oder des Klosters. Hier bist du als Person, als Individuum nicht gefragt, glaub ja nicht, daß wir freudig auf dich gewartet haben, uns dir gar in irgendeiner Weise anpassen werden. Du weißt nicht, was gut für dich ist, wir wissen das. Deshalb ist das wichtigste, was du hier lernen mußt, daß du dich

Der Klassenraum (z. B. Jahrgang 6)

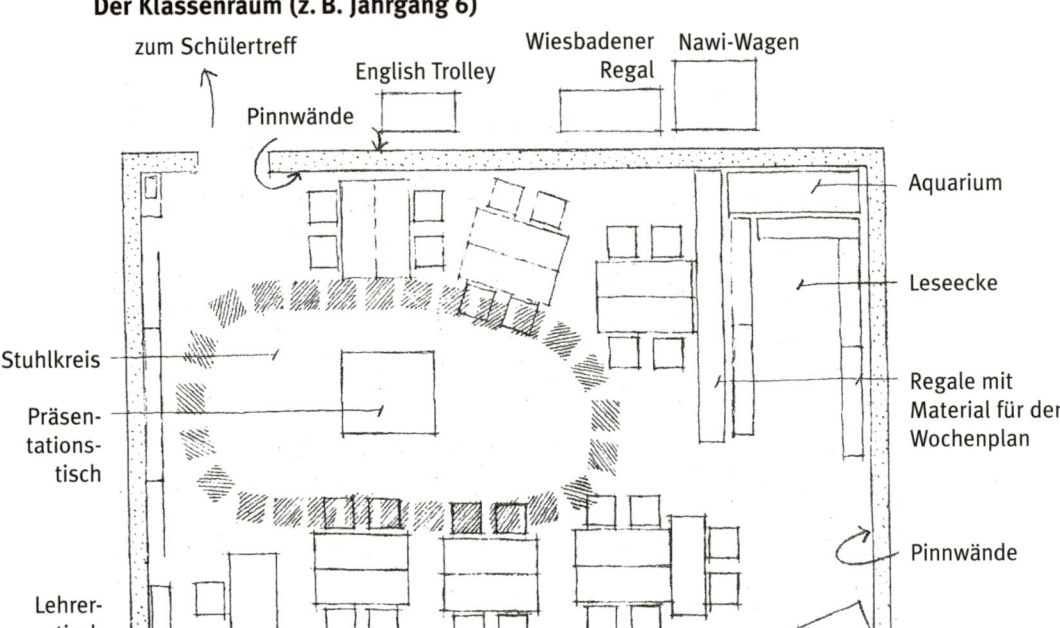

einfügen und anpassen mußt. Das beginnt damit, daß du genau so sitzt, wie wir es für richtig halten, daß du in die Richtung schaust, die wir festlegen, und nur sehen darfst, was wir dir zeigen. Als Mensch bist du für uns nicht wichtig – nur als Lerner. Wie die Gebäude und Klassenräume eingerichtet sind, in welch gründlichem Maß die Rituale des Unterrichtens durch diese Maxime der Unterwerfung und Anpassung geprägt sind, muß man sich immer wieder klarmachen.

Unser Ziel war es dagegen, hier eine Umkehrung zu schaffen: auch die Räume so zu verändern, daß sie einerseits selbstbestimmtes und selbständiges Lernen fördern, andererseits einen freundlichen Umgang miteinander unterstützen, daß man sie sich aneignen kann, um so mit dem Ort »einverstanden« zu sein, an dem man sich viele Jahre aufhält.

Jede neue 5. Klasse betritt nach der Aufnahmefeier zunächst einen »nüchternen und kahlen« Raum und erhält eine Grundausstattung an Regalen und Materialien. Spontane Äußerungen der Kinder: »So habe ich mir die Helene-Lange-Schule aber nicht vorgestellt« … »ist ja ungemütlich wie eine Wartehalle im Bahnhof«. Doch eine wichtige Herausforderung ist gestellt. In den folgenden Wochen und Monaten wird dann jede Gruppe ihren eigenen unverwechselbaren Raum gestalten und immer wieder verändern und umgestalten. Auf einem Türposter stellt sich die Klasse nach außen dar, Pflanzen, Aquarien oder Terrarien, Bücherei mit Leseecke, Regale mit vielfältigen

Der Jahrgangsbereich (z. B. Jahrgang 5/6)

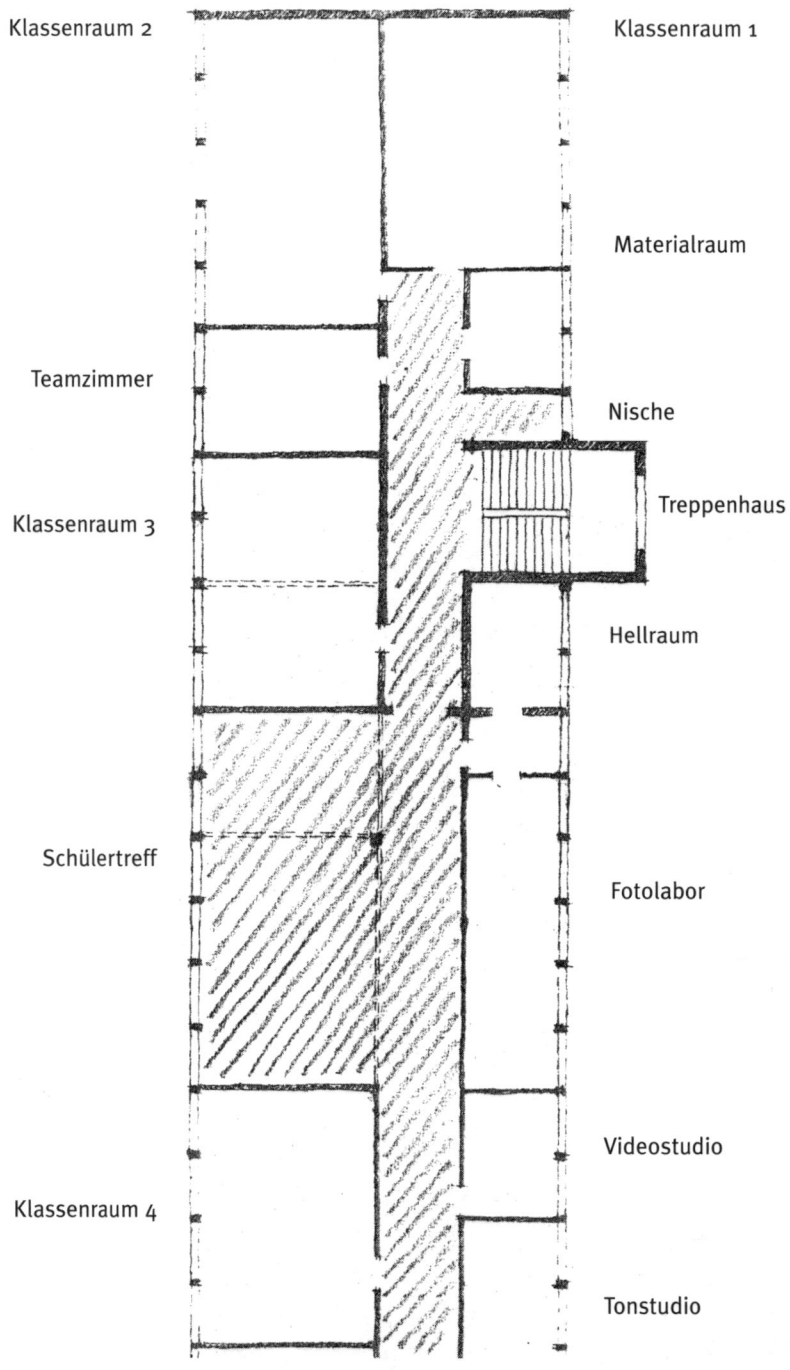

Klassenraum 2

Klassenraum 1

Materialraum

Teamzimmer

Nische

Treppenhaus

Klassenraum 3

Hellraum

Schülertreff

Fotolabor

Klassenraum 4

Videostudio

Tonstudio

Arbeitsmaterialien zur selbständigen Arbeit, Bilder und Fotos und vieles mehr lassen die Klassen schnell »bewohnbar« werden.

Für alles, was entsteht, muß auch die Verantwortung übernommen werden. Da ist beispielsweise Ordnung zu halten in der Bücherei, Tiere sind zu versorgen, Pflanzen müssen gepflegt werden, der Raum ist sauberzuhalten.

Für ihren Raum sind die Klassen verantwortlich, für den Schülertreff der Jahrgang. Ein täglicher Putzdienst, bei dem reihum jeder drankommt, reinigt nach dem Unterricht die Klasse und im Wechsel mit den anderen Klassen auch den Schülertreff und die Flure. Eine lange Ämterliste, die in jeder Klasse aushängt, zeugt von den vielfältigen Aufgaben. Das funktioniert nicht von selbst, nur weil es vernünftig und einsichtig ist. In manchen Zeiten und Altersstufen ist es ein mühsames Geschäft, den Putzplan gut zu organisieren und zu kontrollieren. Da gibt es Krisen und Nachlässigkeiten, die im Klassenrat gemeinsam von Schülern und Lehrern gelöst werden müssen. Gerade in der Pubertät gibt es große Auffassungsunterschiede über Ordnung und Sauberkeit, andererseits will gerade in diesen Jahren keiner die Arbeit anderer miterledigen. Also muß jeder seinen Teil übernehmen, dazu gibt es keine Alternative. Das bedeutet eine viertel Stunde bis zwanzig Minuten Arbeit nach Unterrichtsschluß. Ein wichtiger (und auch für die meisten Schülerinnen und Schüler unmittelbar einleuchtender) Nebeneffekt: Mit dem Geld, das nun nicht mehr für eine Reinigungsfirma ausgegeben werden

> »Aber damals, hier in meinem Jahrgang: Das war *mein* Klassenraum! Der war voller Sachen und Erinnerungen. Deswegen hat man auch darauf aufgepaßt. Man konnte Sachen hinstellen, die wurden nicht kaputt gemacht. Gut, manchmal ging auch etwas kaputt, aber im Prinzip gab es diese Achtung vor den Sachen, die uns ja auch alle angingen. Man bekam nicht ständig was geklaut. Es wurde nicht alles ständig weggeputzt. Es war nicht so steril. Immer nur gebohnerte Böden und ›Bekanntmachungen‹.«.
>
> *Jan W., Student, 5 Jahre auf der HLS*

muß, wird die Arbeit eines Schauspielers und Regisseurs an unserer Schule mitfinanziert und so ermöglicht. Das kommt dann wieder allen zugute.

Auch der Schülertreff als gemeinsamer Arbeits- und Feierraum hat schnell »ein Gesicht« bekommen: Pflanzen, Raumteiler, Vorhänge, eine kleine Bühne, Bereiche mit Gruppenarbeitsplätzen, Ausstellungswände und Vitrinen für Unterrichtsergebnisse bestimmen das Bild. Die »Spuren« jeder Klasse, jedes einzelnen sind erkennbar, lassen deutlich werden, wer woran arbeitet oder gearbeitet hat. Die Gestaltung des Jahrgangstreffs mit Unterrichtsergebnissen schafft erste Präsentationsmöglichkeiten in der Schule. Das heißt nicht, daß alles »veröffentlicht« werden soll, was im Unterricht erarbeitet wird, aber die Möglichkeit ist immer gegeben. So bekommen ästhetische Fragen von selbst Gewicht: Wie gestalte ich etwas so, daß auch andere das Ergebnis meiner/unserer Arbeit und Anstrengung überzeugend und »schön« finden? Produktive Konkurrenz und gegenseitige Anregung entsteht, die Schüler begegnen sich wechselseitig als Produzenten und kritische Konsumenten. Was auf diese Art selbst gestaltet wird, wird geachtet und nicht beschädigt. Alles ist offen zugänglich, nichts muß bewacht oder weggeschlossen werden.

Gerade selbständiges Lernen bei der Freien Arbeit, im Projekt, im Wochenarbeitsplan oder bei Gruppenarbeitsphasen erfordert zwingend veränderte Räume. Die Umgebung muß ruhige, konzentrierte Arbeit fördern, muß eine Fülle von anregendem Material anbieten, muß Präsentation ermöglichen. Große Offenheit muß es ebenso geben, wie die Möglichkeit für Rückzug und Abgrenzung. So ist in der Regel bei Konfliktgesprächen im Klassenrat die Türe zu, bei Gruppenarbeitsphasen – besonders solchen mit praktischer Arbeit – wird man hingegen soviel Raum wie möglich einnehmen. Der Schülertreff ist von Anfang an auch Begegnungsstätte mit den Schülern der anderen Klassen, eignet sich für Rituale und Feiern mit größeren Gruppen, ist neben der neuen Aula, die zugleich als Theaterwerkstatt dient, für Jahrgangselternabende und Vorführungen einzelner Klassen da. Beim monatlichen »Kultur im Treff: KIT« in den unteren Klassen gibt es eine Fülle von Darbietungen: seien es Sketche in englischer Sprache, kleine Theaterszenen aus dem Deutschunterricht, Musikdarbietungen, Lesungen Freier Texte und Gedichte oder anderes. Die Räume lassen so das langsame Hineinwachsen in eine größere Schulöffentlichkeit zu.

Alle zwei Jahre wechseln dann die Klassen das Stockwerk: Umzug ist angesagt, eine Herausforderung, Überholtes zu entrümpeln und die neuen Räume altersangemessen zu gestalten, ihnen ein neuen Gesicht zu geben. Der Umzug macht den Schritt in eine neue Altersstufe durch einen Schritt auch in neue räumliche Bezüge bewußt. Mit einem Eröffnungsritual für alle Klassen und Lehrer im neuen Schülertreff beginnt deutlich ein neuer Abschnitt.

In den 9. und 10. Klassen kann jedes Team entscheiden, ob die Räume auch in den Pausen von den Schülern genutzt werden können. Das kann einen entspannteren Tagesablauf bringen, bedeutet für die Lehrer einerseits zusätzliche Aufsichten, andererseits mehr Zeit und Gelegenheiten für spontane Gespräche mit Schülern. Ob die offene Pausenregelung gelingt, hängt stark vom Klima im Jahrgang ab. Wir erleben zur Zeit, daß es in einem Jahrgang ein Gewinn ist, im anderen zurückgenommen werden mußte.

Durch zunehmenden Wahlunterricht bekommt die Schule in den oberen Klassenstufen immer mehr Jahrgangscharakter. Viele Lerngruppen sind aus allen Klassen zusammengesetzt, doch wird das nicht als besonderer Bruch empfunden, da alle miteinander vertraut sind. Die offene Nutzung der Räume hat dafür nach und nach eine gute Atmosphäre wachsen lassen.

Unsere Schule will Ort der Bildung und Lebensraum zugleich sein und diese Bereiche nicht künstlich trennen. Zusammenhänge sollen entstehen, die jeden einzelnen spüren lassen: Hier kann ich mitgestalten und wirkliche Verantwortung übernehmen; es ist unser gemeinsamer Lebensraum, in dem ich anderen begegne, für andere wichtig bin. Damit sind Räume auch definiert als Orte, in denen man sich geborgen fühlt, sich weiterentwickeln kann, in denen man feiern kann, in denen Stille und Rückzug ebenso möglich ist, wie eine lebhafte Auseinandersetzung mit anderen, in denen ich gefordert werde, um den Sachen auf den Grund zu gehen. Die Gestaltung der Räume steht in einer Wechselbeziehung zu den Personen, die sie »bewohnen«: Sie sind einerseits Ausdruck des schulischen »Klimas«, andererseits auch prägend für das Befinden des einzelnen und der Gruppe durch die Anregung und Atmosphäre, die von ihnen ausgeht. Jeder von uns kennt die überraschende Wahrnehmung, wie schnell wir uns auf die, aufgrund unserer Vorerfahrung oft unbewußte, Wirkung eines Gebäudes einstellen, wenn wir ein Museum, eine Kirche, ein Krankenhaus oder eine Schule betreten.

Die Atmosphäre unserer Schule, die Gelassenheit und größere Ruhe unter den Schülern, der Umgangston zwischen ihnen und auch mit den Erwachsenen ist es, was Besuchern als erstes auffällt, was sie »ansteckt« und was sie als wichtigen ersten Eindruck festhalten und benennen. Wir haben vergleichsweise wenig Zerstörung, kaum eine Schmiererei an den Wänden, aber auch bei uns gibt es »Dreckecken« in Klassenräumen, die immer wieder neu angegangen werden müssen; und wenn so viele Menschen auf engem Raum viel produzieren und ausstellen, führen »Abstell- und Rumpelkammern« schnell ein ausuferndes Eigenleben und müssen immer wieder neu »entsorgt« werden.

Es gibt immer noch Räume, die in einem unfreundlichen, für schulisches Arbeiten ungeeignetem Zustand sind. Aber es zeigt sich auch dabei oft, daß die Schüler Veränderungen und Verbesserungen in Problembereichen als ihre eigene Angelegenheit betrachten und selbständig handhaben wollen.   AK·

16. Und was wird aus den Schülerinnen und Schülern?

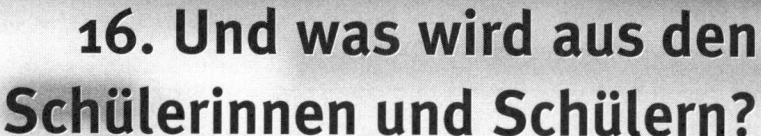

SELBST WENN ES DAS »BERECHTIGUNGSWESEN« nicht in der ausgefeilten Form gäbe, die auch unser gesamtes Bildungssystem bestimmt, wäre in unserer Zeit der Satz richtig, daß in der Schule immer auch Weichen gestellt werden, die den weiteren Lebensweg eines jungen Menschen für Jahre wenn nicht Jahrzehnte bestimmen können. Jeden so gut wie möglich fördern, ihm helfen zu entdecken, was noch alles in ihm steckt, wozu er fähig ist, Interessen wecken, Fähigkeiten vermitteln, Fertigkeiten einüben, das ist das eine. Das andere ist, Kindern und Jugendlichen dabei zu helfen, daß sie »ihren« Weg finden und gehen. Sie müssen durch viel eigene Erfahrung, aber auch durch Rückmeldung und Beratung herausfinden, was sie wollen und was sie können. Wenn alles gut geht, sollten sie spätestens am Ende der Sekundarstufe I einigermaßen genaue Vorstellungen darüber haben, welcher weitere Weg für sie der »richtige« ist. Sie sollten sich begründet entscheiden können und imstande sein, dann auch für ihre Entscheidung selbst die Verantwortung zu übernehmen.

Laufbahnberatung

Als Integrierte Gesamtschule ist die Helene-Lange-Schule offen für Kinder unterschiedlichster Begabung und Fähigkeiten. Am Ende der Sekundarstufe I kann sie alle denkbaren Abschlüsse, bzw. die Versetzung in die Klasse 11 der Gymnasialen Oberstufe vergeben. Wie an anderen Gesamtschulen auch gibt es an der Helene-Lange-Schule kein »Sitzenbleiben«, alle rücken zum Schuljahresende in die nächste Klasse vor. Um unterschiedlichen Begabungen und Fähigkeiten Rechnung zu tragen, wird in einer Reihe von Fächern in verschiedenen Leistungsniveaus differenziert. Die Helene-Lange-Schule hat seit ihrer Umwandlung in eine Integrierte Gesamtschule die Differenzierung in Grund- und Erweiterungskurse vorgenommen. Darüber hinaus wurde im Rahmen eines bei der KMK angemeldeten Schulversuchs auf die räumliche Trennung der Leistungskursgruppen verzichtet. Dadurch soll nicht nur die stabile Lerngruppe »Klassenverband« auch jenseits der Jahrgangsstufen 5/6 erhalten bleiben, sondern es soll auch das gemeinsame Lernen unterschiedlich arbeitender Kinder und Jugendlicher gefördert werden. Wenn alle zusammenbleiben, sind Einstufungen weniger schmerzlich oder diskriminierend. Dieses Prinzip wird bis in die Klasse 10 beibehalten. Auch wenn dort Gruppen in Englisch, Mathematik, Physik und Chemie zusätzliche Lehrkräfte erhalten, bedeutet es nicht, daß grundsätzlich nach der G-E-Differenzierung geteilt würde.

Durch diese Offenheit des Systems können Eltern dann verunsichert werden, wenn nicht alles nach Wunsch läuft, zum Beispiel, wenn ein Kind in einem oder mehreren Fächern in einen G-Kurs eingestuft wird und damit die Hoffnung auf das Ziel »Abitur« schwindet.

Laufbahnberatung an der Helene-Lange-Schule bedeutet deshalb zunächst, bei allen laufbahnrelevanten Veränderungen oder Entscheidungen (etwa anstehende erste Einstufung in G- oder E-Kurs am Ende der Klasse 6, die Wahl von Arbeitslehre oder einer 2. Fremdsprache) Eltern und Kinder ausführlich zu informieren, welche Gesichtspunkte für die jeweilige Entscheidung wichtig sind.

Entscheidend für den Erfolg der Beratung ist, die Eltern wirklich zu überzeugen, daß die Schule vor allem das Wohl des Kindes im Blick hat und sehr behutsam bei ihren Entscheidungen vorgeht.

Praxis der Einstufungen und Umstufungen

Einstufungen oder Umstufungen werden von Lehrkräften der betroffenen Fächer der Klassenkonferenz vorgeschlagen, dort beraten und beschlossen. Besonders am Anfang versuchen wir zu vermitteln, daß einzelne Schüler in den G-Kurs »dürfen«, weil sie besondere Lernbedingungen brauchen. Es gibt Schüler und Schülerinnen, die erfolgreich nur sind, wenn sie besonders langsam arbeiten können, deshalb müssen sie mit geringerer Stoffmenge entlastet werden. Andere haben Probleme mit selbständigem Arbeiten, sie können nur mit kleinschrittigeren Anleitungen sinnvoll arbeiten. Bei einigen muß auf Defizite aus besonderen Situationen mit allgemeiner Rücknahme der Anforderungen reagiert werden – und sei es nur für eine bestimmte Zeit. Durch mögliche Erfolgserlebnisse soll die Bereitschaft zu weiteren Anstrengungen erhalten bleiben. Ausdrücklich nicht in G-Kurse sind Schüler und Schülerinnen einzustufen, die zu Leistungen auf dem Niveau eines E-Kurses durchaus in der Lage wären, die aber aus »Bequemlichkeit« keine Leistungsbereitschaft zeigen. Im G-Kurs wären sie falsch eingestuft, wenn sie dort ohne viel Anstrengung gute Noten erzielen.

Die Entscheidungen sind also geprägt von dem Bemühen, einerseits von den Schülern und Schülerinnen möglichst viel zu verlangen und sie zu fordern, damit sie ihre Fähigkeiten auch entfalten können, andererseits die Lernbereitschaft von Leistungsschwächeren durch »Entlastung« zu erhalten.

Damit das auch akzeptiert wird, ist wichtig, daß es gelingt, die Schüler und Schülerinnen und ihre Eltern davon zu überzeugen, daß die vorgeschlagene Ein- oder Umstufung nicht als »Strafe« oder Ergebnis einer »verhauenen« Klassenarbeit aufzufassen ist, sondern dem bestmöglichen Lernweg dienen soll.

In den Konferenzen, ganz besonders ab der Jahrgangsstufe 8, müssen auch die Auswirkungen der vorgenommenen Einstufungen auf die möglichen Abschlüsse bedacht werden.

Beratungsschwerpunkte in den Jahrgängen 8–10

Mit dem Halbjahreszeugnis im Jahrgang 8 gibt es die erste Abschluß-prognose, d. h., wenn dieses Zeugnis das Zeugnis am Ende der Klasse 10 wäre, würde es folgenden Schulabschluß einschließen. Diese Prognose ist zunächst auch deshalb noch recht spekulativ, weil der Lernbereich Naturwissenschaften im Jahrgang 8 noch nicht leistungsdifferenziert ist, in der Regel auch nicht nach den Fächern getrennt unterrichtet wird, auch wenn die verschiedenen Schwerpunkte durchaus erkennbar sind.

»Ich fand es gut, daß die Leute Aufstiegsmöglichkeiten hatten. Auch wenn es Vorurteile gab – die waren nicht so stark, daß man dann endgültig in einer Schublade war: ›Bekommt nie den Übergang nach 11!‹ Man konnte sich auch hocharbeiten. Das fand ich sehr gut. ... Ich studiere ja in Berlin. ... Insgesamt glaube ich sogar, daß mich tatsächlich die Helene-Lange-Schule mehr auf die Universität vorbereitet hat als die anschließende Oberstufe. Die Universität ist ziemlich chaotisch, überfüllt, eine Betreuung der Studenten existiert so gut wie nicht. Hier an der Schule war ich zwar sehr betreut, sogar teilweise überbehütet, aber ich hatte trotzdem gelernt, selbständig meine Ziele zu erreichen.«

Jan W., Student, 5 Jahre auf der HLS

»Ich habe damals, als ich an die Oberstufe gegangen bin, auf jeden Fall sehr davon gezehrt. Ich denke mal, das ging auch vielen so, mit denen ich darüber gesprochen habe: Wir waren von hier das selbständige Arbeiten gewöhnt. Das hatten wir hier mitbekommen. Einige, die von anderen Mittelstufen kamen, hatten ein Problem, wenn es hieß, zum Beispiel in Gruppenarbeit oder auch alleine ein Referat zu schreiben. Die kamen mit der selbständigen Arbeit einfach nicht zurecht. Das haben wir ja hier bis zum Erbrechen geprobt. Viele Stunden in der Woche. ... Das waren auf jeden Fall alles Dinge, die mir, jetzt nicht nur für die Schule sondern auch fürs Leben, geholfen haben.«

Petra W., ehemalige Schülerin, 6 Jahre auf der HLS

Aus diesem Anlaß wird den Eltern vorher in einer Informationsveranstaltung erklärt, daß diese Prognose im Januar anstehe und daß sie als erster Hinweis zu verstehen sei. Es wird genau erklärt, daß diese erste Prognose »höhere« Abschlüsse nicht ausschließt, aber auch keine Garantie für den prognostizierten Abschluß bedeutet.

Schwerpunkt der Informationsveranstaltung ist, den Mythos »Abitur« zu entzaubern und mögliche Alternativen eines Einstiegs in das Berufsleben aufzuzeigen. Fast allen erscheint das Abitur als der »Königsweg« zum Erfolg. Natürlich gibt es viele Schüler und Schülerinnen, denen wir guten Gewissens zu diesem Weg raten. Die Entzauberung ist aber nötig, um mit allerlei Vorurteilen aufzuräumen, die vor allem auf Unkenntnis beruhen (z. B. über die Möglichkeiten des Einstiegs auch in eine Fachhochschule) oder falsche Erwartungen wecken, was etwa die besseren Chancen bei gut bezahlten Arbeitsplätzen, der freien Wahl der Studienrichtung (ohne Kenntnis bestehender NC-Hürden) usw. betrifft.

Für viele Schüler und Schülerinnen – und ihre Eltern – ist dieser Abbau von Vorurteilen offenbar nötig. Selten sagen in den Klassen 8 mehr als zwei Schüler und Schülerinnen spontan, daß sie nach der Klasse 9 oder 10 nicht mehr weiter auf eine Schule gehen wollen oder können. Doch schon nach der ersten Information über mögliche Alternativen wird die Zahl derer kleiner, die das Abitur um jeden Preis als ihr Ziel in der Schule angeben.

Hilfreich, um nach und nach zu der Entscheidung hinzuführen, wie es nach der Klasse 10 (oder ausnahmsweise 9) weitergehen soll, ist die Möglichkeit, Praktika zu machen, in denen sich der eigene Berufswunsch erproben läßt. Das Betriebspraktikum im Jahrgang 8 hat zwar vorrangig das Ziel, die Schüler und Schülerinnen überhaupt mit der Arbeitswelt in Kontakt zu bringen, doch können schon hier auch erste vorsichtige Erkundung über eine vielleicht denkbare Berufsrichtung stattfinden. Darüber hinaus werden die Jugendlichen auch mit der Berufsberatung des Arbeitsamtes und dem Berufsinformationszentrum am Arbeitsamt (BIZ) vertraut gemacht.

Wenn alles gut läuft, verstehen Schüler und Schülerinnen und ihre Eltern, daß es nicht nur einen Weg in ein bestimmtes Berufsfeld gibt, einen Weg, der vielleicht nur mit Mühe oder gar nicht gangbar ist, sondern daß unterschiedliche Einstiege in dieses Berufsfeld möglich sind. Wichtig ist auch, ihnen bewußt zu machen, daß schon jetzt kaum jemand aus der Elterngeneration genau das in seinem Beruf macht, was er einmal in seiner Ausbildung gelernt hat.

Schwierig sind derzeit alle Prognosen, welche Ausbildungsentscheidung einen sicheren Arbeitsplatz »garantiert«. Hier kann nur darauf hingewiesen werden, daß die Chancen bei entsprechender Eignung und viel Engagement steigen.

Zentrales Element jeglicher Beratung an der Helene-Lange-Schule ist, daß Schülerinnen und Schüler in vielen Situationen Fähigkeiten erkennen lassen, die über die Feststellungen von fachspezifischen, dort benotbaren Leistungen hinausgehen, wie zum Beispiel: Management von Klassenfahrten, Hilfsbereitschaft, soziales Engagement für andere im Klassenrat, Zugang zu Erkenntnissen über praktisches Arbeiten, das »Gefühl« für die richtige Präsentation der Ergebnisse der eigenen Anstrengungen, Umgang mit Computern, Fähigkeiten der unkomplizierten Selbstdarstellung. Hier kann die qualifizierte Beratung anknüpfen, die nicht nur feststellt, daß jemand für das eine oder andere weniger geeignet scheint, sondern die auch auf Stärken hinweisen kann, auch wenn sie sich nicht unbedingt in den Noten der Schulfächer niederschlagen. Positiv wirkt sich auch hier die jahrgangsbezogene Teamarbeit aus, da der ständige Austausch zu recht genauer Beschreibung der Fähigkeiten der Schüler und Schülerinnen führt.

Auf dieser Basis konnten in vielen Fällen Schüler und Schülerinnen so beraten werden, daß sie den für sie am besten erscheinenden Weg gewählt haben, etwa die Fachoberschule »trotz« der Versetzung in die Klasse 11 des Gymnasiums; andere haben darauf verzichtet, den Mittleren Bildungsabschluß um jeden Preis – auch den des Scheiterns – erzwingen zu wollen und sind statt dessen mit einem guten Hauptschulabschluß an die zweijährige Berufsfachschule gegangen, um dort den Abschluß zu erwerben.

Wenn solche Schüler und Schülerinnen dann in der neuen Schule als Klassenbeste die Anforderungen bestehen, erfahren sie sehr direkt, daß ihre Entscheidung richtig war.

Erfahrungen

Als eine der Versuchsschulen des Landes Hessen steht die Helene-Lange-Schule unter besonderer Beobachtung der wohlwollenden und der skeptischen Öffentlichkeit – wie kein Gymnasium oder keine andere Schule.

Nicht nur deshalb, sondern aus dem Bedürfnis, herauszufinden, wie es den Abgängern der Helene-Lange-Schule außerhalb unserer »Insel der Reformpädagogik« ergeht, halten wir Kontakt zu den aufnehmenden Schulen. Schon die Tatsache, daß wir bei weiterführenden Schulen nachfragen, wie sich unsere Schülerinnen und Schüler in ihrer weiteren Laufbahn entwickeln, erregt regelmäßig Verwunderung bei den Schulen. Das scheint also nur selten zu geschehen. Dennoch sind alle angesprochenen Gremien sehr offen und bereit, sehr detailliert zu helfen.

Solche Erkundigungen zusammenfassend läßt sich feststellen, daß Absolventen der Helene-Lange-Schule in der Oberstufe erfolgreich arbeiten können. Von den etwa 50 Schülerinnen Schülern, das sind 50–60 Prozent eines Jahrgangs, die durchschnittlich in den letzten Jahren in die Gymnasiale Oberstufe übergingen, wurden meist zwei bis fünf nicht in die Klasse 12 versetzt. In jedem Jahrgang gingen dann wenige nach der Klasse 12 ab, teilweise mit dem sogenannte »Fachabitur«, also dem schulischen Teil der Fachhochschulreife, die übrigen wurden bisher alle zum Abitur zugelassen und haben die Abiturprüfung mit zum Teil sehr guten Noten bestanden.

An den Fachoberschulen haben unsere Schüler und Schülerinnen bisher sämtlich den Abschluß geschafft, einige sind durch besonderes Engagement und überdurchschnittlichen Erfolg aufgefallen.

Bemerkenswert ist, daß ehemalige Schüler und Schülerinnen der Helene-Lange-Schule in vielen Fällen Klassen- oder Kurssprecher werden, oft auch in der Schülervertretung der verschiedenen Schulen eine herausragende Rolle spielen, im Lehrlingsrat, als Schulsprecher oder Stadtschulsprecher.

Auch die Schülerinnen und Schüler, die vor drei oder vier Jahren eine betriebliche Ausbildung begonnen haben, haben diese fast alle erfolgreich abgeschlossen, einer ist bereits mit der Ausbildung von Lehrlingen beauftragt.

Ausblick

In der bildungspolitischen Diskussion wird derzeit für die Gesamtschulen über eine Veränderung der Zulassungsbedingungen zur Gymnasialen Oberstufe nachgedacht. Nach unseren Erfahrungen in den letzten Jahren können wir nur hoffen, daß es in Zukunft besser gelingt, die Entscheidung über die schulische oder berufliche Laufbahn der Schüler und Schülerinnen eher an deren Fähigkeiten als an vorwiegend rechnerisch ermittelten »Berechtigungen« auszurichten.

KH

»Am besten lernst du ... was du willst!«

Eine aktuelle Zahl verbreitet (1996) Zukunftsängste unter Jugendlichen und deren Eltern: Erstmals ist die offizielle Zahl der jungen Erwerbslosen (bis 25 Jahre) auf über 500.000 geklettert – Tendenz steigend. Immer mehr Jugendliche finden nach Schul-, Studien- oder Ausbildungsabschluß keinen Einstieg in die Arbeitswelt. Die Jugendlichen, ihre Eltern und Lehrer sind verunsichert, welche Wege und Berufszielentscheidungen denn nun gute Zukunftsaussichten haben oder eben nicht mehr. Langfristige Prognosen gibt es nicht. Veränderungen erfolgen in immer kürzeren Zeiträumen.

Die Medien verbreiten Vermutungen über die Ursachen: »Falsch programmiert? ... Versagt unser Bildungssystem?« Die Rede ist von einem »neuen Bildungsnotstand«. Und die geheime oder auch ganz unbefangen verbreitete Botschaft ist: Schüler, Studenten, Auszubildende, die auskonkurriert werden, haben eben nicht genug oder das Falsche gelernt!

Als handele es sich um nicht bezweifelbare »Wahrheiten« werden seit einigen Jahren Vorurteile verbreitet: Arbeitslose sind arbeitsunwillig, Kranke wollen nur blaumachen, Einkommenschwache als Sozialhilfeempfänger nutzen die Solidargemeinschaft aus und höhlen sie damit aus, Alte haben nicht genügend privat für ihre Rente vorgesorgt usw.

»Ich habe nach der 10. Klasse eine Ausbildung gemacht als Versicherungskaufmann. Und ich muß sagen, gerade auch für die Ausbildung hat mich die Schule sozusagen auf das Leben vorbereitet. Das habe ich im Laufe der Jahre immer wieder gemerkt. Ich war ja in der fünften Klasse nicht schon selbständig. Das kam bei mir so richtig erst in der neunten und zehnten Klasse. Da habe ich dann die Erfolge bemerkt. Auch die schulischen Leistungen sind damals besser geworden. [..] Also, daß man diskutieren kann, oder im Team arbeiten kann und so weiter. Gerade da habe ich nachher in der Ausbildung gemerkt, wie wichtig das war.«

Arno R., ehemaliger Schüler, 6 Jahre auf der HLS

»Also mich haben nicht die Medien oder die Reporter angenervt, sondern eher die Reaktionen. Viele Lehrer von anderen Schulen haben unheimlich aggressiv reagiert. Als ich dann an der Oberstufe war: wenn dann wieder einmal der Film von der Helene-Lange-Schule gelaufen war, dann hat man das immer sofort gemerkt, weil einige Lehrer am nächsten Tag bestimmt irgendwelche Bemerkungen gemacht haben. Und teilweise wirklich intolerant und aggressiv waren. Das hat mich schon gestört.«

Jan W., Student, 5 Jahre auf der HLS

So, wie ich es bei den beiden miterlebt habe, war mein Hauptgefühl: Nicht die Helene-Lange-Schule, sondern die gymnasiale Oberstufe müßte sich ändern! Das paßt im Moment überhaupt nicht zusammen. Aber: nach einem kurzen Schnicken und Schütteln haben beide den Anschluß dort gefunden und konnten sich auch auf das dortige System einstellen. Ich denke, selbst das hatten sie hier gelernt: daß sie den Unterschied wahrgenommen, sich auch geärgert, aber dann sich darauf eingestellt haben.«

Frau W., ein Sohn und eine Tochter waren auf der HLS

Solche Vorurteile erleichtern es, daß von der sozialen Verantwortung der Arbeitgeber nur noch ganz am Rande die Rede ist. Mit immer weniger Menschen wird immer mehr produziert. Die Steigerung des Gewinns eines Unternehmens geht fast immer einher mit drastischer Reduzierung des Personalbestandes. Die »sozialen« Kosten werden auf die Allgemeinheit abgewälzt. Die Leistung der Generationen, die das Unternehmen zu dem gemacht haben, was es ist, und die daraus resultierende soziale Verantwortung, wird schlicht beiseite geschoben.

Auf die Schulen wird – wie in Krisenzeiten üblich – Druck ausgeübt. Sie hätten sich, bitte, rascher auf die Notwendigkeiten des Arbeitsmarktes einzustellen. Aber wie? Darüber gehen die Meinungen auseinander. Viele sehen die Lösung in jener Schule, die sie aus ihrer eigenen Schulzeit kennen und die sich doch »bewährt« habe. Ihre Empfehlung heißt: Um bei schlechter werdenden Chancen und größer werdender Konkurrenz bestehen zu können, mußt du lernen, lernen und nochmals lernen! Wer es sich leisten kann, versucht, seinem Sohn oder seiner Tochter zusätzliche Startvorteile zu ver- schaffen: Internationale Erfahrung, Mehrsprachigkeit, teure Privatschulen möglichst mit modernster Computerausstattung und Privat-Universitäten. »Chancengleichheit«? Na ja, besser nicht mehr so viel davon sprechen.

Auf dem Weg zu den Abschlüssen bedeutet das für die Jugendlichen, die nicht schon sehr früh resigniert haben: erhöhter Zeit-, Konkurrenz- und Leistungsdruck, Buchhaltermentalität bei der Punkte- und Notenjagd und damit verbundenes Einzelkämpfertum.

Die Zunahme qualifizierter Abschlüsse führt bei insgesamt weniger Arbeitsplätzen dazu, daß besser Ausgebildete andere aus ihren angestamm- ten Berufsgruppen verdrängen. Selbst eine gut abgeschlossene Banklehre nach dem selbstverständlich guten Abitur führt noch lange nicht zu einer Übernahme im erlernten Beruf in einer der stärksten Wachstumsbranchen.

Die strukturellen Umwälzungen, von denen fast alle Wirtschaftszweige erfaßt sind, haben zu Kurzsichtigkeit geführt: Ausbildungskapazitäten wer- den aus Kostengründen rücksichtslos abgebaut – in wenigen Jahren wird man dann anklagend über den Mangel an qualifiziertem Nachwuchs Beschwerde führen. Den Jugendlichen, die jetzt nach einer zukunftsfähigen Ausbildung suchen, wird das wenig helfen, sie sind die Opfer dieser Kurzsichtigkeit.

Die Schule allein kann diese Probleme nicht lösen, wie immer sie ihr »Ausbildungsniveau« auch steigert. Sie muß sich ihnen aber stellen, gerade in der Beratung der Abgänger und deren Eltern.

Äußert heute ein Schüler einen konkreten Berufswunsch, so ist er in Gefahr, sofort ein »Um Gottes Willen, nur das nicht! Das hat doch keine Zukunft mehr!« als Reaktion zu bekommen.

Weil man aber nicht weiß, was denn nun wirklich »Zukunft« hat, möch- te man zumindest ein wenig ermuntern. Die entsprechenden Ratschläge drücken dann zugleich auch die Orientierungs- und Hilflosigkeit der Erwachsenen aus: »Dann mach doch am besten, was du gerne machen willst und was dir Spaß macht!«

Solch unbestimmter Rat hat seine Ursache auch darin, daß den meisten Erwachsenen mittlerweile bewußt ist, daß man seinen Beruf nicht mehr fürs Leben wählt, sondern mehrmals umlernen oder auch ganz neu anfangen muß.

Deshalb sehen wir die entscheidende Aufgabe unserer Schule darin, daß Schüler lernen, wie man lernt, daß sie sich für eine Sache interessieren und begeistern, sie sich engagiert zu eigen machen können. Die Lösung liegt nicht darin, immer mehr zu pauken. Viel wichtiger ist es, eine positive Grundhaltung zum Lernen, zur Leistung und zur Arbeit zu bekommen. Das schließt durchaus die Fähigkeit ein, sich intensiv um eine Sache mühen zu können, also auch »pauken« zu können, wenn es einmal darauf ankommt.

Zugleich aber ist uns wichtig, Formen der Zusammenarbeit und Solidarität zu wahren und weiter zu entwickeln, soziales Engagement einzuüben, demo- kratische Strukturen mit Leben zu füllen und auszubauen.

Wenn Schüler in ihrem späteren Leben öfter »neu beginnen« müssen, dann wird für sie eine der wichtigsten Voraussetzungen sein, ob sie Vertrauen in ihre eigenen Fähigkeiten besitzen. Nur dann werden sie sich in immer wieder neuen ungewohnten Situationen bewähren und behaupten können. Aber es wird noch um anderes gehen als um individuelle Bewährung und Behauptung im Beruf: Sie werden Bürger sein, die für ihr Gemeinwesen die Verantwortung zu tragen haben. Wir hoffen, daß sie auch für demokratische Lebensformen eintreten werden, wenn sie diese in ihrer Schulzeit schon einmal erlebt und erfahren haben.

Diese Schülergeneration hat es vermutlich besonders schwer, auch wenn es zunächst so scheint, als hätte die Jugend es noch nie so gut gehabt. Doch gerade das ist ein Teil ihres Problems: Die Eltern haben häufig einen guten bis hohen Status erreicht. Die Jugendlichen wachsen in dem erworbenen Wohlstand auf, er wird ihnen »gewährt«, aber sie haben keinen eigenen Anteil an seinem Entstehen – ein Anspruch, an dem man sich gewöhnt hat, der aber kein Selbstbewußtsein und Vertrauen in die eigenen Fähigkeiten vermittelt. Viele Jugendliche glauben auch deshalb, den Status der Eltern nicht mehr erreichen zu können. Sie sind überzeugt, daß in der Zukunft alles nur schlechter werden wird.

Besonders belastet sind in dieser Hinsicht die Jugendlichen, die sich selbst bereits in der Schule als die »Verlierer« sehen, wenn sie täglich den Schulerfolg der besseren Mitschüler vor Augen haben. Auch darum versuchen wir sehr bewußt, den Wert praktischer Arbeit immer wieder zu verdeutlichen und für alle erfahrbar zu machen. Wir bemühen uns, in den vielen Beratungssituationen, die sich ergeben, immer wieder Wege zu zeigen, die nicht nur über Abitur und Studium zum Beruf führen – und oftmals die bessere Alternative darstellen.

Neben der genauen Kenntnis möglichst vieler weiterführender Wege ist uns die größte Hilfe in der Beratung, daß wir unsere Schülerinnen und Schüler in der Regel sechs Jahre lang begleitet haben und ihre Stärken und Schwächen gut kennen. Es liegt uns sehr daran, ihnen in Zusammenarbeit mit ihren Eltern zu helfen, daß sie den für sie geeigneten Weg finden.

AK

17. Veränderung besteht aus vielen kleinen Schritten und braucht viele Helfer

EINE SCHULE MÜSSTE eine »handlungsfähige pädagogische Einheit« sein, sagt die Schulforschung. Insbesondere dann, wenn sie sich verändert, etwas Neues erproben will.

Eine Schule, das sind erst einmal die Lehrer und Lehrerinnen, die Schülerinnen und Schüler. Um die Schule herum gibt es dann noch andere wichtige Partner: Eltern, Ämter und Behörden, Freunde und Unterstützer der Schule. Von denen wird im nächsten Kapitel die Rede sein.

Aber selbst zum Innenraum der Schule gehören nicht nur Schüler und Lehrer, sondern auch Hausmeister, Sekretärinnen und andere.

Von den Lehrern haben einige besondere Aufgaben, teilweise im Rahmen der Schulleitung, ob in der Verwaltung, ob bei der Betreuung der vielen Besucher, ob als Teamsprecher oder, oder, oder.

Die beste Verwaltung ist die, bei der es (fast) nie Pannen gibt, wo alles immer vorbedacht ist, Listen und Pläne rechtzeitig kommen und fehlerlos sind – und sich dennoch keiner bevormundet fühlt. Einem Außenstehenden sei es erlaubt, seinen Eindruck festzuhalten: die Verwaltung der Helene-Lange-Schule kommt dank des ungewöhnlichen Engagements der für diese Verwaltung Verantwortlichen diesem Ideal ziemlich nahe.

Wenn sich kaum etwas ändert, dann reicht eine solche »perfekte« Verwaltung fast schon aus. Man braucht vielleicht noch ein paar Gremien oder Personen, die in Zweifelsfällen Entscheidungen treffen oder für etwas bereitstehen, was man in Neudeutsch »Krisenintervention« nennt.

Wenn aber eine Schule sich ständig verändert, wenn außerdem noch die Lehrer und Schüler sie als »ihre« Schule empfinden sollen (und alle anderen Beteiligten auch), dann wird zweierlei unerläßlich: interne Kommunikation und Planung.

Interne Kommunikation, das bedeutet vor allem, daß alle jeweils Beteiligten sich rechtzeitig und ausreichend gründlich informiert fühlen, daß auch die nur mittelbar von einem Projekt, einer Veränderung Betroffenen erfahren, was es mit diesem Projekt, dieser Veränderung auf sich hat und in welchem Zusammenhang sie zu sehen sind, welche Folgen sie vielleicht haben werden. Interne Kommunikation, das bedeutet aber auch, daß man »das Kapital in den Köpfen nutzt«, daß möglichst alle guten Einfälle zur Sprache kommen, alle Einwände auch ernsthaft bedacht werden.

Diese Art von Umgang miteinander, von Verteilung der Aufgaben muß in einer Schule erst gelernt werden. Sie ist in der Tradition der »verwalteten Schule« nicht selbstverständlich. Man muß sie im Alltag einüben. Es kann jedoch auch wichtig sein, sie bei Gelegenheit zum ausdrücklichen Gegenstand des gemeinsamen Nachdenkens zu machen. Dem sollten die im übernächsten Abschnitt abgedruckten Thesen dienen. Sie sind von einer Arbeitsgruppe von Lehrerinnen und Lehrern vor einigen Jahren ausgearbeitet worden. Die durch sie ausgelöste Diskussion in den verschiedenen Gremien hat zu zahlreichen Veränderungen geführt. Zum Beispiel ist die damals noch mit einem Fragezeichen bedachte »Lehrerlernwerkstatt« mittlerweile so etwas wie ein für alle Lehrerinnen und Lehrer jederzeit zugängliches »didaktisches Archiv« und ein nützlicher Arbeitsraum für Vorbereitungen geworden, viele Aufgaben oder Zuständigkeiten wurden inzwischen eindeutiger beschrieben oder neu verteilt.

Bei der anschließend wiedergegebenen Schemazeichnung fragt sich jemand, der Schulalltag kennt, vermutlich staunend: Wo nehmen die denn nur die Zeit für all diese Gremien, Planungssitzungen, Besprechungen, Konferenzen her? Das ist in der Tat ein schlimmes Problem! Kommunikation frißt Zeit! Aber ohne diesen Zeitaufwand erstarrt nach einer Weile alles, nehmen die Reibungsverluste und (berechtigten) Anlässe für Verdrossenheit gefährlich zu.

Vergleichbares gilt auch für alle Planungen. In einer Schule, die sich selbst als »lernende Institution« begreift, gibt es eben keinen Meisterplan, der ein für alle mal fertig wäre und nur noch ausgeführt werden müßte. Nicht nur der einzelne Lehrer, die einzelne Lehrerin muß aus ihren Erfahrungen lernen, sondern eben auch der Personenverband Schule. Aus Erfahrungen lernen und sie für künftiges Handeln nutzbar machen, das ist der eigentliche Kern von Planung. Als Beispiel dafür folgt eine kritische Bestandsaufnahme mit Vorschlägen (beides vor etwa vier Jahren entstanden) zu der Frage, ob das, was sich in der Jahrgängen 5–7 nach fast einhelligem Urteil besonders bewährt hat, denn auch schon ohne weiteres die Leitlinie für die Jahrgänge 8–10 sein könne.

Daraus ist dann zuerst für die Planungsgruppe der Helene-Lange-Schule eine Konzeptvorlage für neue Akzente in den Jahrgängen 8–10 entstanden, die anschließend auch in der Gesamtkonferenz vorgestellt und erörtert wurde. Bestandsaufnahme, Vorschläge und Konzept werden hier sozusagen auch aus »historischen« Gründen eingefügt, nämlich als ein Beispiel dafür, welche Zwischenschritte in einer Planung nötig sind. Tatsächlich ist das Konzept in dieser Form seither nur teilweise verwirklicht worden. Schwierigkeiten bei der Umsetzung erwiesen sich als unüberwindlich, vorher nicht bedachte Nebenwirkungen mußten berücksichtigt werden. Lebendige Planung, die aus den eigenen Erfahrungen lernt, erinnert oft an die Echternacher Springprozession.

Wie intensiv und folgenreich an der Helene-Lange-Schule auch die Schülervertretung an solchen Kommunikations- und Planungsprozessen beteiligt ist, verdeutlicht der Bericht eines Schülers und einer Schülerin, der als Beispiel auch in dieses Kapitel gehört hätte, aber wegen seines Inhalts im Kapitel »Leistungen bewerten« abgedruckt ist. Von der Beteiligung der Eltern ist im Kapitel »Eine Schule braucht Partner« die Rede.

GB

ORGANISATIONSTRUKTUR DER HELENE-LANGE-SCHULE

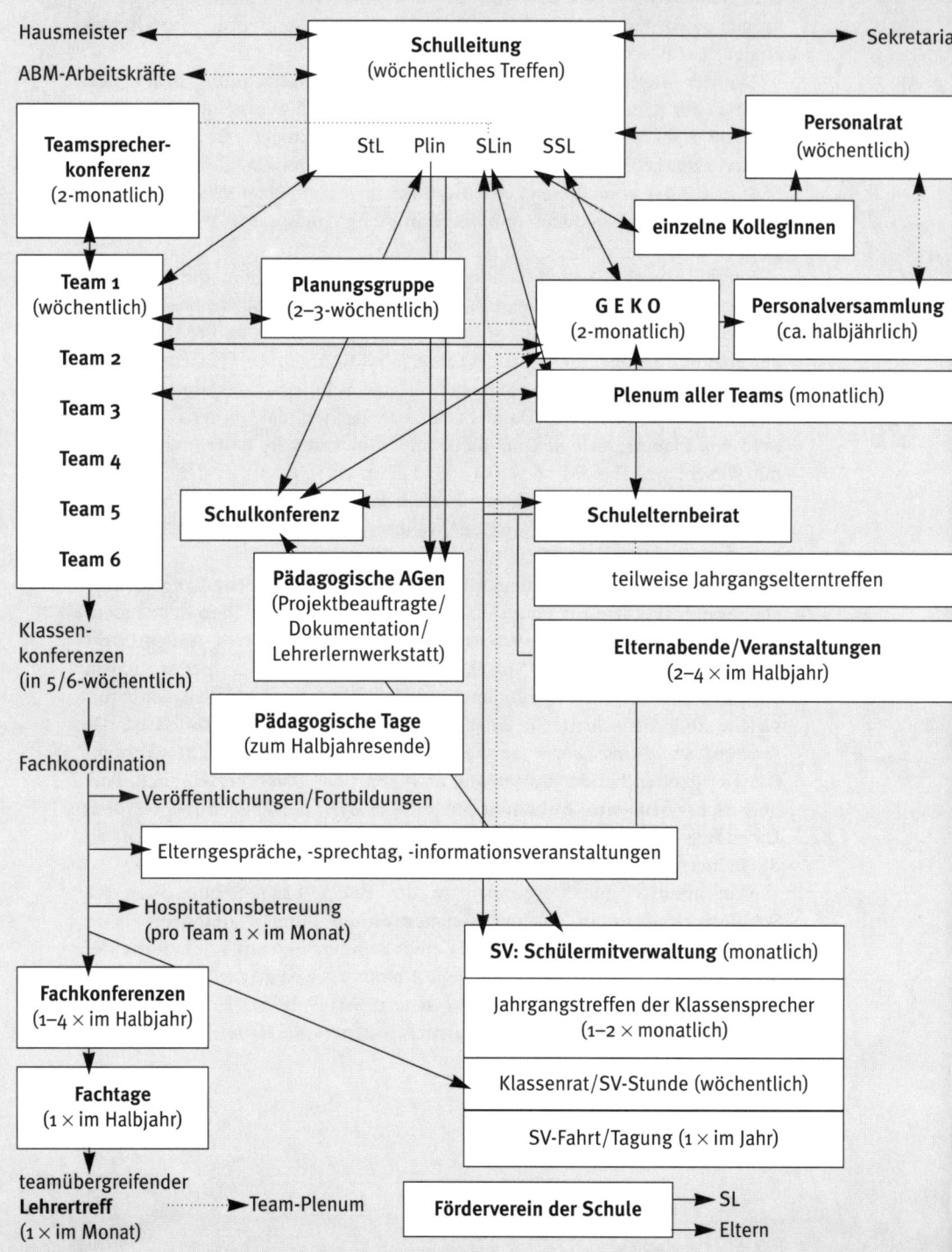

Wie ist eine solche Schule eigentlich »regierbar«?

Management und Organisation unserer Schule sind im wesentlichen bestimmt durch die Bildung kleiner, möglichst selbständiger und selbstentscheidender Einheiten, durch die Teamstruktur. Jedes Team – oder anders gesagt, jede »kleine Dorfschule« – entwickelt seine eigene Kultur der Zusammenarbeit, die von der Teamfähigkeit und den Persönlichkeiten seiner Mitglieder geprägt wird. Wer zur Teamarbeit erziehen will, muß sie selbst praktizieren und damit vorleben können.

Doch wie ist eine solche Schule mit ziemlich »autonomen« Kleinsteinheiten eigentlich »regierbar«? Welche Rolle und Aufgabe hat die Schulleitung? Wie läuft die Meinungsbildung zu wichtigen Konzeptfragen im gesamten Kollegium ab? Wie entwickelt sich eine Organisationsstruktur, die einer Versuchsschule angemessen ist?

Schon zweimal haben wir uns einen Organisationsberater, Herrn Berg, der Betriebssoziologe ist, als Außenbeobachter in die Schule geholt. Er hat einen »fremden« Blick auf unsere Organisationsstruktur geworfen und beschrieb unsere Schule als »professionelle Bürokratie«, die von der Schulleitung nur mit dem Instrument intensiver Kommunikation zu lenken sei.

Ob und wie Ansprüche des gemeinsam erarbeiteten Konzepts übernommen und auch umgesetzt werden, hängt oft auch von der Überzeugungsarbeit der Mitglieder der Schulleitung ab. Nur wenn die einzelnen Teammitglieder sich neue Ideen überzeugt zu eigen machen, werden sie diese Ideen umsetzen. Eine entscheidende Rolle wird dabei spielen, ob der einzelne auch seinerseits die Freiheit hat, eigene Wege zu gehen, und gegebenenfalls andere davon überzeugen kann. Nur eine Organisationsstruktur, die diese Freiheiten einräumt, ermöglicht Bewegung und tragfähige Veränderungen in einer Schule. In der Organisationssoziologie nennt man so etwas neuerdings ein »lose verkoppeltes System«.

Um diese Überzeugungsarbeit überhaupt leisten zu können, darf die Schulleitung natürlich nicht isoliert und ohne ständigen Kontakt zu allen Gruppen von Lehrerinnen und Lehrern und zur schulischen Realität des Arbeitsalltages sein. Je weiter sie von dieser Realität entfernt ist, desto schlechter wird sie neue Anstöße geben und auf den Weg bringen können. Um diesen Realitätsbezug zu sichern, sind die einzelnen Mitglieder der Schulleitung einem Team als fester Mitarbeiter zugeordnet. Die Zusammenarbeit im Unterricht, in Teamsitzungen, bei Elternarbeit, Fortbildung und Bilanzen schafft einen Grundbestand von Informationen, der offiziell in Schulleitungskonferenzen, aber vor allem fast ständig informell, miteinander geteilt und bedacht wird und einen Überblick über die Arbeit der ganzen Schule möglich macht.

Im Team wird jedes Schulleitungs-Mitglied erst einmal Kollege sein müssen. Tritt es dort bewußt in der Funktion Schulleitung auf, um beispielsweise Konflikte zu regeln, Anordnungen zu treffen oder Kontrolle zur Einhaltung des Konzepts und der üblichen Verpflichtungen der Lehrer aus-

zuüben, wird es schwierig. Die Nähe der Teamarbeit (am deutlichsten beim Teamteaching der Doppelbesetzung), die Kollegialität und auch Privatheit der Kontakte, erschwert es, die Rollen klar zu trennen. Der jeweilige Rollenwechsel sollte klar gekennzeichnet werden: »Ich muß jetzt mal etwas als Schulleitungs-Mitglied sagen!«

Es liegt am »Fingerspitzengefühl« der einzelnen Schulleitungs-Mitglieder, diesen Rollenwechsel oder die Widersprüchlichkeit der sich überlagernden Rollen zu bewältigen. Wir feiern zusammen (private Ebene), arbeiten konkret im Unterricht zusammen (kollegiale Ebene), sind aber dennoch ständig auch in eine Entscheidungsstruktur eingebunden, die eben auch (nicht etwa nur wegen der Vorgaben des Schulgesetzes) hierarchische Elemente enthält. Eine vernünftige »Lösung« dieser widersprüchlichen Tendenzen kann nur darin gesucht werden, die anstehenden Aufgaben, Anforderungen und Konflikte möglichst einvernehmlich und harmonisch zu regeln. Nur so läßt sich die ständige Überlagerung der unterschiedlichen Rollen einigermaßen bewältigen. Selbst diese Lösung hat ihre Nebenwirkungen: In Gesamt-konferenzen erleben wir, daß wir uns schwer tun, eine gute Streitkultur zu entwickeln, Meinungsverschiedenheiten offen und konstruktiv auszutragen.

Die engere Schulleitung besteht aus vier Personen. Es gibt aber sechs Teams. Also kann nicht zu jedem Team auch ein Mitglied der Schulleitung gehören. Das ergibt unterschiedliche Bedingungen für den Informationsfluß.

> »Also, als ich in der 5. Klasse war, waren alles noch nicht perfekt. Aber die Lehrer haben auch mit dazu gelernt. Ganz deutlich empfinde ich, daß sie bei der »Demokratie« sich verändert haben. Zum Beispiel, was die SV-Arbeit angeht. Mittlerweile werden Schüler als gleichberechtigte Partner angesehen, mit denen über Dinge, die die Schule betreffen, auch wirklich diskutiert wird.«
>
> *Armin B., ehemaliger Schüler, 6 Jahre auf der HLS*

aus Schwalbenbach
tellv. Schulleiter),
grid Kaiser
äd. Leiterin),
ja Riegel
chulleiterin),
cht abgebildet:
aus Hug
tufenleiter)

Die zum Ausgleich geschaffene Teamsprecherkonferenz, die Bindeglied zwischen Schulleitung und Teams sein soll, kann diese Aufgabe in kurzen und seltenen Sitzungen kaum bewältigen.

Immer wieder wurde vom Kollegium beklagt, daß die Teamstruktur neben ihren von allen anerkannten Vorzügen (auf die wohl niemand mehr verzichten möchte) auch Nachteile habe. Einerseits sorgen kleine »Betriebseinheiten« für Überschaubarkeit und geben jedem einzelnen die Chance, sein Bezugssystem zu beeinflussen und zu verändern. Jeder Mitarbeiter hat »Gewicht« und Bedeutung, arbeitet effektiver und wirksamer, da er sich stärker mit seiner Arbeit identifizieren kann. Andererseits ist teamübergreifende Meinungsbildung im ganzen Kollegium deutlich schwerer zu verwirklichen. 95 Prozent aller Energie ist in der Teamarbeit gebunden. Hier werden fast alle Fragen bearbeitet und geklärt. Das Team ist der zentrale Ort unserer Arbeit.

In der Organisation der herkömmlichen Schule bilden die Fachbereiche ein gewisses Gerüst der Orientierung und Meinungsbildung. (Durchaus mit respektabler Begründung: sie vertreten ja jeweils einen unter mehreren wichtigen Gesichtspunkten, durch die im Unterricht die Welt »erschlossen« und also Bildung ermöglicht werden soll.) Auch sie haben angesichts der Teamstruktur Schwierigkeiten mit dem gewohnten Selbstverständnis und suchen nach neuen Wegen, ihre curricularen Aufgaben zu erfüllen. Da jeder Lehrer durch fachfremden Unterrichtseinsatz mehr Fächer als üblich unterrichtet, kann er neben den regelmäßigen Teamsitzungen kaum an allen Fachkonferenzen teilnehmen. So gehen wir verstärkt dazu über, die Fachbereichsarbeit über längere Fachtagungen zu organisieren, an denen konzentriert zweimal im Jahr alle Konzept- und Curriculum-Fragen geklärt werden und Fach-Fortbildungsvorhaben geplant und auch durchgeführt werden.

Pädagogische Tagungen, auf denen das Kollegium einmal im Jahr etwas mehr Zeit hat, zentrale Fragen und Neuerungen zu diskutieren und gemeinsame Fortbildung zu betreiben, werden allgemein als wichtig, aber nicht ausreichend empfunden. Dort werden Anstöße gegeben und wichtige Fragen der weiteren Entwicklung unserer Schule diskutiert. Für die fortführende Erörterung, bis etwas dann »entscheidungsreif« ist und »umgesetzt« werden kann, fehlt (bei diesen Pädagogischen Tagungen und meist auch danach) schlicht die Zeit. So gibt es leider viel zu häufig die Situation, daß Grundsatzfragen immer wieder neu diskutiert werden, ohne dabei entscheidend weiterzukommen. Als einen möglichen Ausweg aus diesem Dilemma haben wir beschlossen, daß die Teams regelmäßig einmal im Monat als Plenum zusammenkommen werden, um an diesen Grundsatzfragen und -themen »dranzubleiben« und sie schneller zur Entscheidung bringen zu können.

Als Versuchsschule wollen wir Neues erproben und reflektieren. Ein »Stau von unbearbeiteten Altlasten« darf nicht neue pädagogische Vorhaben und Wege überlagern. In der Zeit der Entwicklung vom Gymnasium zur integrierten Gesamtschule als Versuchsschule haben wir in fast zehn Jahren eine Fülle von Gremien und Arbeitsgruppen geschaffen, die viel Energie und Zeit binden und deren Effektivität wir nun neu überprüfen müssen. Jeder von uns hat in verschiedenen Gruppen mehrere Rollen und Aufgaben, allein im Team fallen schon zwei oder drei arbeitsreiche Aufgaben für fast jeden an.

Auch wir sind – zumindest teilweise – in unserer Entwicklung vermutlich einer »Bürokratisierung« unserer Organisationsstruktur erlegen, haben für jede weitere Aufgabe eine weitere Arbeitsgruppe geschaffen. Nun empfinden wir die zeitliche Belastung aus diesen Aufgaben zu oft als behindernd für die Effektivität unserer Alltagsarbeit.

Als Versuchsschule haben wir unter anderem auch die Verantwortung, unsere bildungspolitische Rolle zu reflektieren, in der Öffentlichkeit zu schulpolitischen Fragen Stellung zu nehmen. Anders könnten wir kein starker Bündnispartner für eine reformorientierte Schulentwicklung sein. Es wäre schlimm, wenn wir für diese wichtige Aufgaben nicht mehr die Zeit finden.

Wir werden viele gute Einfälle brauchen, um die objektiven Verschlechterungen der Arbeitsbedingungen, die vielen Schulen in den nächsten Jahren drohen, durch eine bessere Organisation der Arbeit »aufzufangen«. Gerade unsere Schule muß auch in schwierigen Zeiten zeigen, welche Qualität Schule haben kann, und was die Voraussetzungen dafür sind. Sind kleine Klassen möglicherweise wichtiger als 30 Wochenstunden »nach Stundentafel«? Gibt es ein Mindestmaß an »Sachmitteln« und sonstigen »materiellen« Voraussetzungen, ohne das die überaus kostbare Arbeitszeit der Lehrerinnen und Lehrer schlicht »ineffektiv« verpulvert wird? Was bewirkt es, wenn Lehrer und Lehrerinnen wirklich die Freiheit haben, neue Wege zu gehen?

Wir wollen zur Demokratie erziehen, indem wir eine sind – auch für Schüler und Eltern!

Neu ist zum Beispiel die »Schulkonferenz« als oberstes Beschlußorgan. (Dahinter wird letztlich das deutlich, was man einen »Paradigmenwechsel« nennen könnte: der Übergang von der Schule als Veranstaltung der »Obrigkeit« zu einer Schule der verantwortungsbereiten »Bürger«, die sich dem Sozialstaats- und Rechtsstaatsgebot verpflichtet wissen, die nicht einfach hinnehmen, daß es eben »Gewinner und Verlieren« geben müsse. Schwieriges Lernen für alle Beteiligten!) Die Anbindung an bestehende Entscheidungsgremien muß erprobt werden. Erprobung erfordert Zeit, damit ihr einzig erfolgversprechendes Verfahren, »Versuch und Irrtum«, nicht vorschnell abgewürgt werden muß.

Zeit wird mehr und mehr unser knappstes Gut. Die Inflation der Ansprüche und die damit steigende Belastung darf uns nicht »atemlos« werden lassen. Wir kämen sonst in die Gefahr, daß die Umsetzung guter Ideen nicht mehr überzeugend gelingt.

Die Folgerung aus solchen Randbedingungen müssen wir wohl vor allem in einer Richtung suchen: Wir müssen nach fast zehn Jahren stetigen Wandels für unsere Schule noch effektivere Organisationsformen finden, die unsere Kräfte nicht überfordern, damit wir auf lange Sicht die Kraft und Ausdauer haben, neue Wege zu erproben, also uns den Konsequenzen der Fragen, die wir stellen, auszusetzen.

Schule gibt es nicht »an sich«. Sie ist immer »in ihrer Zeit«. Sie kann ohne ihr »gesellschaftliches Umfeld« höchstens »theoretisch«, jedenfalls fast immer nur folgenlos gedacht werden. Alle Veränderungen in den Familien, im Freizeit- und Konsumbereich, in der Wirtschaft, im Arbeitsleben, im Umgang mit der Umwelt, durch die »Multi-Kulti«-Bedingungen, die wir täglich erfahren, und vieles andere sonst werfen Fragen auf und stellen neue Anforderungen auch an die Schule. Als Versuchsschule wollen wir dafür offen sein und gemeinsam nach Antworten und Wegen suchen.

AK/GB

Einige Thesen zu Organisation und Kommunikation in der Helene-Lange-Schule

Im folgenden werden Gremien, die für die Kommunikation in der Schule bedeutsam erscheinen, betrachtet. Es wird versucht darzustellen, wo Probleme in der Kommunikation oder/und in der Organisationsform auftraten, wo also vermutlich etwas neu geregelt werden sollte. Dabei beschränkt sich die Betrachtung auf die Gruppe der Lehrerinnen und Lehrer, Gremien der Eltern oder Schülerinnen und Schüler werden zunächst ausgeklammert (soweit dies möglich ist).

Teams/Teamsprecherkonferenz
a) Wie können wir gewährleisten, daß Kolleginnen und Kollegen die Teamsitzungen als für ihre Arbeit sinnvoll erleben?
   Teamsitzungen sollten von möglichst vielen Teilnehmern als notwendig und hilfreich und nicht als verordnet empfunden werden.
   Wie erreicht man, daß pädagogische und nicht nur organisatorische Fragen den meisten Raum einnehmen?
   Wie werden Konflikte im Team geregelt? (Versteckte oder offene Konkurrenz, Belastung durch krankheitsbedingten Ausfall, unterschiedliche pädagogische Vorstellungen, Unpünktlichkeit und dergleichen)
b) Welche Rolle sollten die Teamsprecher ausfüllen? Welche Rolle hat die Teamsprecherkonferenz?

Welche Rolle haben die Teamsprecher in ihren eigenen Augen/für die anderen Teammitglieder?

Welche Erwartungen hat die Schulleitung an die ZS?

Werden die Rollenerwartungen im Team thematisiert?

Sollte es eine verbindliche Absprache mit schriftlich fixierten Aufgaben geben?

Die Funktion der Teamsprecherkonferenz ist nicht klar (vor allem wohl, weil die Aufgabe der Teamsprecher nicht klar definiert ist). Sie wurde in den vergangenen Schuljahren zunehmend seltener einberufen. Manchmal schien sie nur den Zweck einer »Klagemauer« zu erfüllen. Wenn sie aufrechterhalten werden soll, muß sie eine klare Aufgabenstellung bekommen!

c) Sollte es weitere klar definierte Rollen im Team geben?

Organisation: Vertretungsplan, Ein-/Umstufungen, Praktika, Zusammenarbeit mit Schulleitung, ... (?)

Materialverwaltung: Geräte, Mobiliar, Putzplan, ... (?)

Finanzen: Jahrgangsspende, Beschaffung, Abrechnung, Zusammenarbeit mit Stufenleitung ... (?)

Fachbeauftragte: Vertretung des Teams in den Fachkonferenzen, Zusammenarbeit mit dem Fachsprecher, zuständig für die fachliche Planung im Jahresarbeitsplan und die fachliche Koordination im Team, ... (?)

Projektbeauftragte: zuständig für jeweils ein Projekt und die dazugehörige Materialsammlung, ... (?)

Dabei wäre zu klären, was Aufgabe der Schulleitung bleibt und was die Aufgaben des jeweiligen Teammitglieds sind. Auch die Form der Zusammenarbeit wäre zu regeln.

d) In der HLS ist unklar, wie weit die Autonomie der Teams reicht.

Sollte festgehalten werden, was Teams eigenständig regeln dürfen?

Werden Teams kontrolliert? Müßten sie es werden?

Wer ist bei Konflikten zuständig, bzw. wie gehen wir mit Konflikten um? (Beispiele: Keine Einstufung in M/E am Ende von Jg. 5; Erste-Hilfe-Kurse ohne vorige Absprache mit der Schulleitung; ausgesetzte Wochenplanarbeit; nicht angefertigte Projektskizzen für neue Projekte; fehlende Projektberichte; ...)

Welche Rolle spielen dabei Schulleitungsmitglieder im Team? (Nicht in allen Teams gibt es Schulleitungsmitglieder.)

In der Vergangenheit wurden solche Konflikte oft durch informelle Rückmeldung einzelner KollegInnen, durch Eltern, Schüler oder aufgrund von Zufällen publik (soll heißen: der Schulleitung bekannt).

Schulleitung

a) Die informelle Kommunikation zwischen Kolleginnen und Kollegen und Schulleitungsmitgliedern spielt eine wichtige Rolle.

Viele Kolleginnen oder Kollegen suchen den informellen Weg insbesondere zur Schulleiterin. Dabei geht es u. a. um:

- persönliche Dinge (Probleme, Wünsche, Eindrücke, Bestätigung, Hilfe …)
- Informationsaustausch zu anderen Personen (positiv wie negativ)
- Informationen und Einschätzungen über Strukturen und Arbeitszusammenhänge in Klassen und im Team (in beiden Richtungen)

Dabei erwarten die Kolleginnen und Kollegen Vertrauensschutz; dies kann zu Konflikten führen, da sich auf diesen informellen Wegen bei der Schulleiterin (und auch der gesamten Schulleitung) Einschätzungen ausbilden. Auf dieser Basis kann es zu Handlungen kommen, deren Ursache/Gründe dem »Kollegium« nicht einsichtig sind.

b) Die Aufgabenverteilung in der Schulleitung ist derzeit unklar geregelt.
Kolleginnen und Kollegen wissen oft nicht, an wen in der Schulleitung sie sich mit bestimmten Anliegen/Problemen wenden sollen; dies fördert u. U. die Konzentration der Kommunikation auf die Schulleiterin. Es trägt auch dazu bei, daß die Grenzen der Teamautonomie nicht deutlich sind. In dieser Aufgabenverteilung sollten Probleme in anderen Gremien berücksichtigt werden (Teamsprecherkonferenz, Fachkonferenz, …).

c) Ist die Schulleitung zu dominant?
Die Gesamtkonferenz wird von der Schulleitung vorbereitet, die Schulleitung ist komplett in der Planungsgruppe vertreten, sie initiiert pädagogische Arbeitsgruppen, …

d) Die Kommunikation zwischen Schulleitung und den Teams ist von Team zu Team unterschiedlich und hat keine klare Struktur.
Die Schulleitung ist in einigen Teams kontinuierlich vertreten. Die Rolle des Schulleitungs-Mitglieds ist dabei teilweise problematisch (insbesondere bei Konfliktsituationen mit der Schulleitung), da es immer auch als Aufpasser der Schulleitung angesehen wird. Außerdem ist es besser informiert und verfügt deshalb über größere Einflußmöglichkeiten. (Schulleitung im Kleinen?) In den Teams, in denen kein Schulleitungs-Mitglied ist, gibt es keinen kontinuierlichen Informationsfluß. Die Schulleitung kommt nur, wenn sie etwas will (etwas geregelt werden muß) oder ihr etwas nicht paßt. Häufig geschieht dies auch in der Form, daß die Schulleitung den Teamsprecher auffordert, für die Umsetzung zu sorgen. (Wie geht der damit im Team um? Wie fühlt der sich?)

e) Müßte sich die Schulleitung nicht intensiver um die Information der Eltern kümmern?
Hier erscheint eine klarere Aufgabenverteilung und Aufgabenwahrnehmung in der Schulleitung notwendig, um zu gewährleisten, daß wir unsere Informationspflicht gegenüber den Eltern nicht vernachlässigen (Beispiele: Einstufung Ende Jg. 5, Info zu WPU Ende Jg. 6, Mittelverwendung und Spendenaufrufe, Beiblattpraxis, Struktur der Jahrgangsstufen 9/10, …). Das Feld bleibt oft den Teams alleine überlassen, die es mehr oder weniger annehmen.

Planungsgruppe

Wie wird die Verbindung zwischen der Planungsgruppe und dem Kollegium organisiert?

Die Papiere der Planungsgruppe wurden nicht in allen Teams ausführlich diskutiert. Es gab zum Teil keine Rückmeldung. Unklar ist, wer für die Kommunikation zwischen Team und Planungsgruppe sorgen soll oder ob es günstiger ist, die Vorstellungen der Planungsgruppe in anderer Form dem Kollegium zu präsentieren. Es erscheint wichtig, ein Abheben der Planungsgruppe zu vermeiden. Es sind verschiedene Modelle vorstellbar (auch kombiniert):
– die Planungsgruppe informiert regelmäßig in den kurzen Gesamtkonferenzen (nicht in jeder),
– die Mitglieder der Planungsgruppe informieren in ihren Teams,
– Schwerpunktthemen der Planungsgruppe bilden einen wesentlichen Bestandteil des »Pädagogischen Tags«.
– …

Gesamtkonferenz

a) Trifft der Eindruck zu, daß das Engagement der KollegInnen in den Gesamtkonferenzen in den letzten Jahren ungewöhnlich gering war? Wenn ja, ist das beunruhigend und was sind die Gründe dafür? Was sollte geändert werden?

Die Einplanung monatlicher kurzer Gesamtkonferenzen könnte die frühzeitige Information aller Kolleginnen und Kollegen und eine gemeinsame Meinungsbildung (über die Teamgrenzen hinweg) begünstigen. Es gab auch in der Vergangenheit immer wieder den Wunsch zu teamübergreifendem Meinungsaustausch. Zugleich wird den früher gelegentlich geäußerten Bedenken, die Gesamtkonferenz müsse unter Zugzwang entscheiden, Rechnung getragen.

Würden die Themen der Planungsgruppe regelmäßig der Gesamtkonferenz vorgestellt, erführe die Gesamtkonferenz einen weiteren Bedeutungszuwachs (obgleich sie durch die Einrichtung der Schulkonferenz rechtlich an Bedeutung verliert).

b) Wie sind die Pädagogischen Tage einzuordnen? Wer beschließt über deren Ausgestaltung? Wie wird das Kollegium beteiligt?

Die Prozeduren zur Festlegung von Inhalt und Form waren in den vergangenen Jahren sehr unterschiedlich und für viele Kolleginnen und Kollegen nicht transparent.

Fachkonferenzen

a) Brauchen wir fachbezogene Absprachen über die vertikale Anordnung von Inhalten und Methoden oder können wir das den Teams oder den einzelnen Kolleginnen und Kollegen überlassen?

Die Fachkonferenzen »hängen in der Luft«; es gibt keine klar geregelten Verbindungen zu den Teams, der Gesamtkonferenz und der Schulleitung.

Ihre Rolle und Bedeutung hat sich verändert. Die vertikale Abstimmung von Inhalten und Zielen fehlt in vielen Fächern. Jeder macht, was er für richtig hält oder was er von einem bekannten Kollegen erfährt. Dies ist bei fachfremdem Unterricht dann kritisch, wenn gleichzeitig die Koordination im Team nicht klappt. Kann jedes Team sein eigenes Curriculum »machen«?

Teilweise tagen die Fachkonferenzen kaum mehr als einmal im Schuljahr. Ein System von Teambeauftragten ist nicht installiert (auch bisher nicht ausführlich diskutiert). Ist die Einrichtung von »Fachtagen« (ab 10.00 Uhr) ein geeigneter Weg, oder führt dies bei weiterer Verbreitung zu Problemen bei notwendigen Vertretungen oder Unterrichtsausfall?

b) Der Einsatz von Geräten, audiovisuellen Hilfsmitteln, Differenzierungs-materialien u. a. könnte verbessert werden.

Die Sammlungen sind zum Teil in einem problematischen Zustand (Gesellschaftslehre, allgemeine Lehrmittelsammlung, zum Teil auch in den Naturwissenschaften), für manches gibt es keine Plätze zur Aufbe-wahrung und schon gar keine Struktur, die für andere brauchbar wäre.

Nicht selten haben Kollegen sehr interessante Materialien oder Ideen in ihrem Unterricht entwickelt, die oft nur »zufällig« Fachkollegen bekannt werden. Dies liegt sicher auch mit daran, daß sich viele von uns zu sehr auf die aktuellen (jahrgangsbezogenen) Themen konzentrieren, und sich für das, was inhaltlich in anderen Teams abläuft, kaum interessieren (oder auch einfach nichts erfahren). Wie ist zu erreichen, daß Informationen fließen und auch gewünscht werden? Kann die Lehrerlernwerkstatt dazu beitragen?

c) Welche Aufgaben haben Fachsprecher, und wie wird gewährleistet, daß sie ihre Aufgaben wahrnehmen?

Wer eignet sich? (Nicht-Klassenlehrer?) Wer sagt ihnen, was ihre Aufgabe ist? Müßte die Schulleitung hier eine Form von Kontrolle ausüben? (Wie?) Könnten wir die Zeiten nutzen, wenn die Schüler im Praktikum sind, um z. B. Sammlungen mit genügend Zeit brauchbarer zu machen?

Personalrat

Der Personalrat sollte neben Personalfragen auch die Arbeitsbedingungen an der Helene-Lange-Schule im Auge behalten. Von der Konstruktion her wird er dabei als Gegenposition zur Schulleitung gebraucht. Dabei ist es wichtig, daß er den Begriff »Arbeitsbedingungen« nicht zu eng faßt und auch die Entlastungen sieht, die viel, aber befriedigende Arbeit mit sich bringt. Vielleicht sollte er nicht erst im Konfliktfall aktiv werden, sondern sich kon-tinuierlich (kritisch oder zustimmend) um solche Fragen kümmern.

Schulkonferenz

Die Planungsgruppe wird sich überlegen müssen, wie und wann sie in Zukunft die Schulkonferenz informiert, da deren Zustimmung unter Umständen wichtiger wird als die Zustimmung der Gesamtkonferenz.

Vermutlich ist der Eindruck, frühzeitig und immer auf dem Laufenden zu sein, für die Mitglieder der Schulkonferenz nicht zu unterschätzen. Außerdem ermöglicht dieses Gremium eine breit angelegte Rückmeldung zu den Bedenken, Chancen oder Schwierigkeiten, mit denen wir rechnen müssen, wenn wir Änderungen anstreben.

AG Kommunikation und Organisation

Hausmeister und Sekretärin

Immer wieder hört man von Schulleitern die Klage, daß gutgemeinte Vorhaben an einem störrischen Hausmeister scheitern, der abends z. B. nicht mehr die Schule aufschließen will, der seine Tage kontrollierend in einem Glaskasten zubringt, den die Schüler mehr fürchten als den Schulleiter, der sich griesgrämig oder feindselig allen pädagogischen Bemühungen entgegenstellt, die aus der Schule mehr machen wollen als eine Unterrichtsanstalt.

In manchen Schulsekretariaten schlägt dem Besucher eine so kalte und mürrische Stimmung entgegen, daß er kaum wagt, seine Fragen zu stellen. Es gibt Schulsekretärinnen, die vor allem darauf bedacht sind, das Schulbüro von Schülern freizuhalten, weil sie die als lästig und störend empfinden.

In einer Schule, die für Schüler und Lehrer ein Lebensraum auf Zeit sein will, gehören nicht nur die Lehrer und die Schulleitung zu den wichtigen erwachsenen Personen, sondern auch Hausmeister und Sekretärinnen und andere »technische« Mitarbeiter haben eine zentrale Bedeutung für das Klima und das Leben in der Schule. Deshalb sollte bei ihrer Einstellung und bei der Zusammenarbeit mit ihnen sehr viel Sorgfalt und Achtsamkeit walten. Vor allem aber sollten auch sie Kinder mögen.

Unser Hausmeister, Herr L., ist gelernter Schreiner. Er ist streng und in seiner Arbeit sehr genau und pflichtbewußt. Es hat einige Zeit gedauert, bis Herr L. sich an die vielen ungewöhnlichen Dinge in der Helene-Lange-Schule gewöhnt hatte, daß z. B. die Flure möbliert sind, die Theaterwerkstatt auch in den Ferien in der Schule arbeitet, die Schüler die Schule selbst putzen.

Aber das Engagement von vielen Lehrern hat ihn angesteckt, auch das »andere Lernen« der Schüler, das seinen Vorstellungen von »Schule« zunächst sehr fremd war. Wir haben gelernt, daß wir alle wichtigen Veränderungen auch mit dem Hausmeister besprechen und seinen Rat hören müssen – und daß das oft ein Gewinn ist. Er macht Vorschläge z. B. für ein praktisches Ausstellungssystem in den Schülertreffs und Treppenhäusern, er baut mit Lehrern und Schülern Möbel für Klassenräume oder Schülertreffs, er konstruiert eine Lichtmaschine aus einem alten Fahrrad für eine Theateraufführung, oder er erfindet eine praktische Vorrichtung zum Papierschöpfen. Herr L. hat das Konzept der Helene-Lange-Schule verstanden und denkt es weiter, er mischt sich mittlerweile, auch ungefragt, ein, er schlägt etwas vor und identifiziert sich mit »seiner Schule«.

Vor allem hat er Freude an Kindern. Bei aller Strenge wissen sie, daß sie ihn immer um Hilfe bitten können. Wenn die Schüler des Jahrgangs 10 sich alljährlich mit einem »Streich« von der Schule verabschieden, dann ist Herr L. der einzige Eingeweihte, der ihnen auch mal nachts die Schule aufschließt oder fachmännisch zur Seite steht, wenn sie heimlich im Schulgarten einen Teich anlegen oder einen Baum pflanzen wollen. Umgekehrt wissen die Schüler ganz genau, wo die Grenzen sind und wann der Hausmeister nicht mit sich scherzen läßt. Er kann es nicht ausstehen, wenn ein Schülertreff »versifft« ist, die Werkstätten verlottern, Elternabende entweder nicht bei ihm angemeldet oder erst nach zehn Uhr abends beendet werden, und auch nicht, wenn die Schulleiterin nachts das Licht im Gebäude brennen läßt. Wir alle werden von Herrn L. immer wieder an die geltenden Regeln erinnert.

Das Sekretariat ist die Schaltzentrale der Schule. Alle Telefonate, Faxe, Briefe und auch »überhaupt alle Menschen« laufen dort zusammen.

Frau N., die Sekretärin der Helene-Lange-Schule, gab vor einigen Jahren ihre gutdotierte Stelle als Sachbearbeiterin bei einer Versicherungsgesellschaft auf und kam zu uns in die Schule. Sie verdient hier weniger, arbeitet mehr und ist dennoch zufriedener, weil sie Menschen und vor allem Kinder mag. Die eigentliche Büroarbeit erledigt sie natürlich nicht »mit links«, aber höchst »professionell« und mit großem organisatorischen Geschick. Doch viel wichtiger ist der »gute Geist«, der durch sie Tag für Tag dieses Schulbüro, selbst in schrecklichen Streßzeiten, prägt.

Ihre Fröhlichkeit und Herzlichkeit wirken ansteckend und tröstend. Wenn Kinder am Knie bluten, Bauchschmerzen haben oder einen Splitter im Auge, so setzt Frau N. sie auf ihren Sekretärinnen-Stuhl, legt ihnen erst einmal die Hand auf den Kopf, spricht beruhigend auf sie ein und versorgt dann das Leiden. Auch in der größten Hektik bleibt sie ruhig und achtet auf das, was wichtig ist. Oft weiß Frau N. viel früher als der Klassenlehrer, daß die Eltern von Schamir sich trennen oder die Mutter von Julia mit Krebs im Krankenhaus liegt. Viele Schüler kommen einfach »nur so« ins Sekretariat, um sich »aufzuwärmen«. Lehrer übrigens auch.

So wie der Hausmeister empfindet auch Frau N. die Helene-Lange-Schule als »ihre« Schule. Sie nimmt intensiv teil am Schulleben, ob es Schulfeste, Weihnachtsfeiern oder Theateraufführungen sind. Sie packt mit an, wenn es notwendig ist, auch wenn das gar nicht zu ihrem Arbeitsbereich gehört. Probt zum Beispiel die Theaterwerkstatt am Wochenende in der Schule, ist es nicht ungewöhnlich, daß Frau N. am Sonntagmittag kommt und kocht. »Irgendwie« ist sie auch da, wenn Schüler beim Buchbinden Hilfe brauchen.

An wichtigen Konferenzen, z. B. an der Schuljahresanfangskonferenz oder an den Pädagogischen Tagen, nimmt sie »selbstverständlich« teil. Sie hat alle Papiere über die Schule nicht nur geschrieben, sondern auch mit Verstand gelesen. Am Telefon kann sie Eltern und anderen Neugierigen umfassend Auskunft geben. Für die Schulleitung ist sie, ebenso wie der Hausmeister, eine wichtige Beraterin.

Vielleicht hat das große Engagement von Menschen, die von ihrer Arbeitsplatzbeschreibung her nichts mit Pädagogik zu tun haben, vor allem darin seine Ursache, daß wir ihren »fremden« Blick auch in pädagogischen Fragen so ernst nehmen wie den von uns »professionellen« Pädagogen (weil wir wissen, wie schnell wir betriebsblind werden) und weil sie sicher sein können, daß wir bei allen Veränderungen in der Schule ihren Rat mitbedenken. Das hätte dann auch etwas zu tun mit unserer erweiterten Sicht von der pädagogischen Aufgabe der Schule. Nicht nur der Unterricht im strengen Sinn, sondern auch das Gebäude (einschließlich des Zustands der Klos), die bürokratischen Abläufe und schließlich die Art und Weise, wie Menschen sich an diesem Ort begegnen und sich wahrnehmen – all dies gehört zu den wichtigen Dingen, die es zu verstehen gilt. Wer immer es verantwortet, von dem können Kinder und Jugendliche (und nicht nur sie!) etwas Bedeutsames lernen.

ER

Neue Wege
für die Schüler im Alter von 13 bis 16 Jahren

In »bunter« Vielfalt und mit engagiertem Einsatz der Lehrerinnen und Lehrer und der sonstigen Mitarbeiter bietet unsere Schule so ziemlich »alles« an, damit Schüler von der Klasse 5 an ihr Lernen zunehmend selbständiger gestalten können, die Verantwortung für ihr Lernen immer stärker in eigene Hände nehmen. Eine Fülle von Ritualen und vielfältige Arbeitsformen sollen diesen Prozeß unterstützen, damit es eine gute Chance gibt, daß die Jungen und Mädchen nach und nach (und hoffentlich spätestens bis zum Ende ihrer Schulzeit bei uns) zum Beispiel auch dies lernen:

Einer Sache auf den Grund gehen können; eine soziale Kultur der Kommunikation entwickelt haben; fähig und bereit sein, Verantwortung zu übernehmen für das, was in Schule und Umwelt geschieht; den Mut haben, sich engagiert und couragiert einzumischen, mitzuwirken: also Demokratie mitzugestalten; sich auch mal bis an die eigenen Grenzen anzustrengen, um einen Schritt weiterzukommen.

Das alles erleben wir immer wieder, und es freut uns, aber wir erleben es eher in Einzelfällen, jedenfalls nicht in der Häufigkeit, wie wir es erhofft haben und wünschen. Gerade weil viele von uns einen bis an die Grenzen gehenden Einsatz leisten, stellt sich dann leicht Enttäuschung ein.

Am Ende der bisherigen Klassen 10 gab es neben positiven auch viele kritische Bilanzen von Schülern und Eltern. Abschlußfeiern ließen z. T. Mißstimmung aufkommen. Kompetente Besucher unserer Schule machten uns aufmerksam auf die Realität unseres Unterrichts in den höheren Klassen: Zu viele Schüler, so ihr Eindruck, seien unterfordert und müßten sich im Alltag der Schule nicht sonderlich anstrengen; Qualität und Ansprüche selbständiger Arbeiten seien manchmal dann doch zu bescheiden; teilweise gingen Schüler auf Distanz zur Schule und verweigerten sich regressiv; insbesondere falle auch

auf, daß wieder stärker fachorientiert und dabei auch lehrerzentrierter unterrichtet werde mit Begründungen, die doch eigentlich der »Philosophie« der Helene-Lange-Schule widersprächen, etwa: »… wichtige Inhalte müssen halt nachgeholt werden im Sinne eines intensiven ›Paukjahres‹, um für die Übergänge in weiterführende Schulen und Berufe besser gerüstet zu sein.«

Dabei gehörte zu unseren Zielvorstellungen doch einmal, daß Schüler Werkstattprüfungen ablegen, Zertifikate erhalten und dann in den höheren Klassen eigenverantwortlich bei der Bearbeitung von freigewählten Aufgaben die Werkstätten der Schule benutzen sollten: sozusagen die »reife Ernte« unserer pädagogischen Bemühungen.

Stattdessen haben wir im vorletzten Schuljahr in einem relativ raschen Verfahren von Freien Vorhaben auf Feste Vorhaben umgestellt.

Uns wurde klar, daß wir für die Schüler der Stufen 8/9/10 die »Schule neu denken« mußten, um altersangemessenere Arbeitsformen zu finden. Ausgangspunkt war eine kritische Bilanz, in der die Erfahrungen der einzelnen Teams zusammengefaßt wurden, und eine erneute Verständigung über unsere Ziele, um auf dieser Basis Vorschläge für eine Neukonzeption zu erarbeiten und dem Kollegium zur Diskussion, Überarbeitung und Abstimmung vorzulegen. Bei der Bestandsaufnahme haben wir uns davon leiten lassen, ob wir unsere Schüler in ihren »zentralen Lebensfragen« begleiten können, ihnen genügend Anforderungen und Herausforderungen zur Bewährung und Weiterentwicklung stellen. Geben wir ihnen genug wirkliche Verantwortung für ihr Handeln? Die erfährt und »lernt« man am besten am sachlichen Ernstfall innerhalb und außerhalb der Schule. Was hat sich in diesem Sinne bewährt, was können wir beibehalten, wo müssen und wollen wir neue Wege gehen? Werden wir unserer Verantwortung gerecht, sie gut für Beruf und weiterführende Schule zu »rüsten«?

Die Ziele und aufgeführten Fragen – oder mit anderen Worten: Konzeptansprüche – riefen auch Abwehr hervor: »Große Worte, wie sieht es denn ehrlicherweise in der schulischen Realität mit der Umsetzung aus?«

In der Jahrgängen 5, 6 und 7 gehen wir unsere Ziele noch deutlich konsequenter und mit mehr innerer Sicherheit an. Die Schüler dieser Altersstufe machen es uns leicht, sie gehen mit mehr Freude in die Schule, wollen an der Welt der Erwachsenen teilhaben, identifizieren sich mit ihnen und lernen gern. In den höheren Klassen wird alles schwieriger und das nicht nur wegen der dann gern beschworenen Pubertät, den anstehenden Schulabschlüssen oder der Berufsfindung. Es gibt auch Brüche in unserem Konzept, wir haben bisher noch keinen überzeugenden Weg gefunden, die in den unteren Klassen erworbenen und angelegten Fähigkeiten sinnvoll und altersangemessen fortzusetzen.

Die kritische Bilanz soll noch einmal zusammengefaßt werden:

Was ändert sich alles in Klasse 9 und 10?
Für die Lehrer:

Offenes Lernen und das damit verbundene Teamteaching sind mit Klasse 8 ausgelaufen. Die Notwendigkeit zur direkten und engen Kooperation und

Koordination wird geringer oder fällt ganz weg. Es wird nur noch in wenigen Fällen fachfremder Unterricht erteilt. Die Klassenlehrer haben in der Regel deutlich weniger Stunden in ihrer Klasse, was auch altersangemessen ist. Eine ganze Reihe neuer Lehrer kommen als »Einflieger« von außen dazu. Sie unterrichten nur ihr Fach und arbeiten oft nur mit einer Teilgruppe der Schüler (Wahlunterricht), verständlicherweise nehmen sie auch nicht an den Teamsitzungen teil. Die Zusammenarbeit im Team lockert sich und ist nicht mehr so eng.

Durch Differenzierung und Wahlunterricht sind neue Lerngruppen entstanden, die aus den Jahrgangsklassen (teilweise auch aus den Jahrgängen 9 und 10) gemischt und nicht mehr klassenbezogen zusammengesetzt sind. Im Epochenunterricht (Biologie, Musik, Kunst und Religion) wechseln die Lehrer nach jedem Quartal die Lerngruppe.

Für die Schüler:

Leistungsbewertung und Differenzierung bekommen »Ernstcharakter« in Bezug auf die Übergänge und Abschlüsse. Schon im zweiten Halbjahr des 8. Schuljahres beginnt dieser Prozeß mit der ersten Schullaufbahnprognose und wird in den nächsten Jahren fortgesetzt mit der begleitenden Schullaufbahnberatung. Die Zahl der Umstufungen verringert sich, es gibt eher Ab- als Aufstufungen (setting). Einige Schüler (und deren Eltern!) müssen das »cooling out« ihrer ursprünglich zu hohen Erwartungen verarbeiten und der Realität anpassen. Selbständige Arbeitsformen und individualisiertes Lernen soll nun stärker im Unterricht des Klassenlehrers und in die Festen Vorhaben integriert werden. Daneben bieten Projekte (z.B. Theatervorhaben, Medienwoche), Berufs- und Sozialpraktika, Frankreichaustausch, Jenafahrt u.a. Erfahrungsmöglichkeiten in Sachen Selbständigkeit. Die ernsthafte und aufwühlende Auseinandersetzung mit der Zeit des Nationalsozialismus, besonders in der Begegnung mit Zeitzeugen und beim Besuch des Konzentrationslagers Buchenwald, wurde von Schülern und Lehrern als wichtiger Schwerpunkt der inhaltlichen Arbeit in Klasse 10 angesehen.

Die Abschlußfahrten sollen der Klasse 10 ebenfalls im Sinne einer Bewährung eine intensive Gruppenerfahrung ermöglichen und keinen touristischen Höhepunkt setzen. Bewährt haben sich dafür die bereits zum dritten Mal durchgeführten Segelfahrten auf Ijsselmeer und Nordsee mit alten Plattbodensegelschiffen; auch Fahrrad-, Kanu- oder Wandertouren sind hier gut denkbar. Selbstversorgung und intensive Naturerfahrung für die ganze Gruppe sollten dabei möglich sein. Deshalb werden keine Großstadtfahrten durchgeführt.

Als Rituale bleiben erhalten:

Die Jahrgangsstufe 9/10 beginnt nach dem Umzug im Haus mit einer gemeinsamen kleinen Feier im Treff – wichtig für neue Schüler und Lehrer – und endet mit der feierlichen Schulentlassungsfeier und den Abschlußfesten auf Klassenebene, die Schüler und Eltern gestalten.

Als unterrichtsbezogene Rituale bleiben erhalten:

Klassen- und Jahrgangsrat (aus dieser Altersstufe kommen in der Regel auch Schulsprecher/SV-Mitarbeiter und Schulzeitungsmacher); im Unterricht gab es noch Buchvorstellungen, Freie Vorträge, aktuelle Stunden und Freie Texte/Kreatives Schreiben. In den Fächern Deutsch und Englisch werden umfangreiche, langfristig zu erstellende Literaturarbeiten und Reading Diarys angefertigt.

Das ist in vieler Hinsicht eine gute Ausgangslage. In welche Richtung sollten wir dennoch nach Lösungen suchen, damit die Beziehungs- und Arbeitsformen in den Jahrgängen 8–10 noch altersangemessener werden können?

Vorab einige Überlegungen zur unterschiedlichen »psychologischen« Situation der Schülerinnen und Schüler in den verschiedenen Altersstufen:

Die Arbeit in den Klassen 5 und 6 ist an der Helene-Lange-Schule stark geprägt von der intensiven Beziehung zwischen den Schülern – insbesondere zum Klassenlehrer – und Doppelbesetzungslehrer. Schüler eifern den Erwachsenen nach, die Beziehungen sind von Idealisierung und Identifizierung bestimmt. Dabei übernimmt das Klassenleiterpaar durch den täglich mehrstündigen Kontakt zu den Kindern auch zunehmend »elternähnliche Funktionen«. Das Gelingen oder Mißlingen dieser Beziehungen prägt in hohem Maße die schulische Kultur und die Arbeitsfähigkeit der Gruppe.

Leistungsbewertung, Differenzierung und Fragen der Schullaufbahn stehen noch im Hintergrund. Die Wege sind noch für alle offen, die Gruppe findet sich und bildet die Kultur ihrer Beziehungen aus.

In der Phase der Vorpubertät in den Klassen 7 und 8 beginnt die Entidealisierung, das heißt die bisherigen Beziehungen, Arbeitsformen und Rituale werden auf ihre Wahrhaftigkeit hin überprüft. Kritisch werden Anspruch und Wirklichkeit hinterfragt. Erarbeitete und eingeübte Arbeitsformen – besonders die der Selbständigkeit und des individualisierten Lernens – gehen scheinbar »verloren« und sind oft nur mit verstärkter Kontrolle aufrechtzuerhalten. Manche Schüler machen gewaltige Schritte zurück, um dann einen großen Sprung machen zu können. Sie suchen nach Wegen, sich von den Erwachsenen in Schule und Elternhaus loszulösen, die sie bis dahin so lange und stark bestimmt haben.

In der Pubertät erfolgt die konflikthafte Loslösung zunächst von den Eltern, in der Schule von den Fachlehrern und zuletzt vom »mächtigen« Klassenlehrer. Schule und ihre Vertreter verkörpern die Ansprüche der Erwachsenenwelt. Entscheidend ist, ob die Reibereien, Konflikte und Auseinandersetzungen um Loslösung und Individuation den Erziehenden »Angst machen« oder nicht. Lehrer sind keine »Berufsjugendlichen«, erwachsene Kumpel brauchen die Schüler jetzt gerade nicht, sondern Erwachsene, die ihnen klare Abgrenzung entgegensetzen, sich unterscheiden, Auseinandersetzungen nicht scheuen und damit Entwicklungsmöglichkeiten bieten. Die Generationsgrenzen dürfen sich nicht »verschleifen«.

Die Schwierigkeiten verstärken sich oft dadurch, daß gegenseitige Schuldzuweisungen und Projektionen das Bild bestimmen: Eltern sehen bei wachsendem Ärger mit ihren Kindern schnell in der Schule und bei den Klassenkameraden die Ursachen, Lehrer sind überzeugt, daß die Schwierigkeiten »eigentlich« fast immer mit dem Elternhaus zu tun haben und sich hartnäckig dem Einfluß der Schule entziehen. Die Jugendlichen fühlen sich sowieso unverstanden und wollen viel mehr Freiheiten. Die Schule stört, weil andere Dinge im Leben wichtiger geworden sind. Dinge, die die Schule nach dem Empfinden der Jugendlichen gerade nicht vereinnahmen und pädagogisieren darf.

Das so beschriebene »schwierige Alter« ist gesund und normal. Die Frage ist: Findet die Schule eine angemessene Antwort auf die Bedürfnisse und Lebensfragen von Jugendlichen? Neue Wege zu erproben, kann nicht bedeuten, die beschriebenen Schwierigkeiten loszuwerden, sondern ihnen angemessener zu begegnen.

Wir kamen zu der Überzeugung, daß die Schule sowohl im Schulalltag, also »intern«, aber auch außerhalb, in der Öffentlichkeit, den Jugendlichen mehr wirkliche Verantwortung zumuten muß. Bei Bewährung müssen sie dafür angemessene Anerkennung erhalten. So darf die Schule eben gerade nicht in »als-ob-Situation« zur Demokratie erziehen wollen, sondern sie muß selbst eine demokratische Einrichtung sein. Jugendliche sind in der Lage, weit mehr Verantwortung zu übernehmen, als ihnen in Schule oder Familie in der Regel übertragen wird.

Das zeigen auch alle unsere Erfahrungen in Berufs-, Betriebs- oder Sozialpraktika. In der Entwicklung unserer Gesellschaft öffnet sich eine immer größer werdende Schere für Jugendliche, die einerseits früher erwachsen werden, andererseits durch die Verlängerung der Ausbildungzeit und das Ausmaß, in dem verschulte Zeit einen großen Teil der Jugendzeit »beschlagnahmt«, immer länger in realer Abhängigkeit und Unselbständigkeit verbleiben. Dieser Widerspruch erzeugt unterschwellige Unsicherheit und Zukunftsangst.

Deshalb muß Schule gerade bei den 13–16jährigen ihr besonderes Augenmerk darauf richten, den jungen Menschen bei der Orientierung und Veränderung von Perspektiven zu helfen. Das bedeutet insbesondere: es muß viele Gelegenheiten zur Selbstfindung und Erprobung geben, damit die Jungen und Mädchen bessere Chancen haben, sich »realistische« Antworten auf Fragen wie: »Was will ich? Was habe ich zu sagen? Welche Bedeutung habe ich für die anderen?« selbst zu erarbeiten.

Dafür haben wir an der Helene-Lange-Schule unterschiedliche Konzeptelemente. Wir sollten sie verstärken, oder das mit ihnen Beabsichtigte auf andere Weise zu verwirklichen suchen.

Wir holen »Profis« aus anderen Berufen in die Schule hinein (Handwerker, Schauspieler, Tänzerinnen, Medienfachleute …). Schule läßt auf diese Weise etwas von dem Leben zu, das sie zuvor systematisch ausgesperrt hat. Lehrer müssen nicht mehr alles können oder so tun, müssen sich stattdessen auf neue ungewöhnliche Formen der Zusammenarbeit und Kooperation einlassen. Fachleute lassen sich nicht so einfach in die institu-

KONZEPTVORLAGE
Planungsentwurf 8/9/10

Klasse 8

Vor den Herbstferien: ca. 2 Wochen »*Kurzschulaufenthalt*« (evtl. Aufteilung der Klassen auf verschiedene Veranstalter) (Grenzen erkunden, Herausforderung, Selbständigkeit, körperliche »Belastung«) oder ökologischer Schwerpunkt: »Umwelteinsatz« bei einem konkreten Projekt oder Arbeit auf einem Bio-Bauernhof und ähnliches

Nach den Osterferien: 3 Wochen erstes *Betriebspraktikum* zur Erkundung der Arbeitswelt mit anschließendem Auswertungsseminar

Klasse 9

vor und nach den Herbstferien *Projekte aus dem Medienbereich* (z. B. mit der Medienwerkstatt Wiesbaden oder anderen Trägern) im Bereich Hörfunk/Video-TV, z. B. Projekt »Schul-/Pausenradio«. *Theaterprojekt* nach den Einsatzmöglichkeiten des Regisseurs oder einer geeigneten Lehrkraft aus dem Team/ dem Kollegium

Nach den Osterferien/ca. 3 Wochen (und Gegenbesuch?) »*Vereinzelt in der Fremde*«/Auslandsaufenthalt: Frankreichaustausch (nach St. Brieux), neue Austauschschulen finden mit Angeboten für alle Schüler (auch Latein und Polytechnik) in Ländern wie England, skandinavische Länder (Englisch als gem. Sprache), Schulen in möglichst geringer Entfernung.
Ist auch (für bestimmte Schülergruppen) ein Austausch mit Kassel-Waldau denkbar?

Die Intensivphase der Theaterwerkstatt liegt parallel zum Auslandsaufenthalt! (Organisatorische Vorteile für den anschließenden Unterricht!) Die Schüler entscheiden sich zu Beginn des Schuljahres, ob sie am Theaterprojekt oder am Auslandsaufenthalt teilnehmen; evtl. ist ein verkürzter einwöchiger Auslandsaufenthalt für Theaterteilnehmer in der abschließenden 3. Woche möglich.

Die *jahrgangsübergreifende Theaterwerkstatt* (Vorlaufphase vor Ostern und Intensivphase nach Ostern!) wird jedes Jahr eine eigene Produktion verwirklichen. Dazu benötigt sie neben der Arbeit in den Osterferienwochen im Anschluß zwei Wochen für eine Intensivphase zur Realisierung des Stücks und anschließend einen Zeitraum von weiteren rund 14 Tagen für Aufführungen (nicht täglich/z. T. nachmittags). Die teilnehmenden SchülerInnen werden in der Intensivphase vom Unterricht freigestellt/zu den folgenden Aufführungen nach Bedarf. Die Zeiten werden frühzeitig im Gesamtplan 9/10 festgelegt. Die Note für den Epochenunterricht könnte dann gegebenenfalls von der Theater-AG erteilt werden, eine Aufgabe für Deutsch bezogen auf das Theatervorhaben kann die selbständige Arbeit ersetzen. Die Klassenkonferenz regelt *vorher* die Handhabung für die betreffenden Schüler. Die Eltern werden rechtzeitig informiert.

Klasse 10

Erst 4 Wochen Unterricht, dann um die Herbstferien *Berufspraktikum mit sozialem Schwerpunkt* (3 Wochen), zweites Berufspraktikum für Abgänger möglich; Erprobung von Angeboten »Vereinzelt in der Fremde«, selbständiger Einsatz an einem Ort außerhalb Wiesbadens (z.B. Görlitz) (Inland/Ausland?), Auswertung im Unterricht.

Schwerpunkthema »Faschimus« (u. a. Fahrt nach Buchenwald/Weimar und Begegnung mit Zeitzeugen)

Vermessungsexkursion (Mathematik)

Abschlußfahrt (eine Woche) *Abschlußfeier der Schule und anschließende Klassenfeste*

Keine langfristigen Facharbeiten in dieser Zeit, sondern größere *selbständige Arbeit* nach *freigewähltem Thema* aus Wahlbereichen nach den sich jährlich ergebenden Betreuungsmöglichkeiten durch die im Berufspraktikum freigestellten Fachlehrer/feste Beratungsstunden für Entwicklung und Betreuung der Arbeit/Zuordnung zu einem Fach zur Würdigung und Bewertung/Ausstellung/Präsentation von geeigneten Arbeiten nach Absprache.

AK (1994)

»Daß aber Menschen im Alter von fünfzehn, sechzehn Jahren, ohne weichlich zu sein – das war manchmal in der Sache durchaus hart – Probleme untereinander freundlich und entschieden lösen und auch Schwache schützen! Wie die sich in Dennis Klasse gegenseitig geschützt und geholfen haben, das hat mir wirklich imponiert! Das ist nicht selbstverständlich. Das fällt nicht vom Himmel. Das ist das Ergebnis von vielen Jahren gemeinsam daran arbeiten! ... Wenn einer eine Phase hat, in der es nicht so gut geht, dann halten die zusammen. Aber nicht einfach nur Harmonie um jeden Preis, sondern dann heißt es schon mal: ›Jetzt mußt Du aber auch selbst mal ran!‹ oder: ›Jetzt mach mal ein bißchen!‹ Ich habe noch nie gehört: ›Ach der, der geht mich nichts an!‹ Das finde ich sehr gut.«

Frau B., Mutter eines Sohnes auf der HLS
und einer Tochter, die ein Gymnasium besucht

tionellen Abläufe einer Schule einbinden, die Formen dafür müssen die Beteiligten selbst entwickeln. Positiv für die Schüler ist hier besonders, daß Profis etwas von ihnen wollen, weil sie sich aus eigenem Interesse einer Sache verschrieben haben und nicht, weil sie vordringlich belehren oder von der Wirklichkeit abgelöste Leistungen bewerten wollen. Auf ein Ergebnis ausgerichtetes, ernstes Arbeiten steht im Zentrum. Zum Beispiel ist die gemeinsame Aufführung eines Theaterstücks, mit dem man sich an die Öffentlichkeit wagt, das Ziel. Der »Lohn« aller Anstrengung ist dann eine gelungene Aufführung, die beim Publikum »ankommt« und etwas bewirkt.

Entschult die Schule! Geht mehr aus der Schule in das »reale« Leben, auch in die Öffentlichkeit! Konsens besteht im Kollegium darin, die Praktika auszubauen. Neben dem Berufs-/Betriebspraktikum soll das in Klasse 10 neu erprobte Sozialpraktikum eine feste Einrichtung werden. Die Erfahrungen, daß Schüler in Altersheimen, in Behinderteneinrichtungen, in Krankenhäusern, bei ambulanten Diensten ... mitarbeiteten, waren sehr positiv.

Aufenthalte »vereinzelt in der Fremde«, Austauschprogramme mit Schulen im benachbarten Ausland, Projektarbeiten zur Naturerhaltung, in Gedenkstätten u. ä., Bewährung für Gruppen in der Natur (»Kurzschulen«) sollen fest ins Gesamtkonzept der Schule eingeplant werden.

Praktisches Lernen und produktorientiertes Arbeiten muß verstärkt werden. Vieles kann für den realen Bedarf der Schule hergestellt und produziert werden und wird es ja schon jetzt: vom Vortragsstehpult aus Holz bis zur Pausenradiosendung aus dem eigenen Hörstudio.

Für die Lehrpläne muß das heißen: Weniges, aber das so intensiv wie möglich, ist meist besser als vieles nur oberflächlich. Nicht lernen für die nächste Prüfung, sondern lernen mit allen Sinnen als intensive Erfahrung, die tatsächlich behalten werden kann und die Person verändert.

Die Forderung »Entrümpelt die Lehrpläne« ist nun wahrlich nicht neu. Daß sie seit mehr als hundert Jahren immer wieder, mal lauter, mal zurückhaltender, erhoben wird, zeigt, wie schwer sie zu erfüllen ist. Da geht es um Entscheidungen, die die verantwortlichen Erwachsenen in einer Schule erheblich verunsichern können und die sicher nicht ohne Kontroversen und Kompromisse zu treffen sind.

Eine Schule braucht so etwas wie einen entschlossenen und zuversichtlichen Mut, wenn sie sich selbst »neu denken« will. Sie muß dann vor allem die Fragen beantworten: Welche Themen und Vorhaben bleiben am Ende im Curriculum, für welche Ziele lohnt sich die Anstrengung? Es geht um die Ziele der Arbeit und um die Mittel, diese Ziele mit einiger Wahrscheinlichkeit zu erreichen. Für den schulischen Alltag bedeutet das, eine Balance zu finden zwischem Bewährtem und Neuem. Auf der einen Seite droht möglicherweise die Gefahr von blindem Aktionismus des ständig attraktiven Neuen, auf der anderen Seite die Gefahr, in der Routine des Bewährten zu erstarren.

Der vom Kollegium nach Beratung und einigen Veränderungen zur Erprobung angenommene Konzeptentwurf zeigt die Verteilung der verschiedenen Vorhaben, die die Klassenstufen 8/9/10 »entschulen« sollen. Sie sollen einen festen Platz und Raum neben dem Fachunterricht haben.

AK (1994)

18. Eine Schule braucht Partner

Umgang mit den Ämtern und der Verwaltung

Eine Reformschule ist bei ihren ständigen Veränderungsprozessen auf die freundliche und dauerhafte Unterstützung der übergeordneten Behörden, wie Schulträger, staatliches Schulamt und Kultusministerium angewiesen. Daher ist es wichtig, beim Umgang und der Zusammenarbeit mit den Menschen in diesen Behörden eine besondere Sensibilität zu entwickeln. Nach unserer Erfahrung geht es dabei darum, einerseits die Schulaufsicht und den Schulträger als Bundesgenossen, Mitstreiter und Berater zu gewinnen, andererseits die vorhandenen Spielräume für die Reform der Schule auszuloten und vollständig zu nutzen. In der langfristigen Zusammenarbeit mit Menschen außerhalb der Schule ist es notwendig, sie an der Entwicklung teilhaben zu lassen und ihnen über ihren Anteil am Erfolg auch berechtigten Stolz zu vermitteln. Das bezieht sich nicht nur auf Amtsleiter und Schulräte, sondern in gleicher Weise auch auf Sachbearbeiter oder Sekretärinnen. Dafür möchte ich einige Beispiele geben.

Zusammenarbeit mit der Schulaufsicht bei der Konzepterstellung

Als der für das Gymnasium Helene-Lange-Schule zuständige Schulrat in einem ersten Gespräch mit der Schulleiterin von dem Plan erfuhr, die Schule in eine Integrierte Gesamtschule (IGS) umzuwandeln, stieß dies bei ihm auf entschiedenen und heftigen Widerstand. Er beendete das Gespräch mit folgendem Ausruf: »Wollen Sie den Tod der Schule!? Das gestatte ich nicht!«

Der Schulrat selbst hatte in den 70er Jahren eine der ersten und größten hessischen Gesamtschulen geleitet und die damaligen Probleme standen ihm noch lebhaft vor Augen. Dennoch stimmte er einem weiteren Gespräch mit einigen Kollegen und der Schulleiterin zu. In diesem Gespräch legten wir die Gründe für unser Reformvorhaben und die Umrisse des Konzeptes dar, das wir aufgrund zahlreicher Besuche bei anderen Reformschulen gewonnen hatten. Einige Befürchtungen und inhaltliche Zweifel wurden wohl ausgeräumt, so daß er sich bereit erklärte, mit uns über Ziele und Lösungswege nachzudenken. Offensichtlich hatten ihn einige der inhaltlichen Vorstellungen, vor allem aber die Entschlossenheit überzeugt, mit der das Kollegium sich auf den Weg gemacht hatte: Die anwesenden Kollegen hatten deutlich gemacht, daß er sich bei dem neuen Konzept auf eine Mehrheit im Kollegium verlassen könne.

Am Ende dieses Gespräches bat der Schulrat um eine schriftliche Ausarbeitung des geplanten Konzeptes. Nachdem eine erste Fassung erarbeitet und ihm übermittelt worden war, bestellte er uns ins Amt, und seine Kritik hagelte auf uns nieder. Mit aufgekrempelten Ärmeln durchmaß er mit großen Schritten wutentbrannt sein Amtszimmer. Der Hauptgrund für seine Empörung war das »gedrechselte Wissenschaftschinesisch«, das seiner Meinung nach im Kultusministerium nur Widerstand hervorrufen könne, so daß die Zustimmung gefährdet sei.

Für uns waren besonders hilfreich einerseits seine konstruktive Kritik an unseren ersten Vorstellungen, andererseits seine realistischen Hinweise zur

Konkretisierung und zur Taktik des weiteren Vorgehens. Diese Einbindung von Anfang an hat im Verlaufe der weiteren Entwicklung der Schule dazu geführt, daß »unser« Schulrat als ständiger Berater und engagierter Mitstreiter gewonnen werden konnte. Er besuchte bis zu seiner Pensionierung im Jahre 1994 »seine« Schule in regelmäßigen Abständen, nicht um zu kontrollieren, sondern um sich vom weiteren Fortgang der Arbeit zu überzeugen.

Damit ein solches Verhältnis zwischen Schule und Schulaufsicht entsteht, ist es wichtig, daß Kollegien und Schulleitung sich trauen, auch selbständig Entscheidungen zu treffen, sich den übergeordneten Behörden nicht als Bittsteller oder nur Beschwerdeführer zu nähern, sondern als selbstbewußte und kompetente Partner. Das wird nur gelingen, wenn man kein »Feindbild« hat sondern auch für sich selbst davon ausgeht: »Das Staatliche Schulamt bzw. der Schulrat hat ein Interesse an unserer pädagogischen Arbeit. Er will mit uns darüber nachdenken, wie die anstehenden Veränderungen besser und wirkungsvoller durchgeführt werden können!« Würde man bei jedem Schritt ängstlich um Erlaubnis bitten, verführt man den Schulrat dazu, sich vor allem als Kontrolleur zu verhalten.

Zusammenarbeit mit dem Hochbauamt bei dem Umbau der Schule

Um das pädagogische Konzept zu realisieren, waren aus unserer Sicht Umbauten innerhalb der Schule notwendig. Der damalige Leiter des Hochbauamtes hatte eigene Ideen und Vorstellungen – und war gewohnt, sie durchzusetzen. Auch darum war er bei vielen Schulleitern gefürchtet. Also war es besonders wichtig, bei den von der Schule geplanten baulichen Veränderungen seine Zustimmung und Unterstützung zu gewinnen. Das konnte nur gelingen, wenn er schon weit vor dem Zeitpunkt der offiziellen Antragstellung mit der gesamten pädagogischen Konzeption der Schule so vertraut war, daß er die Überzeugung gewann, daß diese Umbauten eine Bedingung für die Verwirklichung dieser pädagogischen Konzeption waren.

In den ausführlichen Vorgesprächen war er nicht nur als kompetenter Berater für die »technische« Durchführung der Umbauten gefragt, sondern auf dem Hintergrund seiner besonderen Erfahrungen auch für die Frage, ob die architektonische Gestaltung der pädagogischen Zielsetzung angemessen sei. Hierbei erwies er sich als kreativer und anregender Partner, der dann in der Folgezeit, vermutlich weil er früh und nicht nur als »Techniker« gefragt worden war, die Bearbeitung der Antragstellung über den Dienstweg zügig vorantrieb. Sicher auch als Folge seines persönlichen Engagements für die Reform dieser Schule wurden sämtliche Zeitpläne für den Umbau, die sich über Jahre erstreckten, präzise eingehalten.

Dabei ging es zwischen Schulleitung und dem Leiter des Hochbauamtes nicht immer nur friedlich zu. Aber auch Konflikte konnten schließlich nach zähem Ringen in einer für die Schule befriedigenden Weise gelöst werden. Nach dem Ende der wichtigsten Umbauten haben wir ihn mehrfach eingeladen, um uns aus Anlaß von festlichen Schulveranstaltungen auch bei ihm zu bedanken und um ihm zu zeigen, wie wir die neuen Räumlichkeiten nutzten. Er war darüber hoch erfreut und führte seinerseits Architektenkollegen mit einem gewissen Stolz durch die Schule.

Nutzung von Spielräumen innerhalb bestehender Regelungen am Beispiel der äußeren Leistungsdifferenzierung

Ein Beispiel dafür, wie man bestehende Erlasse pädagogisch interpretieren und so zu einer anderen als der im Lande überwiegend praktizierten Lösung kommen kann: Bei der äußeren Leistungsdifferenzierung hat die Ständige Konferenz der Kultusminister in der Bundesrepublik Deutschland (KMK) nicht aus pädagogischen, sondern aus »politischen« Gründen bestimmte Regelungen beschlossen. Durch diese Beschlüsse wird nur für Englisch und Mathematik festgelegt, daß die in unterschiedlichen Niveaus eingruppierten Schüler ab Klasse 7 grundsätzlich in räumlich getrennten Kursen unterrichtet werden müssen. Traditionell ist das auch in fast allen Schulen die übliche Praxis. In der Helene-Lange-Schule wurden die Schüler zwar, wo immer es vorgeschrieben war, einem von zwei Leistungsniveaus zugeordnet, aber weiterhin im Klassenverband unterrichtet. Das war nur möglich, indem Methoden der inneren Differenzierung ständig fortentwickelt wurden.

Die Erfahrungen, die aus dieser Praxis erwuchsen, ließen nach jahrelangen Bestandsaufnahmen und Diskussionen bei uns keine andere Schlußfolgerung zu, als daß auch in den Fächern Englisch und Mathematik die »räumlich getrennten Kurse« nicht pädagogisch, sondern nur bildungspolitisch zu rechtfertigen seien. Davon war auch das hessische Kultusministerium in nicht unkomplizierten Verhandlungen zu überzeugen und hat deshalb für die Helene-Lange-Schule und drei andere hessische Gesamtschulen bei der KMK einen »Schulversuch« durchgesetzt.

Häufig bekommt das, was traditionell immer schon so gemacht wird, durch die Praxis selbst eine Art Gesetzeskraft. Eine Schule, die sich von Innen heraus verändern will, sollte stattdessen eigenständige Überlegungen anstellen und bestehende Gesetzestexte noch einmal auf ihre Interpretierbarkeit überprüfen.

Eine Fallgeschichte: Zusammenarbeit mit Organisationsamt und städtischem Schulamt am Beispiel der Reinigung der Schule durch Schüler

Als im Jahre 1986 der erste Gesamtschuljahrgang seine neuen Räume bezog und zusammen mit den Lehrern gestaltete, schien es uns unmöglich und peinlich, einerseits Verantwortung für die eigenen Räume zu übernehmen und andererseits den vormittags produzierten Dreck für türkische Putzfrauen liegenzulassen. Das wurde vom Lehrerteam dieses ersten Jahrgangs diskutiert. Es wurde beschlossen, daß Schüler und Lehrer den in ihrer Verantwortung stehenden Jahrgangsbereich (Klassenräume, Schülertreff und Teamzimmer) selbst aufräumen und putzen.

Dieser scheinbar so einfache und einleuchtende Beschluß führte sowohl innerhalb der Schule als auch außerhalb zu einer Reihe von Konflikten, die zunächst einmal gelöst werden mußten. In der Schule stieß der Vorschlag auf den Widerstand des Personalrates und vor allem der GEW-Schulgruppe. Sie sahen darin eine zusätzliche Arbeitsbelastung für die Lehrer und fürchteten, daß, wenn einmal ein Team damit begönne, dies auf die zukünftigen anderen Teams ebenfalls zukomme. Folgender Kompromiß kam zustande: Jedes nachfolgende Team sollte in seiner Entscheidung frei sein, den Beschluß des ersten Teams zu übernehmen oder nicht.

Mit dem innerschulischen Kompromiß war jedoch keineswegs eine Einigung mit den zuständigen Ämtern hergestellt. Der für den Einsatz der Putzkolonnen zuständige Sachbearbeiter im Organisationsamt, Herr H., war über den Vorschlag der Schule aufs höchste erstaunt, konnte sich nicht vorstellen, daß das klappen würde, und war eher geneigt abzulehnen. Daraufhin luden wir ihn zu einem »Ortstermin« ein und erläuterten ihm anhand der eingerichteten Räume unser Vorhaben und den Zusammenhang mit unserem pädagogischen Konzept. Eigentlich war er auch dafür, daß Kinder ihren eigenen Dreck selber wegmachen. Andererseits widersprach dies bisherigen verwaltungsmäßigen Praktiken, weil in der Stadt in keiner Schule und in keiner Behörde die dort Tätigen selbst ihre Räume sauber machen und in Ordnung halten. Schließlich konnten wir Herrn H. überreden (überzeugen?), bei seinem Amtsleiter dieses Vorhaben zunächst probeweise für ein Jahr und für einen Jahrgang vorzustellen und genehmigen zu lassen. Der Amtsleiter seinerseits stimmte diesem Versuch zu.

Doch nun begannen die eigentlichen Konflikte. Nachdem der Reinigungsfirma mitgeteilt worden war, daß bestimmte Räume an der Schule von der Schule selbst geputzt würden, erschien der Firmenchef wutschnaubend im Sekretariat der Helene-Lange-Schule und kündigte erbitterten Widerstand gegen das Vorhaben an. Zwei Tage später meldete sich der für Wiesbaden zuständige Gewerkschaftssekretär der ÖTV. Er drohte damit, das Vorhaben an die Presse weiterzugeben: »Kinderarbeit und Vernichtung von Arbeitsplätzen!« waren seine beiden Hauptvorwürfe, gegen die das pädagogische Argument, daß auch Kinder schon Verantwortung für die Folgen ihrer Handlungen übernehmen müßten, nichts galt. Lediglich mit dem Hinweis, es sei ja nur für ein Jahr auf Probe und man wisse ja gar nicht, ob Kinder auf Dauer eine solche Aufgabe auch durchhalten würden, ließ er sich halbwegs beruhigen. Damit und mit der Aussicht auf mögliche andere Putzflächen, die durch den weiteren Umbau der Schule entstehen sollten (Werkstätten), gab dann auch die Reinigungsfirma ihren Widerstand auf. Die angedrohte öffentliche Auseinandersetzung fand nicht statt.

Die Putzarbeit des ersten Jahrganges konnte organisiert werden: Aus Elternspenden wurden Staubsauger und Putzmittel angeschafft, und das Lehrerteam erfand den »Putzplan« (PuPla). In ihm wurde festgelegt, was täglich oder wöchentlich oder in noch längeren Zeiträumen im Klassenraum und Schülertreff sowie in dem Flurbereich zu erledigen war. Der jeweilige Putzdienst einer Klasse (vier Schüler je Klasse) sollte im Wochenplan eingetragen werden. Die Aufgabe der Lehrer sollte vor allen Dingen darin bestehen, nach der 6. Stunde durch eine zusätzliche Aufsicht die Arbeit der Schüler zu unterstützen und zu kontrollieren.

Im Laufe des Schuljahres stellte sich heraus, daß schon während des Vormittagsunterrichts weniger Dreck gemacht wurde, weil die Schüler wußten, daß sie ihn auch selbst beseitigen mußten. Außerdem klappte der Putzdienst dermaßen gut, daß das nächste Lehrerjahrgangsteam beschloß, ebenfalls das Selberputzen durch die Schüler zu übernehmen. Um nicht erneut mit Putzfirma und Gewerkschaft in Konflikt zu geraten, verabredeten die Schulleitung und der Sachbearbeiter des Organisationsamtes, daß die Schüler selbst putzen sollten und die vorhandenen Putzfrauen entweder verstärkt in anderen Bereichen der Schule (Treppenhäuser, Fachräume etc.) eingesetzt werden oder eben den Schülern noch ein wenig hinterherputzen sollten, so daß manche Räume doppelt geputzt wurden.

Nach insgesamt sechs Jahren wurde in allen Jahrgängen von den Schülern geputzt. Wenn auch die Schüler in den Jahrgängen 8, 9 und 10 nicht immer gerne putzen, manchmal auch nachlässig ihren Verpflichtungen nachkommen und eine verstärkte Aufsicht der Lehrer notwendig ist, so wird doch insgesamt das Selberputzen von Schülern und Lehrern nicht nur akzeptiert, sondern als sinnvoll und notwendig erachtet. Das Wegräumen des eigenen Drecks führt dazu, daß die Schüler mit den Räumen und Einrichtungsgegenständen sehr viel sorgsamer umgehen als in der Zeit, in der es noch Putzfrauen für die Klassenräume gab.

Weil nach diesen sechs Jahren die Erfahrungen mit dem Selberputzen sehr positiv waren und die Schule ihren langen Atem bewiesen hatte, erschien es nun an der Zeit, mit dem Organisationsamt und dem städtischen Schulamt erneut in Verhandlungen einzutreten. Ziel war, daß das zweifache Putzen beendet und der Vertrag mit der Reinigungsfirma entsprechend geändert würde. Der Sachbearbeiter des Organisationsamtes und der Amtsleiter, die sich über die Jahre hin selbst ein Bild vom Erfolg dieses Modells gemacht hatten, standen den Plänen der Schule positiv gegenüber. Der Sachbearbeiter maß eigenhändig die Raumflächen aus, die aus dem Vertrag der Reinigungsfirma herausgenommen werden sollten und berechnete die bisher für die Reinigung angefallenen Kosten. Dieser Betrag sollte nun nach unseren Vorstellung in voller Höhe, da wir auch die Arbeit leisteten, der Schule zur Verfügung gestellt werden. Sachbearbeiter und Amtsleiter waren behilflich bei der Formulierung eines Antrags und seiner ausführlichen Begründung an den Magistrat der Stadt Wiesbaden, der beschließen sollte, daß die Schule selbst in den Genuß der von ihr eingesparten Reinigungskosten kommen solle.

Auch für die Mitglieder des Magistrats war die Vorstellung, eine Schule könne in Teilbereichen die Reinigung selbst übernehmen und dafür auch die real eingesparten Mittel erhalten, äußerst befremdlich. So wurde der Antrag zweimal abgelehnt und an die zuständigen Ämter zurücküberwiesen, bis schließlich nach unermüdlichen Verhandlungen die Mehrheit der Magistratsmitglieder bereit war, ihre Zustimmung zu geben. Seit 1992 hat die

Helene-Lange-Schule im Haushalt der Stadt Wiesbaden eine eigene Haushaltsstelle. Die ca. DM 50.000,–, die ihr danach jährlich zustehen, werden verwendet, um »Fachleute von außen« zu finanzieren, in den ersten Jahren vor allem das Gehalt eines Regisseurs, der mit einer ganzen BAT-Stelle an der Schule arbeitete und mit Schülern aller Altersstufen Theater machte.

Der Sachbearbeiter des Organisationsamtes, der die Schule in ihrem Vorhaben so tatkräftig unterstützt hatte, war selbst höchst befriedigt über den Ausgang der Verhandlungen. Aus Dankbarkeit luden wir ihn zur Premiere einer Theateraufführung in die Schule ein und würdigten seinen Beitrag für das Gelingen des Projekts am Ende der Aufführung vor den anwesenden Eltern und Schülern.

In den letzten zwei Jahren haben Zeitungen und Fernsehen über das Selberputzen in der Helene-Lange-Schule berichtet. Der Amtsleiter des Organisationsamtes und sein Sachbearbeiter waren nicht nur durch eigene Anschauung überzeugt, daß sie sich für eine gute Sache eingesetzt hatten, sondern sie waren auch stolz über die breite öffentliche Anerkennung, die »ihr Modell« gefunden hatte.

An diesem Beispiel wird deutlich, daß für die in den Behörden Arbeitenden ein Stück Entfremdung aufgehoben wird, wenn sie in den Reformprozeß ganz konkret einbezogen werden, ihr Sachverstand und ihre Unterstützung gefragt sind und sie auch die späteren Wirkungen ihrer Entscheidungen mitverfolgen können.

Rolle der Eltern beim Umgang mit den Behörden

Nicht zu unterschätzen ist die Rolle der Eltern beim Ausnutzen der Spielräume und beim Gewinnen der Behördenunterstützung. Alle Neuerungen und Veränderungen, die wir uns überlegt haben, wurden zunächst ausführlich mit den Eltern vorbesprochen, um ihre Unterstützung zu gewinnen. Das bedeutet eine manchmal sehr zeit- und arbeitsaufwendige, kontinuierliche Informationspolitik und Überzeugungsarbeit. Sie ist aber notwendig, damit Eltern sich nicht überfahren fühlen und sich nicht schon bei Kleinigkeiten beim Staatlichen Schulamt oder im Städtischen Schulverwaltungsamt beschweren. Wenn es häufig Elterngruppen gibt, die sich über die Schule ihrer Kinder beschweren, oder auch nur nachfragen, ob das, was die Schule tut, auch rechtens sei, dann wird eine in solcher Weise angesprochene Behörde sehr sensibel auf alles reagieren, was die Schule anders oder neu macht. Oft wird sie dann aus Angst, selbst dauernd kritisiert zu werden oder für etwas einstehen zu müssen oder viel Arbeit mit der Erledigung der Beschwerden zu haben, diese Schule eng und streng kontrollieren. Somit war und ist eine unserer Faustregeln: Wenn man die Eltern gegen sich hat, wird man auch die Behörden gegen sich haben.

Die Unterstützung durch Förderer »von außen«, Rolle der Stiftungen

Beim Umgang mit Ämtern und Verwaltungen, aber auch mit der Schulaufsicht darf nicht vergessen werden, daß auch Förderer »von außen«

eine besonders hilfreiche Rolle spielen können. Durch sie wird deutlich, daß es nicht nur um mehr oder weniger »utopische« Ideen von ein paar Lehrerinnen und Lehrern geht, sondern daß die Veränderungen an dieser Schule − und vielleicht an Schulen überhaupt − auch Gruppen außerhalb der Schule wichtig sind. So hat der Förderverein der Helene-Lange-Schule nicht nur immer wieder zusätzliche finanzielle Mittel beschafft, die viele Projekte erleichtert und manchmal überhaupt erst ermöglicht haben, sondern seine Unterstützung hatte dann auch »politisches« Gewicht.

Vergleichbares gilt auch für andere Geldgeber, insbesondere aber für die Stiftungen, die uns unterstützt haben. Bei dem Bericht über die Anfänge der Veränderungen wurde schon darauf hingewiesen, daß wir im Zusammenhang mit dem »Praktischen Lernen« mittelbar und unmittelbar der Robert-Bosch-Stiftung einerseits viele Anregungen und die Zusammenarbeit mit vergleichbaren Projekten verdanken, daß sie andererseits durch Zuwendungen für den Ausbau von Werkstätten etc. viel zur Verwirklichung unserer Zielvorstellungen beigetragen hat. Darüber hinaus, war es aber auch eine nicht zu unterschätzende Hilfe bei unseren Verhandlungen mit Ämtern, Verwaltungen und Schulaufsicht, wenn wir darauf hinweisen konnten, dieses Projekt werde eben auch von der Robert-Bosch-Stiftung unterstützt. Angesichts der Tendenz, neuen Entwicklungen erst einmal mit einer abwehrenden Skepsis zu begegnen, die sich ja gerade in der Schulverwaltung nicht selten findet, ist vermutlich sowohl die »Initialzündung«, die von der Förderung durch eine große Stiftung ausgeht, als auch die »ideelle« Unterstützung, die eine Schule auf diese Weise erfährt, eine besonders wirksame Form, »Neues« anzustoßen. Auch Veröffentlichungen, die dann die Erfahrungen für andere zugänglich machen − wie es ja auch dieses Buch will −, sind in der Regel für eine Schule ohne eine Unterstützung von außen kaum zu verwirklichen. So sind die Druckkostenzuschüsse der Robert Bosch Stiftung und der Stiftung für Bildung und Behindertenförderung, die die Herstellung und das Erscheinen dieses Buches wesentlich gefördert haben, zugleich auch ein Beitrag zur allgemeinen Schulentwicklung: Die Erfahrungen, die wir an der Helene-Lange-Schule gemacht haben, könnten über den Kreis unserer Besucher hinaus auch die Fachdiskussion anregen.

KK/ER

Zusammenarbeit mit den Eltern

Einen Platz an unserer Schule, das wünschen sich jedes Jahr deutlich mehr Eltern für ihr Kind, als Plätze vorhanden sind. Viele müssen abgelehnt werden. Diejenigen, die am Tag der Aufnahmefeier mit ihrem Kind die Schule betreten, sind meist Eltern, die sich sehr bewußt mit Schulfragen auseinandersetzen und oft auch eine gewisse Bereitschaft mitbringen, sich engagiert und aktiv am Schulleben zu beteiligen. Die Helene-Lange-Schule ist eine integrierte Gesamtschule, sie ist Versuchsschule des Landes Hessen und

> »Andererseits habe ich nie das Gefühl gehabt, daß die Lehrer die Eltern außenvor haben wollen. Ich war mehrfach im Schulelternbeirat und kann meine Erfahrungen mit den Lehrern eigentlich nur positiv schildern. Vielleicht bin ich ja auch eine Mutter, die nicht nur vordergründig auf die Leistungen guckt, sondern die in so ein Gespräch geht, um eben auch zu erfahren: Wie fühlt Christian sich hier? Denn anfänglich hatte er auch Schwierigkeiten. Und da war dieses Team oder die Lehrer, die mit ihm zu tun hatten, sehr darauf bedacht, einfach diesen Knoten platzen zu lassen.«
>
> *Frau D., ein Sohn und eine Tochter waren auf der HLS,*
> *ein weiterer Sohn ist noch dort*

UNESCO-Schule: entsprechend hoch (und manchmal einschüchternd hoch) sind die Erwartungen und Wünsche an die »besondere Schule«. Die Öffentlichkeitsarbeit der Schule hat daran ihren Anteil.

Es hat sicher viele Ursachen, unter denen die abnehmende Kinderzahl je Familie eine sein mag, daß das eigene Kind, die eigenen Kinder und ihre Entwicklung heute oft mehr als früher von übergroßen Erwartungen und anderen Gefühlen der Eltern »besetzt« sind. Der Erfolg des Kindes in der Schule steigert das Selbstwertgefühl, Mißerfolg führt zu Enttäuschungen und oft zu Konflikten, manchmal auch zu Zweifeln an der eigenen Rolle als Mutter oder Vater. So wünschen und erwarten Eltern von der Schule ihrer Wahl, daß sich ihr Kind dort »optimal« entwickelt, die gewünschten, meist hochgesteckten Ziele erreicht. Es soll nicht nur gefordert und zur Leistung angehalten, sondern zugleich liebevoll integriert und gefördert werden, zu Freiheit, Selbständigkeit, Kreativität, Pflichtgefühl und Verantwortungsbereitschaft erzogen werden. Solche Erwartungen können, wenn sie nach Meinung der Eltern nur unvollkommen erfüllt werden, zu Enttäuschungen führen.

Ein weiteres Spannungsfeld zwischen Elternhaus und Schule kann sich daraus ergeben, daß Schule nicht nur schützt und stützt, sondern auch bewertet und durch die Vergabe der Abschlüsse die Zukunftschancen erheblich beeinflußt.

In der Begegnung mit Schule spielt für die Eltern die eigene Schulerfahrung eine nicht unbedeutende Rolle. Die einen fühlen sich ohnmächtig gegenüber der Macht der Schule oder haben eine große innere Distanz zu ihr. Die anderen sind neugierig auf die Schule ihrer Kinder, möchten in deren Interesse engagiert und konstruktiv-kritisch mitwirken.

Für Lehrer gehört Elternarbeit oft zu den eher belastenden Seiten ihres Berufes. Häufig sind die Anlässe für Elterngespräche oder Elternabende Konflikte, bei denen es schnell zu gegenseitigen Schuldzuweisungen kommt. Stellen die Eltern kritische Fragen, so zieht sich der Lehrer nicht selten von Anfang an in eine Verteidigungsposition zurück, fühlt seine Arbeit nicht gewürdigt, vermutet seinerseits die »eigentliche« Ursache für die schwierige Situation in der unzureichenden Erziehung im Elternhaus. Schwierigkeiten mit den Kindern im Unterricht oder kritische Fragen zum Unterrichtsstoff oder -stil können in einer solchen Gesprächssituation kaum offen beredet werden. Man wird stattdessen versuchen, den Kontakt auf das notwendige Mindestmaß zu beschränken, wird mißtrauisch Distanz halten. Wechselseitige Macht- und Ohnmachtsgefühle bestimmen das Gegeneinander und verhindern ein Miteinander.

Wir erleben an unserer Schule Eltern mit recht unterschiedlichen Haltungen. Es gibt Eltern, deren Kind mehr oder weniger zufällig auf diese Schule gekommen ist. Das hat sich dann meist über Freundschaften und Grundschulkontakte, also durch den Stadtteilbezug ergeben. Die Helene-Lange-Schule liegt in einem Bezirk, in dem nur wenige Kinder wohnen. Für einen weitläufigen Einzugsbereich gibt es in diesem Bezirk auch nur eine einzügige Grundschule. So kommen die meisten Schüler und Schülerinnen aus anderen Bezirken. Viele aus den östlichen Vororten Wiesbadens, ein Teil aus den Innenstadtbezirken und ein kleinerer Teil aus ländlichen Ortsteilen.

Die meisten Eltern haben sich jedoch intensiv um einen Platz bemüht. Es sind also Eltern, die ihr Kind »nur« an der Helene-Lange-Schule und nirgends anders unterbringen wollten. In dieser Gruppe ist ein recht großer Anteil von Eltern, die selbst Lehrer in den verschiedensten Schulformen sind, viele Erzieherinnen, Sozialarbeiter, Psychologen, Therapeuten oder andere helfende Berufe. Das gibt schon einen Hinweis auf die intensive, kenntnisreiche und mitunter auch anstrengende Qualität der Elternarbeit. Wir erleben diese Eltern als kritisch, jedoch immer dann konstruktiv, wenn sie in ihrem Engagement vom Kind aus fragen: Ob es sich an der Schule wohlfühlt und sich dort gut in seinen sozialen und geistigen Fähigkeiten entwickeln kann.

Als eher unangenehm erleben wir jene Eltern, die zwar häufig und gern in der Schule sind, sich dabei aber gegenüber ihrem Kind und dem Lehrer sehr unabgegrenzt verhalten, also die »Grenzen der Teilnahme« überschreiten. Oft steht dahinter der Wunsch, über die Grundschulzeit hinaus noch eine starke Kontrolle auszuüben, und die (eher unbewußte, sich meist als »Sorge« tarnende) Weigerung, das Kind loszulassen und ihm Schritte der Ablösung und Verselbständigung zu ermöglichen.

Das andere Extrem macht der Schule auf andere Weise Schwierigkeiten: Jene Eltern, die nie kommen, die sich entziehen, die anscheinend ohne Interesse auch an den »Leistungen« ihres Kindes (etwa bei Aufführungen) sind, die sich durch nichts zu Anteilnahme an der Schule oder gar Engagement für die Schule bewegen lassen.

Welche Erfahrungen haben wir mit unseren Formen der Elternarbeit gemacht, welche Wege haben sich bewährt, was ist kritisch zu sehen?

In den Klassenstufen 5 und 6 können wir immer von einer sehr großen Bereitschaft fast aller Eltern ausgehen, sich auf die Formen von Zusammenarbeit, die wir anbieten, einzulassen: Das Interesse, umfassend und gut über die neuen Lehrformen und die Arbeit der Schule insgesamt informiert zu werden, ist groß. Es gibt viele Fragen und in diesen Jahrgängen auch noch viel Anteilnahme an dem, was im Unterricht geschieht. Ausstellungen und

Darbietungen von Unterrichtsergebnissen werden zahlreich besucht. Feste und gemeinsame Unternehmungen tragen zum besseren Kennenlernen und zu einem freundlichen, entspannten Umgang miteinander bei. Fast alle Kinder dieser Altersstufe haben das Bedürfnis, daheim viel und gern aus dem Schulalltag zu berichten. Gehen die Eltern interessiert darauf ein, haben sie meist ein recht genaues Bild davon, was und wie gerade in der Schule gearbeitet wird.

Das ändert sich, wenn die Schüler älter werden und in die Pubertät kommen. Unter dem Aspekt der ersten Loslösungsschritte vom Elternhaus erzählen sie nicht mehr so bereitwillig von dem, was sich in der Schule ereignet hat. Von ihr wird nun häufiger auf Nachfragen der Eltern kurzangebunden erklärt, sie sei eben »doof« und »langweilig«. Freunde und Cliquen gewinnen größere Bedeutung. Der Wunsch nach gemeinsamen Festen und Unternehmungen mit den Eltern und Lehrern wird seltener.

Gibt es dann mit einzelnen oder mit der Klasse größere Konflikte und Schwierigkeiten, ist die Gefahr gegenseitiger Schuldzuweisungen und Projektionen groß. Jeder versucht, sich zu entlasten und Druck von sich zu nehmen, indem er die jeweils andere Partei für das Problem verantwortlich macht. Doch gerade in dieser Entwicklungsstufe der Jugendlichen ist es wichtig, daß Eltern, Lehrer und Schüler den Dialog nicht aufgeben, auch wenn er schwierig wird. Ob das gelingt, hängt oft davon ab, welche

Beziehung in der Vergangenheit aufgebaut werden konnte. Haben die Eltern und Lehrer zu einem Umgang miteinander gefunden, der von Vertrauen geprägt ist? Die Kontinuität, also die Tatsache, daß die Eltern weiterhin mit den gleichen Lehrern zu tun haben, ist besonders wichtig! Haben die Eltern Interesse daran, sich auszutauschen, sind sie füreinander aufgeschlossen?

Drei Beispiele sollen zeigen, was dazu beiträgt, daß eine gute Beziehung unter den Eltern und zwischen Eltern und Schule entstehen kann:

1. Klasse 5 und 6: Das Einzugsgebiet unserer Schule ist groß, die Schüler kommen aus zum Teil weit auseinanderliegenden Stadtteilen und Vororten. Um Wohnort und Lebensumwelt der einzelnen Familien besser kennenzulernen, organisieren die Eltern eines jeweiligen Ortsteils eine gemeinsame Unternehmung vor Ort (zum Beispiel eine naturkundliche Wanderung unter fachlicher Anleitung im Aukammtal mit anschließendem Essen in den Räumen der Versöhnungsgemeinde). Etwa viermal im Jahr wird reihum eine andere Elterngruppe für die Klassenelternschaft aktiv, indem sie den anderen ihren Stadtteil nahebringt. Die Arbeit und Verantwortung für die Durchführung von gemeinsamen Unternehmungen verteilt sich so auf viele Schultern, keinem wird es zuviel.

2. Viele Klassen organisieren immer wieder Abende, an denen mit Fachleuten Themen erörtert werden, die Fragen der Entwicklung der Kinder und Jugendlichen betreffen. Das sind Themen wie »Suchtprobleme«/ »Sexualität und Pubertät«/»Grenzen setzen: Ausgehzeiten, Taschengeld und anderes«/»Umgang mit Medien: Fernsehkonsum«/»Gewalt und Aggression unter Jugendlichen«/»Rechtsextremismus und Ausländerfeindlichkeit«/»Chancen auf dem Arbeitsmarkt« und vieles mehr. Je mehr die Eltern dabei auch miteinander ins Gespräch kommen und sich nicht nur Expertenvorträge anhören, desto nützlicher erscheinen ihnen in der Regel solche Veranstaltungen: Sie können die Erfahrungen anderer auf ihre eigene Situation beziehen und so tatsächlich nutzen. Mancher Konflikt läßt sich besser einordnen und offener handhaben, wenn man erkennt, daß man nicht der einzige ist, der bestimmte Schwierigkeiten hat. Rückzug und Verleugnung von Problemen werden eher vermieden, eine offeneres und rechtzeitiges Zusammenwirken von Eltern und Lehrern wird möglich.

3. »Elternarbeitskreise«/»Elternstammtische«, die meist außerhalb der Schule in einer Gaststätte tagen, erlauben es den Eltern, in zwangloser Atmosphäre aktiv und kritisch Schulfragen zu erörtern, nicht im Sinne einer Kontrollinstanz gegenüber der Schule, sondern um Elternabende, Themenabende mit Referenten, Elternmitarbeit im Unterricht zu planen und zu reflektieren. Daß sich Eltern und Lehrer regelmäßig und zugleich eher »zwanglos« treffen, ermöglicht, Schwierigkeiten und Konflikte frühzeitig anzusprechen, Anregungen, Ideen, Veränderungswünsche und Kritik anzubringen. Es müssen nicht immer alle anwesend sein, aber der Elternarbeitskreis ist jederzeit für alle offen. In der Regel wird sich längerfristig ein fester Kreis engagierter Eltern herausbilden. Die feste

Einrichtung eines solchen Arbeitskreises über sechs Jahre gelingt aber leider noch viel zu selten.

Neben der Elternarbeit in den Klassen gibt es noch viele andere Informations- und Mitwirkungsangebote für die Eltern:

Einzelne Eltern arbeiten im Kunst- oder Musikunterricht mit, häufiger noch im Offenen Lernen oder bieten zusätzlich Gitarren- und Flötenkurse, Schach-Gruppen, Töpfern und ähnliches an Nachmittagen an. Andere Eltern werden gefragt oder ausdrücklich gebeten, ihre besonderen Fähigkeiten und Kenntnisse der Schule zur Verfügung zu stellen, wenn sie Zeit und Interesse daran haben. So kommen immer wieder einmal Eltern auch als »Experten« in den Unterricht und berichten von dem, was sie aufgrund ihrer Erfahrung oder ihres Berufes wissen.

Bei besonderen Unternehmungen wie beispielsweise einer Theaterproduktion, einer Ausstellung, besonderen Exkursionen wirken Eltern unterstützend mit. Immer wieder gibt es einzelne Eltern mit besonderen Fähigkeiten und der Bereitschaft, sich für Tage oder Wochen mit viel Zeit und Kraft einzusetzen und »im Hintergrund« mitzuhelfen. Ohne diese »Guten Geister« würde manches Vorhaben kaum so glatt »über die Bühne« gehen. Eine andere Elterngruppe engagiert sich seit Jahren, um in den Pausen gemeinsam mit Schülern und Schülerinnen der Klassen 10 den Schulkiosk zu betreiben. Ein Förderverein bemüht sich um Spenden, um besondere Ausgaben der Schule zu unterstützen oder außerplanmäßige Anschaffungen zu ermöglichen.

Außer bei solcher aktiven Teilnahme sind alle Eltern immer wieder als Publikum für die Ergebnisse der schulischen Arbeit angesprochen. Wird ein Projektthema abgeschlossen, so gibt es Ausstellungen, Vorträge, Filme, Vorstellungen, Podiumsdiskussionen oder vielfältige andere Formen, das erarbeitete Thema darzustellen. Alle Aktivitäten im Verlauf des Unterricht, auch Einzel- und Gruppenarbeitsergebnisse werden noch einmal gebündelt und der »Öffentlichkeit« gezeigt. Diese Öffentlichkeit umfaßt sehr oft nicht nur die Mitschüler, sondern eben auch Eltern, Verwandte und Freunde der Familie. Auf dem jährlichen Schulfest bekommen die Eltern auch einen Einblick in die Arbeit der anderen Jahrgänge, der UNESCO-Gruppe, der Festen Vorhaben, der Theater-AG und anderer Gruppen. Nach den Betriebspraktika in den 9. und 10. Klassen können auf Elternabenden Vorträge über die Erfahrungen gehalten werden, die die einzelnen Jungen und Mädchen in ihren Betrieben gemacht haben. Wenn das geschieht, führt dies oft zu einem interessanten und lebendigen Austausch.

Fast jedes Jahr gibt es große Ereignisse in der Politik, im aktuellen gesellschaftlichen Geschehen, mit denen sich auch Schule befassen muß, denen sie sich stellen muß. So waren beispielsweise die Fragen, Ängste und Sorgen der Schüler beim Ausbruch des Golfkrieges Anlaß für Gespräche und gemeinsame Aktionen innerhalb und außerhalb der Schule. Eltern, Lehrer und Schüler waren gemeinsam betroffen von einer sie verunsichernden Situation. Im Unterricht wurde das Thema behandelt, es gab jeden Morgen

Mahnwachen und Lesungen von Texten und Gedichten, eine gemeinsame Großdemonstration und ein Gottesdienst in der Marktkirche wurde organisiert. Eltern luden in dieser Zeit den Psychoanalytiker Horst Eberhard Richter zu einem Gespräch in die Schule ein. Das wurde eine eindrucksvolle Erfahrung dafür, wie Kinder, Jugendliche, Eltern und Lehrer auch in einer großen Gruppe über ein ängstigendes Thema miteinander ins Gespräch kommen können.

Ein Jahr später reagierte die Schule auf den wachsenden Rechtsextremismus und die zunehmende Ausländerfeindlichkeit im Land. Eine kulturelle Großveranstaltung, an der etwa 12.000 Schüler und fast alle Wiesbadener Schulen teilnahmen, war das eindrucksvolle Ergebnis. Eltern organisierten zu diesem Thema in der Schule einen Seminartag mit vielen Experten, um gemeinsam den Fragen nachzugehen: Was geschieht in unserem eigenen Bereich? Was tun wir, was müssen wir noch tun? Wie geht es den ausländischen Schülern, den Asylanten, den Kindern aus dem Kriegsgebiet Jugoslawiens, die diese Schule besuchen? Wie geht jede Schulklasse mit »Fremdheit«, mit »Anderssein«, mit »Außenseiterproblemen« um?

Neben solch gravierenden Einschnitten bestehen vielfältige Anlässe für Eltern, mit ihren Kindern und den Lehrern im Gespräch zu bleiben: die laufende Arbeit im Unterricht, Fragen der Entwicklung, zentrale Lebensthemen der jeweiligen Altersstufe, schulische und berufliche Zukunftsperspektiven.

Seit 1993 können Eltern in der Schulkonferenz mitwirken, haben damit mehr direkte Mitbestimmungsmöglichkeiten, sitzen mit den Vertretern der Schüler, der Lehrer und der Schulleitung an einem Tisch und bilden das oberste Beschlußorgan der Schule, können erstmals in wichtigen Konzeptfragen mitwirken und das »Gesicht« der Schule mitprägen.

Doch trotz aller einsichtigen Argumente und guten Möglichkeiten gestaltet sich Elternarbeit immer wieder auch schwierig und muß in jeder Klasse ihren eigenen Weg finden. Gerade an unserer Schule, an der Lehrer sich häufig bis an die Grenzen ihrer Kräfte einsetzen, ist der Umgang mit kritischen Eltern nicht selten problematisch. »Was soll ich denn noch alles schaffen?« als Ausdruck gekränkten Rückzugs, wenn Eltern sich schon wieder »einmischen« und »etwas besser wissen wollen« und die Einhaltung der Ansprüche des Konzepts fordern. Wir Lehrer sind es zwar gewohnt, im Alltag ständig zu bewerten, was Schüler leisten. Aber das macht es nicht leichter, sich selbst der Bewertung und Kritik ausgesetzt zu sehen. Schnell entsteht das Gefühl, daß die Anstrengungen der Alltagsarbeit nicht gewürdigt werden, daß kritische Punkte »ungerecht« in den Vordergrund treten.

Lehrerausbildung und -fortbildung haben uns auf Elternarbeit kaum oder meist schlecht vorbereitet. Natürlich kann es kurzfristig entlastend sein, mal unter Lehrern über Eltern zu schimpfen, die einen geärgert oder gekränkt haben. Das tun Eltern und Schüler auch über Lehrer, wenn sie unter sich sind. Aber der notwendige nächste Schritt, der Versuch, die Schwierigkeiten zu verstehen, sich kompetenter zu machen, um gemeinsam nach Lösungen zu suchen, darf nicht unterbleiben.

Auf diese konstitutive Zusammenarbeit kommt es an. Eltern wissen aus eigener Erfahrung, wie schwierig es immer wieder sein kann, Kinder zu erziehen. Sie können durchaus ermessen, was es heißt, über sechs Jahre an jedem Wochentag 25 Schüler zu unterrichten. Sie wissen auch, daß es weder perfekte Eltern noch perfekte Lehrer gibt, die jederzeit souverän das »Richtige« tun. Der Altersabstand zu den Schülern vergrößert sich; jüngere Lehrer sind lange nicht eingestellt worden, es gibt – wie an allen Schulen – auch im Altersaufbau des Kollegiums der Helene-Lange-Schule eine große Lücke. Viele von uns Lehrerinnen und Lehrern sind für die Schüler näher an der Generation ihrer Großeltern als an der Generation ihrer Eltern. Das bedeutet einerseits den »Vorsprung« von viel Erfahrung, andererseits aber auch die Herausforderung, diesen Abstand des Alters nicht zum unüberwindlichen Graben werden zu lassen. Auch das wird leichter, wenn Eltern und Lehrer gelernt haben, in ihren unterschiedlichen Rollen im Interesse des Kindes oder des Jugendlichen zusammenzuarbeiten. Viele der Eltern unserer Schülerinnen und Schüler unterstützen bis zum Ende der sechsjährigen Schulzeit engagiert und aktiv die vielfältigen Aktivitäten der Schule. Und fast alle sind in diesen Jahren zumindest voller kritisch-aufmerksamem Interesse für das, was in der Helene-Lange-Schule geschieht.

AK

DAS LEID
Unsere
Zukunft in
Unserer
Hand
Machen wir sie nicht kaputt
WIR HABEN
ANGST

19. Rechenschaft geben

Evaluation

Ein neues Wort für viele Vorgänge, die uns selbstverständlich geworden sind

Vor zehn Jahren, als die Helene-Lange-Schule noch ein Gymnasium war, redeten höchstens Fachwissenschaftler von »Evaluation«. Uns jedenfalls war, und das gilt auch für die ersten Jahre nach der Umwandlung, dies Wort für die Beschreibung von Aktivitäten in unserem Alltag nicht geläufig. Aber wie stand es mit dem, was damit gemeint ist?

Im Gymnasium (und anfangs waren ja die meisten von uns Gymnasiallehrer) hatte niemals jemand nach »Qualitätssicherung« oder ähnlichem gefragt. Alle waren überzeugt, hielte man sich nur einigermaßen an die Lehrpläne, dann seien auch die Mindeststandards gesichert, dann habe auch das, was man im Unterricht tat, »irgendwie« Qualität. Eine Überprüfung von außen, etwa durch die Schulaufsicht, fand nicht statt. Bei Abiturprüfungen hätten höchstens katastrophale Ergebnisse eines großen Anteils der Schüler – vielleicht – zur Frage nach der Qualität der schulischen Arbeit geführt. Gab es solche Einbrüche nicht, dann ging es beim Abitur eben nicht um die »Qualität« der Schule, sondern um kleine Ausschnitte der »Leistungen« der Schüler.

Im Rückblick wird uns klar, daß wir mit der Neuorganisation unserer Schule und der Veränderung unseres Unterrichts gleichzeitig auf vielen Ebenen kontinuierlich zu »evaluieren« begonnen haben. Die wichtigste organisatorische Voraussetzung für unsere Art der Evaluation ist sicher die Einrichtung von Jahrgangsteams. Daneben gibt es teamübergreifende Planungs- und Reflektionsgremien, und außerdem fällt auch der Schulleitung eine bestimmte Aufgabe im Rahmen der Evaluation zu. Neben der internen Evaluation gibt es eine externe Evaluation.

Evaluation in den Teams

Die Lehrerteams eines jeden Jahrgangs sind verantwortlich für einen langen und kontinuierlichen Lernprozeß. Die Teams sind zuständig für die inhaltliche und methodische Arbeit in den Klassen, aber auch für das Verhalten der Schüler und das Schulleben innerhalb eines Jahrganges. Die Teams haben eine erhebliche Gestaltungsfreiheit. Sie erarbeiten unter Berücksichtigung der Rahmenpläne eigene Jahresarbeitspläne, sie organisieren ihren Vertretungsunterricht selbst und verfügen auch über eine eigene Kasse. Die Teams sind nicht hierarchisch strukturiert, jeder ist mit den gleichen Rechten und Pflichten an der Diskussion beteiligt. Wo findet da »Evaluation« statt? Zum Beispiel bei folgenden Anlässen:

Jahresarbeitsplan

Der Jahresarbeitsplan wird am Ende des Schuljahres erstellt und mit der Pädagogischen Leiterin bei Bedarf noch einmal diskutiert. Der Jahresarbeitsplan ermöglicht eine transparente Planung und im Verlaufe des

Schuljahres eine kontinuierliche Überprüfung, inwieweit das, was tatsächlich erreicht wurde, mit der Planung übereinstimmt. Änderungen sind immer möglich, aber sie sind jetzt nicht heimlich, sondern öffentlich.

Wöchentliche Teamsitzung
Jeden Montagnachmittag treffen sich alle Teams der Schule zu einer zwei- bis dreistündigen Teamsitzung. Hier werden die Projekte vorbereitet, einzelne Abschnitte reflektiert, Präsentationen geplant und kleine Bilanzen gezogen.

Veröffentlichung und Präsentation
Fast alles, was im Unterricht passiert, insbesondere aber die Projektergebnisse, werden öffentlich im Schülertreff, in Treppenhäusern, außerhalb des Klassenraumes präsentiert und einer interessierten und kritischen Öffentlichkeit zugänglich gemacht.

Jahresbilanzen der Teams
Ein- bis zweimal im Jahr trifft sich fast jedes Team zu einer (meist) zweitägigen Bilanz des Unterrichtsgeschehens, der Projekte oder auch des Verhaltens von Schülern und Lehrern. Diese Bilanzen werden vom Team vorbereitet und protokolliert. Das Nachdenken über den vergangenen Unterricht ist der Ausgangspunkt für die weitere Planung.

Projektbeauftragte
Für jedes mehrfach durchgeführte Projekt in der Helene-Lange-Schule gibt es einen sogenannten Projektbeauftragten, der oder die die Aufgabe hat, aus den einzelnen Teams die Materialien zu sammeln, die Ergebnisse an andere Teams weiterzugeben und die Materialien in der sogenannten »Lernwerkstatt« für alle Kollegen verfügbar zu machen.

Die offene Klassenraumtür
In der Helene-Lange-Schule kann jeder, ob Mitglied der Schule oder Besucher, jederzeit erleben, wie Unterricht gehalten wird, wie Schüler im Schülertreff selbständig arbeiten. Die offene Klassenraumtür ist ein Symbol für die Öffentlichkeit des Unterrichts, der auch von Besuchern von außerhalb in Augenschein genommen werden kann. Ist die Tür zu einer Klasse nicht offen, dann bedeutet das nichts anderes als dies: Wir haben jetzt auch einmal etwas nur »unter uns« zu besprechen. Bitte keine Besucher!

Interne Evaluation durch besondere Gremien, bei besonderen Anlässen
So wichtig die Teams für das sind, was tatsächlich jeden Tag in der Helene-Lange-Schule geschieht, es gibt nicht nur sie, sondern noch weitere Gremien oder auch Anlässe, in denen oder durch die es sozusagen »Routine« wird, daß die Schule über sich selbst nachdenkt und darüber, ob sie eigentlich erreicht, was sie sich vorgenommen hat. Zu nennen sind:

Planungsgruppe

Die Planungsgruppe besteht aus bis zu elf Mitgliedern, nämlich die gesamte Schulleitung, der wissenschaftliche Berater der Schule und sechs Kollegen und Kolleginnen (aus jedem Team je einer oder eine). In diesem Gremium werden zukünftige Vorhaben geplant, wird die bestehende Praxis reflektiert (z. B. Kommunikationsstruktur der Schule, Rituale, Notengebung, Öffnung der Schule etc.). Die Planungsgruppe greift Anregungen aus den Teams auf oder gibt von sich aus Anregungen in die Teams bzw. die Gesamtkonferenz. Die Planungsgruppe ist kein Entscheidungsgremium, sondern sie bereitet die Entscheidungen der Gesamtkonferenz oder der Schulkonferenz vor.

Fachbeauftragte

Für jedes Fach ist in jedem Team ein sogenannter Fachbeauftragter zuständig, der/die die Kontakte zu den Fachkonferenzen der einzelnen Fächer hält. In den Fachkonferenzen geht es auch um die Frage, wo und wie das, was die Rahmenpläne vorgeben, sich im Unterricht der Helene-Lange-Schule »wiederfindet«, »eingelöst« wird (werden kann). Auf ganztägigen Fachtagungen, manchmal zusammen mit Experten von außen, werden Probleme, Methoden, Ergebnisse der einzelnen Fächer geprüft und Neues entworfen.

Pädagogische Tage für die ganze Schule

Einmal im Jahr trifft sich das gesamte Kollegium zu einer zweitägigen Veranstaltung, die den Zweck hat, Bilanz zu ziehen zu zentralen Vorhaben der Schule oder »über den Zaun« zu sehen und mit Hilfe von Experten oder Besuchen an anderen Schulen neue Anregungen zu gewinnen für die eigene Schule.

»Das Buch«

Natürlich war die Vorbereitung dieses Buches, zu der nicht wenige Lehrerinnen/Lehrer und Schülerinnen/Schüler unmittelbar (und noch viel mehr mittelbar) beigetragen haben, ein Prozeß der »internen Evaluation«, nämlich des kritischen Nachdenkens über die eigene Alltagspraxis, über das Verhältnis von »guten Absichten« und »tatsächlich Erreichtem«, von »Aufwand« und »Ertrag«. Manchmal mußten ältere Texte wieder überarbeitet werden, weil die Praxis sie bereits überholt hatte.

Die Rolle der Schulleitung bei der »internen Evaluation«

Die vier Mitglieder der Schulleitung sind über die Teams der Helene-Lange-Schule (aber nicht »flächendeckend«!) verteilt. Das macht es möglich, daß in Schulleitungssitzungen auch Informationen aus den Teams von der Schulleitung sehr direkt bedacht werden können und, wenn erforderlich, darauf auch reagiert werden kann. Die Teamsprecher treffen sich bei Bedarf mit der Schulleiterin und besprechen dann Probleme und Entwicklungen in den Teams. Dabei können Fragen, bei denen es vor allem um die Schüler geht, ebenso ein Thema sein wie Fragen, die vor allem die Lehrer betreffen, oder auch ganz »sachliche« Organisationsprobleme. Die Schulleitung insgesamt bemüht sich darum, unter sich, aber auch im Umgang mit Lehrern, Schülern, Eltern u. a., erst einmal hinzuhören, selbst etwas zu lernen, wenn irgend möglich zu unterstützen. Auch die Mitglieder der Schulleitung möchten, bei aller unterschiedlichen Verteilung der Rollen und Aufgaben, gern ein lernendes »Team« sein. Sie treffen sich »informell« mehrmals täglich, verabredet mindestens einmal wöchentlich. In größeren Abständen gibt es auch das Bedürfnis und die Notwendigkeit, mal »mit viel Zeit« unter sich zu sein, also sich zu einer Art ganztägiger »Bilanz und Perspektive« zurückzuziehen.

Aus diesen ständigen, aber auch besonderen Klärungsprozessen der Schulleitung ergibt sich dann immer wieder auch die Notwendigkeit der »Rückmeldung« an Teams, an einzelne Schüler oder Lehrer, an Außenstehende. Auch dies ist eine Form der ständigen »internen Evaluation«.

»Qualitätsprüfung« von außen (sog. externe Evaluation)
Von »außen« wird die Helene-Lange-Schule ständig und sehr intensiv »evaluiert«:

Wissenschaftlicher Berater
Im Jahre 1992 hat die Helene-Lange-Schule einen der wissenschaftlichen Mitarbeiter des Hessischen Instituts für Bildungsplanung und Schulentwicklung (HIBS) als ihren ständigen kritischen Außenbeobachter und Berater gewonnen. Er ist kontinuierlich anwesend in der Planungsgruppe und bei Pädagogischen Tagen, er ist so oft wie möglich anwesend bei Veranstaltungen der Schule. Er hat auch selbst (»um die Alltagswirklichkeit nicht nur zu beobachten, sondern sie auch selbst zu ›erleiden‹«) einen Epochenkurs regelmäßig unterrichtet (und würde das gern sehr viel häufiger und/oder regelmäßiger tun, damit er nichts »Abgehobenes« wahrnimmt oder zu bedenken gibt). Seine Hauptaufgabe ist es, der Schule ihre eigene Praxis zu spiegeln und aufgrund seiner Übersicht dessen, was an anderen Schulen geschieht und wie etwas vielleicht »besser« gemacht werden könnte, Vorschläge zur Diskussion zu stellen. Er gibt auch Ratschläge, welche sonstigen wissenschaftlichen Untersuchungen die Entwicklungen der Helene-Lange-Schule fördern könnten.

Besucher, Hospitationsgruppen und dergleichen
Jede Woche wird die Helene-Lange-Schule von mindestens einer Besucher- oder Hospitationsgruppe (Lehrer, Lehrerinnen, Eltern, Politiker etc.) besucht. Neben einer Information über das Gesamtkonzept der Schule sind solche Hospitationsgruppen vor allen Dingen am Unterricht interessiert und fast alle geben (weil das vorher »vereinbart« wird) hinterher eine schriftliche Rückmeldung über ihre Eindrücke. Zwischen Besuchergruppen und Lehrergruppen finden immer wieder Diskussionen statt, in denen es vor allem um das geht, was die Besucher von der »Praxis« der Helene-Lange-Schule gesehen und »erlebt« haben.

Eltern

Die Elternschaft der Helene-Lange-Schule ist einerseits vermutlich »über-durchschnittlich« engagiert, nicht nur »an sich«, sondern auch weil die Schule das mit erheblichem Einsatz ständig »fördert«: Einladung und aktive Beteiligung bei verschiedensten »Anlässen« (auch im »Alltag«, bei dieser oder jener kleinen »Projektpräsentation« und ähnlichem), Bitte um Mitarbeit und »Einbindung« bei unterschiedlichsten »Projekten«, vor allem in den unteren Jahrgängen sehr häufige Elternversammlungen, Eltern-»Stamm-tische« und dergleichen). Andererseits sind die Eltern aufgrund ihrer Zusammensetzung und ihrer bewußten Entscheidung für gerade diese Schule eher kritisch, so daß sie kontinuierlich über alles informiert werden müssen, was an der Helene-Lange-Schule eben »so ist«. Das führt mit jedem neuen 5. Jahrgang erneut, aber auch danach fast kontinuierlich zu Anlässen, miteinander zu reden (und oft auch: sehr unterschiedliche Einschätzungen des gleichen Tatbestandes festzustellen), vor allem aber, voneinander zu ler-nen. Für die Helene-Lange-Schule sind jedenfalls die Eltern wichtige Helfer bei der »externen Evaluation«.

Zahlreiche Eltern außerhalb der Schule, die ihre Kinder an diese Schule bringen wollen, besuchen die Schule und informieren sich über das pädago-gische Konzept. Auch deren Vermutungen, Erwartungen, Hoffnungen und Ansinnen sind für die Helene-Lange-Schule ein wichtiger Anlaß, über ihre eigenen Ziele, Absichten und Möglichkeiten immer wieder kritisch nachzu-denken.

Wegen der hohen Nachfrage für mögliche Aufnahmen in die 5. Klasse der Helene-Lange-Schule (später gibt es kaum noch »Chancen«, weil fast kein Schüler/keine Schülerin die Helene-Lange-Schule vor Ende der 10. Klasse verläßt) ist in der Stadt Wiesbaden so etwas wie ein Wettbewerb unter den Schulen der Stadt entstanden. Auch das hat vermutlich dazu geführt, daß zu unserer Freude in einigen anderen integrierten Gesamtschulen Wiesbadens Lösungen erarbeitet worden sind, die Teilen unseres pädagogischen Kon-zeptes entsprechen. Wir meinen, daß auch dies als ein Aspekt »externer Evaluation« verstanden werden kann.

Die Absolventen der Helene-Lange-Schule

Eine der wichtigen Überprüfungen (vermutlich für viele Eltern: die wichtig-ste) dessen, was Schüler während ihrer Zeit in der Helene-Lange-Schule tatsächlich lernen oder nicht lernen, findet beim Übergang in andere Systeme statt (Gymnasiale Oberstufe, Fachoberschule, Berufs-, Berufsfachschule, Ausbildungsverhältnisse in Betrieben). Ehemalige Schüler und Schülerinnen berichten uns gern (und nach unserem Eindruck: unge-wöhnlich häufig) von Erfolgen an ihren weiterführenden Ausbildungs-stätten.

Natürlich gibt es auch solche, die anschließend »scheitern«, natürlich auch solche, die uns dann vorwerfen, wir hätten sie nicht »richtig« vorbereitet. Auch darüber wird immer wieder, auch anhand von Einzelfällen, sehr ernsthaft nachgedacht. Unser Eindruck ist: Auch mit dem Anteil derer, die anschließend »scheitern«, liegen wir unter dem »Durchschnitt« (einschließlich der »grundständigen Gymnasien«). Aber: jeder, der anschließend »scheitert«, ist einer zuviel!. Deshalb nehmen wir auch diese Vorwürfe sehr ernst!

Um uns nicht nur auf diese eher unsystematischen Rückmeldungen, die uns insgesamt eher beruhigen und stolz machen, allein zu verlassen, gibt es seit einiger Zeit in Zusammenarbeit mit der Universität Jena eine »Absolventenstudie«, in der die Schüler und Schülerinnen der Abgangsklasse (Klasse 10) gründlich befragt werden – und nach drei Jahren die ehemaligen Schüler und Schülerinnen, die nun entweder die gymnasiale Oberstufe oder eine Berufsausbildung beendet haben. Besonders eindeutig sind nach den bisherigen Ergebnissen die Befunde bei den Schülerinnen und Schülern, die anschließend eine gymnasiale Oberstufe besucht haben: sie fühlen sich im Allgemeinen nicht nur »gut vorbereitet« sondern eher »überqualifiziert«: das selbständige Arbeiten, das Arbeiten außerhalb der Schule, das Rat-Suchen bei externen Experten sei – leider – in ihrer neuen Schule sehr viel eingeschränkter als an der Helene-Lange-Schule. Auch Zusammenarbeit unter Schülern/Schülerinnen gebe es – leider – deutlich weniger. Bei den Fragen, mit denen ermittelt wird, als wie gut vorbereitet sich die Schülerinnen und Schüler in »fachlicher« Hinsicht sehen, gibt es auch Rückmeldungen, daß ihnen anfangs, je nach Lehrer oder eigenen Interessenschwerpunkten in den Klassen 9 und 10 unterschiedlich, der eine oder andere Stoff »gefehlt« habe. Aber die meisten Schülerinnen und Schüler sind in dieser Hinsicht selbstbewußt und fühlen sich »methodisch« gut darauf vorbereitet, sich »Fehlendes« selbst anzueignen.

ER

Neugierige Besucher – einzeln und in Gruppen

Von unseren Gästen und Besuchern erwarten wir am Ende ihres Besuches ein paar Notizen über ihre Eindrücke und bitten auch um Anregungen. Besonders auffällig muß wohl die »Atmosphäre«, das »Klima« der Helene-Lange-Schule sein. Jedenfalls beziehen sich darauf und auf das Verhältnis von Schülern und Lehrern besonders viele Äußerungen. Besucher waren »beeindruckt von der Ruhe, von dem Aufeinander-Zugehen der Schüler, dem gegenseitigen Respekt, der Freundlichkeit der Schülerinnen und Schüler, der Lehrerinnen und Lehrer«. Aufgefallen ist »das Interesse und die Ernsthaftigkeit, mit der Schüler arbeiten« und »die angenehme, freundliche Atmosphäre zwischen Schülern und Schülerinnen und Lehrern«. »Die »Kinder ... helfen sich gegenseitig«. Auch die »Gestaltung der Klassenräume und der Schule« vermittele den Schülern »ein Gefühl von Geborgenheit und Zusammenhalt«.

Kritische Äußerungen gibt es immer wieder zu der Frage, ob nicht unser Modell und Konzept nur durch besonders günstige Randbedingungen, wie Zusammensetzung der Schülerschaft, schulpolitische Rahmenbedingungen, finanzielle Ausstattung etc. möglich werde. Doch wird meist anerkannt, daß wir uns die meisten dieser Rahmenbedingungen ja vor allem durch jahrelange eigene Vorleistungen erst erarbeitet haben und ständig weiter »verdienen« müssen, zum Beispiel durch Zusammenarbeit mit anderen Schulen, aber eben auch durch Offenheit für dieses »Übermaß« an Hospitationen und Führungen.

Daß wir so viel Besuch bekommen, daß so viele Menschen neugierig auf uns sind, freut uns natürlich und macht uns auch ein wenig stolz. Auf der anderen Seite ist es jedoch eine nicht geringe Belastung. Der Alltag wird immer wieder unterbrochen. Sehr ähnliche Fragen müssen wieder und wieder beantwortet werden. Manchmal kommen sich unsere Schülerinnen und Schüler (und vielleicht auch wir Lehrerinnen und Lehrer) vermutlich vor wie die Tiere im Zoo.

Auch wenn man nur nachmittags durch die Schule geführt wird, kann man in der Helene-Lange-Schule viel sehen, obschon wir offiziell ja eine Halbtagsschule sind. In den Klassenräumen ist auch ohne Schüler allerlei von dem zu entdecken, womit sich eine Klasse gerade beschäftigt oder in den letzten Wochen beschäftigt hat, in den Schülertreffs ist nicht selten etwas los, wird für irgendeine Vorstellung geprobt oder eine Präsentation von Arbeitsergebnissen eines Projektes vorbereitet, vielleicht wird in der einen oder andern Werkstatt oder in der Küche noch gearbeitet. Überall sieht man an den Wänden Schülerarbeiten oder Dokumentationen. Meist gibt es auch irgendwelche Ausstellungen.

Aber insbesondere Lehrerinnen und Lehrer möchten gern auch am Vormittag für eine Weile als Zuhörer im Unterricht sitzen, »hospitieren«, wie der Fachausdruck dafür lautet. Das ist verständlich, aber es geht einfach nicht jeden Tag und überall. Irgendwann müssen die Klassen oder anderen Lerngruppen auch mal eine längere Zeit »ungestört« arbeiten und unter sich sein können.

In den vergangenen Jahren hatten wir dennoch fast jede Woche eine Gruppe zu Hospitationen in der Schule, dazu kamen viele zusätzliche Führungen von einzelnen oder Gruppen. Allein in den vergangenen zwei Jahren waren das 329 Kolleginnen und Kollegen und 40 Gästegruppen, die wir neben unserer normalen Unterrichtsarbeit und Schultätigkeit in der Schule hatten und »versorgen« mußten.

In Zusammenarbeit mit dem Lehrer, dessen Zusatzaufgabe es ist, die Hospitationen und Führungen zu organisieren und vorzubereiten, entscheiden die Teams, wo in ihrem Jahrgang in dieser Woche sinnvoll hospitiert werden könnte. So soll sichergestellt werden, daß die besondere Situation der Klasse und des Lehrers/der Lehrerin berücksichtigt werden, der/die sich bereit erklären, eine kleine Gruppe oder einzelne Besucher in ihrem Unterricht »hospitieren« zu lassen.

Den Ablauf eines Hospitationsbesuchs gestalten wir in der Regel so: Besucher, die eine weite Anreise haben, bitten wir, am Spätnachmittag des Vortages anzureisen und selbst für eine Unterkunft in Wiesbaden zu sorgen. Sie werden begrüßt und bewirtet durch unser »Festes Vorhaben ›Gastlichkeit‹«. Das ist eine Gruppe von Schülern und Schülerinnen (derzeit leider nur Schülerinnen), die, angeleitet und unterstützt durch eine Lehrerin, genau das tun, was ihr Name sagt: den äußeren Rahmen für einen gastlichen Empfang zu planen und vorzubereiten. Meist haben sie ein Essen (mit mehreren Gängen!) gekocht, das sie nun in einem schön geschmückten Raum an sorgfältig gedeckten Tischen servieren. Wegen dieses »Aufwandes« sollten solche Gruppen nicht zu klein sein. Wir gehen von einer Mindestgröße von etwa zehn Personen aus. Manchmal legen wir mehrere kleine Gruppen zusammen, was dann durchaus zu weiteren, interessanten Begegnungen und Gesprächen am Rande führen kann.

Nach diesem Abendessen findet fast immer eine Führung durch die Schule statt, bei der vor allem die räumliche Gliederung der Helene-Lange-Schule sichtbar wird und die wichtigsten organisatorischen Besonderheiten erklärt werden. Anschließend folgt eine Einführung in das pädagogische Konzept und die Besonderheiten des Lernens an der Helene-Lange-Schule. Die von uns entwickelte Form des Jahresarbeitsplans mit seinen Projekten, unsere Form der Wochenplanarbeit und der Teamarbeit werden dargestellt und diskutiert.

Am nächsten Morgen finden dann die dreistündigen Hospitationen, möglichst in verschiedenen Jahrgangsstufen, statt, bei denen die verschiedenen Arbeitsformen deutlich werden sollen. Zugleich soll auch ein Eindruck möglich sein von der Gesamtatmosphäre der Schule. Bei der Abschlußbesprechung teilen die Besucher uns ihre Beobachtungen mit, offen gebliebene Fragen werden diskutiert, besondere Gesichtspunkte vielleicht noch ein wenig vertieft.

Für Gäste mit kürzerem Anfahrtswegen findet die Einführung morgens statt, es folgt eine zweistündige Hospitation und ebenfalls eine Nachbesprechung.

Da wir immer wieder nach »Material« gefragt werden, haben wir das, was besonders oft erbeten wird, vervielfältigt und händigen es den Gästen aus. Doch sind da die Grenzen des Möglichen schnell erreicht. Insbesondere manche Lehrerinnen und Lehrer würden wohl am liebsten die gesamten Projektbeschreibungen der letzten Jahre samt allen dazu gesammelten Materialien mitnehmen.

Als Ausgleich für die Kosten der gastlichen Betreuung, für die Unterlagen und Materialien (und »symbolisch« auch für die Mehrarbeit der Kolleginnen und Kollegen bei solchen Besuchen) verständigen wir uns vorher mit den Besuchern, insbesondere mit Besuchergruppen, über einen finanziellen Beitrag. Was davon nach Abzug der tatsächlichen Unkosten übrig bleibt, verwenden wir unter anderem zum Aufbau der Lehrerlernwerkstatt.

Neugierige Besucher, die »nur« eine Führung wollen, sammeln wir und laden sie meist in Gruppen von etwa 8–10 Personen für 13.30 Uhr ein, so daß zum Beispiel die Schüler noch anwesend sein können, die an diesem Tag die Schule putzen. Bei solchen Führungen wird ausgehend von den Räumen zugleich das pädagogische Konzept, die Unterrichtsorganisation und die Teamarbeit unserer Schule erklärt.

Am Ende der Hospitationen ebenso wie der Führungen geht es, teilweise noch im Dialog mit uns, oft aber auch schon im Gespräch der Gruppen untereinander, besonders häufig um die Frage: »Wie können wir das (was wir gesehen und – vielleicht mit einigen Vorbehalten – überzeugend gefunden haben) auf unsere Schule übertragen?«

Besonders häufig werden als Hinderungsgründe oder Schwierigkeiten genannt: zu geringe Spielräume und eine kleinliche Schulaufsicht, zu engmaschige Lehrpläne, zentrale Prüfungen (Bayern, Baden-Württemberg, Sachsen etc.), aber auch die Tatsache, daß man sich als reformfreudige Gruppe an der eigenen Schule in der Minderheit zu befinden glaubt. Im Gespräch wird schnell klar, daß das Konzept der HLS nicht etwa insgesamt einfach zu übertragen sei, aber daß doch viele Elemente, an die eigene Situation angepaßt, den Schulalltag positiv und entlastend verändern könnten.

In nicht wenigen Fällen berichten unsere Besucher anschließend davon, daß schon bei der Anfahrt, erst recht jedoch bei der Rückfahrt angeregte Diskussionen, kleine, aber intensive »pädagogische Konferenzen« stattfanden, deren Ideen oft unmittelbare Auswirkungen auf die eigene Schule hatten.

Meist werden Besuche in der Helene-Lange-Schule gewünscht, weil man von anderen etwas über sie gehört hat oder weil man durch Artikel in pädagogischen Zeitschriften, durch Vorträge auf Tagungen oder durch Berichte verschiedener Medien dazu angeregt worden ist. Besonders die Berichte im Fernsehen haben zu so vielen Anfragen geführt, daß wir sie einfach nicht mehr bewältigen konnten.

Besuchergruppen kamen aus allen Schulformen, insbesondere aus Gymnasien, Haupt- und Realschulen, manchmal auch aus Grundschulen, aus staatlichen wie privaten Schulen.

Mit ähnlich strukturierten Gesamtschulen, sowie mit unseren Partner-Versuchsschulen in Kassel-Waldau und Neukirchen gibt es einen regelmäßigen Kontakt; von ihnen sind auch immer wieder einmal kleinere Gruppen von Lehrerinnen und Lehrern bei uns, um Erfahrungen auszutauschen.

Eine sorgfältig geplante Zusammenarbeit gibt es seit mehr als einem Jahr mit einem Wiesbadener Studienseminar, dessen Fachleiter und zum Teil auch Referendare wir in unsere Schulpraxis einführen.

Häufiger als früher melden sich mittlerweile Gruppen aus Lehrerverbänden (insbesondere aus der GEW) zu Führungen an.

Die meisten unserer Besuchergruppen kommen aus Hessen, eine besondere, langjährige und gute Zusammenarbeit gibt es mit einigen Gesamtschulen und Gymnasien aus Hamburg und dem dortigen Institut für Lehrerfortbildung.

Trotz der gerade von dortigen Lehrerinnen und Lehrern immer wieder geäußerten Klagen über zu geringe Handlungsspielräume durch eine allen Besonderheiten mißtrauisch gegenüberstehende Schulaufsicht und durch die zentralen Prüfungen erreichen uns auffallend viele Besucherwünsche aus Baden-Württemberg und zunehmend auch aus den neuen Bundesländern (Thüringen und Sachsen). Mehrmals wurden schon Gäste aus Österreich und der Schweiz begrüßt, vor einiger Zeit war eine Gruppe von Lehrerinnen aus Schweden da. Besucher aus Rheinland-Pfalz können wir seit einiger Zeit auf dortige Gesamtschulen verweisen, die ähnliche Arbeitsweisen und Organisationsstrukturen wie die Helene-Lange-Schule haben. Aus so fernen Ländern wie Peru und Nicaragua kommen (leider) keine Lehrergruppen, aber immerhin Beamte der zentralen Bildungsverwaltung und der Schulaufsicht.

Auch wenn wir sie einfach nicht alle erfüllen können, betrachten wir die Vielzahl der Besuchs- und Hospitationswünsche vor allem als Zeichen dafür, daß viele Lehrer und Lehrerinnen sehr neugierig auf Anregungen sind, weil sie mit ihrer Unterrichtspraxis und ihrem Schulalltag nicht zufrieden sind, etwas verändern möchten. Wir dagegen werden durch die Fragen und Beobachtungen unserer Gäste angeregt, immer wieder über unseren Alltag nachzudenken, Ansätzen von »Betriebsblindheit« zu begegnen und auch Erfahrungen und Anregungen von Kolleginnen und Kollegen aus anderen Schulen in unsere Diskussionen einzubeziehen.

AM

Öffentlichkeitsarbeit

Oder: Der Zusammenhang von innerer und äußerer Öffentlichkeit

Gerade unter Lehrerinnen und Lehrern begegnet man oft der Vorstellung, bei Öffentlichkeitsarbeit handle es sich um Reklame, oder auch der Vorstellung, Öffentlichkeitsarbeit für Schulen sei unnötig oder sogar »unanständig«.

Eine noch so geschickte Reklame wird langfristig nicht das Vertrauen von Eltern in die Schule ihrer Kinder sichern, wenn der Alltag der Schule diese Reklame ständig Lügen straft. Andererseits leben wir in einer Zeit, in der eine gute Praxis sich nicht einfach »von selbst« herumspricht, sondern in der alle erwarten, auch »in den Medien« über sie »informiert« zu werden. Gute pädagogische Arbeit und gute Öffentlichkeitsarbeit können durchaus eine enge, sich gegenseitig ergänzende und verstärkende Verbindung eingehen. Dafür ist allerdings einiges zu beachten:

1. Voraussetzung jeder überzeugenden Öffentlichkeitsarbeit ist eine gute Schule, die mehr ist als eine Belehrungsanstalt zur Anhäufung von Examenswissen. Sie muß ein Ort sein, mit dem Lehrer und Schüler sich identifizieren, von dem sie sagen: Dies ist mein Ort! Hier bin ich gern. Hier muß ich nicht nur sein, sondern hier will ich sein.

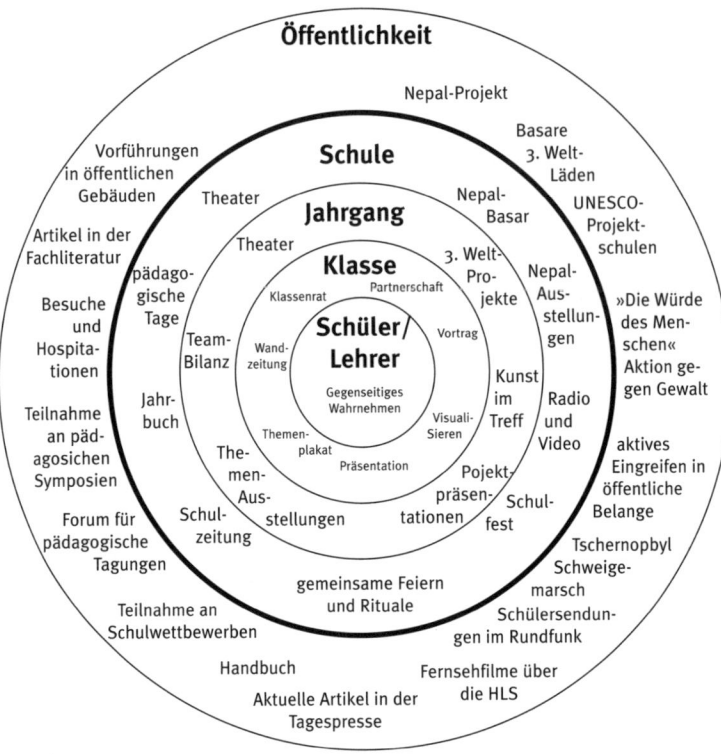

2. Die Voraussetzung für eine Öffentlichkeitsarbeit nach außen ist eine mit großer Selbstverständlichkeit praktizierte, intensive »Öffentlichkeitsarbeit« nach innen. Nur eine lebendige und »öffentliche« Kultur innerhalb der Schule kann auch wirkungsvoll nach außen strahlen.

3. Dazu gehört als ein besonders wichtiges Element, den Schülern ständig die Möglichkeit und Anlässe zu geben, vor einer kleineren oder größeren Öffentlichkeit innerhalb oder außerhalb der Schule ihre Stärken zu veröffentlichen und dafür Anerkennung und vielleicht sogar Beifall zu finden. Die Veröffentlichung von Schülerarbeiten, von solchen, die von einzelnen geleistet worden sind, aber insbesondere von Gruppenarbeiten in Form von ständigen Ausstellungen, von Aufführungen, Wandzeitungen usw. sind zugleich ein Zeichen des Respekts und der Hochachtung vor der Arbeit und Leistung von Kindern und Jugendlichen. Kein Mensch kann es auf die Dauer ertragen, wenn seine Arbeit völlig spurlos bleibt, nie an sich wichtig und für andere interessant ist, sondern und immer nur der Leistungsbewertung dient. Dieser typischen Situation »entfremdeter« Arbeit muß mit einer »Wiederaneignung des Entfremdeten« begegnet werden. Solche Wiederaneignung erfolgt unter anderem, indem Schülerinnen und Schüler erfahren, daß die Ergebnisse ihrer Arbeit für andere interessant, im besten Fall sogar wichtig sind, daß sie Zustimmung oder gar Beifall finden. Dadurch wird zugleich Stolz und Selbstvertrauen entwickelt. Für Lehrer gilt vermutlich Vergleichbares.

»Bei vielen Schülern gab es eine Klage - ich kann das nicht nur für Daniel sagen, sondern auch für andere: »Diese Präsentationssucht geht uns furchtbar auf die Nerven!«. Also, diese Projekte sind sicherlich gut und in Ordnung, aber die Zeit, die darauf verwandt wird, damit alles dann wirklich auch formschön und ästhetisch und ich weiß nicht wie präsentiert wird, ist nicht nur mir und den Kindern, sondern auch vielen anderen Eltern, mit denen ich gesprochen habe, auf die Nerven gegangen. Und ich denke, das ging teilweise zu Lasten einer, ich sage einmal: Wissensvermittlung. Das höre ich jetzt wieder von Eltern, die sagen: Die haben in der 11. Klasse wirklich große Lücken. Ich denke, daß intelligente Kinder das ausgleichen können, aber auch die müssen ackern. Und da ist für mich die Frage, ob es so stimmig ist und ob das so sein muß. Das ist auch heute noch meine Kritik, daß doch sehr viel Wert darauf gelegt wird, alles nach außen doch sehr schön und heil und gut zu präsentieren.«

Frau D., ein Sohn und eine Tochter waren auf der HLS,
ein weiterer Sohn ist noch dort

»Das zum Beispiel wird einem erst später bewußt – also mir jetzt an einer anderen Schule –, daß dieses alles sein muß, also diese Öffentlichkeitsarbeit, weil sonst die Schule das sonst überhaupt nicht so umsetzen kann. Weil sie sonst zum Beispiel keine Gelder bekommt. Früher haben wir hier in der Klasse immer diskutiert: »Wozu brauchen wir das alles? Das ist doch wirklich total überzogen, immer diese Presseberichte und so!« Später wird einem bewußt, daß es doch notwendig war, weil das sonst alles überhaupt nicht laufen könnte.«

Armin B., ehemaliger Schüler, 6 Jahre auf der HLS

4. Das Wort ergreifen, öffentlich die eigene Sache vorstellen und für sie streiten, gehört zu den Bürgerfähigkeiten, auf denen unsere Demokratie letztlich beruht. Damit Kinder das lernen, und damit sie die Überzeugung gewinnen, daß unser Gemeinwesen auch ihr Gemeinwesen ist und von ihnen mitgestaltet werden kann, müssen sie genau das täglich in der Schule üben. Dies vor allem gibt der öffentlichen Schule ihre Daseinsberechtigung. Wenn Kinder und Jugendliche das lernen, dann werden sie auch fähig, »ihre« Schule überzeugend »nach außen« zu vertreten. Das ist wirkungsvoller als jeder Hochglanzprospekt.

5. Öffentlichkeitsarbeit nach außen muß interessant sein und die Neugierde der Leser, Zuschauer oder Zuhörer wecken. Dabei ist es wichtig, daß zum Beispiel Berichte einerseits an die Erinnerungen der Leser, Zuschauer und Zuhörer anknüpfen, andererseits deren Träume und Sehnsüchte wachrufen: »Ja, so hätte ich auch gern lernen mögen.«

6. Gute Öffentlichkeitsarbeit ist nichts, was so nebenbei erledigt werden könnte. Sie ist langfristig, erfordert Phantasie und Zeit, oft harte, zeitfressende Arbeit und ein Konzept, welche »Botschaft« denn eigentlich vor allem vermittelt werden soll. Das wird nur eine pädagogische Botschaft sein können – und es muß eine gute Botschaft sein. Weder immer neue Katastrophenszenarios noch ständige Forderungen oder Klagen vermögen

»Ich mache ja gerade, bevor ich anfange zu studieren, eine Ausbildung zur Werbekauffrau, wo man auch frei reden muß, weil man ja auch irgendwo mal etwas präsentieren soll. Da gibt es unheimlich viele Mitschüler, die damit ein Problem haben und hochrot werden und anfangen zu stottern, wenn sie da – sogar vor der kleinen Klasse mit der sie zwei Mal pro Woche zusammen sind – was erzählen sollen. [..] also, das freie Vortragen von Referaten und von anderen Dingen, das ist auf jeden Fall die positivste Sache überhaupt.«

Petra W., ehemalige Schülerin, 6 Jahre auf der HLS

»Von Reportern ausgefragt werden? Irgendwann war das Normalität. Beim ersten Mal war ich natürlich aufgeregt. Aber bei mir hat sicher auch das Theater geholfen. Wenn man dann dreizehn-, vierzehnmal ein Stück gespielt hat, immer vor neuen Zuschauern - irgendwann war das normal, öffentlich aufzutreten.«

Armin B., ehemaliger Schüler, 6 Jahre auf der HLS

»Wissen Sie, in meinem Beruf, in der Wirtschaft, habe ich gelernt: Auftreten in der Öffentlichkeit ist natürlich nicht alles. Aber es hilft, es hilft sehr! Und das lernen viele tatsächlich hier! Weil sie von Anfang an vor der Klasse ihre Meinung darstellen müssen. Wo dann auch kritisiert wird auf eine sehr sachliche Art. Wo man die Leute zur Ordnung oder zur Solidarität ruft, ohne sie fertig zu machen. Das ist ja etwas, was viele von uns Wirtschaftsleuten später mühsam in entsprechenden Zirkeln unter dem Stichwort »Gruppendynamik« nachholen müssen.

Herr W., ein Sohn und eine Tochter waren auf der HLS

auf die Dauer Sympathie zu erwerben, die dann auch verläßliche Unterstützung sichert.

Die einschneidenden Veränderungen in den Bereichen des Unterrichts, des Schullebens, der Räume und des Lehrereinsatzes hatten und haben Auswirkungen auf die Formen innerer und äußerer Öffentlichkeit an der Helene-Lange-Schule, für die sich Öffentlichkeitsarbeit als Aufgabe nie gestellt hatte, so lange sie noch ein Gymnasium war. Nach der Umwandlung und mit dem neuen Konzept war es anfangs geradezu eine Überlebensfrage für die Schule, in Wiesbaden Eltern zu finden, die gerade diese Form des Unterrichts und der Erziehung für ihr Kind wünschten. Die Schule stand – bei zurückgehenden Schülerzahlen – in scharfer Konkurrenz zu sechs Gymnasien und vier Gesamtschulen. Es galt also, die »neue« Schule möglichst konkret einer breiten Öffentlichkeit, vor allem aber zukünftigen Eltern vorzustellen.

Regelmäßige Berichte in der Lokalpresse über den Anfang, später über erste Bilanzierungen der Arbeit waren sicher wichtig. Viel nachhaltiger und geradezu ansteckend aber wirkten Informationsveranstaltungen, auf denen Schulleitung und Kollegium mit Selbstbewußtsein und Überzeugungskraft die pädagogische Arbeit ausführlich darstellten. In den folgenden Jahren führte dann bald die hohe Zufriedenheit der Schüler und ihrer Eltern, die

von ihren Erfahrungen in der neuen Schule berichteten, dazu, daß die jährlichen Aufnahmewünsche doppelt so hoch waren wie die vorhandenen
Plätze.

Neben der lokalen und überregionalen Presse zeigte auch das Fernsehen
Interesse an einer Berichterstattung über diese Schule. Das hatte anfangs vor
allem damit zu tun, daß es in den Augen der Medien außergewöhnlich, ja,
fast sensationell schien, daß ein Gymnasium sich freiwillig in eine
Gesamtschule umgewandelt hatte und nun nicht den gymnasialen
Traditionen folgte, sondern radikal neue Wege einschlug. Diese »Sensation«
wurde von uns für unsere anfängliche Öffentlichkeitsarbeit durchaus
genutzt. Wir wußten aber immer, daß dieser Anfangssensation die Einlösung
im normalen pädagogischen Alltag folgen mußte. Und nur aufgrund dieser
Alltagsarbeit ist dann auch der hohe Zulauf zur Helene-Lange-Schule über
die letzten zehn Jahre konstant geblieben.

Was heißt »intensive ›Öffentlichkeitsarbeit‹ nach innen«?

Um ein wenig anschaulicher zu machen, was mit »innerer Öffentlichkeit« in
unserer Schule auch gemeint ist, folgt eine – unvollständige – Aufzählung
dessen, was ein Besucher (im Frühjahr 1996) ganz einfach sehen kann, wenn
er durch die Schule wandert:

Fast alle verfügbaren Wände in Treppenhäusern, Fluren, Schülertreffs
und Klassenzimmern werden als Ausstellungswände für Schülerarbeiten
genutzt:

- Im großen Treppenhaus hängen ca. 20 große Wechselrahmen mit Fotos
  von unserem Entwicklungshilfeprojekt in Nepal. In regelmäßigen
  Abständen werden die Fotos von der UNESCO-Gruppe der Schule durch
  aktuellere ersetzt und mit neuen Schrifttafeln versehen.
- Im 1. Stock – im Bereich des Jahrgangs 8 – befindet sich auf beweglichen
  Stellwänden eine Ausstellung zu einem Religionsprojekt »Tätige
  Nächstenliebe«, ein aufgeschlagenes Buch fordert die Besucher auf, ihre
  Meinung zu der Ausstellung hineinzuschreiben. Den Stellwänden gegen-
  über liegen auf Tischen, die mit schwarzem Tuch verhüllt sind, die selbst
  hergestellten, mit marmoriertem Papier bezogenen Mappen der Schüler.
  Darin befinden sich ihre Berichte aus dem Betriebspraktikum.
- Im Jahrgang 7 hängen große Wandtafeln mit von Schülern höchst
  anschaulich gestalteten Informationen zum Thema »Ernährung«. Vor dem
  Klassenraum der 7c baumeln die Marionetten aus dem kürzlich beendeten
  Balladenprojekt von der Decke, an der Wand gegenüber hängen
  Wandzeitungen und Bildtafeln aus dem Englischunterricht zum Thema
  »London«.
- Im Jahrgangsbereich der Klassen 6 befindet sich eine Ausstellung mit von
  den Schülern hergestellten Werkzeugen, Nachbildungen von Höhlen-
  malereien und Behausungen aus der Steinzeit. Aus dem Mathematikunterricht informieren Fotos auf mehreren Schautafeln über das Falten
  von geometrischen Körpern. Auf zwei Wandtafeln hat die Klasse 6d

anhand von Fotos, Graphiken und eigenen Texten ihre Versuche zum Blutkreislauf für Außenstehende dargestellt.

- Im Jahrgang 10 gibt es eine Ausstellung zum Thema Nationalsozialismus in Wiesbaden, im Jahrgang 9 kann sich der Besucher über ein im Sommer geplantes Reiseprojekt und anhand von großformatigen Fotos und Requisiten über ein gerade erfolgreich beendetes Theaterprojekt der Klasse 9b informieren.
- Im Jahrgang 5 sind die schönsten Freien Texte der Kinder in phantasievollen Umrahmungen, mit Illustrationen versehen und in großer zum Text passender Schrift, ausgehängt.

Über viele Wände der Schule laufen Leisten, an denen gerahmte und dunkel lackierte Weichfasertafeln befestigt sind, die in den Werkstätten von älteren Schülern hergestellt wurden, um die Präsentation der Schülerarbeiten zu erleichtern und ihnen einen ästhetisch ansprechenden Rahmen zu geben.

So kann der Besucher vom Erdgeschoß bis zum 4. Obergeschoß wie in einem aufgeschlagenen Bilderbuch »lesen«, und er wird am Ende seines Rundgangs wissen, womit sich die Schüler beschäftigen oder was sie gerade – entweder im Fachunterricht oder im Projektunterricht – beendet haben. Manchmal führen jüngere Schüler die Besucher zu »ihren« Werken und freuen sich über die Anerkennung der Fremden. Sie wissen aber auch, was es in anderen Jahrgängen zu sehen gibt und empfehlen besonders gelungene Beispiele von älteren und jüngeren Mitschülern. Diese vielfältigen »Ausstellungen« sind nur eine von den verschiedenen Formen der Veröffentlichung innerhalb der Schule.

Eine weitere Form findet sich in den Klassen: In den Klassenräumen der unteren Jahrgänge hängen Wandzeitungen, die über den Stand eines Projekts informieren, auf einer wöchentlich neu zu beschriftenden Tafel werden die Themen für den »Klassenrat« am Freitag gesammelt, in dem dann die Bilanz der Woche gezogen werden wird. Neben dem großen Geburtstagskalender hängt eine Übersicht aller in der Klasse üblichen Ämter.

Einmal in der Woche lesen sich die Schüler der unteren Jahrgänge ihre Freien Texte vor oder halten Freie Vorträge zu einem selbst gewählten Thema. Dabei stehen sie an Rednerpulten, die in der Holzwerkstatt für alle Jahrgänge hergestellt wurden, während die übrige Klasse im Kreis sitzt und am Ende eines Vortrags applaudiert. Zu zahlreichen Themen im Fachunterricht werden kleine Theaterstücke erdacht und auf der Bühne im Schülertreff aufgeführt. Einmal im Halbjahr findet für Eltern und Mitschüler in jeder Klasse eine große Projektpräsentation statt in Form von Vorführungen, Ausstellungen von gebundenen Büchern oder Mappen oder Referaten, die mit Hilfe von selbst hergestellten Dias oder Folien möglichst frei vorgetragen werden.

Von der 5. Klasse an lernen die Schülerinnen und Schüler, sich immer selbstverständlicher öffentlich zu artikulieren und den Darbietungen der Mitschülerinnen und Mitschüler geduldig, mit Respekt, aber auch kritisch zuzuhören und freundlich Beifall zu spenden.

Neben der Klasse ist der Jahrgang der zweite öffentliche Raum, in dem sich Schüler mit ihren Werken vor einem größeren Publikum zeigen:

Im Jahrgangsbereich – den Fluren und dem Schülertreff – werden Projektergebnisse ausgestellt. Durchaus mit einer gewissen Feierlichkeit werden in Gegenwart aller 100 Schüler und des Lehrerteams die Ausstellungen eröffnet. Dabei halten Schüler häufig kleine Reden, erläutern die Beiträge aus ihrer Klasse, und manchmal gibt es dann auch etwas Gutes zu essen und zu trinken. Zu solchen Präsentationen werden auch fast immer die Eltern, gelegentlich auch weitere Verwandte und Freunde eingeladen.

Es gehört mittlerweile zu den festen Bräuchen der Helene-Lange-Schule, daß die mit viel Mühe und Zeit hergestellten öffentlichkeitswirksamen Produkte (wie z. B. Dia-shows, Videofilme, Radiosendungen, Theaterstücke) möglichst dem gesamten Jahrgang vorgeführt werden – und zwar während der normalen Unterrichtszeit. Ist das »Thema« besonders interessant oder die Form, in der das Ergebnis präsentiert wird, besonders gelungen, nehmen an solchen Vorführungen auch Lehrer und Schüler aus anderen Jahrgängen teil.

In einigen Jahrgängen (vor allem bei den jüngeren Schülern und Schülerinnen) gibt es eine Veranstaltung mit dem Namen KIT (Kunst im Treff), die alle vier bis sechs Wochen stattfindet: Jeweils eine von den vier Klassen bereitet für den übrigen Jahrgang ein kleines Bühnenspektakel vor, bei dem Schüler auf ihren Instrumenten kleine Stücke vorspielen, singen, tanzen, Clownerien vorführen oder auch zaubern.

Geübt und gestärkt durch die Veröffentlichungserfahrungen in den Klassen und Jahrgängen stellen sich die Schüler dann auch einer noch größeren Öffentlichkeit: der ganzen Schule. Aus Anlaß von Festen, Verabschiedungen und Willkommensfeiern finden Vorführungen statt, an denen die Schulgemeinde insgesamt teilnimmt.

Bestimmte Gruppen wenden sich mit ihren Produktionen von vornherein an die ganze Schule und opfern dafür viel Mühe und (Frei-)Zeit. Dazu gehören zum Beispiel die Theatervorführungen der Theater-Werkstatt, für die ein Jahr lang, zum Teil in den Ferien, geprobt wird. Dazu gehören auch die regelmäßigen Pausensendungen von »Radio Aktiv« mit Schulnachrichten und anderen Beiträgen. Dazu gehören ferner die Ergebnisse der vierwöchigen Theaterprojekte der Klassen 9, das jährlich erscheinende Jahrbuch oder die zweimal jährlich stattfindenden Nepal-Basare. So wie besondere Leistungen während der Unterrichtszeit im Jahrgang vorgeführt werden, so finden die Theateraufführungen der Theater-Werkstatt auch für alle Jahrgänge vormittags statt, um deutlich zu machen, daß die »kulturellen« Leistungen von Schülern den gleichen Rang haben wie normaler Unterricht.

Neue Formen innerer Öffentlichkeit haben sich in den letzten zehn Jahren auch innerhalb des Kollegiums entwickelt. Die Arbeit im Team, die notwendige Zusammenarbeit bei Projekten und Veranstaltungen, die offene Klassenraumtür, die wöchentliche Teamsitzung und die in größeren Abständen durchgeführten Bilanztagungen führen zwangsläufig zu mehr Öffentlichkeit des Unterrichts und Austausch unter den Lehrern eines Jahrgangs.

Der zentrale Ort, an dem Materialien gesammelt und weiterentwickelt werden, ist die Lernwerkstatt für die Lehrer. Hier werden auch ihre für den Unterricht gemachten »Erfindungen« ausgestellt, beispielsweise bestimmte Materialien für die innere Differenzierung oder Vorrichtungen für die selbständige praktische Arbeit der Schüler (der naturwissenschaftliche Wagen für das Freie Experimentieren, das »Wiesbadener Regal« für die Herstellung von Büchern und Mappen etc.).

Während Schüler und Eltern mit den geschilderten Formen innerer Öffentlichkeit wenig Schwierigkeiten hatten (obschon es bei manchen älteren Schülern und Schülerinnen dann auch schon mal einen gewissen Überdruß gegenüber dem ständigen »Zwang« zu Präsentationen geben kann), bedeutete die interne Öffentlichkeit für viele Kollegen zunächst eine große Umstellung, da sie in ihrer bisherigen Praxis gewohnt waren, die Klassenraumtür hinter sich schließen zu können. Wenn sie nicht gerade Kunst oder Musik unterrichtet hatten, war auch selten etwas Sichtbares oder Hörbares aus ihrem Unterricht nach draußen gedrungen.

Nach anfänglichem Zögern fanden viele Kollegen jedoch Freude daran, »ihre« Arbeit zu zeigen. Sie wurden zunehmend erfinderischer und ließen die anderen daran teilhaben. Was zunächst von vielen als bloße »Verzierung« abgewertet wurde, wird nun, insbesondere nach Besuchen in Schulen, die entweder eine klinisch-sterile Atmosphäre ausstrahlen oder solchen, die Spuren von Verwahrlosung zeigen, als Kostbarkeit empfunden. Das heißt nicht, daß nicht auch immer wieder kritische Stimmen laut werden: Auch wenn es natürlich keinerlei Beschlüsse gibt, die das vorschreiben würden, fühlen sich manche Lehrerinnen und Lehrer doch wie unter einer Art Erwartungsdruck, daß gerade »ihre« Klasse bei entsprechenden Präsentationen, Aufführungen und dergleichen etwas mindestens ebenso Perfektes bieten müsse wie alle anderen Klassen vorher, wenn nicht sogar Perfekteres.

Öffentlichkeitsarbeit nach außen

Von dem sicheren Fundament der Öffentlichkeitsarbeit nach innen, ist es nur ein kleiner Schritt zu einer Darstellung der Schule nach außen. Die tägliche Übung unter der Fragestellung: Was an diesem Thema oder aus diesem Unterricht könnte Außenstehende interessieren? Wie kann ich meine Ergebnisse/Erfahrungen/Produkte so präsentieren, daß andere mit Aufmerksamkeit, Vergnügen und Neugierde hinschauen/lesen/zuhören? – diese tägliche Übung gibt genügend Sicherheit im Umgang mit einer Öffentlichkeit jenseits der eigenen Schule.

Im folgenden soll dargestellt werden, mit welchen Themen und zu welchen Anlässen die verschiedenen Medien über die Helene-Lange-Schule berichten, und auch, welche anderen Formen der Veröffentlichung von der Schule genutzt werden.

Zunächst ging es der Schule vor allem um die Wiesbadener Tageszeitungen. Sie sind auch heute noch die wichtigsten Medien, weil sie das Bild der Schule vor Ort mitbestimmen, und weil sie von den jetzigen und künfti-

gen Eltern und Schülern und den für die Schule zuständigen Mitarbeitern in der Verwaltung gelesen werden. Die Schule lud also die Presse zu wichtigen Anlässen (zum Beispiel: eine Theaterpremiere, eine große Fachtagung oder eine Preisverleihung) in die Schule ein. Erst später, nachdem wir etwas Übung hatten mit der Darstellung der Schule nach außen, informierten wir die Presse auch über Berichtenswertes aus dem Unterricht. Dafür zwei Beispiele:

– Im Jahrgang 10 leisteten 18 Schüler das an der Schule übliche Sozialpraktikum in sozialen Einrichtungen, vorwiegend Altersheimen, in Görlitz ab. Ein Lehrer hatte sie hingebracht, und dann waren sie drei Wochen auf sich allein gestellt. Sowohl vor der Reise als auch nach der Rückkehr luden die Schüler zu einer Pressekonferenz ein, berichteten über ihre Motive und Erwartungen und später über ihre Erfahrungen.

– Eine 7. Klasse hatte sich im Rahmen eines Projektthemas »Ernährung« mit koreanischer Kochkunst und Kultur beschäftigt. Eine Koreanerin, die ihnen dabei half, übte mit einer Mädchengruppe einen koreanischen Fächertanz ein. Zur Präsentation für die Eltern gab es ein großes koreanisches Essen und den Fächertanz, außerdem führte eine Koreanerin den traditionellen Trommeltanz vor. Zu diesem Abend hatte die Klasse mit ihrer Lehrerin auch die Wiesbadener Presse eingeladen, die gerne kam und freundlich und mit Foto berichtete.

Umgekehrt fragen Journalisten mittlerweile bei uns an, ob es zu diesem oder jenem Thema (etwa: Gewalt in der Schule, 1. Schultag ö. ä.) etwas Interessantes gebe.

Darstellungen der Schule in der überregionalen Presse oder im Fernsehen sind nicht planbar. Wenn allerdings eine Schule häufig nach außen in Erscheinung tritt, dann kann es geschehen, daß ein Wochenmagazin wie »Der Spiegel« oder eine Wochenzeitung wie DIE ZEIT bei bestimmten Themen auch von selbst einmal anfragen.

– Als beispielsweise ein Spiegel-Redakteur eine Titelgeschichte über »Schule« vorbereitete, rief er drei Tage vor den Sommerferien in der Helene-Lange-Schule an und bat um ein kurzes Interview, weil er bei Durchsicht des Pressearchivs mehrmals auf die Helene-Lange-Schule gestoßen sei. Unwillig sagte ich zu, denn an den Tagen hatten wir alle Hände voll zu tun. Zwei Jahrgänge renovierten und bereiteten ihren Umzug vor, der Jahrgang 10 war schon entlassen, insgesamt befand sich die Schule eher in Aufbruchsstimmung. Der Redakteur kam am nächsten Vormittag mit einem Fotografen. Er blieb nicht eine Stunde, sondern bis zum Abend. Die Schule mit ihrem ungewöhnlichen Treiben und die vielen sichtbaren Ergebnisse aus dem Unterricht, die noch nicht weggeräumt waren, hatten ihn überzeugt.

– Manchmal wird auch eine zunächst harmlose Sache zu einem großen

Thema, über das dann viele Zeitungen schreiben. So erging es der Helene-Lange-Schule mit dem Putzen der Räume durch die Schüler und Schülerinnen. Das hatten wir schon vor zehn Jahren bei der Umwandlung eingeführt und zwar aus der Überzeugung, daß ein Jahrgang doch nicht die Verantwortung für seine Räume übernehmen und gleichwohl den Dreck mittags den meist ausländischen Putzfrauen überlassen könne. Nach etwa sechs Jahren erfolgreichen Putzens forderten wir dann von der Stadt das effektiv jährlich eingesparte Geld, erhielten es, wenigstens teilweise, auch nach langen Verhandlungen und nutzten es, um auf Honorarbasis einen Schauspieler für unsere Theaterarbeit einzustellen. Im Zuge der Diskussion um »Autonomie« und »Budgetierung« wurden die Medien auf dies »Modell« aufmerksam, so daß schließlich sogar auf der Titelseite der ZEIT darüber berichtet wurde.

Fachzeitschriften sind dankbar für Berichte über neue Entwicklungen an Schulen. Mittlerweile gibt es eine ganze Reihe von Aufsätzen über die Helene-Lange-Schule insgesamt oder über einzelne Unterrichtsvorhaben. Dabei war es vor allem die Aufgabe der Schulleiterin, das pädagogische Konzept oder den Prozeß seiner Umsetzung in einzelnen Bereichen in Fachzeitschriften oder Sammelbänden darzustellen. Lehrerinnen und Lehrer schrieben Artikel zum Beispiel über das Fahrradprojekt, über unseren Umgang mit der Zeit, über den Projektunterricht, über Schülerexperimente im Mathematikunterricht, und einschlägige didaktische »Erfindungen«, über Politische Bildung und Literaturunterricht. Schließlich veröffentlichte »PÄDAGOGIK« sogar einen langen Bericht einer 16jährigen Schülerin über ein Theaterprojekt.

Je häufiger Artikel über die Schule veröffentlicht werden, um so öfter werden dann wiederum Beiträge von Zeitschriften erbeten, so daß wir manchmal auch ablehnen müssen.

Der Zugang zu Rundfunk und Fernsehen ist nicht zu erzwingen, aber auch da gilt, daß man zuallererst eine gute Schule (deren Qualität auch mit den Sinnen wahrgenommen werden kann) machen und mit bestimmten Themen bekannt geworden sein muß, damit diese Medien aufmerksam werden.

Der Hessische Rundfunk macht im Bildungsprogramm »Wissenswert« (»Kinder machen Radio«) und im Kinderfunk (z. B. »KinderRadiotag«) Angebote an Kinder und Jugendliche, eigene Sendungen herzustellen, die dann gesendet werden. Von dieser herausfordernden Möglichkeit hat die Helene-Lange-Schule mehrfach Gebrauch gemacht. In einem in der Schule neu eingerichteten Radiostudio, das so ausgestattet ist, daß gute Wortsendungen gemacht werden können, stellen ganze Klassen oder kleinere Gruppen von Schülern Sendungen her. Die Themen ergeben sich entweder aus den Projekten, dem Fachunterricht, oder sie sind frei gewählt. Der »Kinder-Radiotag« 1996 wurde vollständig in der Helene-Lange-Schule produziert. Eine Lehrerin, die mit einem Teil ihrer Stunden beim Rundfunk arbeitet und das nötige Know-how mitbringt, unterstützt die Schüler bei ihren Vorhaben.

Manchmal führt das alles schon zu Zauberlehrlings-Gefühlen: »Die ich rief, die Geister, werd ich nun nicht los!« Der HR fragt an, ob nicht ein Kollege oder Schüler zu einem bestimmten Schulthema an einer Diskussionsrunde im Studio teilnehmen könne. Andere Sender wollen Interviews mit der Schulleiterin. Die dann folgenden Zuschriften, in denen um Hospitationstermine oder Informationsmaterial gebeten wird, überschreiten oft die Grenze dessen, was eine Schule noch so »nebenbei« erledigen kann. Manchmal müssen wir ablehnen oder auf später vertrösten.

Doch es gibt noch viele andere Möglichkeiten, durch die sich eine Schule in der Öffentlichkeit darstellen kann. So benutzen wir für bestimmte Veranstaltungen öffentliche Räume außerhalb der Schule:

- Der Jahrgang 6 gestaltete mit seinen Lehrern und dem Gospelsänger Beppo, den wir für zwei Wochen engagiert hatten, um mit den Schülern zu singen, in einer Kirche den Adventsgottesdienst. Außerdem traten sie im benachbarten Krankenhaus auf und erfreuten die Kranken mit einem Weihnachtskonzert.
- Bei einer Demonstration gegen Gewalt und Ausländerfeindlichkeit organisierte die Theater-Werkstatt der Helene-Lange-Schule auf dem Marktplatz die Abschlußkundgebung vor 12.000 Schülern.
- Im Rathaus inszenierte die Schule zusammen mit dem Wiesbadener Medienzentrum eine Filmpremiere über dieselbe Demonstration und stellte die ausführliche Dokumentation vor.
- Eine 9. Klasse hatte einen Videofilm über Stadtprobleme gedreht und führte den Film in der Fußgängerzone vor Passanten vor.

Eine andere wirksame Form der Öffentlichkeitsarbeit nach außen sind Vorträge vor einem interessierten Publikum. Auch hier war zunächst die Schulleiterin gefragt. Inzwischen haben mehr als ein Drittel aller Kollegen und manchmal auch Schüler das Konzept der Helene-Lange-Schule bei Fachtagungen, Podiumsdiskussionen und Workshops in Schulen, Universitäten oder auf Kongressen vorgestellt.

Daß so viele Besucher in die Schule kommen, hat mit der Zeit sowohl bei Lehrern wie bei Schülern zu einem gelassenen und selbstverständlichen Umgang mit diesen Fremden geführt. Manchmal ist diese Art von Öffentlichkeit anstrengend, zugleich bedeutet sie für uns auch eine Chance. Wir erfahren, wie wir nach außen wirken, was kritikwürdig ist und worauf wir stolz sein können.

Bei aller Vielfalt der Themen, Projekte und Aktionen, mit denen wir nach außen gehen, versuchen wir doch, uns auf bestimmte Schwerpunkte in der Schule und außerhalb der Schule zu konzentrieren. Die uns besonders wichtigen Bereiche, die auch unser Bild nach außen in besonderer Weise geprägt haben, sind die Ökologie, das soziale Engagement und die Kultur. Andere Aktivitäten, die sicher auch öffentlichkeitswirksam sind, spielen bei uns eine untergeordnete Rolle, beispielsweise der Sport. Auch haben wir kein großes Orchester und beschränken uns auf die üblichen Fremdsprachen. Jede Schule muß ihre Schwerpunkte finden, und dementsprechend gestaltet sich dann die Öffentlichkeitsarbeit.

Auch wegen der zwiespältigen und von allerlei ungeklärten Gefühlen begleiteten Haltung, die viele Lehrerinnen und Lehrer, Schulleiterinnen und Schulleiter gegenüber jeder Form von »Öffentlichkeitsarbeit« haben, ist sie oft alles andere als eitel Sonnenschein. Gerade Schulen, in denen es keine Spur eines Schullebens gibt, werden den Vorwurf der »Aufschneiderei« und der »Schaumschlägerei« erheben. »Ihr meint wohl, ihr seid etwas Besseres?« werden die Kollegen der Helene-Lange-Schule immer wieder von Lehrern anderer Schulen gefragt. Schließlich strengen sich die »anderen« doch auch an, und niemand nimmt Notiz davon. Das wird (verständlicherweise) als schlimme Kränkung empfunden und dann auf jene Schule projiziert, über die dauernd geredet und geschrieben wird. Das ist für die, die sich für eine gute Öffentlichkeitsarbeit engagieren, oft schwer zu ertragen und ruft in ihnen das Gefühl wach, sie müßten sich dafür entschuldigen.

Die Entscheidung, mit welchen Medien, die sich für eine Schule oder ein bestimmtes Projekt interessieren, man eigentlich zusammenarbeiten will, muß sehr genau bedacht werden. Es kommt nicht darauf an, um jeden Preis in den Medien zu erscheinen, und schon gar nicht in solchen, die vor allem gern »Sensationen« hätten. Einschlägige Veröffentlichungen oder Sendungen können für den Ruf einer Schule auch äußerst schädlich sein. Insbesondere beim Fernsehen ist das Endprodukt, das schließlich gesendet wird, von der Schule nur schwer beeinflußbar, aber höchst breitenwirksam. Deshalb schien es uns notwendig, bei den verschiedenen TV-Projekten über die Helene-Lange-Schule jeweils mit den Redakteuren vorher sehr ausführlich zu reden, um über Schwerpunkte und die Hauptaussagen eines solchen Fernsehbeitrags schon vorab ein Einverständnis zu erzielen, ohne daß sich irgendjemand »zensiert« oder bevormundet fühlen würde. Qualifizierte Journalisten würden sich irgendeine Bevormundung auch nicht gefallen lassen, sind aber dankbar, wenn man sich viel Zeit für sie nimmt und sie sehr umfassend informiert.

KK/ER

20. »Kann man von
einer einzelnen Schule
Verallgemeinerbares lernen?«

IM VORANGEHENDEN KAPITEL wurde unter anderem berichtet, daß die Reaktion von Besuchern auf das, was sie in der Helene-Lange-Schule sehen und erleben, oft zwiespältig ist. Das gilt besonders für die »Experten für den Schulalltag«, also für Lehrerinnen und Lehrer.

Einerseits das Gefühl, in der eigenen Schule, bei den Bedingungen, unter denen man dort arbeiten müsse, mit den Kollegen und Kolleginnen, die man da habe, sei so »so etwas ... völlig undenkbar«. Andererseits lebhafte Diskussionen der Besucher unter sich, ob man nicht doch ..., wenigstens dies oder das ...? Und die Erfahrungen, die man beim Betriebspraktikum oder bei jenem – leider einmaligen – Mittelalterprojekt der 8. Klasse vor drei Jahren gemacht habe, seien doch sehr ähnlich und eigentlich sehr ermutigend gewesen.

Können Besucher einer Schule, können vielleicht sogar Menschen, die, wie die Leser dieses Buches, eine einzelne Schule nur lesend »besucht« haben, von ihr Übertragbares, Verallgemeinerbares lernen?

»Versuchsschule des Landes Hessen«

Die Helene-Lange-Schule ist eine der »Versuchsschulen« des Landes Hessen. Das Hessische Schulgesetz legt in § 14 den »Auftrag« einer Versuchsschule fest. Dieser Auftrag ist als Erwartung formuliert: Von einer Versuchsschule wird »erwartet«, daß sie »wesentliche Einsichten für die Weiterentwicklung« des Schulwesens erbringt. Deshalb kann eine Schule nur dann Versuchsschule werden, wenn sie »nach Anlage, Inhalt und organisatorischer Gestaltung« geeignet erscheint, diese Erwartung zu erfüllen, anders gesagt: wenn sie bereit und in der Lage ist, neue, wichtige Fragen und Probleme zu erkennen, zu formulieren, nach Lösungen (auch unkonventionellen) zu suchen und diese Lösungen zu erproben. Dabei muß es sich um Lösungen handeln, die für alle unmittelbar Betroffenen grundsätzlich akzeptabel sind und die zugleich dem allgemeinen Bildungs- und Erziehungsauftrag der Schule gerecht werden, wie er in den §§ 1–3 des Hessischen Schulgesetzes verbindlich formuliert ist. Eine Versuchsschule muß auf jeden Fall »allen Schülerinnen und Schülern (die sie besuchen) ... Bildungsmöglichkeiten eröffnen«, die »ihrer Eignung angemessen sind«.

Eine Versuchsschule zeichnet sich also nicht dadurch aus, daß sie ganz besonders Ungewöhnliches oder Exotisches tut, sondern dadurch, daß sie, wie man neuerdings gern sagt, selbst eine »lernende Institution« ist, die das Ergebnis ihres Lernens dann »öffentlich« zugänglich macht – den Besuchern, der Schulaufsicht, bildungspolitisch oder pädagogisch Interessierten oder auch nur neugierigen »Laien«. Für diese Entwicklungs- und Erprobungsarbeit, vor allem aber für deren zeitraubende Dokumentation und »Veröffentlichung« erhalten die Versuchsschulen auch eine bescheidene personelle Unterstützung. Sie ist notwendig und willkommen, selbst wenn sie mit Sicherheit nur einen Teil der »Mehrarbeit« ausgleicht.

Eine Versuchsschule erprobt nicht vorab festgelegte »Lösungen« für ein eingegrenztes Problem, wobei Problem und »Lösungen« von außen vorgegeben sind. Das geschieht an vielen Schulen in Hessen und in anderen Bundesländern im Rahmen sogenannter »Schulversuche«. Sondern eine Versuchsschule findet und definiert die Schwerpunkte ihrer Arbeit und ihrer Weiterentwicklung selbst.

Eine Versuchsschule ist so etwas wie ein Labor oder eine Werkstatt, in der immer wieder wichtige pädagogische Fragen »entdeckt« und formuliert werden und in der durch behutsames und zugleich entschlossenes Ausprobieren neue pädagogische Lösungen gefunden und gegebenenfalls auch wieder verworfen werden, wenn sie sich als untauglich erweisen. Es geht um Fragen und um Lösungen, die in aller Regel gerade nicht »am grünen Tisch« entdeckt oder entwickelt werden können. Sie kommen auch bei den meisten Formen traditioneller erziehungswissenschaftlicher Forschung gar nicht in den Blick, sondern nur durch die von den Betroffenen immer erneut sensibel und kritisch gemusterte und bedachte eigene Praxis. Es können »hausgemachte« oder »von außen« in das Schulwesen hineingetragene Fragen und Probleme sein. Ein solches Wahrnehmen von Fragen und Problemen und die Versuche, sie zu lösen, kann man auch als »pädagogische Handlungsforschung« bezeichnen.

In einer Versuchsschule sind die Einrichtung selbst und ihre Arrangements (beispielsweise Lern- und Vermittlungsformen und ihre organisatorische Absicherung, Zeitrhythmen, Rituale, Angebote, Einbeziehen von anderen Mitwirkenden oder anderen Lernorten, Kommunikationsstrukturen, Beteiligung der Betroffenen an den notwendigen Entscheidungen, neue Formen der Schulleitung) das eigentliche Versuchsobjekt, nicht etwa die Schülerinnen und Schüler. Oft werden aus neuen Antworten weitere neue Fragen entstehen, die wiederum zu neuen Antworten führen müssen. Es handelt sich um das, was modisch als »vernetztes System« bezeichnet wird, also ein System, in dem die einzelnen Elemente sich ständig gegenseitig beeinflussen. Die Frage der »Übertragbarkeit« der gefundenen Lösungen muß immer wieder gestellt werden. Nach aller Erfahrung sind nur selten die Lösungen selbst, oft aber die Lösungsstrategien übertragbar. Auch lassen sich, bei Betrachtung aus einer mittleren Distanz, meist die Bedingungen für das Gelingen oder Mißlingen einer bestimmten Lösungsstrategie ziemlich eindeutig identifizieren. Fast immer bestätigt sich dann eine der Erkenntnisse der neueren Schulforschung, daß es nämlich bei diesen Bedingungen des Gelingens oder Mißlingens in den meisten Fällen nicht um zusätzliche oder fehlende materielle oder personelle Ressourcen geht, sondern daß vor allem anderen Einfallsreichtum, Einsatzbereitschaft und so etwas wie gemeinsame »Zielvorstellungen« der Beteiligten (über die sie sich immer wieder verständigen müssen) entscheidend sind.

Verallgemeinerbares

Der aufmerksame Beobachter, der die Helene-Lange-Schule in den letzten Jahren in der Haltung eines »kritischen Freundes« begleitet hat, meint, daß darüber hinaus von dieser »Versuchsschule« einiges zu lernen wäre, weil es »wesentliche Einsichten für die Weiterentwicklung des Schulwesens« enthält und auf andere Schulen durchaus »übertragbar« ist:

1. Wenn eine Schule beginnt, ihren Alltag zu verändern, dann ist besonders wichtig die »Stimmung«, man ist fast versucht zu sagen: der »Geist«, das »geistige Klima«, in dem diese Veränderungen geschehen. (Die Veränderungen selbst sind darum nicht weniger zeitraubend, anstrengend, manchmal auch enttäuschend oder erschöpfend.) Es ist das alte Bild von dem halbvollen oder halbleeren Glas Wasser. Veränderungen festgefahrener Strukturen (»Das haben wir immer so gemacht!«) werden kaum gelingen, wenn man sie pessimistisch beginnt, gebannt auf die denkbaren Schwierigkeiten starrt (»Was das für den Stundenplan bedeutet!« oder »Herr Kollege, haben Sie eigentlich die versicherungsrechtlichen Folgen bedacht?«), wenn man sich auf das Sammeln von Bedenken konzentriert oder wenn man negative Erfahrungen der Vergangenheit für alle Zukunft verallgemeinert (»Nicht schon wieder! Das haben wir doch schon vor drei Jahren ausprobiert; und was hat es gebracht? Nur Mehrarbeit!«). Stattdessen bedarf es vor allem einer optimistischen Zuversicht, die auch die Zögernden ein wenig beflügelt, sie ihre Bedenken zumindest für eine Weile zurückstellen läßt: Wir werden das nach und nach gemeinsam schaffen! Und wenn es uns so, wie wir es uns jetzt vorstellen, nicht gelingt, dann wird uns eine andere Lösung einfallen! Es ist ein Klima, in dem es keine Denk- und Redeverbote gibt, wo immer auch einmal die eigenen »heiligen Kühe« in Frage gestellt oder verulkt werden dürfen, ohne daß daraus Zynismus oder jene Art von innerer Distanzierung entsteht, die immer bei den »anderen« die Schuld oder die Verantwortung sucht. Es darf, ja, es muß radikal (an die Wurzeln gehend) oder gar »utopisch« gedacht werden; die – oft kleinen – Schritte der Umsetzung können dann behutsam gegangen werden, aber es werden wenigstens Schritte in Richtung auf ein Ziel sein und nicht ein ermüdendes vor-sich-hin-Hasten auf fremdbestimmten Wegen.

Ein solches »optimistisches« Klima entsteht nicht, wie durch ein Wunder, von selbst, sondern es ist seinerseits das Ergebnis von viel gemeinsamer Arbeit, aber auch von anderen Formen des miteinander Umgehens. Von Strukturen und Bedingungen, die diese anderen Formen des miteinander Umgehens unterstützen, ist an vielen Stellen in diesem Buch berichtet worden. Eine wichtige Einsicht soll hier wiederholt werden: Eine Schule wird ihre Schülerinnen und Schüler nur dann als unverwechselbare Personen wahrnehmen und ernstnehmen können, wenn auch die Lehrerinnen und Lehrer sich an dieser Schule als unverwechselbare Personen wahrgenommen und ernstgenommen wissen können. Wenn ich mich in meinen subjektiven Anstrengungen nicht erkannt und gewürdigt fühle, empfinde ich das als Kränkung, die an die Substanz geht. Jeder sensible Pädagoge weiß, daß das für Schüler gilt. Aber es gilt sicher auch für Lehrerinnen und Lehrer. Dieses Wahrnehmen und Würdigen ist nicht etwas, was durch ein paar »Streicheleinheiten« von oben zu erledigen wäre, sondern es muß die Umgangsformen innerhalb des Kollegiums ebenso wie zwischen Lehrern und Schülern oder zwischen Eltern und Schule im Alltag bestimmen. Auch das ist das Ergebnis von »Arbeit«, von Einfühlungsvermögen und -bereitschaft und von Aufmerksamkeit.

2. Veränderungen müssen organisatorisch abgesichert werden. Nur das hilft ihnen zu Konsistenz und Kontinuität, also innerer Stimmigkeit und Verläßlichkeit. Und die sind nicht nur bei Veränderungen wichtig, sondern sind wohl überhaupt eine der Grundvoraussetzungen für gelingendes pädagogisches Handeln.

Wie solche organisatorischen Absicherungen aussehen können (und wie auch da wieder alles mit allem zusammenhängt), darüber ist exemplarisch nicht nur im Kapitel 5, sondern an vielen anderen Stellen berichtet worden.

Es geht immer erneut um eine schwierige Balance: Einerseits muß Stetigkeit, Entlastung, Verläßlichkeit, müssen eindeutige Zuständigkeiten und Verantwortlichkeiten erreicht werden. Andererseits muß unbedingt vermieden werden, daß daraus Erstarrung, Bevormundung, Ressort-Egoismus und gegenseitige Abschottung werden. Wieder scheint es fast eine Frage des »Klimas« zu sein. Entscheidend sind Offenheit, Vertrauen, gegenseitige Hilfsbereitschaft und die Überzeugung, daß man möglichst vorbehaltlos zusammenarbeiten muß, weil letztlich alle gemeinsam für diese Schule verantwortlich sind. Solche Einstellungen können nicht »angeordnet«, nicht einmal durch einen einstimmigen Beschluß aller zuständigen Gremien herbeigeführt werden; sondern sie sind das Ergebnis von vielen Alltagserfahrungen aller Beteiligten. Auch davon ist an vielen Stellen sozusagen »nebenbei« berichtet worden, in dem Abschnitt über Rituale ebenso wie in den Abschnitten zur »Regierbarkeit« einer solchen Schule oder zur »Öffentlichkeitsarbeit nach innen«.

3. An einer Schule müssen Menschen zusammenarbeiten, die unterschiedlichen Gruppen zuzurechnen sind, die darum auch unterschiedliche »Rollen« haben und mit gutem Grund unterschiedliche »Interessen« vertreten. Die wichtigsten Gruppen sind die Schülerinnen und Schüler, die Lehrerinnen und Lehrer und die Eltern. Die übrigen »Partner« der Schule kommen hinzu. Die unterschiedlichen Interessen dürfen nicht verwischt, sondern müssen konstruktiv berücksichtigt werden, wenn Energien für die gemeinsame Arbeit statt für zeit- und kraftverschlingende gegenseitige Abgrenzungen freigesetzt werden sollen. Das setzt voraus, daß alle nach und nach lernen, die Mitglieder der jeweils anderen Gruppe nicht als Konkurrenten oder gar Gegner zu sehen, deren Einfluß man möglichst klein halten muß, sondern als mögliche Bundesgenossen, die man überzeugen und gewinnen muß, weil ihre Kräfte, ihre Unterstützung, ihr

Einfallsreichtum dringend gebraucht werden. Wie eine solche Bundes-
genossenschaft entstehen und aussehen kann, ist an vielen Stellen, insbesondere in den Kapiteln 17 und 18, beschrieben worden.

Eigentlich hätte die Mitwirkung der Schülerinnen und Schüler, von der
die offizielle Vertretung der Schülerinnen und Schüler nur ein, wenn auch
ein besonders wichtiger Teil ist, ein eigenes Kapitel verdient. Aber von ihr
ist fast in jedem Kapitel indirekt und manchmal auch sehr direkt (etwa im
Kapitel 17) die Rede. Und im Kapitel 10 (»Leistungen bewerten«) findet
sich ein Beispiel solcher Mitwirkung der Schülerinnen und Schüler, das
nicht nur wegen des schließlichen Erfolges der damaligen Initiative oder
wegen der Phantasie und der Zähigkeit der Beteiligten eindrucksvoll ist,
sondern auch, weil es Formen des Umgangs miteinander verdeutlicht,
durch die Interessenunterschiede gerade nicht zugedeckt und dennoch,
oder gerade deshalb, Energien für die gemeinsame Arbeit freigesetzt werden.

4. Es ist zu vermuten, daß das »pädagogische Konzept« einer Schule, ihr
»Programm«, wie das neuerdings heißt, nur dann eine beständige Kraft
hat, die auch in schwierigen Zeiten und Situationen stützt und motiviert,
wenn es letztlich an wichtigen »Ideen«, an großen Themen orientiert ist.
Das können die »Schlüsselprobleme« unserer Zeit (etwa Friede,
Gerechtigkeit und Bewahrung der Schöpfung) sein – oder »Integration«
(nicht nur von behinderten Menschen; die Schule als »Schmelztiegel« ist
das amerikanische Bild) oder »die Schule als polis« (also als die »Bürger«-
schule für die nachwachsende Generation) oder »Chancengleichheit«.
Man darf diese großen Themen und wichtigen Ideen nicht gegeneinander
ausspielen. Ein wenig von fast allen wird in den meisten Schulen zumindest Spuren hinterlassen haben. Doch in Schulen, die sich »auf den Weg
gemacht haben«, ist es fast immer ein wichtiges Thema, das gleichsam zum
Leitthema geworden ist und dadurch hilft, Zusammenhänge verständlicher zu machen und die Bedeutung der einzelnen Veränderungen einsich-
tiger. Für die Helene-Lange-Schule könnte man dies zentrale Thema so formulieren: Wenn wir ernstnehmen, daß die Schule ein Ort des Lernens ist,
dann müssen wir vor allem anderen immer wieder nach der Art und Weise
fragen, wie bei uns gelernt wird, gelernt werden könnte, gelernt werden
soll, und nach den Zielen, Gegenständen und Anlässen dieses Lernens.
Das nimmt uns kein Rahmenplan ab. Es ist nur folgerichtig, daß zwölf
Kapitel dieses Buches ausdrücklich (und fast alle anderen mittelbar) mit
diesem Thema zu tun haben.

Anders gesagt: Ein »Schulprogramm«, das nicht mehr ist als die Addition
von (je für sich durchaus begrüßenswerten oder liebenswürdigen) zusätzlichen »Angeboten«, wird wahrscheinlich nur eine geringe strukturiende
und mitreißende Kraft entfalten. (Damit ist es als ein erster Schritt nicht
überflüssig.)

5. Eine weitere »wichtige Einsicht« ist, daß vor allem bei den Lehrerinnen
und Lehrern (aber, und das ist nicht unwichtig, auch bei den älteren

Schülerinnen und Schülern) aus dem »Erfolg« bei den ersten gemeinsamen Schritten und aus dem Stolz über das gemeinsam Erreichte – und wohl nur auf diese Weise! – nach und nach eine sehr viel größere Gelassenheit im Umgang mit Kritik entsteht. Sei es Kritik von außen oder innerhalb der Schule. Diese Gelassenheit ermöglicht, daß Kritik nicht mehr einfach abgewehrt werden muß, sondern daß man lernt, immer genauer zu unterscheiden: Was an dieser Kritik ist ungerechtfertigt oder »utopisch«? Was gibt uns Hinweise, wie wir besser machen können, was wir vorhaben, oder warum wir vielleicht auch erneut über unsere Ziele nachdenken müssen?

Darum – und nicht als Angeberei oder aus einer harmlosen oder gar peinlichen Eitelkeit – ist so wichtig, sich diese eigenen Erfolge und auch den Anteil aller Beteiligten an ihnen immer wieder bewußt zu machen und zu dokumentieren, »die eigenen Stärken zu veröffentlichen«, nach außen und innen sein Licht nicht unter den Scheffel zu stellen. Auch davon ist ausdrücklich in dem Abschnitt über »Öffentlichkeitsarbeit« die Rede.

Jene Gelassenheit ist vermutlich ferner eine wichtige Voraussetzung dafür, daß auch innerhalb der Schule selbstverständlich wird, die eigene Praxis immer wieder zu überprüfen: Haben wir erreicht, was wir erreichen wollten; ist eingetreten, was wir erhofften? Wie eine derartige Überprüfung der eigenen Praxis an einer Schule geschehen kann, ist insbesondere im Kapitel 19 unter dem Stichwort »interne Evaluation« beschrieben worden. Eine solche Selbstverständlichkeit ist eine der entscheidenden Voraussetzungen dafür, daß eine Schule nach und nach tatsächlich aus einer nur belehrenden zu einer »lernenden Institution« wird, also die Fähigkeit erwirbt, als Institution über sich selbst nachzudenken, sich die eigenen Erfahrungen unbefangen bewußt zu machen und aus ihnen zu lernen.

Die »strukturelle Überlastung« der Lehrerinnen und Lehrer

Viele der Lehrerinnen und Lehrer an der Helene-Lange-Schule und an anderen Schulen, die sich in vergleichbarer Weise »auf den Weg gemacht haben«, sind »Überzeugungstäter«. Fast alle übrigen nehmen die Veränderungen und die daraus immer wieder erwachsenden zusätzlichen Anforderungen und Belastungen zumindest »billigend in Kauf«, wie das in der Sprache der Juristen heißt. Anders wären die Veränderungen in solchen Schulen auch gar nicht möglich gewesen. Bei »Dienst nach Vorschrift«, und sei er noch so pflichtbewußt, wäre alles beim alten geblieben.

Es geht nicht nur um die zusätzliche Arbeitszeit, die sich als erforderlich erweist. Sie ist manchmal erheblich. Manchmal ist es auch »nur« notwendig, daß Zeit nun für andere Arbeiten als früher eingesetzt werden muß. Fast noch wichtiger ist, daß immer wieder neue Einfälle gefragt sind, mitgedacht, mitgeplant, mitverantwortet und miteinander beredet und »koordiniert« werden muß.

Gerade weil man sich mit der eigenen Arbeit identifiziert und auch die vielschichtigen und immer wieder in Bewegung befindlichen Zusammenhänge, in die sie eingebunden ist, versteht und bejaht, ist die Gefahr groß, daß daraus, zumindest bei einigen Lehrerinnen und Lehrern, eine »strukturelle Überlastung« wird, daß es also nur schwer – und manchmal auch nicht mehr – gelingt, ein »gesundes« Verhältnis zwischen Zeiten äußerster Anstrengung und Phasen der Entspannung und Besinnung herzustellen. Vielleicht ist eine solche »strukturelle Überlastung« ein unvermeidbarer »Preis« für eine Arbeit, die als »sinnvoll« erlebt werden kann; und vielleicht gilt das nicht nur im Lehrerberuf, sondern für alle, denen ihre Arbeit wirklich »wichtig« ist.

Geht es um die eigene Schule und die eigene Arbeit, dann sind die Gefühle der Lehrerinnen und Lehrer der Helene-Lange-Schule oft »gemischt«. (Auch das verhindert glücklicherweise, daß man alles durch eine rosarote Optimistenbrille sieht!) Das Gesamtkonzept hat die grundsätzliche Zustimmung aller Mitglieder des Kollegiums. Anders könnte man hier vermutlich auf längere Sicht gar nicht »überleben«. Viele sind merkbar stolz darauf, daß sie gerade an dieser Schule mitarbeiten und ihren Teil dazu beitragen, daß deren hohe Ansprüche im Alltag immer erneut eingelöst werden. Die öffentliche Anerkennung, die die Schule nach und nach gefunden hat, vor allem aber viele »Rückmeldungen« von Schülern und Eltern tun gut und sind auf ihre Weise dann auch eine Entschädigung für Anstrengung und Erschöpfung.

Aber es gibt bei einzelnen oder bei Gruppen immer wieder auch das Bedürfnis nach schlichter Verlangsamung des Tempos der Veränderungen (»Nicht schon wieder was Neues!«), nach mehr Zeit für Nachdenken und kritische Aufarbeitung oder einfach nur für »normalen« Alltag. Zu den Eigenheiten der Schule gehört es, daß solche Bedürfnisse bei den verschiedenen Gruppen »ungleichzeitig« auftreten: Während eine Gruppe jetzt gern mal ein wenig »kürzer treten« würde, will gleichzeitig beispielsweise ein Team unbedingt ein umfangreiches neues Projekt durchführen, das Auswirkungen fast auf die ganze Schule hat. Natürlich entstehen daraus Konflikte. Zu den »Leistungen« der Helene-Lange-Schule gehört es, daß die Lehrerinnen und Lehrer gelernt haben, diese Ungleichzeitigkeit – manchmal seufzend – zu ertragen, daß man sich also nicht mehr gegenseitig lahmlegt und schließlich nur noch »das kleinste gemeinsame Vielfache« möglich ist.

Dem aufmerksamen Beobachter scheint allerdings, daß es noch eine weitere wichtige Quelle für die zusätzlichen Energien und Anstrengungen gibt, ohne die eine solche Schule nicht lebendig bleiben könnte: Ob absichtsvoll oder eher als Nebenprodukt von Entscheidungen, die ganz anderes erreichen wollten, entstanden sind an der Helene-Lange-Schule jedenfalls Rahmenbedingungen für die Arbeit der Lehrerinnen und Lehrer, die ihnen nach dem Eindruck des Beobachters häufiger und intensiver als an vielen anderen

Schulen die Erfahrung ermöglichen, daß der Lehrerberuf trotz aller Belastungen und Widrigkeiten immer noch einer der schönsten und privilegiertesten Berufe überhaupt ist: Lehrerinnen und Lehrer haben es mit lebendigen jungen Menschen und eben nicht mit »Vorgängen«, mit Produktion und Verkauf oder mit »Verwaltung« zu tun. Die mittlerweile gewachsene Struktur dieser Schule erleichtert es, daß ihre Lehrerinnen und Lehrer tatsächlich Pädagogen sein, für Kinder und Jugendliche zu »bedeutungsvollen Erwachsenen« (Bettelheim) werden können. Das kluge Rumpelstilzchen des Märchens sagt zur Königin: »Etwas Lebendiges ist mir lieber als alle Schätze der Erde!«

GB

Herbert Gudjons (Hg.)
Neue Tips für besseren Unterricht

Wer täglich unterrichten muß, freut sich über Anregungen und Tips. Auch als akademisch ausgebildete Lehrkraft. Ein ganzes Buch voller Tips – sämtlich erprobt – ist kein Widerspruch zur notwendigen Reflexion des eigenen didaktischen Handelns und zur didaktischen Theorie. Beides hat seinen Stellenwert.

Die Beiträge erheben keinen Anspruch auf pädagogische Allgemeingültigkeit und bieten keine Garantie für das Gelingen. Dafür erhalten Sie eine Fülle von Anregungen aus der Erfahrung von Kollegen und Kolleginnen, die Sie für Ihre eigene Situation fruchtbar machen und anwenden können.

Tips reichen vom ganz normalen Frontalunterricht über offene Unterrichtsformen bis hin zum Fachunterricht (Naturwissenschaften, Sprachen, sozialkundliche Fächer und Kunst). Praktiker mit reichem Berufswissen und neuen Ideen haben hier ihre Erfahrungen zu konkreten Handlungsvorschlägen verdichtet.

Eine Unterrichtsmethodik in praktischer Absicht.

Neuausgabe, ISBN 3-925 863-32-2, 172 Seiten, DM 26,–

Bücher im Bergmann+Helbig Verlag

J. Bastian (Hg.): Drogenprävention und Schule
ISBN 3-925836-16-0, 180 S., DM 19,80

J. Bastian, H. Gudjons (Hg.): Das Projektbuch
ISBN 3-925836-04-7, 251 S., DM 24,80

J. Bastian, H. Gudjons (Hg.): Das Projektbuch II
ISBN 3-925836-15-2, 285 S., DM 24,80

J. Bastian, G. Otto (Hg.): Schule gestalten
ISBN 3-925836-27-6, 159 S., DM 24,80

G. Böttcher (Hg.): Konflikte mit Jugendlichen lösen
ISBN 3-925836-29-2, 130 S., DM 22,–

R. Bühs: Tafelzeichnen kann man lernen
ISBN 3-925836-05-5, 132 S., DM 15,80

O.-A. Burow, M. Neumann-Schönwetter (Hg.):
Zukunftswerkstatt in Schule und Unterricht
ISBN 3-925836-25-X, 188 S., DM 26,80

O.-A. Burow, H. Gudjons (Hg.):
Gestaltpädagogik in der Schule
ISBN 3-925836-22-5, 144 S., DM 24,80

I. Gogolin (Hg.): Schulen in Europa
ISBN 3-925 836-30-6, 146 S., DM 24,–

H. Gudjons (Hg.): Natur zum Anfassen
ISBN 3-925836-10-1, 106 S., DM 15,80

H. Gudjons: Erziehungswissenschaft kompakt
ISBN 3-925836-23-3, 214 S., DM 24,80

H. Gudjons (Hg.): Entlastung im Lehrerberuf
ISBN 3-925836-21-7, 221 S., DM 26,80

H. Gudjons, M. Pieper, B. Wagener:
Auf meinen Spuren
ISBN 3-925836-19-5, 380 S., DM 26,80

H. Gudjons, R. Winkel (Hg.): Didaktische Theorien
ISBN 3-925836-35-7, 136 S., DM 24,–

H. Gudjons, R. Teske, R. Winkel (Hg.):
Erziehungswissenschaftliche Theorien
ISBN 3-925836-02-0, 100 S., DM 15,80

H. Gudjons, R. Teske, R. Winkel (Hg.):
Unterrichtsmethoden
ISBN 3-925836-01-2, 120 S., DM 15,80

G. Heursen: Ungewöhnliche Didaktiken
ISBN 3-925836-34-9, 112 S., DM 24,–

F. Koch (Hg.): Sexualerziehung und AIDS
ISBN 3-925836-17-9, 132 S., DM 19,80

J. Schnack (Hg.): Gymnasiale Oberstufe gestalten
ISBN 3-925836-28-4, 187 S., DM 24,80

K.-J. Tillman (Hg.): Was ist eine gute Schule?
ISBN 3-925836-12-8, 202 S., DM 24,80

K.-J. Tillman: Schulentwicklung und Lehrerarbeit
ISBN 3-925836-26-8, 178 S., DM 24,80

H. J. Tymister: Pädagogische Beratung mit Kindern und Jugendlichen
ISBN 3-925836-33-0, 126 S., DM 22,–

Unsere Bücher erhalten Sie im Buchhandel oder bei CVK (Cornelsen Verlagskontor), Postfach 10 02 71, D-33502 Bielefeld, Telefon (05 21) 97 19-1 21, Telefax (05 21) 97 19-1 37

„Im Prinzip wie Kunst"

Ein Film von Reinhard Kahl über die Helene-Lange-Schule in Wiesbaden

PÄDAGOGIK **VIDEO** ©

PÄDAGOGISCHE BEITRÄGE VERLAG

Rothenbaumchaussee 11, D-20148 Hamburg

hessischer rundfunk **hr**

Lizensiert über hr media lizenz gmbh

Der Film zum Buch!

Im Prinzip wie Kunst

– ein Filmporträt der Helene-Lange-Schule in Wiesbaden.

In diesem Buch wird dargestellt, wie Schule und Unterricht an der Helene-Lange-Schule innerhalb weniger Jahre verändert wurden. Der Film von Reinhard Kahl zeigt die Akteure bei der täglichen Arbeit. Porträtiert wird eine Schule, die Wände herausgerissen hat, damit aus schlauchartigen Fluren offene Schülertreffs werden, in der die Schüler selbst putzen, um mit dem so verdienten Geld einen Theaterregisseur zu bezahlen; die nicht nur belehren will, sondern selber lernt; die sich als Institution entwickelt.

„Unser Schulrat hat noch nie etwas verboten. Aber es gibt Sachen, die müßte er verbieten. Dann schonen wir ihn. Da fragen wir gar nicht, dann machen wir's einfach …" – so Enja Riegel, die Schulleiterin der Helene-Lange-Schule.

Film und Begleitheft DM 98,–

Lob des Fehlers

Diese vierteilige Serie ist eine eindrucksvolle Dokumentation der Übergänge von der belehrten zur lernenden Gesellschaft. Gedreht wurde in Schulen, Betrieben und Kindergärten in Deutschland, Dänemark, in der Schweiz und in Italien. Lob des Fehlers ist nicht zu verwechseln mit einer Apologie des Falschmachens. Es ist vielmehr die Wiederentdeckung des Irrtums als Entwicklungsprinzip, ein Plädoyer dafür, daß nur Umwege zu neuen Zielen führen. Es geht um eine neue Moral des Lernens in Schulen, Hochschulen und Betrieben: Das Spielerische, das Selbst-Entdecken wird wichtiger als das Anwenden immer gültiger Lösungen und Muster. Diese gesellschaftlichen Umbrüche belegt Reinhard Kahl mit sensiblen und lebendigen Studien.

Vier Folgen und ein Begleitheft DM 348,–.

Die Filme sind auch einzeln erhältlich: Film und Begleitheft DM 98,–

Bestellungen beim Pädagogische Beiträge Verlag,

Rothenbaumchaussee 11, 20148 Hamburg, Telefon (040) 45 45 95, Telefax (040) 4 10 85 64

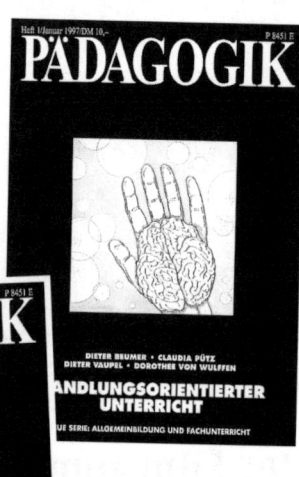